KB217973

표적이 전하는
소리를 듣는가

출애굽기와 손잡고 거닐기 1

표적이 전하는
소리를 듣는가

정현진 지음

바이북스
ByBooks

1982년 11월 처음 만나고 1986년 9월 결혼한 이래
늘 변함없는 내 인생의 벗이자 동반자인 아내 오주화 님께
이 책을 바칩니다.

가을이다. 천지가 온통 거대한 염색가게 같다고 노래한 옛 시인의 말이 틀리지 않다. 온갖 색깔의 단풍은 시간의 흐름을 재촉한다. 어떤 시간이 우리 앞에 기다리고 있을까?

떨어진 나뭇잎도 기운낼 줄 아나 보다
뜰 가득 비바람 소리 내며 스스로 날아다니나니(권우權遇 1363~1419)

출애굽기는 떠남과 기다림의 책이다. 이것은 노예살이에서 떠나는 사람들, 새로운 안식처를 기대하며 찾는 사람들의 이야기이다. 그리고 떨어진 또는 떨어질 나뭇잎 같던 신분의 사람들을 새로운 삶으로 인도하시는 하나님의 이야기이다.

우리는 출애굽기와 함께 시간을 거닐어본다. 거기에는 공간이 있고 사건이 있으며 사람이 있다. 그것은 시공간과 만나는 것이고 사람과 만나는 것이다. 그 모든 것을 주선하시는 이는 하나님이시다. 그러므로 사건이나 사람만 보고 그 만남의 주체인 하나님을 보지 못하면 출애굽기를 맨 날 거닐어도 허탕이다. 그래서 성경과 만나는 일은 모험이다. 하나님을 만나는 일은 언제나 새로운 기대감과 출발을 예고하기에.

이 책이 나오기까지 도움을 준 많은 이들이 있다. 첫 실마리는 기장 총회 교육원이 제공하였다. 몇 해 전 '오경설교세미나'에서 출애굽기를 맡겨 준 것이었다. 그 뒤 이 글은 익산노회 '목회자 신년 세미나'와 한신대학원 '목회학 박사 과정 세미나'를 거치며 다듬어졌다. 김원석 목사와 김완수 목사가 이 글을 읽고 교정도 하며 좋은 의견도 건네주었다. '바이북스'의 윤옥초 님과 편집·디자인팀의 여러분이 수고해주셨다. 따스한 마음으로 동행해주신 모든 분에게 감사의 마음을 한 아름 가득 전한다.

2016년 11월 인왕산 기슭에서

여호와께서 이르시되 내가 애굽에 있는 내 백성의 고통을

분명히 보고 그들이 그들의 감독자로 말미암아 부르짖음을 듣고

그 근심을 알고 내가 내려가서 그들을 애굽인의 손에서 건져내고

그들을 그 땅에서 인도하여 아름답고 광대한 땅 젖과 꿀이 흐르는 땅

곧 가나안 족속 헷 족속 아모리 족속 브리스 족속 히위 족속

여부스 족속의 지방에 데려가려 하노라 이제 가라 이스라엘 자손의 부

르짖음이 내게 달하고 애굽 사람이 그들을 괴롭히는 학대도

내가 보았으니 이제 내가 너를 바로에게 보내어 너에게 내 백성

이스라엘 자손을 애굽에서 인도하여 내게 하리라

(출 3:7-10)

1
신실하신 하나님

(출 1:1~7)

1 야곱과 함께 각각 자기 가족을 데리고 애굽에 이른 이스라엘 아들들의 이름은
  이러하니
2 르우벤과 시므온과 레위와 유다와
3 잇사갈과 스불론과 베냐민과
4 단과 납달리와 갓과 아셀이요
5 야곱의 허리에서 나온 사람이 모두 칠십이요 요셉은 애굽에 있었더라
6 요셉과 그의 모든 형제와 그 시대의 사람은 다 죽었고
7 이스라엘 자손은 생육하고 불어나 번성하고 매우 강하여 온 땅에 가득하게 되
  었더라

이것은 하나님은 약속을 지키는 분임을 보여주는 이야기이다. 하나님은 신실하신 분이다. 그 신실성은 그분이 약속하신 것을 반드시 지키는 것에서 분명하게 드러난다.

출애굽기와 창세기 사이에는 400여 년의 공백이 있다. 창 46:8은 브엘레 쉐모트 쁘네 이스라엘 합바임 미츠라예마(= 그리고 이것이 이집트로 왔던 이스라엘 자손의 이름이다)로 시작되었다. 출애굽기도 이와 똑같은 여섯 자로 시작하였다.(출 1:1 송병현 73) 여기 나오는 이름의 당사자인 야곱(창 49:29)과 요셉(창 50:25)은 이집트 땅에 살면서도 자신들의 시신이 가나안에 묻히기를 원

14

하였다.

출애굽기 이야기는 이 두 사람의 이름을 지렛대 삼아 전개되었다. 우리말 번역에 빠져 있지만 1절에서 첫 번째로 나오는 낱말은 접속사 '와우'(= 그리고)이다. 이는 그 이하의 내용이 창세기에서 이어진다는 것을 보여주는 것이다. 조상들에게 계시된 하나님의 약속(계획)이 기나긴 세월의 간격을 꿰뚫고 실현되었다. 곧 하나님께서 아브라함-이삭-야곱에게 주신 약속이 실현된 것이다. 우선 출 1:7을 창 1:28; 9:7과 비교해보자:

그들의 소리를 듣고 그들을 위해 왕을 하나 세워라(삼상 8:22 직역)

진실로 내가 그의 아들들 중에 나를 위해 왕으로 보아놓았노라(삼상 16:1c 직역)

창 1:28	창 9:1, 7	출 1:7
하나님이 그들에게 복을 주시며 하나님이 그들에게 이르시되 생육하고(파라) 번성하여(라바) 땅에 충만하라(말레), 땅을 정복하라(카바쉬), 바다의 물고기와 하늘의 새와 땅에 움직이는 모든 생물을 다스리라(라다) 하시니라.	1 하나님이 노아와 그 아들들에게 복을 주시며 그들에게 이르시되 생육하고 번성하여 땅에 충만하라 … 7 너희는 생육하고 번성하며 땅에 가득하여 그 중에서 번성하라 하셨더라	(그러나) 이스라엘 자손은 생육하고(파라) 불어나(파라츠) 번성하고(라바) 매우 강하여(아참) 온 땅에 가득하게 되었더라(말레)

위의 말씀들에서 알 수 있듯 창세기와 출애굽기에는 하나님께서 약속하신 번성과 축복이 언어 사슬로 엮여 있다. 하나님은 믿음의 조상들에게 자손의 번성과 땅의 수여를 되풀이 약속하셨다. 약속이 되풀이되는 것은 그

실현을 향한 하나님의 의지도 그만큼 강하다는 뜻이다.(창 41:32 참조, 바로께서 꿈을 두 번 겹쳐 꾸신 것은 하나님이 이 일을 정하셨음이라)

이집트에서 이스라엘 자손은 '매우 많고 강하고(1:7) 더욱 번성하여 퍼져나갔으며(1:12) 번성하고 엄청나게 강해졌다(1:21)'. 이는 하나님께서 야곱에게 약속하신 말씀을 생각나게 한다.(창 26:22; 28:14; 30:30; 35:11 참조) 출애굽기에는 히브리(이스라엘) 민족이 아주 번성하고 강해졌다는 표현이 일곱 차례 되풀이 나온다.(출 1:7[×3], 9, 10, 12, 20) 이것은 하나님이 히브리 민족에게 주시기로 정해놓은 복이다. 그들은 단순히 파라오의 부림(노예) 혹은 박해의 대상에 그치지 않았다. 그들은 바로 하나님께서 이루시는 창조 사역과 복(福)을 받은 당사자였다.

2~4절에는 요셉을 뺀 야곱의 아들들 열한 명의 이름이 나온다. 그 순서는 나이 순이 아니라 어머니에 따랐다.(창 35:23~26 참조): 레아(르우벤 시므온 레위, 유다, 잇사갈, 스불론), 라헬(베냐민), 라헬의 여종 빌하(단, 납달리), 레아의 여종 실바(갓 아셀).

출 1:5이다: '야곱의 허리에서 나온 사람이 모두 칠십이요 요셉은 애굽에 있었더라.'(창 46:27; 신 10:22 참조) 창세기에는 아브라함 및 야곱의 사타구니에 손을 넣고 맹세하는 장면이 나온다.(창 24:2, 9; 47:29) 허리라는 말(야레크)은 허리뿐만 아니라 때때로 남성 또는 여성의 성적 기관(genitalia, 허벅지 = 사타구니?)을 가리킨다.(Hamilton, 4~5)

너희는 이스라엘의 이름으로 일컬음을 받으며 유다의 허리에서 나왔으며…(사 48:1)

레위의 아들들 가운데 제사장의 직분을 받은 자들은 율법을 따라 아브라함의 허리에서 난 자라도 자기 형제인 백성에게서 십분의 일을 취하라는 명령을 받았으

나(히 7:5)

이는 멜기세덱이 아브라함을 만날 때에 레위는 이미 자기 조상의 허리에 있었음이라(히 7:10)

요셉의 죽음(출 1:6)은 시대가 바뀔 뿐만 아니라 이집트에 그를 모르는 왕이 나오게 될 것을 암시한다. 그 사이에 이스라엘 자손의 숫자가 엄청나게 불어났다. 여기에는 매우(자꾸)라는 말(메오드)이 두 차례나 나오며 그 사실이 강조되었다. 물론 요셉의 공적을 모르는 왕의 등장은 그 나라에 사는 이스라엘 자손에게 펼쳐질 새로운 현실(운명)을 짐작하게 해주는 것이다. 출애굽기 1:1~15은 이렇게 과거와 미래를 잇는 가교 역할을 하고 있다.

이스라엘의 아들들이란 말(쁘네-이스라엘)이 출 1:1, 7, 9절에 나와 있다. 이 말은 본디 야곱의 아들들을 가리키는 말이었는데(1절) 나중에 이스라엘 민족을 가리키는 말로 쓰였다.(7, 9절) 한 가족(집안)을 가리키던 말이 한 민족을 가리키는 말로 의미가 확장된 것이다.(Besters 5, Childs 2) 따라서 브네(쁘네) 이스라엘이란 말에는 야곱의 아들들, 이스라엘 자손, 이스라엘 민족(= 히브리 민족) 등 다양한 색채가 들어 있다.(이 책에서는 우선 이스라엘 자손이라고 옮길 것이다) 이 미묘한 차이는 그들의 이집트 체류 400여 년이 갖는 두 가지 깊은 뜻에서 나오는 듯하다:

1) 야곱의 자손들(가족, 씨족)이 이스라엘(히브리) 민족으로 발전하였다.
2) 하나님께서 창조 때부터 주신, 그리고 아브라함-야곱에게 주신 자손 번성의 약속이 실현되었다.

① 약속을 지키시는 신실하신 하나님

출애굽기 1:5~6이다: '야곱의 허리에서 나온 사람이 모두 칠십이요 요셉은 이집트에 있었더라.' 이것은 요셉을 따라 이집트로 온 야곱 및 그 자손들이 그곳에서 400여 년 생활한 것을 기록한 것이다. 그 기나긴 기간 동안 하나님은 그들을 돌보시지 않고 무심하게 대하는 것처럼 보인다.

믿음의 조상에게 자손의 약속을 주신 하나님은 대제국 이집트조차도 그 존재를 무시할 수 없을 정도로 히브리 민족의 위상을 끌어올리셨다.(출 1:9) 그렇다. 400여 년 세월은 결코 무의미하지 않았다. 이제는 가나안 땅이 주어지면 그 땅을 지켜나갈 수 있는 기본적인 조건(백성의 숫자)이 갖추어진 것이다.(행 7:17, 하나님이 아브라함에게 약속하신 때가 가까우매 이스라엘 백성이 이집트에서 번성하여 많아졌더니) 출애굽기 1:7, 9, 10, 12이 이런 사실을 정확히 알려준다.

7 이스라엘 자손은 생육하고(빠라) 불어나(쉬라츠) 번성하고(라바) 매우 강하여(아참) 온 땅에 가득하게 되었더라(알레; 말레) 9 … 이 백성 이스라엘 자손이 우리보다 많고 강하도다(아춤) … 10 … 두렵건대 그들이 더 많게 되면 전쟁이 일어날 때에 우리 대적과 합하여 우리와 싸우고 이 땅에서 나갈까 하노라 … 12 그러나 학대를 받을수록 더욱 번성하여(라바) 퍼져나가니(파라츠)…

여기 쓰인 주요 낱말들은 창 1:28; 9:1, 7을 떠올리게 한다. 야곱과 그 후손의 이집트 이주로 끝나는 창세기와 이스라엘 자손의 번성을 알리는 출애굽기 1장 사이에는 400여 년의 세월이 가로놓여 있다. 이 기간 동안에 하나님께서 족장들에게 주신 약속들, 특히 후손을 바다의 모래같이 하늘의 별처럼 많이 불어나게 하시겠다는 약속이 실현되었다. 곧 하나님은 아담(창 1:28), 노아(창 9:1, 7), 아브라함(창 13:16; 15:5; 17:2), 야곱(창 28:14; 46:3)을 통해 이스라엘 민족에게 거듭 약속하신 대로 이루어주셨다. 이로써 주변 나라들이 히브리인(이스라엘 민족)을 함부로 얕잡아볼 수 없게 되었다.

자손(후손)을 주겠다는 약속을 지키신 하나님은 이제 땅을 향한 약속을 지키시려고 모세를 이 세상에 보내셨다. 그리고 땅의 약속을 실현하기 위한 큰 걸음(거보巨步)을 내딛게 하셨다.(출 2:24~6장) 이에 시편 기자는 출애굽의 하나님을 이렇게 찬양하였다: '이는 그의 거룩한 말씀과 그의 종 아브라함을 기억하셨음이로다.'(시 105:42)

② 복 주시는 주 하나님!

출애굽기는 창세기에서 하나님의 백성에게 약속된 복이 어떻게 실현되는가를 보여주는 책이다. 복을 가리키는 히브리 말에 바라크(바락)가 있다. 본디 이 말은 고대 에트오피아와 이집트 말로 기도드리다라는 뜻이 있다.(HAL 152) 우가릿 말과 히브리 말에서 이것은 (사람이나 동물이) 무릎을 꿇다는 뜻으로 쓰였다.(사 45:23; 시 95:6 GB 175) 이는 하나님께 순종하는 것이 곧 복이라는 뜻이다.

요즈음 같은 개성과 자유의 시대에 순종하라느니 무릎을 꿇으라느니 도대체 그 무슨 시대착오적인 말이냐고 생각할 사람도 있을 것이다. 그런 사람은 진정 자유인일까?

아니다. 사람은 누구나 무엇인가에 순종하며(따라가며, 이끌리며) 살아간다. 이를테면 자기 생각이나 습관 지식이나 이데올로기 및 시대 풍조 등이 바로 그것이다. 이런 것들에 끌려가며 사는 것을 마치 개성을 살리는 양 자유롭게 사는 양 그럴듯하게 포장하였을 뿐 실제로 그 무엇인가에 따라(순종하여) 살고 있다는 사실은 하나도 달라지지 않는다. 이런 의미에서 천지 만물의 창조주이자 주인이신 하나님께 순종하여 그분의 의지와 뜻을 따라 사는 것을 가리켜 복이라 부르는 이스라엘 민족은 참 지혜롭다.

하나님은 천지 만물의 주인이며, 인간의 생사화복을 주관하는 분이시다. 이런 분과 동행하는 것 자체가 영광이다. 사실 우리는 하나님께 무릎을 꿇었기에 이 세상 그 어떤 것에 대해서도 무릎을 꿇지 않고 살아갈 수 있다. 하나님을 두려워하기에 이 세상 그 어떤 것 앞에서도 두려워하지 않을 수 있다. 이렇게 하나님 마음에 합한 자(이를테면 다윗)가 된다면 그분은 영혼과 마음 그리고 몸과 생활에 온갖 복을 내려주실 것이다. 야고보 사도가 '온갖 좋은 은사와 온전한 선물이 다 위로부터 빛들의 아버지께로부터 내려오나니 그는 변함도 없으시고, 회전하는 그림자도 없으시니라'(약 1:17)고 말씀한 그대로.

2 네가 네 하나님 여호와의 말씀을 청종하면 이 모든 복이 네게 임하며 네게 이르리니 3 성읍에서도 복을 받고 들에서도 복을 받을 것이며 4 네 몸의 자녀와 네 토지의 소산과 네 짐승의 새끼와 소와 양의 새끼가 복을 받을 것이며 5 네 광주리와 떡 반죽 그릇이 복을 받을 것이며 6 네가 들어와도 복을 받고 나가도 복을 받을 것이니라(신 28:2~6)

12 우리 아들들은 어리다가 장성한 나무들과 같으며 우리 딸들은 궁전의 양식대로 아름답게 다듬은 모퉁잇돌들과 같으며 13 우리의 곳간에는 백곡이 가득하며 우리의 양은 들에서 천천과 만만으로 번성하며 14 우리 수소는 무겁게 실었으며 또 우리를 침노하는 일이나 우리가 나아가 막는 일이 없으며 우리 거리에는 슬피 부르짖음이 없을진대 15 이러한 백성은 복이

있나니 여호와를 자기 하나님으로 삼는 백성은 복이 있도다(시 144:12~15)

히브리 말에 복을 가리키는 다른 말은 에세르/아사르(아카드어 asaru)이다. 이를테면 시 1:1은 '복 있는 사람…'이라고 시작된다. 이 말에는 본래 ① (하나님이) 돌보신다(betreuen), ② 그 돌보시는 발자취를 따라간다(에티오피아어 'asra = den Spur folgen)는 뜻이 있다. 하나님이 돌보신다는 말은 하나님과 우리 사이에 우호 관계가 형성되어 있다는 뜻이다. 다시 말해 히브리 사람은 하나님께서 자신과 함께 계시며 자신을 돌보아주시고, 자신은 하나님의 발자취를 쫓아 살아가는 것을 가리켜 복이라 하였다. 그들은 하나님과의 관계가 멀어지거나 깨지는 것을 불행 중의 불행으로 받아들였다.

하나님을 자기 아버지요 자기 어머니로 모시고 사는 사람은 복 있는 사람이다. '너란 사람은 과연 누구인가'라고 물을 때 대뜸 나는 하나님의 자녀라고 대답하는 사람에게 복이 있다:

하나님께 가까이 함이 내게 복이라 내가 주 여호와를 나의 피난처로 삼아 주의 모든 행적을 전파하리이다(시 73:28)

여호와가 우리 하나님이신 줄 너희는 알지어다 그는 우리를 지으신 이요 우리는 그의 것이니 그의 백성이요 그의 기르시는 양이로다(시 100:3)

2
고난의 시작

(출 1:8~14)

---

8 요셉을 알지 못하는 새 왕이 일어나 애굽을 다스리더니

9 그가 그 백성에게 이르되 이 백성 이스라엘 자손이 우리보다 많고 강하도다

10 자, 우리가 그들에게 대하여 지혜롭게 하자 두렵건대 그들이 더 많게 되면 전
   쟁이 일어날 때에 우리 대적과 합하여 우리와 싸우고 이 땅에서 나갈까 하노
   라 하고

11 감독들을 그들 위에 세우고 그들에게 무거운 짐을 지워 괴롭게 하여 그들에게
   바로를 위하여 국고성 비돔과 라암셋을 건축하게 하니라

12 그러나 학대를 받을수록 더욱 번성하여 퍼져나가니 애굽 사람이 이스라엘 자
   손으로 말미암아 근심하여

13 이스라엘 자손에게 일을 엄하게 시켜

14 어려운 노동으로 그들의 생활을 괴롭게 하니 곧 흙 이기기와 벽돌 굽기와 농
   사의 여러 가지 일이라 그 시키는 일이 모두 엄하였더라

이것은 이집트에 새 왕이 등장하고 그에 따라 이스라엘 자손이 박해를
당하는 이야기이다. '요셉을 모르는'과 '새 왕'이란 말은 출 1:1~7과 1:8~14
의 내용을 갈라놓는 분수령이다. 이 두 낱말은 불현듯 불길한 느낌을 갖게
한다.

새로 등극한 왕(멜렉-카다쉬)이 누구인지 정확히 알 수 없다. 이는 새로운

22

왕이란 뜻과 함께 지금까지와는 다른 정책이 그 나라에 시행되리라는 것을 예고한다. 그는 요셉은 물론 그가 이집트를 위해 한 일을 전혀 몰랐다. 그리고 하나님의 약속대로 이스라엘 자손의 수가 크게 늘어나자 크게 두려워하였다. 그리고 다음과 같이 호들갑을 떨었다.

보라, 이 백성 이스라엘 자손이 우리보다 많고 강하도다. 자, 우리가 그들에게 대하여 지혜롭게 하자. 두렵건대 그들이 더 많게 되면 전쟁이 일어날 때에 우리 대적과 합하여 우리와 싸우고 이 땅에서 나갈까 하노라.(출 1:9~10 직역)

우선 그는 비교급을 사용하여 이집트 사람으로 하여금 이스라엘 자손의 숫자에 불안감을 느끼게 만들었다.(우리 보다… = 우리에 비하여…) 비록 과장된 반응이더라도 이는 하나님께서 주신 약속이 실현되어 아무도 그들을 얕잡아 볼 수 없을 정도가 되었다는 뜻이다. 그가 유사시에 이스라엘 자손이 반역을 꾀하거나(정치적 위협) 도주하는 것(경제적 타격)을 염려할 정도였다.

일찍이 그랄 왕 아비멜렉이 이삭에게 '네가 우리보다 크게 강성한즉(아첨) 우리를 떠나라'고 말하며 학대하였다.(창 26:16) 이스라엘 자손의 인구 증가에 대처하는 이집트 왕 파라오의 모습은 부유해지는 이삭을 상대하던 아비멜렉의 그것과는 비교할 수 없을 정도로 훨씬 더 파괴적이었다. 사실 어느 나라 어느 민족에게나 노예 또는 외국인 신분으로 사는 생활은 비슷하였다. 그 나라 사람보다 잘 살면 시기와 모함을 당하고, 그들보다 가난하게 살면 무시를 당하는 것이 현실이었다. 하물며 그 옛날 노예였으니 이스라엘 자손은 이집트인에게 사람이기보다는 짐승으로 취급당하였을 것이다.

불안에 사로잡힌 파라오는 자기 나름대로 지혜로운 대응책을 세웠다. 본디 방도(기술)란 말맛을 지닌 이 말(카캄 = 지혜롭다)에는 부정적인 뜻과 긍정적인 뜻 둘 다를 포함하고 있다. 여기서는 부정적 의미로 쓰였다. 곧 자신의 이익을 지켜내려고 누군가에게 불이익이나 해를 끼치는 태도를 가리킨다. ESV와 NIV는 이 낱말을 기민하게(shrewdly)로 Neue evangelische Übersetzung은 영리하게(geschickt)로 옮겼다. 이런 의미에서 코헬렛은 말하였다:

지나치게 의인이 되지도 말며 지나치게 지혜자도 되지 말라 어찌하여 스스로 패망하게 하겠느냐(전 7:16)

스스로 지혜롭게 행하자고 한 파라오는 정말 지혜로운 사람이었을까? 그런 모습이 전혀 엿보이지 않는다. 그가 선택한 행동들 중에 그 어떤 것도 하나님과 자기 백성에게는 물론 이집트에 전혀 유익하지 않았다.

우선 그는 이스라엘 자손에게 더욱 험한 노동을 시키는 등 괴롭게 하고(아나 11, 12절) 엄하게 하였다.(아바드 13, 14절) 그는 노동강도를 크게 높이는 것으로 이스라엘 자손의 인구가 늘어나는 것을 막으려 하였다.(창 15:13~16 참조) 출 1:12~14에는 '일, 어려운 노동, 엄하게 시켜' 등 이스라엘 자손을 학대하는 낱말(아바드)이 다섯 차례 나왔다. 그들은 아마 비돔과 라암셋을 건설하는 데 동원되었을 것이다. 그곳에 파라오의 곡식을 저장하는 창고가 있었다. 이 강제 노동을 통해 파라오는 '하늘을 우러러 뭇별을 셀 수 있나 보라 또 그에게 이르시되 네 자손이 이와 같으리라'(창 15:5) 하신 하나님께 도전장을 내밀었다.

사람이 하는 일 중에는 자신이 본디 그 일을 시작하며 계획(생각)하였던 방향과 어긋나는 경우가 적지 않다. 파라오의 인구 억제 정책도 그랬다. 그가 아무리 막으려 해도 이스라엘 자손의 숫자는 자꾸 불어났다.(14절) '잔디에 붙은 불을 막대기로 두드리면 불꽃이 더 퍼져나간다'는 말처럼 억압하면 할수록 이스라엘 자손의 숫자는 더욱 불어났다. 그의 뜻이 전혀 먹혀들지 않았다. 이는 하나님께서 믿음의 조상들에게 주신 약속을 지키셨기 때문이다.

오늘의 적용

① 고난과 축복은 동전의 양면

거대한 제국 이집트를 다스리는 파라오는 막강한 힘을 가지고 있었다. 그에게는 어느 민족 누구에게나 고난과 역경을 안겨줄 만한 힘이 있었다. 그는 개인과 민족(나라)에 대한 생사여탈권을 한 손에 쥐고 있었다. 이스라엘 민족이 지금 겪는 고난과 역경도 그것에서 비롯되었다. 그런 그에게도 하나님께서 이스라엘 자손에게 주시는 복을 가로막을 힘이 없었다. 그는 가로막을 계책을 연이어 세 번 내놓았다. 그리고 번번이 실패하였다. 이 사실을 출 1:12a 첫 단어(와우 = 그러나!)가 매우 강하게 역설한다: '그러나 그들은 학대를 받으면 받을수록 더욱 더 번성하였으며 더욱 더 퍼져나갔다.'

이스라엘 백성은 한편으로 고난을 점점 더 심하게 당하였다. 다른 한편으로 점점 더 풍성해지는 축복을 누렸다. 우리 인생도 이렇지 않은가? 형통하기만 할 때도 있고 고난이 설상가상으로 찾아올 때도 있다. 물론 대부분의 경우 우리 현실에는 시련과 축복이 겹쳐 있다. 그래서 고난 속에 축복이 잉태되어 있고 축복 속에 고난이 묻혀 있다고 하는 것이다. 실제로 복을 받은 것이 화근이 될 때도 있고 화를 당한 것이 복을 불러오는 출발점이 되는 경우가 허다하다.

이에 지혜로운 신앙인은 고난(시련) 속에 잠재된 복의 씨앗을 정성껏 갈무리하는 한편(롬 8:16~18) 받은 복(성취, 성공) 속에 감추어진 재난의 기미를 미리 조심스럽게 살피며 제거해나간다.

16 성령이 친히 우리의 영과 더불어 우리가 하나님의 자녀인 것을 증언하시나니 17 자녀이면 또한 상속자 곧 하나님의 상속자요 그리스도와 함께 한 상속자니 우리가 그와 함께 영광을 받기 위하여 고난도 함께 받아야 할 것이니라 18 생각하건대 현재의 고난은 장차 우리에게 나타날 영광과 비교할 수 없도다(롬 8:16~18)

그런즉 선 줄로 생각하는 자는 넘어질까 조심하라(고전 10:12)

② 있어도 걱정, 없어도 걱정

모순처럼 보이지만 파라오에게 이스라엘 자손은 이집트 안에 있어도 걱정 이집트를 떠나도 걱정이었다. 이런 생각은 출 1:10에 여과 없이 그대로 드러났다.(두렵건대 그들이 더 많게 되면 전쟁이 일어날 때에 우리 대적과 합하여 우리와 싸우고 이 땅에서 나갈까 하노라) 파라오는 이스라엘 자손을 노예로 삼아 유효적절하게 부려먹었다. 그들이 생산해내는 경제적 가치는 아마 이집트 안에서 적지 않은 비중을 차지하였을 것이다. 기계가 발달하지 않았던 그 시절에 노동력의 숫자는 많으면 많을수록 좋다. 다른 한편 통제할 수 없을 만큼 많아지면 곤란하다.

파라오는 이스라엘 자손을 내보내기에 크게 아까워하였다. 그러면서도 그들의 숫자가 무섭게 불어나는 것에 대한 두려움을 떨쳐버릴 수도 없었다. 만일 우리에게 있어도 걱정 없어도 걱정인 것(사람)이 있다면 그것에 어떻게 대처해야 할까?

③ 윤똑똑이

윤똑똑이라는 말이 있다. 이를 헛똑똑이라고도 말한다. 이런 사람은 어떤 일이나 사람을 대하는 자신의 대처 방법(태도)이 똑똑하거나 시의적절하다고 생각하는 경향이 있다. 물론 남이 볼 때나 그 결과를 놓고 볼 때 전혀 그렇지 못한 데도 말이다. 그런 사람은 차라리 아무것도 하지 않고 그냥 가만히 있는 것이 더 좋다. 그런데도 그 자신은 좋은 방법(길)을 선택하였기에 형통하리라고 생각하는 경향이 있다.

파라오가 바로 그런 사람이다. 그는 자신이 생각해낸 꼼수(술수)를 지혜로운 대처라고 여겼다. 그는 스스로 지혜롭게 하자 말하며 그런 정책을 폈다. 그 결과 자신의 잔인함과 무기력함이 백일하에 드러나고 말았다.

④ 무모한 행위

하나님의 뜻의 실현을 가로막으려는 행동은 항상 무모하다. 파라오, 다윗을 죽이려던 사울 임금의 계략, 초대교회 시절 사도들의 복음 전도를 막으려던 산헤드린의 압력 등이 그런 예이다. 개인, 집단, 권력, 경제력 등 그 어떤 사람이나 수단으로도 하나님께서 세우신 계획을 저지시킬 수 없었다.

그런데도 신앙이나 역사에서 이런 교훈을 배우지 못한 사람들이 늘 있었다. 이를테면 초대교회 시절 유대인 원로들이 모인 산헤드린은 베드로를 비롯한 사도들에게 예수님 이름으로 말하지도 말고 가르치지도 말라고 엄명을 내렸다. 그때 사도 베드로는 이렇게 응수하였다:

> 베드로와 사도들이 대답하여 이르되 사람보다 하나님께 순종하는 것이 마땅하니라(행 5:29)

이에 화가 난 그들은 베드로를 없애려 하였다. 그러자 바리새인 가말리

엘이 말하였다:

38 내가 너희에게 말하노니 이 사람들을 상관하지 말고 버려두라 이 사상과 이 소행이 사람으로부터 났으면 무너질 것이요 39 만일 하나님께로부터 났으면 너희가 그들을 무너뜨릴 수 없겠고 도리어 하나님을 대적하는 자가 될까 하노라(행 5:38~39)

오늘 우리는 자신의 가슴에 손을 얹고 묻는다: '혹시 나(우리)는 나(우리) 자신도 모르는 사이에 그 무모한 무리에 속한 것이 아닐까?'

하나님의 진노가 불의로 진리를 막는 사람들의 모든 경건하지 않음과 불의에 대하여 하늘로부터 나타나나니(롬 1:18)

⑤ 박해 속에서 더 커가는 민족

이집트의 이스라엘 자손은 박해를 당하면서도 전보다 더욱 왕성해졌다. 이것이 기독교 신앙의 특징이다. 예로부터 성도의 신앙은 박해와 핍박을 받으면 받을수록 오히려 더 굳건하고 확고해졌다. 개인도 교회도 민족도 그렇다. 우리는 초대교회 시절 사도와 성도의 모습에서 그리고 기독교 2천 년 역사에서 이런 사실을 많이 알고 있다.

또 너희가 내 이름으로 말미암아 모든 사람에게 미움을 받을 것이나 끝까지 견디는 자는 구원을 얻으리라(마10:22)

너희에게 인내가 필요함은 너희가 하나님의 뜻을 행한 후에 약속하신 것을 받기 위함이라(히 10:36)

그렇다. 환경이나 생활조 건이 어렵다고 해서 하나님의 계획(섭리)이 무산되는 것은 아니다. 이 사실을 믿는 사람은 제 아무리 열악한 형편과 처지라도 끝까지 인내하며 나아간다. 이 과정에서 그의 믿음과 기도는 자신의 생활태도에 큰 힘을 발휘하는 것이다.

4 무릇 하나님께로부터 난 자마다 세상을 이기느니라 세상을 이기는 승리는 이것이니 우리의 믿음이니라 5 예수께서 하나님의 아들이심을 믿는 자가 아니면 세상을 이기는 자가 누구냐(요일 5:4~5)

3

믿음은 생명을 살리는 일로 표현된다

(출 1:15~22)

15 애굽 왕이 히브리 산파 십브라라 하는 사람과 부아라 하는 사람에게 말하여

16 이르되 너희는 히브리 여인을 위하여 해산을 도울 때에 그 자리를 살펴서 아들이거든 그를 죽이고 딸이거든 살려두라

17 그러나 산파들이 하나님을 두려워하여 애굽 왕의 명령을 어기고 남자 아기들을 살린지라

18 애굽 왕이 산파를 불러 그들에게 이르되 너희가 어찌하여 이같이 남자 아기들을 살렸느냐

19 산파가 바로에게 대답하되 히브리 여인은 애굽 여인과 같지 아니하고 건장하여 산파가 그들에게 이르기 전에 해산하였더이다 하매

20 하나님이 그 산파들에게 은혜를 베푸시니 그 백성은 번성하고 매우 강해지니라

21 그 산파들은 하나님을 경외하였으므로 하나님이 그들의 집안을 흥왕하게 하신지라

22 그러므로 바로가 그의 모든 백성에게 명령하여 이르되 아들이 태어나거든 너희는 그를 나일 강에 던지고 딸이거든 살려두라 하였더라

이것은 하나님께서 약한 자에게 지혜를 주어 강한 자의 불의한 시도를 이겨내게 하시는 이야기이다. 히브리 민족을 향한 하나님의 축복이 실현되

자 파라오는 불안을 느꼈다. 그 첫 번째 대응책으로 그는 히브리인들에게 아주 고된 노동을 시켰다.(1:11~14) 이 수가 전혀 먹혀들지 않았고 오히려 히브리인의 숫자가 점점 더 불어났다.

출애굽기 1장에는 히브리인(히브리 인종, 민족)이라는 표현이 세 번 나온다.(출 1:15, 16, 19) 우선 파라오는 자기 동족과 산파들을 구별하여 이 말을 썼다. 여기서 이 말은 이집트인과 다른 인종, 곧 히브리 인종이라는 뜻이다. 성경에 이런 뜻으로 쓰이는 경우가 두 번 더 있다.(창 14:13; 욘 1:9) 두 번째로 파라오는 이 말을 노예 신분을 가리키는 말로 썼다. 히브리인이 곧 노예이다.

어떤 이들은 이 말의 뿌리를 건너오다(to cross over)에서 찾는다. 이런 풀이는 대답보다는 문제를 더 많이 안겨준다. 또 다른 학자들은 이 말의 뿌리를 아카드어 하삐루에서 찾는데 이것은 히브리 말과 별로 관계가 없다. 그들을 가리켜 히브리인이라 부르는 주변 나라 사람들은 i)자신과 다른 민족(이방인)이며 ii)노예인 그들을 마음대로 부려도 되는 것으로 여겼던 것이다. 보디발의 아내가 요셉을 고발하며 히브리인이라고 한 것(창 39:14, 17)블레셋인이 이스라엘 사람을 가리켜 히브리인이라 한 것도(삼상 4:6, 9; 14:11, 21) 위와 다르지 않다.

그런데도 하나님은 이런 사람들의 하나님이 되기를 자처하셨다.(출 3:18; 5:3; 7:16; 9:1, 13; 10:3; 히 11: 16 참조)

이에 그는 두 번째 단계로 보다 강도 높은 대응책을 마련하였다: (히브리 산파에게) 이르되 너희는 히브리 여인을 위하여 해산을 도울 때에 그 자리를 살펴서 아들이거든 그를 죽이고 딸이거든 살려두라 하니라.(출 1:16)

이 세상에서 가장 위대하고 숭고한 순간들 중에 하나를 손꼽으라면 아마 새 생명이 태어나는 바로 그 때일 것이다. 한 생명이 세상에 나와 첫 울음을 터트리는 그 엄숙한 순간에 참여하는 사람의 긍지는 얼마나 클 것인가! 그 사회적 지위와 관계없이 산파는 한 생명이 태어나는 자리를 지키며 보호하는 소중한 사람들이다. 그들은 필시 매우 높은 자부심과 생명 사랑의 마음을 가졌을 것이다. 이런 사실을 강조하느라 본문에는 산파란 말을 일곱 차례 되풀이 사용하였다.

이런 히브리 산파 십브라(= 아름다움)와 부아(= 빛남, 찬란함)에게 내려진 파라오의 명령은 자신의 생명과 아이의 생명 중에 하나를 선택하라는 강요였다. 이는 단순한 협박이 아니다. 목숨만이 아니라 그들 인생의 긍지를 잔인하게 짓밟는 행위였다.

출 1:16에 '그 자리를 살펴서'라고 옮긴 말(부레이텐 알하오브나임)을 직역하면 '그리고 그 돌들(돌의 쌍) 위를 살펴보아라'이다. 오브나임이 무엇을 의미하는지 분명하지 않다. 이것은 여인이 해산할 때 깔고 앉았던 쌍돌(의자)을 가리키는 것으로 조산대(助産臺, the birthstool)이거나 갓난아기를 씻기기 위해 돌로 만들어진 목욕통일 것이다.(출 7:19 참조) 그리고 아기의 성기를 가리킨다고 보는 입장도 있다.(Cassuto, 14; GB 9~10; HAL 8~9) 또 살다, 살리다는 말(카야)에는 히브리 동사의 기본형(Qal)이 쓰였다. 이는 살리려 노력하라는 것이 아니라 그냥 내버려두어도 살아나면 살게 내버려두라는 뜻이다.

출 1:17에는 이와 똑같은 낱말이 강의형(Piel)으로 쓰였다.(봣테카예나) 이는 히브리 산파들이 살려두지 말아야 할 아기를 일부러 살아남게 하였다는 뜻이다. 물론 생명을 살려내는 이 행동은 그들 자신의 성격이나 양심에서 나온 것이 아니다. 그것은 여호와를 두려워하는 신앙에서 나왔다.(출 1:17, 21) 하나님을 경외하는 신앙이 그 두렵고 떨리는 상황에서도 바르고 참된 길을 선택하는 원동력이 되었다. 이 세상에 하나님보다 더 두려워할 것이 없었기에 그들은 세상 그 어떤 권력이나 유혹 앞에서도 두려워하거나 무릎을 꿇지 않았다. 이를 강조하느라 17절은 '그러나(그런데)'라는 접속사(와우)를 사용하였다.

그러나 그 산파들은 하나님을 두려워하였다. 그래서 이집트 왕이 자신들에게 한 말(명령) 대로 하지 않았다. 그리고 남자 아이들을 살려두었다.(직역)

만일 우리가 이런 입장에 처했다면 어떻게 하였을까? 아마 우리 자신을 포함하여 대부분의 사람은 파라오의 명령에 따르면서 그런 자신의 행동을 합리화하였을 것이다: '만일 내가 아이들을 죽이지 않으면 내가 파라오의 손에 죽게 되고 나를 죽인 그는 다시 다른 산파에게 명령하여 결국 사내아이는 어떤 산파에게든 죽임을 당할 수밖에 없을 것이다. 불쌍하지만 그들은 시대를 잘못 타고 태어난 것뿐이다.'

히브리 산파들은 달랐다. 하나님을 두려워하는 믿음이 이들로 하여금 적극적으로 생명을 살리게 만들었다. 놀라서 묻는(마뚜아 = 어찌하여?) 파라오에게 그들은 간단한 조사로도 금방 들통날 말로 둘러대었다: '히브리 여인은 이집트 여인과 같지 아니하고 건장하여 산파가 그들에게 이르기 전에 해산하였더이다.'(출 1:19) 하나님은 파라오가 그 말을 그대로 믿게 만드셨다. 신하들을 시켜 그 말이 사실인지를 확인하면 그 진위를 금방 알 수 있는데도 하나님은 파라오가 그렇게 하지 않도록 막으셨던 것이다.

결국 갓난아이들도 살았고 산파들도 살았다. 파라오의 어마어마한 권력에 거슬러 그들이 이런 선택을 하였다는 것과 산파와 아이들이 모두 살아났다는 사실은 하나님께서 그렇게 되도록 만드셨다(= 하나님 은총)는 말 이외에 달리 설명할 길이 없다. 인간의 계산으로는 '네가 죽느냐 내가 죽느냐' 둘 중에 하나밖에 다른 방법이 없어 보였다. 그런데도 하나님을 경외하는 믿음으로 그들은 제3의 길을 선택하였다. 이로써 히브리 족속의 인구가 늘어나는 것을 막으려는 파라오의 자칭 지혜로운 대책 두 번째도 하나님을 경외하는 산파들의 지혜로운 대처와 그들을 보호하시는 하나님 은혜 앞에 맥을 못 추었다.

여호와를 경외하는 것은 생명의 샘이니 사망의 그물에서 벗어나게 하느니라(잠 14:27)

4 내가 내 친구 너희에게 말하노니 몸을 죽이고 그 후에는 능히 더 못하는 자들을 두려워하지 말라 5 마땅히 두려워할 자를 내가 너희에게 보이리니 곧 죽인 후에 또한 지옥에 던져 넣는 권세 있는 그를 두려워하라 내가 참으로 너희에게 이르노니 그를 두려워하라(눅 12:4~5; 마 10:28~31 참조)

생명 살리기에 앞장 선 지혜로운 산파들에게 하나님은 복을 내리셨다.

하나님이 그 산파들에게 은혜를 베푸시니 그 백성은 번성하고 매우 강해지니라 그 산파들은 하나님을 경외하였으므로 하나님이 그들의 집안을 흥왕하게 하신지라.(출 1:20~21)

'은혜를 베풀었다'고 옮겨진 말(봐예테브 토브= 그리고 그가 좋은 것을 좋게 하였다)은 본디 아주 좋게 대우하셨다는 뜻이다. 하나님께서 베푸신 은혜의 내용은 산파들의 집을 일으켜 세우신 것이다.(봐아아스 라헴 뱃팀← 아사)

세 번째로 파라오는 보다 악랄한 계책을 내놓았다.(출 1:22) 그는 아들이 태어나면 무조건 강물에 던져버리라고 명령하였다.(출 1:22) 그는 두 번에 걸친 실패에서 좋은 것을 배우기는커녕 더 완악해졌다. 윤똑똑이가 그러하듯이 그도 악수(惡手)를 거듭하고 말았다. 어떤 활동이나 계획이 계속 좌절되는 것은 종종 하나님의 뜻은 그것이 아니기 때문이라는 보편적인 이치를 그는 받아들이지 않았던 것이다:

다만 네 고집과 회개하지 아니한 마음을 따라 진노의 날 곧 하나님의 의로우신 심판이 나타나는 그 날에 임할 진노를 네게 쌓는도다(롬 2:5)

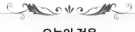

오늘의 적용

① 하나님을 두려워하는 자의 선택

기독인은 하나님을 두려워하는 사람이다. 이 경외심에 바탕하여 살아가는 사람은 하나님의 뜻에 어긋나게 행동하는 그 어떤 사람이나 권력 또는 일을 전혀 두려워하지 않는다. 비록 겉보기에 그것이 매우 견고하고 강해 보이더라도. 거기에 복종하지 않을 때 나타날 결과가 상상만 해도 몸서리 쳐질 정도로 무서울지라도.

신앙인은 세상 또는 세상 사람이 원하는 길을 선택하지 않는다. 좁은 길 좁은 문이라도 하나님께서 기뻐하시는 길을 따라간다. 영적 선택을 하느냐 여부가, 그리고 그 선택에 어떻게 책임을 지느냐가 그 사람의 신앙의 수준을 보여주는 것이다.

② 하나님을 경외하는 자의 선택은 생명 살리기이다

창조주 하나님은 온갖 생명을 창조하신 분이다. 성경은 생명의 근원이 여호와께 있기에 각각의 생명을 귀하게 여기는 정도가 아니라 한 걸음 더 나아가 경외할 것을 우리에게 가르친다. 시편 기자는 자기 자신의 생명을 향한 경외심(veneratio vitae)을 이렇게 노래하였다:

14 내가 주께 감사하옴은 나를 지으심이 심히 기묘하심이라 주께서 하시는 일이 기이함을 내 영혼이 잘 아나이다 15 내가 은밀한 데서 지음을 받고 땅의 깊은 곳에서 기이하게 지음을 받은 때에 나의 형체가 주의 앞에 숨겨지지 못하였나이다 16 내 형질이 이루어지기 전에 주의 눈이 보셨으며 나를 위하여 정한 날이 하루도 되기 전에 주의 책에 다 기록이 되었나이다.(시 139:14~16).

파라오가 산파들에게 내린 명령의 바탕에는 생명을 경시하는 사고방식이 깔려 있다. 이는 생명의 창조자이신 하나님의 뜻을 정면으로 거스르는 행위이다. 히브리 산파 십브라와 부아에게서 보듯이(출 1:17), 하나님을 경외하는 것과 생명을 경외하는 것은 밀접한 관계가 있다. 20세기 신앙과 양심을 대표하는 사람들 중 하나였던 슈바이처 박사에게도 이것은 둘이 아니라 하나였다.

생명을 향한 경외심은 구체적인 생활 영역에서 사람을 사랑하는 모습으로 드러난다. 요일 3:14~16이다:

14 우리는 형제를 사랑함으로 사망에서 옮겨 생명으로 들어간 줄을 알거니와 사랑하지 아니하는 자는 사망에 머물러 있느니라 15 그 형제를 미워하는 자마다 살인하는 자니 살인하는 자마다 영생이 그 속에 거하지 아니하는 것을 너희가 아는 바라 16 그가 우리를 위하여 목숨을 버리셨으니 우리가 이로써 사랑을 알고 우리도 형제들을 위하여 목숨을 버리는 것이 마땅하니라

③ 변명만으론 잘못된 결과가 달라지지 않는다

사람은 자기 합리화의 기교를 타고난 듯하다. 어느 때에는 주체적이며 독립적인 인간인 것을 내세우고 다른 때에는 환경과 조건의 지배를 받는 나약한 존재라며 자신을 합리화하는 것을 보면 그렇다. 자기 편한 대로 이리도 두둥지고 교묘하게 자기 책임을 벗어버리는 사람이 있다.

만약 히브리 산파들도 그런 사람들이었다면 파라오가 명령한 대로 하고 나서 자기 변명을 하였을 것이다. 그러나 그들은 전혀 그리하지 않았다. 그들은 생명을 살리는 일(좋은 결과)을 위해 구차한 변명을 하지 않아도 되도록 지혜롭게 행동하였다. 이런 그들에게 하나님께서 복을 주신 것은 당연하다.

사람은 자신의 행위에 대한 책임을 자기 스스로 질 줄 알아야 한다. 특히 자기가 주체적인 존재라고 여기거나 하나님의 사람이라 여기면 여길수록 더욱더.

④ 악이 비록 성하여도…

파라오는 히브리 민족의 수가 하나님 약속대로 불어나자 그것을 확대 과장하여 떠벌렸다.(출 1:9~10) 그리고 자신의 막강한 권력과 지혜를 동원하여 하나님 약속이 실현되는 것을 막으려 단계별로 계획을 세웠다. 파라오의 그런 횡포에 맞설 힘이 히브리 민족에게는 없었다. 이 무기력한 무리에게 하나님께서 함께하셨다. 하나님의 은혜만이 그들이 비비댈 언덕이었다. 그들이 사용하는 지혜(또는 소극적인 자기방어)는 매우 보잘것없어 보였다. 그런데 하나님은 거기에 효과적인 능력을 불어넣으셨다. 이리하여 찬송가 가사(586장)대로 '악이 비록 성하여도 진리 더욱 강하다'는 사실을 입증해 주셨다.

그렇다. 인간의 힘이나 지혜(잔머리)가 하나님의 목적이나 계획을 가로막을 수 없는 것이다.(고전 1:18~25 참조) 돌아가는 형편만 볼 때에는 파라오의 악한 계획과 음모가 점점 더 크게 받아들여지는 듯 보일 때가 있다. 믿음의 진가는 바로 이런 때에 빛나게 마련이다.

하나님은 무기력한 자의 보잘것없는 힘, 겨우 자기방어에 급급한 약한 자의 지혜를 외면하지 않는 분이다. 세상적인 수완이나 수단보다는 공의로 우신 하나님을 믿는 정도가 성도의 선택을 결정하는 것이다.

4
왕은 지고 어머니는 이긴다

(출 2:1~10)

1 레위 가족 중 한 사람이 가서 레위 여자에게 장가 들어

2 그 여자가 임신하여 아들을 낳으니 그가 잘 생긴 것을 보고 석 달 동안 그를 숨
  겼으나

3 더 숨길 수 없게 되매 그를 위하여 갈대 상자를 가져다가 역청과 나무 진을 칠
  하고 아기를 거기 담아 나일 강 가 갈대 사이에 두고

4 그의 누이가 어떻게 되는지를 알려고 멀리 섰더니

5 바로의 딸이 목욕하러 나일 강으로 내려오고 시녀들은 나일 강 가를 거닐 때에
  그가 갈대 사이의 상자를 보고 시녀를 보내어 가져다가

6 열고 그 아기를 보니 아기가 우는지라 그가 그를 불쌍히 여겨 이르되 이는 히
  브리 사람의 아기로다

7 그의 누이가 바로의 딸에게 이르되 내가 가서 당신을 위하여 히브리 여인 중에
  서 유모를 불러다가 이 아기에게 젖을 먹이게 하리이까

8 바로의 딸이 그에게 이르되 가라 하매 그 소녀가 가서 그 아기의 어머니를 불
  러오니

9 바로의 딸이 그에게 이르되 이 아기를 데려다가 나를 위하여 젖을 먹이라 내가
  그 삯을 주리라 여인이 아기를 데려다가 젖을 먹이더니

10 그 아기가 자라매 바로의 딸에게로 데려가니 그가 그의 아들이 되니라 그가
   그의 이름을 모세라 하여 이르되 이는 내가 그를 물에서 건져내었음이라 하
   였더라

이것은 모세가 태어나 연명하는 이야기이다. 히브리인의 인구 증가를 막으려는 파라오의 정책이 가장 살벌할 때에 모세가 태어났다. 조금만 일찍 태어났더라면 살아날 길이 있었을 것이다. 지금은 사정이 여의치 못하다. 시기를 잘못 타고났다. 그 부모는 '아이가 하도 잘 생겨서(키 토브 후) 남이 모르게 석 달 동안이나 길렀다'.(출 2:2) 고슴도치도 제 새끼가 이쁘다는데 자기 배 아파가며 직접 낳은 아들이 어찌 잘 생겨 보이지 않겠는가?

여기서 잘 생겼다는 말을 원문 그대로 옮기면 '진실로 그가 좋았다'(봣테라 오토 키-토브 후 = 그리고 그를 보니 진정 그가 마음에 들었다, 아름다웠다)이다. 이는 창세기 1장에 '하나님이 보시기에 좋았더라'(창 1:4 등 여러 차례; 봐야르 에트 (하오르) 키 토브 = 그것을 보니 그것이 진정 마음에 들었다)라는 말씀과 같은 낱말이다. 이 말은 모세의 생김새가 뛰어났다기보다는(삼상 16:12; 왕상 1:6 참조) 그 부모에게는 이 세상 그 무엇과도 바꿀 수 없이 귀하다는 뜻 곧 '…의 마음에 쏙 드는 것, …을 위해 아름다운 것'이란 의미이다.

그 부모는 아이를 살리려고 최선을 다하였다. 3달 동안 숨겨 키웠다.(출 2:2; 히 11:23) 이렇게 그 부모(아므람과 요게벳)와 누이(미리암?)는 모세를 포기하지 않았다. 더 이상 숨길 수 없게 되자 사람 목숨은 하늘에 달렸다는 말(人命在天)을 믿고 대책을 마련하였다. 그들은 파피루스(왕골?) 상자를 만들어 역청과 송진으로 물이 스며들지 않게 만든 다음 그 안에 아기를 넣어가지고 나일 강으로 갔다.

갈대 상자(테바트 꼬메)에서 상자(텟바)라는 말은 노아가 만든 방주와 같은 용어이다.(창 6~9장에 26번 나옴) 노아가 만든 것은 고페르 나무를 재료로 한 아주 큰 것이었다.(창 6:14~9:18 테바트 아체 고페르) 노아 방주의 길이는 약 137미터(1규빗을 52.6센티미터로 계산할 때), 배수량이 약 2만 톤이다. 모세의 부모가 만든 것은 갈대(파피루스)를 소재로 한 아주 작은 것이었다. 그러므로 비록 상자를 가리키는 낱말이 같이 쓰였더라도 그 규모는 비교가 되지 않았다.

갈대 상자(주전 5천 년경, 이집트 Fayum (El Fayum) 출토(대영제국박물관)
[출처:www.onmam.com]

3절 '그를 위하여 갈대 상자를 가져다가 역청과 나무의 진을 칠하고 아기를 거기 담아 나일 강가 갈대(수프) 사이에 두고'에는 주요 낱말들이 서로 얽혀 있다. 우선 갈대는 출애굽한 이스라엘 자손이 가나안을 향해 갈 때 뛰어넘어야 할 첫 번째 장애물 곧 홍해 바다의 이름이었다.(출애굽기 14장)

두 번째로 상자는 노아가 만든 방주와 같은 낱말(텟바)이다. 노아의 경우와 같이 여기서도 그것은 구원(생존)의 도구였다. 노아가 죄악에 시달리는 피조물을 구원하는 통로로 쓰였듯이, 모세도 짐승 취급을 당하는 동족을 구원하는 통로가 될 것인가!(송병현 90)

세 번째로 그 상자에 물이 스며들 틈새를 막으려고 사용한 역청(케마르)은 강제 노동을 하는 이스라엘 자손이 쓴 흙과 같은 낱말이다.(출 1:14 코메르) 파라오가 이스라엘 자손을 학대하는데 사용한 바로 그 물질을 모세의 어머니는 구원의 도구로 사용하였다.(브루크너 55) 이와 같이 똑같은 물질이라도 그것을 사용하는 사람의 의도에 따라 완전히 다른 기능을 할 수 있는 법이다.

물론 그들은 아기가 든 갈대 상자를 버리듯이 아무렇게나 강물에 떠우지 않았다. 그들은 강가 갈대 사이에(출 2:3, 5) 그것을 두어 떠내려가지 않게 하였다. 아마 그 장소가 파라오의 공주가 평소에 목욕하러 나오는 곳임을 미리 보아 두었으리라.

그것은 아기를 버리는 행위가 아니었다. 생명을 살리려고 지푸라기 하나라도 붙잡는 심정으로 하는 곧 주어진 상황에서 최선의 행동을 선택한 것이었다. 그들은 갈대 상자에 넣어 강가 갈대 사이에 둔 아기가 어떻게 되는가를 멀찍이 떨어진 곳에 숨어 몰래 지켜보았다.(출 2:4) 그때 마침 파라오의 딸이 목욕을 하러 나일 강으로 왔다. 그녀는 (나일강으로) 내려와서(야라드, 할라크) 아기 모세를 보고(라아) 그 울음소리(바카)를 들었다. 그리고 그 마음이 움직였다.(하말 5~6절) 6절을 직역하면 다음과 같다:

그녀(파라오의 딸)는 그것을 열고 아기를 보았다. '자 보라, 아기가 우는구나!' 그녀는 그 아기를 불쌍히 여겼다. 그리고 말하였다. '이는 히브리 사람의 소생이로구나.'

그녀는 시녀들(느아로트 나아라)을 거느리고 나일 강가로 나왔는데 자신의 몸종(아마)을 시켜 그 아기를 데려오게 하였다. 여기서 '아마'는 아마도 파라오의 딸이 매우 신뢰하는 측근 중에 측근을 가리키는 말일 것이다. 여기에 쓰인 동사들이 곧 바로 출애굽기 3장에서 히브리인을 향한 하나님의 모습을 설명하는 데 그대로 쓰였다. 곧 하나님은 내려오셔서(출 3:8) 그 상황을 보시고(출 3:7, 9) 그 신음 소리를 들으셨다.(출 3:7) 그리고 하나님께서 마음을 움직이셨다. 성경은 생명을 아끼는 자의 심경을 이렇게 하나님의 마음으로까지 승화시켰다.

이로써 히브리인의 아들을 살려두지 않으려는 파라오의 계획은 다른 사람이 아닌 바로 그 자신의 딸로 인해 무산되고 말았다. 마치 전혀 기대조차 하지 않았던 사마리아 사람의 손에 유대인이 구출되었듯이(눅 10:25~37) 모세는 보통 사람이 전혀 생각하지도 못하였던 손길을 통해 구출되었다. 이는 참으로 놀라운 역설이 아닐 수 없다. 파라오의 공주는 이 아기에게 모세(모세= 건져 냄)라는 이름을 붙여주었다.(출 2:10) 히브리 성경은 이 이름에서 '끌어내다(to draw out, pull out)'는 뜻을 지닌 마샤와 연결시켰다. 이것의 명사형 (고유명사) 모세는 이 낱말의 칼형 능동 분사이다. 그 뜻은 '끌어내는 자, 끌어내는 것'이다.(사 63:11 "백성이 옛적 모세의 때를 기억하여"라는 부분에서 '모세 암모'를 직역하면 '그들이 옛적에 그의 백성을 이끌어 낸 자를 기억하였다'이다) 성경의 다른 인물들(아브라함, 이삭, 야곱 등) 처럼 이 이름도 한 인물을 구체적으로 가리키는 호칭일 뿐만 아니라 그가 장차 무슨 일을 할 사람인지를 보여준다. 모세는 본디 강물에서 건져진 사람이므로 수동형으로 써야 할 것이었다. 그런데도 능동형이 쓰임으로써 혹시 그의 운명을 예고하려 한 것일까?

모세란 이름은 이집트 말 msy에서 유래하였다. 그 뜻은 '태어나다(to be born)'이다. 이것의 명사형 ms는 '어린이(child), 아들(son)'이란 뜻이다. 이집트 파라오의 이름 가운데 이런 글자가 들어간 경우가 적지 않다. 이를테면

모세(고대 이집트 말)

Ramses(= Ra + ms)는 태양신 라의 아들이며, 프타 모세 = 프타의 아들(프타 신에게서 태어난 아들), 투트 모시스 = 투트의 아들(투트 신이 낳은 아들)이란 뜻이다.

모세라는 말의 의미가 이스라엘 자손에게는 '하나님께서 우리를 (이 고역과 고통에서) 이끌어낼(= 구원할) 사람을 보내셨구나'였다. 이집트 사람은 똑같은 그 말을 '공주에게 아들이 하나 생겼구나'라는 뜻으로 다르게 받아들였다. 이는 참으로 오묘한 하나님의 섭리가 아닐 수 없다.

출애굽기 1~2장과 4장에는 생명을 살리는 여인들의 이름 또는 신분이

나와 있다: 히브리 산파 십브라와 부아, 모세의 어머니(요게벳)와 누이(미리암), 파라오의 딸(공주)과 그 시녀들, 그리고 모세의 아내 십보라.(출 4:24~26) 그들은 하나님을 경외함으로 사람의 생명을 살리는 일에 참여하였다. 성경은 이 일을 높이 평가하여 파라오의 이름조차 밝히지 않으면서도 그들의 이름을 밝히 적어놓았다. 모세와 이스라엘 백성을 포함하여 이 여인들은 그 옛날 요셉의 생명이 위태위태할 때마다 하나님께서 은총을 베푸셨듯이, 자신의 인생이 보호받는 은혜를 누렸던 것이다.(그 산파들이 이집트인인지 히브리인인지는 분명하지 않다)

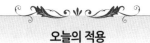

오늘의 적용

① 왕은 지고 어머니는 이긴다

야곱의 허리(창 32:23~33; 35:11 참조)에서 나온 소수의 무리(70여 명)가 무섭게 불어나 거대한 민족으로 번성하였다, 거대한 제국을 한 손에 쥐고 흔드는 파라오가 두려워할 정도로. 그의 우스꽝스러운 두려움과 그 왕국 안에서 노예로 사는 소수민족 히브리인의 끈질긴 생명력이 출 1~2장에 선명한 대조를 이루고 있다. 힘과 숫자로 히브리인은 파라오 및 이집트 왕국에 비할 바가 아니었는데도 파라오는 불안해하였다.

히브리 민족은 하나님의 약속을 품은 민족이기에 하나님의 기억에 살아 있는 민족이었으며 하나님의 목적(뜻) 안에 포함된 민족이었다. 비록 나는 새를 떨어뜨리는 세상 권력이라도 하나님의 약속을 품고 태어난 생명을 자기 맘대로 할 수 없는 법이다.(마 2:13~18; 마 10:29 참조) 이들이 살아남는 과정이나 번성하는 모습은 예수님이 말씀하신 겨자씨 비유를 생각나게 한다:

30 또 이르시되 우리가 하나님의 나라를 어떻게 비교하며 또 무슨 비유로 나타낼까 31 겨자씨 한 알과 같으니 땅에 심길 때에는 땅 위의 모든 씨보다 작은 것이로되 32 심긴 후에는 자라서 모든 풀보다 커지며 큰 가지를 내나니 공중의 새들이 그 그늘에 깃들일 만큼 되느니라(막 4:40~32; 참조 마 13:31~32; 눅 13:18~19)

더구나 이 일에 파라오의 딸이 중요한 역할을 하였다. 그녀는 시녀들과 함께 나일 강에 목욕하러 왔다가 갈대 상자에 담긴 아이를 발견하였다. 이에 그녀에게 있는 여성의 타고난 보호 본능이 발동하였다. 그래서 자기 시녀들 가운데 아주 가까운 측근을 불러 그 아기를 데려오게 하였다. 그가 히브리인의 아기임을 알면서도, 히브리 아기에 대한 아버지 파라오의 명령을 알면서도 그 아기를 데려다 키우기로 마음먹었다. 그리고 그에게 젖을 먹이기 위해 모세의 생모를 불러오게 하였다.

그녀는 모세를 길러준 어머니가 되었다. 이리하여 유아 학살 명령을 내린 장본인의 친딸의 손에 이스라엘 민족을 해방의 길로 인도할 지도자 모세가 자라났다. 참으로 기가 막힌 역설이 시작된 것이다. 그렇다. 자식의 생명에 관한 한 왕은 지고 어머니는 이긴다:

깊도다 하나님의 지혜와 지식의 풍성함이여, 그의 판단은 헤아리지 못할 것이며 그의 길은 찾지 못할 것이로다(롬 11:33)

② 갈대 상자 동동동
노아가 들어앉은 방주와 모세가 눕혀진 갈대 상자는 물 위에 동동 떠올랐다. 그것들이 떠내려갈 방향을 정할 수 있는 사람은 아무도 없었다, 심지어 그것을 만들어 강에 띄운 사람도. 오직 하나님만이 그것이 어디로 흘러

갈지 누구 손에 들어가는지를 결정할 방향키를 쥐고 계셨다.

평소에 사람은 자기 인생을 자기 스스로 개척한다고 말한다. 그런 사람이 자기 인생을 하나님께 의탁하고 사는 사람보다 더 용감해 보이고 더 주체적인 존재로 여겨지곤 한다. 그러나 우리는 안다, 얼마나 많은 순간순간마다 우리 능력으로는 도저히 통제할 수 없는 사람들, 우리 지식과 경험으로는 맘대로 좌지우지할 수 없는 일들과 직면하며 사는지를. 그러므로 성실한 사람은 '내 인생의 열쇠는 내게 있지 않다'고 솔직히 인정할 수밖에 없다. 그리고 하나님을 향해 '나의 앞날이 주의 손에 있사오니 내 원수들과 나를 핍박하는 자들의 손에서 나를 건져 주소서(시 31:15); 부와 귀가 주께로 말미암고 또 주는 만물의 주재가 되사 손에 권세와 능력이 있사오니 모든 사람을 크게 하심과 강하게 하심이 주의 손에 있나이다(대상 29:12)'라고 고백하는 것이다.

일찍이 전도자가 '이 모든 것을 내가 마음에 두고 이 모든 것을 살펴본즉 의인들이나 지혜자들이나 그들의 행위나 모두 다 하나님의 손 안에 있으니 사랑을 받을는지 미움을 받을는지 사람이 알지 못하는 것은 모두 그들의 미래의 일들임이니라'(전 9:1)고 한 것도 이 같은 현실을 인정하는 것이다.

강제 노역과 채찍을 든 노동 감독관

이런 뜻에서 40일 주야로 내리붓는 대홍수의 물결에 둥둥 떠 있는 노아의 방주와 나일 강에 동동 떠 있는 갈대 상자 안의 모세는 하나님 손에 의탁하는 인생이 가장 안전하다는 사실을 보여주는 산 증거이다.

③ 등잔 밑이 어둡다

임규(任奎, 1620~1687)의 시 〈연복사를 지나며(過延福寺)〉 가운데 '不知禍自在蕭墻(부지화자재소장 = 자기 집 울타리 안에 화근이 있음을 모른다)'란 구절이 있다. 부지소장은 집안에 재앙거리가 있는 줄을 까마득히 모르고 바깥 경계에만 힘쓴다는 뜻이다. 이에서 소장지환(蕭墻之患 = 울타리 안에 있는 환난거리)이란 말도 나왔다. 파라오 입장에서 보면 자신의 딸이 화근이었다. 그는 자신의 계획이 다른 사람이 아닌 자신의 딸에 의해 무산되리라고는 꿈에도 생각하지 못하였을 것이다. 그는 히브리인의 아들을 죽이려 하였는데 막상 그 딸에 의해 이 방도가 무산되고 말았다.

중국 진나라 시황(진시황)은 외적의 침입을 막아내고자 만리장성을 쌓았다. 나중에 그는 외적의 침략 때문이 아니라 측근의 쿠데타로 망하였다. 지난날 나는 새도 떨어뜨린다는 권력을 휘두르는 중앙정보부를 통해 불리한 정보들을 통제하고 유리한 정보들을 만들어내었으나 결국 자신의 심복인 그 부장에게 암살당한 대통령도 있었다. 예나 지금이나 불의하고 덕 없는 사람은 거의 다 가까운 측근의 배반으로 무너진다.

④ 마지막 순간에도 희망의 끈을 놓지 않은 사람들

모세 가족은 마지막 순간까지도 희망의 끈을 놓지 않았다. 하나님을 바라보는 그들의 신앙이 갈대 상자까지 만들게 하였다.

우리가 살아가는 동안에 '이제야말로 끝이다. 더 이상은 … 없다'고 느낄 때가 얼마나 많은가? 출애굽기 2장에 나오는 모세의 가족도 이와 같은 심정이었으리라. 그런데도 그들은 자신의 감정과 판단에 일을 내맡기지 않았다. 위에 계신 하나님을 신뢰하며 인간적으로 볼 때에는 아예 소용이 없을 것 같은 갈대 상자를 만들었다. 그 안으로 물이 새어 들어오지 못하게 단단히 잡도리를 하였다. 그런다고 그것이 며칠이나 갈까?

이것이 신앙생활의 특징들 중에 하나이다. 하나님께서 결론을 내리실 때까지 우리 자신의 판단과 결정을 유보하는 것이다. 신앙인은 최종 결정을 하나님 손에 맡긴다. 그리고 순간순간 최선을 다할 뿐이다.

6 아무것도 염려하지 말고 다만 모든 일에 기도와 간구로, 너희 구할 것을 감사함으로 하나님께 아뢰라 7 그리하면 모든 지각에 뛰어난 하나님의 평강이 그리스도 예수 안에서 너희 마음과 생각을 지키시리라(빌 4:6~7)

신앙은 우리에게 우리 일을 하나님 손에 의탁하게 만들고 하나님은 그것을 선하고 복되게 만들어 가신다.

⑤ 생명을 살리는 사람과 함께하시는 하나님

히브리 산파들은 만일 태어난 아이가 딸이면 살려두고 사내아이면 죽이라는 파라오의 지엄한 명령을 거슬렀다. 그것은 목숨을 건 위험한 행동이었다. 물론 하나님을 경외하는 믿음에 합당한 선택이었다. 하나님은 생명을 살리는 길로 간 그들에게 복을 내리셨다.(출 1:20~21)

출 1~2, 4장의 여성들은 한결같이 생명을 살리는 역할을 하였다. 이들은 하나님을 경외함으로, 달리 말하자면, 한 생명을 아끼며 그 생명을 살리는 일에 참여하였기에 파라오의 이름조차 기록되지 않은 바로 그곳에 그 이름이 남았다. 호랑이는 죽어 가죽을 남기고 사람은 죽어 이름을 남긴다고 하였다. 파라오조차 그 이름을 남길 수 없는 그곳에 하나님은 그들 이름을 영원히 남게 해주셨다. 아마 세상 사람은 그 반대로 파라오의 이름을 기억하는 대신 이 여성들의 이름을 기억하려 하지 않을 것이다. 우리는 여기서 그 여성들의 활동 특히 하나님 경외를 인간 생명을 향한 경외로 이어가는 그들의 신앙, 그리고 그런 이들에게 복을 내리시는 하나님을 만난다.

5
뜻은 좋았는데…

(출 2:11~15b)

11 모세가 장성한 후에 한번은 자기 형제들에게 나가서 그들이 고되게 노동하는 것을 보더니 어떤 애굽 사람이 한 히브리 사람 곧 자기 형제를 치는 것을 본 지라

12 좌우를 살펴 사람이 없음을 보고 그 애굽 사람을 쳐죽여 모래 속에 감추니라

13 이튿날 다시 나가니 두 히브리 사람이 서로 싸우는지라 그 잘못한 사람에게 이르되 네가 어찌하여 동포를 치느냐 하매

14 그가 이르되 누가 너를 우리를 다스리는 자와 재판관으로 삼았느냐 네가 애굽 사람을 죽인 것처럼 나도 죽이려느냐 모세가 두려워하여 이르되 일이 탄로되었도다

15 바로가 이 일을 듣고 모세를 죽이고자 하여 찾는지라 모세가 바로의 낯을 피하여 미디안 땅에 머물며…

이것은 어른이 된 모세가 강제 노동의 현장에 나갔다가 살인을 저지르고 쫓겨나는 이야기이다.

출애굽기 2장은 모세의 출생과 살아남음(출 2:1~10), 성년이 된 모세의 살인과 도피(출 2:11~15), 미디안에 정착하는 모세와 결혼(출 2:16~22), 이스라엘 자손의 부르짖음과 하나님의 경청·공감(출 2:23~25) 등을 그 내용으로 한다.

세월이 지나자 모세도 어른이 되었다. 어느 날 그는 자기 형제들에게 나

아갔다.(봐예체) 여기 나오는 형제란 히브리인(이스라엘 아들들)을 가리킨다. 이는 모세가 그들을 자기 형제로 받아들였다는 뜻이니 매우 감성적인 표현이다. 나아가다(야차)라는 낱말도 범상치 않다. 이는 출애굽을 가리킬 때 자주 쓰이는 낱말 곧 출애굽 사건을 나타내는 단골 낱말들 중에 하나이다.

형제들에게 나간 모세는 세 가지 사실을 목도하였다: i)자기 동포가 고생하는 것 ii)자기 형제들이 이집트인에게 죽도록 얻어맞는 것 iii)주변에 자기 행동을 지켜보는 사람이 없는 것. 이리하여 모세는 자기 행동을 아무도 보지 못하리라고 생각하였다. 그래서 자신이 앞서 본 두 가지 일에 아주 적극적으로 반응하였다. 여기에는 보다(라아)와 때리다(나카), 죽이다(하라그)는 낱말이 각각 3번씩 쓰였다.

모세가 처음 본 것은 제도적(사회구조적) 폭력이다. 곧 이집트를 대표하는 권력자 파라오의 명령에 따라 히브리인(노예)을 신음하게 만드는 폭력이다. 그가 두 번째로 본 것은 처음 본 것과 연결되는데 사회구조적 폭력이 개개인에게 미치는 신체적 폭력 양상이다. 여기에 나온 때리다, 치다는 낱말(나카)은 죽이다는 뜻으로 성경 여러 곳에서 쓰였다.(레 24:17~18, 21; 삼상 17:9 등 참조) 이에 의분을 느낀 그는 주변을 살펴보는 이가 없는 것을 확인하고 가해자에게 폭력을 행사하였다. 이 과정이 출 2:11~12에 나와 있다.

11. 그리고 날들이 지나갔다. 그리고 모세는 장성하였다. 그는 자기의 형제들에게 나가 그들이 하는 노역을 보았다. 그는 어떤 이집트인이 자기 형제 중에 하나를 치는 것을 보았다. 12 그리고 그는 (그곳에) 아무도 없는가를 이리 저리 둘러보았다. 그리고 그는 그 이집트인을 치고 그를 모래 속에 숨겨놓았다.(직역)

이튿날 다시 그곳에 나간 모세는 히브리 동포들끼리 치고받으며 싸우는 것을 보았다. 이 부분을 놓고 그레스만(H. Gressmann)과 그린버그(Greenberg)는 모세에게 백성의 아픔에 공감하는 성품과 정의감과 신중한 태도가 있다고 하며 이것이 지도자의 주요 자질이라고 보았다. 이런 해석은 본문의 의도에서 벗어난 듯이 보인다.

어떤 사람들은 그의 행동을 높게 평가한다. 심지어 이사야서 말씀에 연결시키기도 한다.

15 ··· 여호와께서 이를 살피시고 그 정의가 없는 것을 기뻐하지 아니하시고 16 사람이 없음을 보시며 중재자가 없음을 이상히 여기셨으므로 자기 팔로 스스로 구원을 베푸시며 자기의 공의를 스스로 의지하사 17 공의를 갑옷으로 삼으시며 구원을 자기의 머리에 써서 투구로 삼으시며 보복을 속옷으로 삼으시며 열심을 입어 겉옷으로 삼으시고 18 그들의 행위대로 갚으시되 그 원수에게 분노하시며 그 원수에게 보응하시며 섬들에게 보복하실 것이라(사 59:15~18)

이로써 모세는 하나님이 하실 일을 하였다는 것이다. 성경도 그 일을 이렇게 볼까? 이 이야기는 폭력의 희생자가 쉽게 폭력적 가해자로 변모하는 모습을 보여준다. 히브리 성경은 그 과정을 매우 뛰어난 형식으로 묘사하였다:

11a 그가 나갔다(봤예체 ← 야차)

11b 그가 보았다 ··· 그가 보았다(봤야르 ··· 왓야르 ← 라아)

11b 치는 것을(막케 ← 나카)

12a 살펴보고(봤이펜 ← 파나; 왓야르 ← 라아)

12b 쳤다(봤야크 ← 나카)

13a 그가 나갔다(봤예체 ← 야차)

51

모세가 저지른 일은 곧 파라오에게 보고되었다: '그는 두려워하며 말하기를 확실히 이 일이 탄로났도다(알려졌구나)' 하였다.(출 2:14c 직역)

모세는 노예인 자기 형제들에게 동포 의식을 느꼈다. 피는 물보다 진하다고 했던가? 그들을 보며 그는 자신이 누린 부귀영화가 이런 포악한 토양 위에 서 있는 것을 깨달았다. 그는 의분을 느꼈고 폭력을 행사하였다. 그리고 그는 폭력은 미래로 가는 길이 아니라는 것을 뼈아프게 체험하였다.(브루크너 59)

성경은 그 행동에 대해 긍정적이거나 부정적인 평가 어느 쪽도 내리지 않았다. 담담하게 일 자체를 그냥 보도하고 있을 뿐이다. 어떻게 평가되든 이 일로 그는 두려움과 실망을 안은 채 왕궁을 떠나 미디안으로 망명할 수밖에 없었다.(출 2:15b) 이는 당연한 귀결이었다. 한편으로는 하나님께서 정하신 때가 되지 않았을 뿐만 아니라 목적을 달성하는 과정에서 반드시 겪어야 할 일들을 거치지 않았기에, 다른 한편으로는 거대한 사회구조와 그 폭력에 계획도 없이 감성적으로만 접근하였기에 결국 모세는 뜻을 이루지 못하고 말았다.

언제나 폭력은 저항과 또 다른 폭력을 부르기 마련이다. 이에 어떤 사람들은 모세의 이런 행동을 충동적이고 돌발적인 것으로, 다시 말해 설익은 행동이라고 깎아내린다. 그렇게 말하는 근거를 그들은 그의 이런 소극적인 저항이 i)동포에게도 인정을 받지 못하였고(출 2:14) ii)파라오의 보다 강력하고 폭력적인 대응에 직면하였다(출 2:15a)는 데서 찾는다. 모세가 보여준 공감과 의분과 신중한 태도 ― 그 자체는 훌륭하였다. 그러나 그가 한 행위로는 애당초 히브리 동포를 구할 수 없었다.

한편 성경에서 파라오가 이스라엘 자손 및 모세에 대해 취한 행동은 헤롯 대왕의 그것과 묘한 공명(共鳴)을 울리게 한다. 파라오의 살해 의지가 처음에는 이스라엘 자손 전체에게 향하다가 나중에 모세 한 사람에게 집중되었다. 헤롯 왕의 그것은 처음에는 아기 예수 한 사람에게 향하다가 나중에는 베들레헴과 그 인근의 모든 아기에게 적용되었던 것이다. 출애굽기 2:15(LXX)와 마태복음 2:13에 쓰인 용어들은 이런 사실을 매우 적나라하게 보여준다:

ἤκουσεν δὲ Φαραω τὸ ῥῆμα τοῦτο καὶ ἐζήτει ἀνελεῖν Μωυσῆν· ἀνεχώρησεν δὲ Μωυσῆς (출 2:15 LXX, 그런데 바로가 이 일을 듣고 모세를 죽이고자 하여 찾는지라 모세가 피하여…).

μέλλει γὰρ Ἡρῴδης ζητεῖν τὸ παιδίον τοῦ ἀπολέσαι αὐτό (마 2:13, 헤롯이 아기를 찾아 죽이려 하니).

여기서 사람들은 고대국가에서 한 나라 공주의 아들이 이만한 일로 죽음의 위협을 느껴야 하느냐는 의문을 제기하곤 한다. 이는 두 가지로 대답할 수 있다. 우선 파라오 왕에게 여러 아들 딸과 여러 손자 손녀들이 있었을 경우이다. 만일 그렇다면 권력을 둘러싸고 그들 사이에 생겨나는 경쟁과 알력은 대단하였을 것이다. 그런 상황에서 히브리 노예를 도우며 이집트인을 죽인 일은 상대방에게 아주 좋은 빌미를 제공한 것이다. 둘째로 요세푸스의 기록대로 파라오에게는 그 공주가 무남독녀였을 경우이다. 이 경우 모세를 왕재(王才)로 만들려는 뜻에서 파라오와 그 신하들은 실제로 모세를 죽일 의도가 없으면서도 죽음 운운하며 아주 강하게 압박하였을 것이다.

① 힘으로 이루지 못하는 일이 많다

이 세상일을 겉으로만 볼 때에는 돈의 힘이나 권력의 힘이 좌우하는 듯 보인다. 그러나 자세히 살펴보면 그런 것으로는 할 수 없는 일도 많다. 모성애 또는 혈육의 정, 믿음에 기초한 생명 사랑 등이 그런 것이다. 여성들에게 저절로 우러나는 생명을 살리려는 의욕은 권력도 돈도 명예도 그리고 다른 어떤 것도 그것을 방해하지 못한다.

눈에 보이는 힘(권력, 소유, 지식, 지위 등)이 전부가 아니다. 눈에 보이지 않는 하나님의 힘을 신뢰하고 의지하는 사람에게 복이 있다고 성경은 선언한다.

3 귀인들을 의지하지 말며 도울 힘이 없는 인생도 의지하지 말지니 4 그의 호흡이 끊어지면 흙으로 돌아가서 그 날에 그의 생각이 소멸하리로다 5 야곱의 하나님을 자기의 도움으로 삼으며 여호와 자기 하나님에게 자기의 소망을 두는 자는 복이 있도다(시 146:3~5)

② 하늘이 알고 땅이 알고 네가 알고 내가 알고…

개역개정 등 우리말 성경에 제대로 번역되지 않았지만 출 2:14c는 '확실히(진실로 참으로)'라는 부사(아켄)로 시작된다.(이에 모세는 두려워하였다. 그리고 말하였다: 분명히 이 일이 알려졌구나!, 확실히 이 일이 탄로났도다!) 모세는 처음부터 이 일을 계획하고 행하지는 않았더라도 최소한 감추어질 것으로 여겼던 것 같다.(12절) 그렇지만 그 일은 하루도 채 지나지 않아 사람들에게 알려졌다.

한나라 때 양진(楊震, ?~124)의 이야기이다. 그의 추천을 받아 벼슬을 시작하였던 창읍 현령 왕밀(王密)이 밤중에 찾아와 황금 열 근을 바쳤다. 왕밀이 말하였다. "지금은 어두운 밤이라 아무도 모릅니다." 양진이 대답하였다. "하늘이 알고 귀신이 알고 내가 알고 자네가 아네(四知). 어찌 아는 사람이 없다 하는가?" 이에 왕밀이 부끄러워하며 나갔다고 한다.

어떤 일이든 사람들 사이에서도 감추어지기가 이렇게 어려울진대 하물며 하나님 앞에서야 두말해 무엇하랴! 진실로 어느 쪽에서 행한 것이든 감춘 것은 반드시 드러나게 되어 있으며, 숨긴 것 또한 알려지게 마련이다.(막 4:22; 눅 8:17; 12:2~3)

③ 아주 쉬운 길, 그래서 길이 아닌 길

폭력에 폭력으로 맞대응하는 것이 어쩌면 사람의 기분(감정)에 딱 맞아떨어질지도 모른다. 기분과 분위기대로 하자면 이것은 정당하고도 자연스러운 일이다. 우리 자신이 그렇게 하거나 적어도 그렇게 하고 싶은 유혹을 얼마나 자주 경험하며 살아가는가! 하고 싶은 대로 하는 것이 가장 즉흥적이고 쉬운 길이다. 바로 그 점 때문에 역설적으로 그것은 참된 길이 아니다.

13 좁은 문으로 들어가라 멸망으로 인도하는 문은 크고 그 길이 넓어 그리로 들어가는 자가 많고 14 생명으로 인도하는 문은 좁고 길이 협착하여 찾는 자가 적음이라(마 7:13~14)

평화와 정의를 이루는 길에는 폭력의 길보다 훨씬 더 많은 인내력과 시간이 필요한 법이다. 이것을 받아들이고 견뎌내는 사람만이 제대로 된 길을 갈 수 있다. 평화를 이루려는 사람에게는 깊은 심사숙고와 인내심이 아주 많이 필요하다.

④ 의도가 좋더라도

비록 자기 형제를 도우려는 선한 뜻으로 일을 시작한 모세는 결국 그 일로 인해 큰 낭패를 당하였다.

천성이 악하게 타고난 사람이 아니라면 사람은 대체로 선한 의도로 일을 시작한다. 그렇지만 그 과정과 결론은 본래의 그 뜻대로만 되지 않는 경우가 허다하다. 이런 뜻에서 신중함, 용의주도함이 필요하다. 그것이 선한 의도와 선한 열매로 맺어지기를 소망할수록 사람은 더욱더 주도면밀할 필요가 있다. 일을 다 그르쳐놓고 나서 '내 본래 의도는 그런 것이 아니었다, 오해가 생겼다'는 식으로 자신을 합리화시켜 본들 결과는 하나도 달라지지 않는다.

<u>6</u>
로맨스 없는 우물가

(출 2:15c~22)

---

15 … 하루는 우물 곁에 앉았더라

16 미디안 제사장에게 일곱 딸이 있었더니 그들이 와서 물을 길어 구유에 채우고
그들의 아버지의 양 떼에게 먹이려 하는데

17 목자들이 와서 그들을 쫓는지라 모세가 일어나 그들을 도와 그 양 떼에게 먹
이니라

18 그들이 그들의 아버지 르우엘에게 이를 때에 아버지가 이르되 너희가 오늘은
어찌하여 이같이 속히 돌아오느냐

19 그들이 이르되 한 애굽 사람이 우리를 목자들의 손에서 건져내고 우리를 위하
여 물을 길어 양 떼에게 먹였나이다

20 아버지가 딸들에게 이르되 그 사람이 어디에 있느냐 너희가 어찌하여 그 사람
을 버려두고 왔느냐 그를 청하여 음식을 대접하라 하였더라

21 모세가 그와 동거하기를 기뻐하매 그가 그의 딸 십보라를 모세에게 주었더니

22 그가 아들을 낳으매 모세가 그의 이름을 게르솜이라 하여 이르되 내가 타국에
서 나그네가 되었음이라 하였더라

이것은 모세가 이집트 궁정에서 도망쳐 나와 미디안으로 망명하는 이야
기이다. 이집트에서 파라오 및 그 백성에게뿐만 아니라 자기 동족에게도 환
영은커녕 배척당하던 모세가 미디안에서 환대를 받았다.

미디안 족속은 아브라함과 그두라 사이에서 생겨났다.(창 25:2~4) 출 2:15c에 개역개정은 '하루는', 표준새번역은 '어느 날'이란 문구를 삽입하였다. 히브리 성경에는 이런 것이 없다. 모세의 행동을 묘사하며, 히브리 성경은 '모세가 (미디안 땅에) 머물며 … (우물가에) 앉았다'는 구절에서 그의 행동을 묘사할 때 같은 뿌리에서 나온 말(야샤브)을 씀으로써 언어 놀이(word play or figura etymologica) 기법을 사용하였다. 히브리 성경은 16절에 '그리고 그들이 왔다. 그리고 그들이 물을 길었다. 그리고 그녀들이 채웠다'(직역)라는 식으로 와우 연속법(waw-cons.)을 세 차례 되풀이 씀으로써 부지런히 일하는 모습을 부각시켰다.

이것은 부분적으로 아브라함의 늙은 종(엘리에셀?)이 자기 주인의 명을 따라 이삭의 신부감을 구하러 하란을 갔을 때 일과 비슷하다.(창 24장) 그리고 야곱이 집에서 도망쳐 외삼촌 라반이 사는 하란에 갔을 때 우물가에서 있었던 이야기(창 29장 참조)와도 비슷하게 전개되었다.(우물가 목자들 양 떼 여성목자)

조선의 태조 이성계가 젊은 시절이다. 어느 날 사냥을 하다가 목이 말라 우물이 있는 곳을 찾아 말을 몰았다. 때마침 우물가에 한 여인이 있어 물 한 그릇을 청하였다. 그러자 여인은 수줍어하며 바가지에 물과 함께 버들잎을 한 줌 띄워 주는 게 아닌가. 이에 이성계는 '아니, 물을 주려거든 그냥 줄 일이지 이게 무슨 고약한 짓인가?'라고 화를 냈다. 그러자 여인이 대답하였다: "갈증으로 급히 달려오신 것 같아 급히 마시고 체하실까 천천히 드시라 그리하였나이다." 이에 감탄한 이성계가 그 여인을 찬찬히 살펴보았다. 이 여인이 바로 신덕왕후 강씨이다.

창세기의 그곳들과 달리 이곳 분위기는 사뭇 살벌하다. 이 우물가에 로맨스는 없었다. 이곳에는 치열한 경쟁(대결)만 가득하였다. 미디안에 사는 십보라의 자매들과 이들을 밀쳐내려는(가라쉬) 목자들은 같은 마을(지역)에 사는 사람들이기에 서로 아는 사이였을 것이다. 그런데도 어떤 이유에서인지 그들은 적대하며 공격적으로 행동하였다. 특히 동사 가라쉬가 강의형(Piel 까라쉬 = 마구 쫓아내다, 무자비하게 몰아내다)으로 쓰여서 그 의미가 한층 강해졌다. 이로써 살벌한 그 분위기를 잘 표현해주었다. 사람에게는 가까운 사람에게 더 못되게 구는 이상한 심보가 있다. 주변 사람에게 차갑게 대하면서(경쟁 심리?) 먼 데 있는 사람(낯선 사람)에게 더 친근하게 군다. 그 반대 현상(텃세?)도 있다. 이 두 가지가 다 바람직하지 않은 것이다. 그런 태도들을 한 마디로 설명하기 어렵지만 그런 것이 사람 사이에 일어나는 현실이다.

이런 상황에서 모세는 십보라 및 그 자매들에게 구원자의 모습으로 나타났다. 그는 힘센 자들의 횡포에 눈물을 머금고 물러서야 하는 약자 편에 선 것이다. 이를 강조하려고 히브리 성경은 17절과 19절에 구원하다(야샤), 구출하다(나찰)는 말의 사역형(히필)을 사용하였다. 이 두 낱말의 쓰임새를 보면 그 주어가 대체로 하나님이다. 앞엣것은 예수아(여호수아 및 예수)란 말의 뿌리이다. 이는 자신을 속박하는 것으로부터 벗어나 자유를 얻을 때 쓰이곤 하였다. 뒤엣것은 생명을 지키거나 되찾게(회복) 하는 곳에 자주 쓰였다.(개정 개역 성경은 이 낱말을 '도와'와 '건져내고'로 각각 옮겼다)

자신의 딸들이 평소보다 일찍 집에 돌아오자 그 아버지 이드로(르우엘, 호밥)는 깜짝 놀라 세 번을 연거푸 물었다: '너희가 오늘은 어찌하여 이같이 속히 돌아오느냐… 그 사람이 어디에 있느냐 너희가 어찌하여 그 사람을 버려두고 왔느냐?'

사람과 사람이 만나는 인연은 참으로 묘하다. 모세와 십보라의 만남도 그러하였다. 보통 결혼 이전의 젊은 남녀 곁에는 많은 사람이 스쳐간다. 그 가운데 어떤 두 사람에게 서로 인연이 닿아 부부로 맺어진다. 이런 일이야말로 하나님께 속한 일이요 신비로운 것이다. 결혼을 이렇게 받아들이는 비중이 높으면 높을수록 가정생활에도 평화와 활력이 커지기 마련이다.

물론 이삭과 리브가의 결혼, 야곱과 라헬의 결혼처럼 인간의 의도적인 행위가 개재되는 경우가 있다. 물론 그럴 때에도 사람이 의도한 대로 다 되지는 않는다. 인연이 아니라면 잘 풀려나갈 상황에서도 이상하게 어긋나기도 한다. 이런 것을 사람이 어찌 다 예측하며 그 의미를 어찌 다 이해할 수 있겠는가?

오늘의 적용

① 평범한 사람 되기

일찍이 파라오의 왕궁에서 지내던 모세는 동족이 겪는 고역을 목격하고 구해줄 생각을 품게 되었다. 히브리서 11:24~26의 해석 그대로이다:

24 믿음으로 모세는 장성하여 바로(파라오)의 공주의 아들이라 칭함 받기를 거절하고 25 도리어 하나님의 백성과 함께 고난 받기를 잠시 죄악의 낙을 누리는 것보다 더 좋아하고 26 그리스도를 위하여 받는 수모를 이집트의 모든 보화보다 더 큰 재물로 여겼으니 이는 상 주심을 바라봄이라(행 7:23~25 참조)

이는 모세가 어쩔 수 없는 상황에 내몰린 나머지 그런 선택을 한 것이 아니라 자신의 신앙에 따라 판단하고 결단하였다는 뜻이다. 이 일로 모세는 커다란 곤란을 겪었다. 그는 목숨을 부지하려고 도망을 쳐야만 하였다.

미디안 광야로 간 그는 거기서 목동이 되었다. 자신이 소속된 집단인 이집트인과 히브리인에게서 배척을 당한 모세가 미디안 사람들에게 받아들여졌다.

나중에 모세의 장인이 된 미디안 사제 르우엘(이드로, 출 18:5 참조)이 그 딸들에게 하는 말 — i)그 사람이 어디에 있느냐 ii)너희가 어찌하여 그 사람을 버려두고 왔느냐 iii)그를 청하여 음식을 대접하라(출 2:20) — 에 모세가 받아들여지는 과정이 생생하게 표현되었다. 어쩌면 그 아들에게 붙여준 나그네(게르솜 ← 게르)라는 이름이 그 자신의 현재 상태 또는 자아의식을 비춰주는 거울일지도 모른다.(출 2:22)

이 배척과 수용의 과정을 거치며 모세는 특별한 위치와 역할을 지녔던 사람에서 평범한 사람으로 탈바꿈하였다. 이집트 왕궁에서는 특별한 사람(somebody)이었던 그가 미디안에서 보통 사람(nobody 또는 anybody)으로 지내며 기다림을 배우게 되었다. 우리는 잘 안다, 목표를 세우고 그것을 향해 뛰어드는 것보다 일단 좌절된 그 목표를 되새김질하며 기다리고 인내하는 것이 더욱더 힘들다는 것을. 나중에 이런 과정이 그에게는 물론 이스라엘 백성에게 매우 유익하게 작용하였으리라.

지도자는 모름지기 평범한 백성의 생활과 사고방식을 이해하고 공감할 때 비로소 훌륭해지는 법이다.

② 하나님의 숨은 준비

모세의 피신(망명)과 40여 년에 걸친 목동 생활을 우리는 어떻게 보아야 할까? 충동에 사로잡힌 설익은 행동이 낳은 자업자득? 아니면 때가 무르익지 않았을 때 섣불리 나선 변혁 조급증? 철저히 준비하지 못한 채 뛰어든 무모한 만용(변혁 모험주의)? 메시야 콤플렉스(messiah complex)? 아니다. 그런 것만이 전부는 아니다.

하나님께서는 자신의 목적을 위해 사람에게 숨은 준비를 시키신다. 모세가 방랑 족속인 미디안의 켄족에게 가 생활하게 된 것은 하나님의 숨은 뜻이다. 곧 장차 출애굽한 이스라엘 민족이 광야에서 40여 년을 보내야 할 것이다. 그렇다면 광야 생활(또는 방랑 생활)을 전혀 모르는 그들이 이를 어떻게 견뎌낼 수 있겠는가? 최소한 그들을 이끄는 지도자만이라도 광야의 풍토와 기후와 지형 등을 알고 있어야 하지 않겠는가? 과거와 현재와 미래의 주인 곧 시간과 역사의 주인이신 하나님은 이런 전망 아래 모세를 일찌감치 광야로 보내셨으리라. 그곳에서 목동으로 40여 년을 지내면서 광야 생활을 습득하게 하신 것이다.

일찍이 슈바이처 박사(1875~1965)는 아프리카에서 의료 선교 활동을 하였다. 독일 국적을 지닌 그는 1차세계대전 때 그곳에 진격해 온 프랑스군에게 포로로 잡혔다.(1917년 9월) 그는 스페인에 가까운 프랑스 국경 지대로 끌려가 7년여 동안 벽돌 쌓는 일 등 건축 노동을 강요당하였다. 이는 의사이자 신학 박사 철학 박사 음악가 선교사인 그에게 전적인 낭비요 의미 없는 일이었다. 자기 경력에도 계획에도 전혀 어울리지 않는 일이었다.

전쟁이 끝난 뒤 람바르네(Lambarene)에 정착하여 의료선교활동을 계속하던 그에게 그때 그 경험은 아주 귀중한 자산이 되었다. 그곳에 밀려드는 환자와 자원봉사자들을 위해 병원과 숙소를 지어야 하는데 그곳에서 건축 기술자를 찾기가 매우 어려웠다. 이때 그는 포로 생활 중에 익힌 건축 경험을 적절하게 활용할 수 있었다.

그렇다. 하나님은 하나님의 목적을 위해 때로는 사람이 알지도 이해할 수도 없는 방법으로 충분하게 준비를 시키신다.

③ 배척과 환대의 변주곡

우리는 배척과 환대를 경험하며 인생을 살아간다. 무엇이 우리를 다른 이에게 거부당하게 만드는가? 우리를 배척(환대)하는 그 사람은 다른 사람들에게 어떤 평판을 받는 사람인가? 누구에게나 자신을 받아들이거나 환영받는 곳이 있다. 그리고 거부당하는 곳도 있다. 어쩌면 경쟁 사회, 약육강식의 사회, 제로섬게임의 사회에서 이것은 당연한 모습일지도 모른다.

창세기 19장에 보면 하나님께서 보내신 천사 셋도 롯에게는 환대를 받았으나 소돔과 고모라 사람들에게는 배척 정도가 아니라 자칫 심한 폭행을 당할 뻔하였다. 배척하는 일에 가해자가 되는 사람은 어떤 사람일까? 그 피해자가 되는 심정은 어떠할까?

모세가 동족에게도 배척당한 것은 나중에 광야 생활 중에 일어날 일들을 미리 보여주는 조짐이다. 심지어 모세보다도 예언자보다도 훨씬 크신 분(예수님)도 자기 백성에게 거부당하였다.(행 7:35,52 참조)

이런 사실을 염두에 둘 때 배척당하였다는 사실 자체보다는 우리를 수용·환대하는 사람은 어떤 사람이며, 우리를 경원·배척하는 사람은 어떤 사람인지가 더 중요하다. 신앙과 품격을 인정받을 만한 사람이 우리를 멀리하려든다면 참으로 두려운 일이다. 그 반대의 사람이 우리를 가까이하려한다면 이것 또한 두려운 일이다.

··· 그 칭찬이 사람에게서가 아니요 다만 하나님에게서니라(롬 2:29)

사람의 호불호에 중심이 흔들리지 않는 것이 중요하다. 그런 것보다 하나님께서 기뻐하시며 원하시는 것이 무엇인지에 마음을 더 쓰는 사람이 신앙인이다.

7
경청·공감하시는 하나님

(출 2:23~25)

---

23 여러 해 후에 애굽 왕은 죽었고 이스라엘 자손은 고된 노동으로 말미암아 탄
식하며 부르짖으니 그 고된 노동으로 말미암아 부르짖는 소리가 하나님께 상
달된지라
24 하나님이 그들의 고통 소리를 들으시고 하나님이 아브라함과 이삭과 야곱에
게 세운 그의 언약을 기억하사
25 하나님이 이스라엘 자손을 돌보셨고 하나님이 그들을 기억하셨더라

이것은 이스라엘 자손이 고난당하며 신음하는 소리를 하나님께서 들으
시고 공감하시는 이야기이다. 이스라엘 자손은 대략 주전 1550~1200년경
에 이집트에서 노예 신분으로 살았다. 그때는 청동기 시대였다.(중기 청동기시
대 IIBR) 이집트에는 신왕조(20~18왕조, 주전 1567년~1085)가 다스리고 있었다.
이 시대 곧 주전 1250년경에 세워진 메르넵타 비문에는 성경 밖의 자료에
서 이스라엘이란 말이 처음 나왔다.

모세가 미디안에서 40여 년 지내는 동안 그를 죽이려던 파라오가 죽었
다. 고대 이집트에 새 왕이 등극하면 그를 축하하기 위해 죄수들을 사면하
는 풍습이 있었다. 이를테면 라므세스 4세(주전 1156~1150년 통치)가 즉위하였
을 때 부른 노래 가운데 이런 가사가 있다.(Sarna, 송병현 98에서 재인용)

이집트의 기쁜 날이다. 도망자들이 마을로 돌아오고 숨어 지내던 자들이 그 모습

을 드러내고 감옥에 갇힌 자들이 풀려나는 즐거운 날이다.

만일 이런 관행이 그보다 100여 년 전인 모세 시대에도 해당된다고 가정해보자. 이런 종류의 혜택이 이스라엘 자손(노예)에게도 돌아갔을까? 아마 그렇지 않았으리라. 그들에 대한 학대가 줄어들지 않았으리라. 출애굽기 1~2장에는 압박당하는 이스라엘의 현실이 매우 구체적이고도 광범위하게 나타나 있다. 출애굽기에 등장하시는 여호와는 핍박당하는 자의 소리를 경청·공감하시는 하나님이시다.

출 2:23~24 내용은 매우 인상적이다. 우선 출 2:23은 '여러 해 후에(빠예히 바야밈 하랍빔 하렘 = 그리고 그 많은 날들이 지난 뒤에)'라는 표현으로 시작하였다. 여기서 여러 해는 모세가 미디안 광야에서 목동 생활로 보낸 약 40여 년을 가리킨다.(행 7:7 참조)

히브리 성경은 여기서 해(年)를 가리키는 말(쉐메쉬)을 쓰지 않고 날(日)을 뜻하는 말(욤)을 사용하였다. 성경이 해(년)를 표기할 때 날이란 낱말을 쓰는 것은 자주 있는 일이다. 40년을 햇수로 40이라 하지 않고 날수로 14,600일이라고 하면 느낌이 어떨까? 마치 '쇠 천 근과 솜 천 근 중에 어느 쪽이 더 무겁냐?'는 난센스 퀴즈처럼 들릴지 모른다. 이 경우 40년보다는 14,600일이라 표현하는 것이 훨씬 더 길게 느껴질 것이다. 이로써 출 2:23a는 어떤 사람이 뜻을 가슴에 품고 때가 차기를 기다리는 동안의 목마름을 매우 적절하게 표현해내었다.

다른 한편 이스라엘 자손의 수가 하나의 민족을 이룰 만큼 채워지고 또 출애굽을 위한 필요충분조건이 충족될 때까지 하나님은 모세보다도 더 오래 참고 기다리셨다.

이스라엘이 신음하며 소리치는 모습이 네 가지로 표현되었다: 탄식하다

27번째 줄

메르넵타 비문(mernephta-stele, 약 주전 1208년) 카이로 국립박물관

(아나), 부르짖다(자아크), 부르짖는 소리(쇠아), 고통 소리(느아카). 이 부르짖음은 하나님께 상달되었다.(알라 = 올라가다) 마치 소돔과 고모라에서 터져 나오는 아우성을 들으셨듯이(창 18:20) 하나님은 이집트에서 부르짖는 히브리인의 신음 소리를 귀담아 들으시고 반응하셨다. 그 표현 양식은 히브리어의 일반규칙을 벗어났다. 곧 이것의 주체이신 '하나님'이란 낱말을 한 번만 쓰고 그 나머지는 동사 변화형 또는 인칭대명사로 대신하는 것이 보통이다. 여기에는 그것이 4번이나 꼬박꼬박 쓰였다. 이는 주어를 대단히 강조하는 어법이다. 출 2:24~25을 직역하면 이렇다:

23 그리고 많은 세월(날들)이 지난 후 일이 이리되었다. 곧 이집트 왕이 죽었다. 그리고 이스라엘의 아들들은 고된 노동 때문에 신음하였다. 그리고 그들이 부르짖었다. 그러자 고된 노동으로부터 도움을 바라는 그들의 외침 소리가 하나님

벽돌 찍기와 쌓기(주전 1450년경, 이집트 테베의 레크미레 무덤 벽화)

께로 들려 올라갔다. 24 그리고 하나님은 그들의 신음 소리를 들으셨다. 이에 하나님은 아브라함과 이삭과 야곱에게 세운 그의 언약을 기억하셨다. 25 그리고 하나님은 이스라엘의 아들들을 보셨다. 그리고 하나님이 아셨다.

여기 나오는 동사들 가운데 5개(올라가다, 듣다, 기억하다, 보다, 알다)에 주목해 보자:

① (들려) 올라갔다는 말 '알라'는 마치 향이나 번제물의 연기가 하늘로 올라가듯이 이스라엘 민족의 부르짖는 소리가 하나님 보좌에 가 닿았다는 뜻이다. 요한계시록은 성도의 기도를 금 대접에 가득 담긴 향에 비유하였다:

그 두루마리를 취하시매 네 생물과 이십사 장로들이 그 어린양 앞에 엎드려 각각 거문고와 향이 가득한 금 대접을 가졌으니 이 향은 성도의 기도들이라(계 5:8)

올라간다는 말은 i)하나님께 드리는 향기로운 제사를 가리키는 용어일 뿐만 아니라 ii)출애굽을 가리키는 전문용어들 가운데 하나이다.(출 3:8 '내가 … 올라가게 하려고 내려가니…' 참조) 우리는 어느 지방에서든 서울로 가는 것을

가리켜 올라간다고 표현한다. 함경도에서도 경상도·전라도에서도 서울로 가는 것을 올라간다고 말한다. 이스라엘도 유다(예루살렘)로 가는 것을 그렇게 말하였다.

② '하나님이 들으셨다'는 말(샤마)은 하나님 귀가 이전과는 달리 이스라엘 자손들의 하소연에 민감해졌다는 뜻이 아니다. 이것은 '진지하게 듣다(to take heed of)', 반응하려는 마음을 담아 귀담아 듣는다(to hear response to)'는 의미이다.(출 3:7; 6:5; 참조 창 16:11; 시 31:7; 145:19) 하나님은 우리 기도(하소연)를 진지하게 들으신다. 바로 여기서부터 극복(변화)이 시작되는 것이다.《대학(大學)》에는 '마음이 없으면 보아도 보이지 않으며, 들어도 들리지 않으며, 먹어도 그 맛을 알지 못한다'(正心篇)는 말이 있다.

③ '하나님이 기억하셨다'는 말(자카르)도 마치 하나님께서 이제까지는 하나님 백성과 맺은 언약을 까마득히 잊고 계시다가 문득 생각나셨다는 뜻이 아니다. 기억한다는 말은 기억된 그 사실에 주의를 기울이며 바로 지금 적극적으로 개입하려는 의지를 표현하는 것이다.(출 6:5; 창 8:1) 약속을 기억하시는 하나님 모습은 특히 창 17:4~8(창 19:29; 26:3, 24; 28:15 참조)에 하나님의 보증을 동반하며 기록되었다. 하나님은 '내가 너와(= 너희와) 함께 있으리라'(출 3:12; 6:7)고 말씀하셨다. 하나님의 기억하심은 언제나 하나님 백성의 미래에 영향을 미치는 활동으로 나타났다.

④ '하나님이 보셨다'는 말(라아)은 어떤 사람과 눈을 마주쳤거나 어떤 일을 들여다보았다는 뜻이 아니다. 그것은 친절하고 공감하는 마음으로 누군가를 향해 다가서기 시작하였다는 뜻이다.(출 3:7, 9; 4:31; 창 31:42)

⑤ '하나님이 아셨다'는 말(야다)도 단순히 어떤 새로운 정보나 현재의 사태를 꿰뚫어보는 통찰력, 다시 말해 머리로 아는 지식을 가리키지 않는다. 이것은 어떤 사람(집단)이 가진 그들만의 고유한 경험을 공유한다는 뜻이다.

히브리 문장에서 이 부분에는 목적어가 빠져 있지만, 우리는 그 내용을 넉넉히 짐작할 수 있다.

오늘의 적용

① 사람을 어떻게 부르는가?

이스라엘 민족을 가리키는 용어가 출 1~2장에는 두 가지 나왔다: 이스라엘의 아들들(자손들); 히브리인. 후자는 파라오가 즐겨 쓰는 낱말이다.(출 1:9만 예외) 아마 이 용어는 노예, 종이란 말과 거의 같은 뜻으로 쓰였을 것이다. 그리고 모세를 살린 파라오의 딸도 그를 처음 보자마자 '이는 히브리 사람의 아들이로다'(출 2:6)라고 말하였다.

모세의 누이는 파라오의 딸에게 히브리 여인이란 용어를 사용하였다.(출 2:8) 파라오 앞에 선 모세와 아론도 자신들과 동족을 가리켜 히브리인들이란 용어를 썼다.(출 5:3 참조) 이로 미루어보아 히브리인이란 낱말은 이집트인에게 널리 통용되던 말인 듯하다.

하나님(성경)은 이스라엘 민족을 가리켜 꼬박꼬박 이스라엘의 아들들(= 쁘네 이스라엘 1:1, 7, 12, 13; 2:23, 25; 3:9, 10, 11, 13, 14, 15; 4:22, 29, 31), 내 백성(암미 3:7, 10; 5:1), 내 맏아들(쁘니 베코리 4:22)이라 부르셨다. 여기서 이스라엘은 야곱을 지칭하는 말이므로 그 뜻은 야곱의 후손들이다. 이것은 하나님께서 야곱에게 주신 약속을 생각나게 한다.

더 나아가 모세는 그들을 가리켜 자기 형제들이라고 하였다.(에카브 출 2:11~12; 4:18) 파라오의 눈에는 일개 노예 집단으로 밖에 보이지 않아 그 생명이 파리 목숨처럼 여겨지는 사람들을 향해 하나님과 모세는 이렇게까지 존중하다니 참으로 놀라울 뿐이다. 모세 정도의 위치에서 히브리인을 자기 형제로 인정하는 일은 결코 쉽지 않다. 오늘날에도 이 세상에는 자신의 출세를 위해서는 부모나 형제자매를 모른 체하는 사람도 있다.

다른 누군가를 가리킬 때 우리는 존중하는 낱말을 선택할 수도 있다. 또 깎아내리는 낱말을 쓸 수도 있다. 성경을 번역할 때에도 예전에 절뚝발이라고 했던 것을 지금은 다리를 저는 사람으로 바꾸는 등 용어 선택에 신중을 기하고 있다. 이는 단순한 언어 습관일 수도 있지만 그보다는 그 사람을 향한 마음의 경중에 달려 있다고 보아야 할 것이다. 평소 그를 존중하거나 사랑하는 마음을 품고 있다면 그가 없는 자리에서 그를 언급할 때에도 품위와 무게가 있는 어휘를 사용하리라. 보통 때 그를 무시하거나 낮추어 보았다면 그 입에서 나오는 용어도 역시 그러할 것이다.

이런 뜻에서 오늘 우리는 묻는다: 나는 나를 누구라 하는가? 나는 내 주변 사람을 누구라 하는가? 그들을 부를 때 어떤 용어를 선택하는가?

② 경청과 공감

예나 지금이나 공감하는 태도 혹은 공감하는 능력은 매우 소중한 것이다. 어떤 연구에 따르면 사람과 사람이 대화를 나눌 때 듣는 사람의 마음과 태도는 다음과 같다: 판단하며 듣는 사람 17%, 질문하며 듣는 사람 26%, 조언하며 듣는 사람 35%, 감정이입을 하며 듣는 사람 22%. 이 가운데 어느 부분의 비중이 높아야 경청 또는 공감인가?

성경은 여러 곳에서 여호와는 경청·공감하시는 하나님으로 나타나신다. 출 2:24~25에 나오는 동사 5개가 이런 사실을 분명히 보여준다.

예수님은 경청·공감하시는 주님이시다. 자신을 찾아와 '다윗의 자손이여 나를 불쌍히 여기소서'(마 15:22)라고 부르짖는 여인의 음성을 예수님은 경청하셨다. 그리고 그의 처지와 형편에 공감하셨다.(마 15:28 여자여 네 믿음이

크도다 네 소원대로 되리라) 주님의 경청·공감은 치유와 회복으로 이어지곤 하였다.

③ 성도다움을 드러내기

모세는 힘센 자가 약한 자에게 부당하게 가하는 횡포를 가로막았다. 우물가에서 그는 약자의 편에 섰다. 하나님의 사람의 특징은 그 어떤 종류 곧 자기 자신 안이든 사회·국가·국제 관계이든 막론하고 불의와 불법을 멀리하고 진리와 정의를 수호하는 데서 드러난다.(사 56:1; 마 9:12~13; 벧전 3:13~14) 진리와 진실에 어긋나지 않는 범위 안에서 약자를 돕는 것 또한 성도의 본분이다.(마 5:16) 사실 정의로운 사회·국가인가를 판단하는 기준은 그 자체 안의 약한 자를 어떻게 대우하는가에 달려 있다. 약한 자를 배려할수록 그곳은 살맛 나고 정의롭다. 강한 자를 배려할수록 그곳은 살맛이 떨어지고 불의하다.

세상에는 정의와 진실과 평화를 요구하면서도 자신에게는 이런 부분에서 무감각하거나 관대한 것 또한 성도다운 생활이 결코 아니다. 불의를 가로막고자 하는 자는 먼저 자신부터 불의를 멀리해야 한다. 평화를 이루고자 하는 자는 우선 자기 주변에서부터 화해와 화평을 만들어가야 할 것이다.(엡 5:11 참조)

④ 결혼의 신비

모세와 십보라의 만남과 결혼은 참으로 신비롭다. 너도나도 결혼한다 하여 그것이 쉽거나 평범한 일은 아닌 것이다.

믿음의 조상인 아브라함이나 야곱은 외국인(이방인) 아내(며느리)를 들이지 않았다. 이삭은 에서가 외국인과 결혼한 것을 곱게 보지 않았다.(창 26:34~35) 지난날 우리나라 사람도 외국인과의 결혼을 이상하게 보거나 깎아내리는 경우가 있었다. 지금은 다행스럽게도 그런 태도가 많이 없어졌다.

성경에서 최고의 지혜자로 존중되는 요셉이나 유대 역사상 최고 지도자로 손꼽히는 모세와 덕망 있고 유력한 인사였던 보아스는 외국인 여성과 결혼하고 자녀를 낳았다. 유대인은 외국인과의 결혼을 꺼리는 것으로 널리 알려져 있다. 그런데도 성경은 위와 같은 사실을 하나도 감추지 않았다. 우리는 이를 하나님의 신비요 인도하심이라고 말할 수밖에 없다.

여기서 우리는 하나님의 구원과 서로 다른 사람끼리의 상생이 별개가 아니라는 사실을 엿볼 수 있다. 그렇다. 우리나라 사람이 귀하면 다른 나라 사람도 귀한 것이요, 내 자녀가 귀하면 다른 사람의 자녀도 귀한 것이 상식이다. 이 평범한 사실을 잊지 않는다면 결혼 상대방의 신분이나 출신을 이유로 심각한 갈등을 일으키거나 폄하하는 일은 없어질 것이다.

⑤ 배척과 환대는 일상적인 일

모세의 생애에는 배척과 환대가 오갔다. 주변 환경이나 자신의 처지(이해관계)보다는 생명을 중요하게 여기는 곳에서 그는 환대(대우)를 받았다. 권력이나 이해관계가 앞서는 곳에서는 배척당하였다.

오늘의 현실에도 이것이 그대로 적용된다. 우리 자신이 어느 곳에서는 환영받지 못하거나 투명 인간 취급을 당한다. 또 어떤 자리에서는 환영받는다. 자신을 환대하던 바로 그 사람에게 배척당하고 자신을 배제하던 바로 그 사람에게 환영받는 일도 생길 것이다. 누군가에게 배제당하거나 투명 인간이 되고, 또 누군가에게 환대받는 이 변주곡은 우리 평생 동안 계속될 것이다. 그러니 환영받는다고 해서 거기에 푹 빠질 일도 아니요, 배척당한다 해서 크게 괴로워할 일도 아니다.

우리 자신도 누군가에게는 매우 너그럽고 또 다른 누군가에게는 지나치게 엄격할 때가 있다. 자기 자신이 거부당하는 것에는 모골이 송연해질 정도로 민감하면서도 남에게는 그런 배려 없이 행동하기도 한다. 이에 공자는 '남이 나를 알아주지 않음을 걱정하지 말고 내가 남을 알아주지 못함을 걱정하라'(《논어》學而篇 16장)고 하였다.

사람에게보다는 하나님께 환대받을 것을 우선으로 하는 사람이 기독교인이다, 우리에게는 언제 어떤 경우에나 변함없이 사랑의 손길로 품어주시는 하나님이 계시기에.

8
소멸시키지 않는 불

(출 3:1~5)

1 모세가 그의 장인 미디안 제사장 이드로의 양 떼를 치더니 그 떼를 광야 서쪽으로 인도하여 하나님의 산 호렙에 이르매

2 여호와의 사자가 떨기나무 가운데로부터 나오는 불꽃 안에서 그에게 나타나시니라 그가 보니 떨기나무에 불이 붙었으나 그 떨기나무가 사라지지 아니하는지라

3 이에 모세가 이르되 내가 돌이켜 가서 이 큰 광경을 보리라 떨기나무가 어찌하여 타지 아니하는고 하니 그 때에

4 여호와께서 그가 보려고 돌이켜 오는 것을 보신지라 하나님이 떨기나무 가운데서 그를 불러 이르시되 모세야 모세야 하시매 그가 이르되 내가 여기 있나이다

5 하나님이 이르시되 이리로 가까이 오지 말라 네가 선 곳은 거룩한 땅이니 네 발에서 신을 벗으라

이것은 호렙 산에서 양을 치는 목동 모세에게 하나님께서 나타나신 이야기이다. 출애굽기 3장은 불타는 떨기나무에 나타나신 하나님께서 모세를 부르시는 장면(출 3:1~6), 가라 하시는 하나님께서 갈 수 없다는 모세와 나눈 대화(출 3:7~12), 하나님의 자기소개(출 3:13~14), 출애굽의 일군으로 나서라고 모세를 설득하시는 하나님(출 3:15~22) 등을 그 내용으로 하고 있다.

야곱처럼 모세도 장인의 양 떼를 쳤다. 광야 서쪽(히브리 성경에는 '그 광야 뒤

(= 광야 깊숙이 광야를 지나서?)'에 이른 모세는 양 떼를 이끌고 호렙 산으로 갔다. 그곳도 광야의 일부분이다. 그 이름은 황량한 곳 불모지라는 뜻이다. 사람들 중에는 이 황량함을 모세의 심정 또는 그의 현실을 비유한 것이라 보기도 한다. 또 양 떼를 치는 그 생활이 무료하고 공허하였으리라고 말하는 이도 있다. 모세가 아들 이름을 게르솜(게르 = 나그네 + 솜 = 이곳, 그곳?)이라고 지은 것으로 그렇게 추측하는지 아니면 왕자였던 그가 목동 신세가 된 것을 보고 그렇게 상상하는지 알 수 없다. 성경은 당시 모세의 심경이 어떤지를 전혀 언급하지 않는다. 그러므로 자신의 현재 상태에 대한 그의 마음을 우리 멋대로 예단할 필요가 없다.

호렙 산과 시내 산이 같은 산인지 다른 산인지 그리고 그 위치에 대해 학자들 의견이 분분하다. 제각기 나름 근거를 대며 주장하는 것을 여기서는 다루지 않겠다. 다만 이곳에 대해 성경은 하나님의 산이란 별명을 붙였다. 이는 그곳에서 매우 진기한 일이 발생하리라는 기대를 하게 만든다. 2절 이하에는 이 기대에 부합되는 내용이 기록되었다. 출 3:2~4절에는 떨기나무에 생긴 불꽃에 대한 모세의 반응과 그리로 다가오는 모세를 향한 하나님의 반응이 정확하게 일치한다:

2 그(모세)가 보니(봐야르)

3 이에 모세가 이르되(봐요메르)

4 (여호와께서) 보신지라(봐야르)

4 그를 불러 이르시되(봐요메르)

떨기나무를 중심에 놓고 하나님과 모세는 관심 깊게 보는 대상이 달랐다. 출 3장 앞부분은 그 시각적 효과와 청각적 효과를 동의적 평행법(der synonymischer Paralellismus)으로 한층 더 강조하였다. 출 3:2a의 불꽃(뻬라보트 에 쉬 밋토크 핫스네 = 그 떨기나무 가운데의 불꽃에)은 창끝을 뜻하는(삼상 17:7 참조) 레하바에 불을 가리키는 에쉬가 결합된 꼴이다. 이를 직역하면 '창끝(= 칼날)같이 날카로운(= 맹렬하게 타오르는) 불꽃 속에서'이다. 그만큼 불길이 매섭고 강하다는 뜻이다.

> 13 여호수아가 여리고에 가까이 이르렀을 때에 눈을 들어 본즉 한 사람이 칼을 빼어 손에 들고 마주 서 있는지라… 14 그가 이르되 아니라 나는 여호와의 군대 대장으로 지금 왔느니라 하는지라 여호수아가 얼굴을 땅에 대고 엎드려 절하고 그에게 이르되 내 주여 종에게 무슨 말씀을 하려 하시나이까 15 여호와의 군대 대장이 여호수아에게 이르되 네 발에서 신을 벗으라 네가 선 곳은 거룩하니라 하니 여호수아가 그대로 행하니라(수 3:13~15)

성경에 380회 나오는 불은 i)어둠을 밝히는 기능 말고도 ii)심판(소멸; 창 19장; 신 4:24) iii)정화(사 6:7)를 의미한다. 세례자 요한이 예수님은 성령과 불로써 세례를 베푸실 것이라고 한 것에는 심판과 정화의 의미가 다 포함되었으리라.(마 3:11; 눅 3:16; 참조 막 1:8) 불은 iv)하나님이 사용하시는 도구이며(시 104:4) 능력을 불어넣어주시는 표시이다. 그리고 v)그분의 나타나심을 상징하기도 한다.

> 환난을 받는 너희에게는 우리와 함께 안식으로 갚으시는 것이 하나님의 공의시니 주 예수께서 자기의 능력의 천사들과 함께하늘로부터 불꽃 가운데에 나타나실 때에 하나님을 모르는 자들과 우리 주 예수의 복음에 복종하지 않는 자들에게 형벌을 내리시리니(살후 1:7~8; 참조 창 15:17; 출 19:18; 시 50:3; 겔 1:4, 27)

이 밖에도 불은 vi)사랑을 상징한다. 본문에서 불에는 또 다른 속뜻이 들어 있다. 떨기나무는 노예로 전락하여 vii)학대당하고 메마르게 사는 이스라엘 백성의 현재 상태를 상징한다.(세상의 뜨거운 맛) 그렇지만 뜨거운 불길에도 재로 변하지도 않고 사라지지도 않는 떨기나무는 태양신을 섬기는 파라오조차도 손댈 수 없을 정도로 그 생명력이 끈질기다는 뜻이다. 곧 하나님의 보호 아래 있는 이스라엘은 그 누구도 그 무엇도 소멸시킬 수 없는 생명력을 지녔다는 것이다.

불타는 그 떨기나무는 유대교, 기독교, 이슬람교에 다양한 이미지의 상상력을 심어주었다: 하나님의 이적과 넘치는 능력, 거룩한 빛, 환상, 순수하게 불타는 가슴(심령), 사랑과 자비 그리고 성령 하나님.

하나님은 모세가 일하는 생활 현장으로 찾아와 만나주셨다. 이런 하나님의 모습은 성경 여러 곳에서 나온다. 이를테면 하나님께서 나그네 세 사람의 모습으로 마므레 상수리나무 그늘에 쉬고 있는 아브라함을 찾아오신 일, 소돔과 거기 사는 롯을 찾아 온 두 천사와 타작마당에서 기드온이 천사와 만나는 것, 잃어버린 소를 찾아다니는 사울을 만나신 것, 양치는 다윗을 찾아오신 일 등이 그것이다.

성경에 따르면 하나님은 여러 모양으로 자기 백성에게 나타나셨다. 그런데도 우리는 자칫 그 가운데 어느 하나를 지나치게 또는 독점적으로 강조하기 쉽다. 예를 들면 엘리야에게 하나님께서 세미한 음성(소리)으로 나타나셨다는 사실을 놓고, 하나님은 '항상' 이렇게 나타나신 것처럼 말하는 것이다. 이는 마치 예수님이 아무도 모르게 골방에 들어가 기도드리라고 한번 말씀하셨다고 해서 그렇게 드려야만 참된 기도라고 억지를 부리는 것과 같다. 하나님이 나타나시는 장소나 모습은 아래와 같이 다양하다:

본문	장소-제단	하나님의 나타나심	인간의 반응	약속 (소명)	하나님의 아심
창 18:1~33	마므레 상수리나무 (1절) 천막 (거주 지역)	세 사람 (1~3절)	땅에 몸을 굽힘(2절)	아들 약속 (10절)	소돔과 고모라 백성의 아우성 (20절)
창 28:1~22	돌(11절), 벧엘⇐루스 (10, 19절) = 성소	꿈에서 하나님의 사자를 봄 (12절)	두려움에 사로잡힘 (17절)	땅과 후손 약속(13~14절), 성전 약속 (그가 누운 땅)	야곱의 피신
출 3:1~12	호렙 산 떨기나무(2절), 이집트	여호와의 사자(2절); 여호와 자신 (4절); 불(21절)	신을 벗고 두려워하며 얼굴을 가림 (5~6절)	땅 지역 열거, 구원 약속(8절)	이스라엘의 부르짖음을 들으심 (7, 9절)
삿 6:19~24	오브라 상수리나무 (11, 19절), 여호와 살롬 (24절)	여호와의 사자(20절), 불(21절)	여호와 대면을 두려워 함 (22절)	미디안에서 구출 약속 (14절)	이스라엘이 미디안에게 당하는 고통
왕상 19:9~17	호렙 산 동굴 (산과 바위)	아주 작은 소리(음성 ?)	겉옷으로 얼굴을 가림	하사엘과 예후와 엘리사에게 기름을 부으라	엘리야의 피신
사 6:1~13	하늘 보좌 또는 예루살렘 성전(6:1)	스랍이 가림 (2절); 충만한 영광과 거룩(4절)	5절: 두려움, 망하게 되다 (회개)	그루터기, 남은 자 (13절)	
욥 38~40	거주지	폭풍우 중에 말씀 욥이 눈으로 봄(40:5)	자신의 말을 취소하고 회개(40:6)	친구를 위한 중보의 번제와 기도; 복 주심	욥이 당한 재난 및 친구들과 나눈 대화

하나님께서 모세에게 나타나신 목적은 옛 거주지 이집트로부터 이스라엘을 건져내어(야차) 새로운 거주지인 가나안으로 데려가시는(알라) 일에 그를 쓰시려는 데 있다. 그 목적에 따라 하나님은 떨기나무에 붙은 불꽃 속에 나타나셨다. 떨기나무(snh)는 그 발음이 시내 산(sny)과 비슷하다. 마치 이

둘 사이에 연상 작용을 일으키기라도 하듯이. 그분은 두 번 불 속에서 모세에게 나타나셨다.(출 3장과 19장) 하갈에게 나타나실 때에도 그분은 떨기나무(sach)에 나타나셨다.(창 21:15 관목 덤불) 그것은 모세가 본 그 나무와 다른 종류의 것이다.

떨기나무는 시내 광야에서 흔히 자생하는 일종의 가시덤불(thron bush)을 가리킨다.(신 33:16 참조; 학명: Rubus Sanguineus Friv; 히브리어: 쓰네, 페텔 카도쉬) 이 나무는 백향목같이 값비싸고 귀한 나무가 아니다. 오히려 앙상하고 볼품없이 생긴 작은 나무요, 재목으로도 쓰지 못할 나무이다. 그 나무에 불이 붙었다. 사실 그 나무는 너무나 약해서 사막의 열기가 극도로 달아오르면 저절로 불이 붙어 타 없어지기도 하였다. 오늘은 이상하였다. 그것에 불이 붙었는데 끄떡도 하지 않았다. 이에 모세는 '떨기나무가 어찌하여 타지 아니하는고'(출 3:3) 하며 호기심어린 발걸음을 그리로 향하였다. 그 광경이 너무나 놀랍고 신기하다는 것을 나타내려고 히브리 성경은 봣야르 브힌네 핫시네 뽀에르 빠에쉬(= 그리고 그가 보았다, 그런데 보라, 불꽃 속에 타오르는 저 떨기나무를! 출 3:2b 직역)라고 기록하였다. 이때 받은 강력한 인상을 모세는 나중에 요셉을 위해 기도드리며 되살렸다:

13 요셉에 대하여는 일렀으되 원하건대 그 땅이 여호와께 복을 받아 하늘의 보물인 이슬과 땅 아래에 저장한 물과 14 태양이 결실하게 하는 선물과 태음이 자라게 하는 선물과 15 옛 산의 좋은 산물과 영원한 작은 언덕의 선물과 16 땅의 선물과 거기 충만한 것과 가시떨기나무 가운데에 계시던 이의 은혜로 말미암아 복이 요셉의 머리에, 그의 형제 중 구별한 자의 정수리에 임할지로다(신 33:13~16)

맹렬히 타오르는 떨기나무를 향해 다가오는 모세를 여호와께서 보셨다.(출 3:4 라아 + 키 = … 깊은 관심을 가지고 … 을 보다) 하나님은 이미 그의 이름을 알고 계셨다. 그를 향해 "모세야 모세야"라고 부르셨다.

어떤 사람의 이름을 연거푸 두 번 부르는 것이 성경에 열 번 나오는데(창 22:11; 46:2; 삼상 3:10; 삼하 18:33; 눅 10:41; 22:31; 행 9:4 등) 이는 그 상황이 절박하거나(마 23:37), 그에게 주어질 일이 어렵고 중대하다는 사실을 암시하였다.(창 22:1; 삼상 3:10)

모세가 하나님을 찾은 것이 아니라 하나님께서 모세를 먼저 찾으셨다.(너희가 나를 택한 것이 아니요 내가 너희를 택하여 세웠나…, 요 15:16 참조)

주 예수 내가 알기 전 날 먼저 사랑했네 그 크신 사랑 나타나 내 영혼 거듭났네

(찬 90장)

선택과 부름의 주도권을 행사하신 하나님은 모세에게 하나님의 거룩함을 받아들이며 거룩한 자리에 설 것을 요구하셨다. 그런 자리에 서려는 사람은 그에 걸맞은 반응을 보여야 한다.

이리로 가까이 오지 말라 네가 선 곳은 거룩한 땅이니 네 발에서 신을 벗으라.(출 3:5)

성경에서 신발을 벗는(라샬) 이유는 크게 네 가지이다: i)거룩한 장소에서 두렵고 떨림의 표시(출 3:5 = 행 7:33; 수 5:15) ii)상중(喪中)에 삼가는 태도(겔 24:17) iii)자신이 받을 기업(유산)을 포기하는 의사표시(신 25:9; 룻 4:7) 그리고 iv)커다란 수치와 시련을 당한 경우(삼하 15:30; 사 20:2; 시 108:9 참조) 등이 그것이다.

그 당시 노예 또는 가난한 사람은 신발 없이 살았다. 맨발로 다니는 것은 곧 가난의 표시요 경멸의 대상이었다. 또한 손님이 찾아오면 발 씻을 물부터 갖다주는 것이 예의였다.(창 18:5; 24:32; 눅 7:44 참조) 여기서는 하나님은 거룩한 분이기에 하나님 일에 참여할 사람도 그 거룩함을 덧입으며 삼가고 조심해야 한다는 뜻으로 보인다.(벧전 1:15~16 참조) 더 나아가 그동안 붙잡았던(미련을 두었던) 세상적인 것에 대한 포기(내려놓음)이기도 하다. 아울러 이전의 수치(수모 시련)도 눈물을 닦아주시는 하나님 안에서 다 벗어버리고 하나님의 사람으로 새롭게 거룩하게 살겠다는 일사 각오를 상징하였다.

필로(Philon, 주전 20?~주후 45?)는 떨기나무가 이스라엘 자손을 상징한다고 말하였다. 그 뒤 학자들 대부분은 이런 입장에 서있다. 모세에게 나타나신 여호와는 대를 이어(대대로) 이스라엘 자손의 하나님이시다.(6절) 여기서 아브라함의 하나님, 이삭의 하나님, 야곱의 하나님이란 그들에게 자신을 계시하셨을 뿐만 아니라 그들과 언약을 맺은 분이라는 뜻이다. 여기에는 언약을 반드시 지킨다는 점에서 하나님은 신실하신 분이라는 뜻을 내포하고 있다. 13절처럼 '나의(당신의 우리 조상의) 하나님(신)'이란 표현은 고대 중근동 문헌에도 자주 보인다. 창세기에도 여러 차례 등장하였다.(창 26:24; 28:13; 31:5, 29; 46:1, 3 등; N. M. Sarna, Exodus [JPSTC], 268) 이 하나님 앞에서 모세는 얼굴을 가렸다.(사타르) 이런 모습은 에스겔(겔 1:28)이나 다니엘(단 8:18)의 경우에도 똑같았다. 이사야는 하나님의 모습을 뵙는 순간 '이제는 죽었구나'라며 탄식하였다.(사 6:5)

불이 붙었으나 타버리지 않는 떨기나무, 그 신기한 모습으로 여호와께서 나타나는 것은 결국 하나님의 거룩한 이름을 계시하기 위한 준비 작업이었다.(6, 14절 참조) 히브리 성경은 6절에 표현된 하나님의 자기 계시를 동사 없는 문장(명사 문장)으로 기록하였다. 이는 언약의 하나님 및 그 언약을 실현시키시는 하나님을 도드라지게 강조하기 위한 것이다.

오늘의 적용

① 살리는 불꽃(출 3:1~5)

호렙 산의 떨기나무에 붙어 타오르던 불길은 타서 없어지게 만드는 불 곧 소멸시키는 불이 아니었다. 불순물이나 인간의 죄악을 태워 정화시키는 불도 아니었다. 그것은 다음 세 가지 측면에서 바라볼 수 있다.(차준희 55~56 참조) i)타오르는 불은 하나님의 나타나심을 상징한다. ii)불타 없어지지 않는 떨기나무에서 떨기나무는 이집트에서 억압당하는 이스라엘의 비참한 처지(뜨거운 맛)를, 불은 억압자의 세력을 각각 상징하는 것이다. 이는 전체적으로 이집트의 거센 억압에서도 버텨내고 살아남는 이스라엘 민족을 가리킨다. iii)불과 떨기나무는 하나님과 하나님의 백성의 관계, 곧 선택받은 백성을 향한 하나님의 보호를 상징한다. 이 셋 가운데 어느 것을 채택할지는 독자의 몫이다.

신약 성경에서 불은 성령님을 상징하곤 한다. 마가 다락방에서 기도드리며 예수님이 말씀하신 성령님을 기다리는 성도에게 마치 불의 혀처럼 갈라지는 것들이(행 2:3) 임하였다. 성령님은 불꽃이 갈라져 타오르는 것처럼 초대교회 성도에게 찾아오신 것이다. 그 불 같은 성령님은 다락방에 문을 걸어 잠그고 숨어 지내던 제자들을 거리로 뛰쳐나가게 하였다. 성령으로 충만해진 그들은 체포와 생명의 위협을 무릅쓰고 예수님이 부활하셨으며 인류를 구원하실 분이라고 전파하였다. 이런 뜻에서 성령님은 생기를 불어넣는 분이요, 살리는 분이요, 믿음과 용기와 소망을 북돋아주시는 분이다.

② 하나님이 계시는 곳은 어디나…

불꽃에 휩싸였으면서도 사라지지 않는 떨기나무 — 이 신기한 광경에 놀란 모세는 가던 발걸음을 돌려 그곳으로 향하였다. 그때 하나님은 모세에게 "모세야 모세야… 이리로 가까이 오지 말라 네가 선 곳은 거룩한 땅이니 네 발에서 신을 벗으라"(출 3:4~5)고 말씀하셨다. 사실 호렙 산은 광야의 한 부분이다.(광야 서쪽 혹은 광야 뒤쪽, 출 3:1) 그 산 이름에는 폐허, 황폐란 뜻이 들어 있다. 그곳에서 자라는 떨기나무는 또 얼마나 왜소하고 보잘것없는가? 그런데 도대체 무엇이 거룩하다는 말인가?

고개를 돌려 창세기 야곱의 이야기로 가보자. 그는 아버지와 형의 눈을 피해 도망을 쳤다. 하란으로 가는 길에서 밤이 이슥하여 잠 든 그곳은 루스(= 거친 땅)였다. 그는 꿈속에서 하나님을 만났다. 잠에서 깬 그는 그곳이 하늘의 문, 곧 하늘로 향하는 문임을 깨닫고 소스라치게 놀랐다. 아침에 일어난 그는 그곳 이름을 하나님의 집(벧엘)이라 불렀다. 이로써 야곱이 베개로 삼았던 돌베개는 하나님의 집의 기둥이 되었고 하늘로 가는 문이 되었다.

이와 같이 폐허의 산(호렙 산)에서 자라던 작고 보잘것없는 떨기나무도 하나님이 임하는 장소로 변하였다. 그 장소는 본디 모세가 늘 다니던 평범한 곳이요 가시떨기나무도 전혀 특별하지 않았다. 그런 곳, 그런 것도 하나님은 모세를 부르시는 도구로 사용하셨다. 야곱 식으로 표현하자면 그 나무는 하나님의 집(벧엘)이 되었으며 하늘과 통하는 문이 되었다. 하나님이 함께 계시면 그리고 하나님을 만나면 이렇게 된다. 우리가 사는 일상적인 장소가 하나님의 부르심의 장소가 될 수 있다. 아니 우리 자신이 하나님이 머무시는 곳이 될 수 있다.(고전 6:19; 엡 2:22 참조) 아주 평범해 보이는 장소가 하나님께서 그 뜻을 이루시기 위한 봉사와 헌신으로 우리를 부르시는 거룩한 장소가 될 수 있다는 말이다.

③ 일상생활 속에 잉태된 특별한 날

평범하게 지내는 우리 나날 속에 갑자기 중대한 일이 생기곤 한다. 사실 특별한 예외를 제외하고는 그것 가운데 대부분이 '갑자기'가 아니다. 일상적인 시간의 흐름 속에 일이 그렇게 될 원인이 차곡차곡 쌓이다가 어느 한 순간에(때가 무르익었을 때) 그렇게 터진 것뿐이다.

당장에는 그것이 긍정적인 것일 수도 있고 부정적인 것일 수도 있다. 물론 그 결과는 본인의 신앙적 결단에 따라 언제나 긍정적 창조적으로 만드시는 하나님을 만나는 통로가 될 것이다.

우리가 알거니와 하나님을 사랑하는 자 곧 그의 뜻대로 부르심을 입은 자들에게는 모든 것이 합력하여 선을 이루느니라(롬 8:26)

④ 일상생활의 현장이 곧 하나님을 만날 곳

하나님은 모세가 양을 치는 일상생활의 자리로 찾아오셨다. 이는 모세의 경우만이 아니다. 아브라함, 기드온, 사울, 다윗 등도 자신의 생활 현장에서 하나님을 만났다.(참조: 마르다와 마리아를 찾아오신 예수님) 요한복음 21장에도 갈릴리 바다에서 물고기를 잡는 제자들을 직접 찾아와 만나시는 부활하신 주님 이야기가 기록되어 있다.

하나님은 성전에서는 물론 평범한 일상생활에서도 만날 수 있는 분이다. 우리의 생활의 자리는 하나님을 만나는 가장 보편적인 장소이다. 그곳은 우리가 생계에 필요한 돈을 버는 장소이다. 친구(동료)들과 함께 인생을 살아가는 자리이다. 그리고 하나님께로부터 선물로 받은 은사와 달란트를 발휘할 곳인 동시에 하나님의 임재를 경험하는 곳이다.

⑤ 네 발에 신을 벗으라

호렙 산 떨기나무에 불이 붙었으나 그 나무가 사라지지 않는 것을 본 모세는 놀랐다. 이에 불타는 그 나무를 향해 다가갔다. 그때 하나님께서 말씀하셨다: '이리로 가까이 오지 말라 네가 선 곳은 거룩한 땅이니 네 발에서 신을 벗으라'(3절)

목동에게 신발이란 겉옷과 함께 주요 재산 목록이다. 탈무드엔 이런 말이 있다: '자기 발에 맞는 신발을 사기 위해서는 집의 기둥이라도 팔아라.' 신발이 그만큼 귀중하다는 뜻이다.

하나님은 지금 그걸 벗으라고 하셨다. 무슨 뜻일까? 지금 아주(또는 가장) 중요한 것을 포기하면 앞으로 그보다 더 중요한 것을 얻는다는 뜻이다. 다시 말해 새롭고 가치 있는 것을 얻으려면 지금 자신이 소중하게 여기는 것을 버릴 수 있어야 한다는 말이다.

유대인에게는 신발을 반드시 벗어야 하는 때가 있다. 그것은 신발보다 더 중요하고 가치 있는 자리에 있다는 뜻이다. 회당에서 축복을 받을 때, 축복을 받기 전에 발을 씻을 때 반드시 신발을 벗어야만 하였다. 그리고 성인(聖人)의 무덤에 다가가기 전에 신발을 벗어야만 하였다. 주요한 유대교 절기를 지킬 때, 뉘우침과 회개를 필요로 할 때에도 신발을 벗어야만 하였다.

하나님께서 모세에게 신발을 벗으라 하셨다. 그만큼 지금 그 자리가 중요하다는 뜻이다. 그곳은 하나님께서 나타나신 자리이기에 거룩하고 중요하다. 그곳은 하나님의 뜻이 고지되는 장소이기에 중요하고 거룩하다. 그곳은 한 사람의 인생이 새롭게 다시 시작되는 출발점이기에 중요하고 소중하다, 자신의 필수품인 그 신발이 아무 가치도 없는 것처럼 여겨질 만큼.

9
밀고 당기기

(출 3:6~12)

6 또 이르시되 나는 네 조상의 하나님이니 아브라함의 하나님 이삭의 하나님 야곱의 하나님이니라 모세가 하나님 뵈옵기를 두려워하여 얼굴을 가리매

7 여호와께서 이르시되 내가 애굽에 있는 내 백성의 고통을 분명히 보고 그들이 그들의 감독자로 말미암아 부르짖음을 듣고 그 근심을 알고

8 내가 내려가서 그들을 애굽인의 손에서 건져내고 그들을 그 땅에서 인도하여 아름답고 광대한 땅 젖과 꿀이 흐르는 땅 곧 가나안 족속 헷 족속 아모리 족속 브리스 족속 히위 족속 여부스 족속의 지방에 데려가려 하노라

9 이제 가라 이스라엘 자손의 부르짖음이 내게 달하고 애굽 사람이 그들을 괴롭히는 학대도 내가 보았으니

10 이제 내가 너를 바로에게 보내어 너에게 내 백성 이스라엘 자손을 애굽에서 인도하여 내게 하리라

11 모세가 하나님께 아뢰되 내가 누구이기에 바로에게 가며 이스라엘 자손을 애굽에서 인도하여 내리이까

12 하나님이 이르시되 내가 반드시 너와 함께 있으리라 네가 그 백성을 애굽에서 인도하여 낸 후에 너희가 이 산에서 하나님을 섬기리니 이것이 내가 너를 보낸 증거니라

이것은 자신을 이스라엘 민족의 구원(출애굽)을 위해 보내시려는 하나님

의 뜻에 모세가 머뭇거리는 이야기이다. 이를 위해 하나님께서 그를 직접 찾아와 만나셨다. 그를 이집트로 돌려보내고자 하셨다. 이것이 본문의 내용이다.

이스라엘 자손은 고역을 견디다 못해 부르짖었다. 고역이란 노예로 태어나 죽을 때까지 강제 노역에 시달려야 하는 불행한 처지, 자기 자식 하나 제 손으로 간수하지 못하며 당하는 억압, 하나님의 약속을 품고 사는 자신들의 신분이 바닥에 떨어진 일 등 여러 가지 의미가 있다.

7~8절에는 그에 대한 하나님의 반응이 나와 있다. 출 2:24~25에 이어 여기에는 매우 감각적 감성적 언어들이 사용되었다: 볼 것을 보다(라오 라이티 ← 라아, 개역개정은 '분명히 보다'로 번역), 듣다(샤마), 알다(야다), 내려가다.(야라드) 이렇게 보고 듣고 알고 내려오신 하나님은 이스라엘 아들들을 건져내고(나찰), 가나안으로 인도하여 데려가려 하셨다.(Hiph 알라= 올라가다) 여기서 '…로 데려간다'는 말은 해방 그 자체라기보다는 새로운 지역에 정착시킨다는 의미이다.(창 50:24; 출 3:8, 17; 32:1; 33:1 참조)

여기 쓰인 느낌과 감각적 낱말들은 이스라엘을 구원하시려는 하나님 의지를 잘 보여준다. 그 가운데서 내려오다(8절)는 말에 주목해보자. 하나님께서 이 세상으로 내려오셨다는 말은 창세기와 출애굽기에 자주 등장하였다. 인간적으로 표현된 하나님의 이런 행동은 특히 구원 또는 심판을 시행하고자 직접 개입하는 것을 묘사할 때 흔히 사용되었다. 사실 하나님의 내려오심(강림)은 기독교 신앙의 알맹이이다.(특히 예수님의 성육신)

출애굽기 3장은 하나님께서 내려오신 목적을 이렇게 설명한다: i)이집트인들의 손에서부터 하나님의 백성을 '건져내고자' ii)그들을 이집트로부터 약속의 땅(아름답고 광대한 땅)으로 '올려보내고자'(개역개정은 "인도하여… 데려가려 하노라"로 번역) 함이다.

건져낸다는 말(나찰)은 출 2:19에서 모세가 이드로의 딸들을 목자들의 횡포에서 벗어나게 할 때에도 사용되었다. 이는 나아가다(야차, 출애굽 사건과 관련하여 83번 쓰임), 올라가다(알라, 출애굽 사건과 관련하여 41번 쓰임)와 함께 출애굽 사건을 표현하는 주요 전문용어이다. 야차와 알라는 출애굽과 관련하여 … from to … 라는 의미이다.(옛 거주지 이집트로부터 건져내어 새로운 거주지인 가나안으로 데려가심) 이곳에 야차란 말은 히필형으로 세 번 되풀이 쓰였다.(10, 11, 12절) 하나님은 이 세상으로 내려오실 때마다 아주 특별한 사역과 은총을 베푸시곤 하였다.(창 11:5, 7; 18:21; 출 19:20; 민 11:25; 삼하 22:10 = 시 18:9; 요 1:14; 빌 2:7~8; 딤전 1:15 참조)

약속의 땅(가나안)을 가리켜 8절은 아름답고(그곳의 질, 품질) 광대하다(그곳의 규모, 크기)고 하였다.(혹시 광대하다는 말이 현재 이스라엘 자손이 사는 곳[고센]보다 훨씬 넓은 땅이라는 뜻인가?) 그 뒤에 언급된 젖과 꿀이 흐른다는 말은 그 땅의 질을 보다 구체적으로(epexegetical genitive) 설명하는 것이다.(GK §128x) 9절에는 억압(학대)라는 말이 두 번 되풀이 쓰였다. 이는 내리누르다, 짜낸다는 뜻의 말(라카츠)에 뿌리를 둔 것이다. 이것의 명사형과 그 뒤를 잇는 분사형은 자신의 생각을 크게 강조하는 용법이다.

하나님께서 이스라엘 백성이 이집트에서 강요당하는 고역을 아신다는 것이 출 3:7~9에 두 번 되풀이 나온다. 이에 하나님은 모세에게 "자 이제(브앗타) 가라. 내가 너를 보낸다…"라고 말씀하셨다.(10절) 이것은 이스라엘 자손의 출애굽이 사람이 하는 작업(활동)이 아니라 하나님께서 직접 하시는 일이라는 점을 똑똑히 보여주는 것이다. 이를 위해 하나님께서 모세를 보내셨다.(샬라흐) 이런 때 그 말은 보냄 받는 당사자에게 하나님의 후원 능력 그리고 권위가 주어진다는 뜻이다. 이것이 없이는 모세는 물론 그 누구도 이스라엘 자손을 출애굽시킬 수 없는 것이다.(요 3:2 참조) 그린버그(M. Greenberg)

는 모세의 부름받음을 여호수아와 다윗의 그것과 비교하였다:

	출애굽기	여호수아	사무엘하
계시	3:6~8	14:6~9	7:27
행위의 이유; 브앗타	3:9	14:10~11	7:28
행위; 브앗타	3:10~12	14:12	7:29

위의 이야기 세 개는 서로 다른 형식으로 되어 있다. 모세의 경우에는 소명 보도이며, 갈렙의 경우에는 합법적인 주장이고, 다윗의 경우에는 기도형식이다. 그렇지만 위의 표에서 보듯이 어떤 행동을 해야 할 이유를 제시하는 부분(계시)과 직접 그 행위가 시작되는 부분에 '자 이제(그런데 지금) (보라)'라는 문구가 공통으로 들어가 있다. 특히 출 3:9에는 '자 이제(= 브앗타)'와 '보라(=힌네)'가 나란히 쓰여 그 뜻이 한층 강조되었다.

해방을 향한 하나님의 사역은 오직 이스라엘에만 적용되는 것인가? 이에 대해 성경은 분명히 아니라고 대답한다. 하나님은 하나님 뜻에 어긋나는 모든 종류의 소외와 비인간화 상태를 기뻐하지 않으신다. 그러므로 그 굴레에서 가해자 혹은 피해자의 모양으로 신음하는 모든 사람을 구원하시는 분이다. 이 점을 확실히 하기 위해 출 3장과 사 19:19~25을 비교해보자.(암 9:7 참조: Hamilton, Exodus, 57쪽)

	출 3장	사 19:19~25
1	하나님은 이스라엘 자손을 향해 '나의 백성(암미)'이라고 부르셨다.(7절)	하나님은 이스라엘 자손을 향해 '나의 백성(암미)'이라고 부르셨다.(20절)

2	하나님은 자신의 백성이 부르짖는 소리를 들으셨다.(7절)	이집트인들이 하나님께 부르짖으면, 하나님은 그 신음을 들으신다.(20절)
3	이스라엘 백성이 억압(라카츠)에 시달리며 부르짖었다. 이집트인은 그들을 학대하였다.(로카침)	자신을 학대하는 자들(로카침)로 인하여 이집트인들이 하나님께 부르짖었다.(20절)
4	하나님은 파라오에게 모세를 보내시고자 하셨다.(셀라크 10절)	하나님은 그들에게 구원자를 보내셔서(셀라크) 그들을 지켜주실 것이다.(20절)
5	하나님은 모세에게 이적(오트)을 베푸셨다. 그리고 그를 이집트로 가게 하시며, 자신이 그와 함께 계실 것을 약속하셨다.(12절)	이집트 땅에 이집트인들이 세우는 제단은 그 나라 및 그 백성과 함께 계시는 하나님의 현존을 가리키는 표적(오트)이다.(19~21절)
6	하나님은 이스라엘 자손을 구원하실(나찰의 히필형) 계획을 세우셨다.(8절)	하나님은 이집트 백성을 구원하실(나찰의 히필형) 계획을 세우셨다.(20절)
7	하나님의 공감과 구원 계획을 나타내는 낱말들이 출 7~11장에 널리 사용되었으며, 사 19:21~22에도 표현되었다.	하나님은 이집트인이 하나님을 알게 만드시리라 약속하셨다. 비록 그들을 재앙으로 치시겠지만(나가프), 그들은 그들의 예배를 통해(제단에서) 하나님께 반응할 것이다.(21~22절)
8	여호와는 이스라엘을 치유하시는(라파) 하나님이시다.(출 15:26)	여호와는 이집트를 치유하시는(라파×2) 하나님이시다.(사 19:22)

출 3:2~9 사이에는 시각적 용어가 많이 나왔다:

··· 불꽃 안에서 그에게 나타나시니라 그가 보니[라아]··· 그런데 보라[브힌네]···(2절)

··· 내가 돌이켜 가서 이 큰 광경을 보리라[라아]···(3절)

여호와께서 그가 보려고 돌이켜오는 것을 보신지라[라아]···보라[힌네니](4절)

··· 모세가 하나님 뵈옵기를[나바트] 두려워하여 얼굴을 가리매(6절)

··· 내가 애굽에 있는 내 백성의 고통을 분명히 보고[라아 = 내가 볼 것을 보고]···(7절)

… 자 이제 보라[힌네]… 그들을 괴롭히는 학대도 내가 보았으니[라아] (9절)

이런 표현은 하나님도 모세도 구체적인 생활 현장에 매우 깊은 관심을 가지고 있다는 뜻이다. 바로 여기에 만나는 동기가 있다.

젖과 꿀이 흐르는 가나안 땅에 대한 묘사는 성경에 20번 나왔다.(출애굽기 에는 3:8, 17; 13:5; 33:3) 굶주림에 시달리는 아브라함-이삭-야곱에게도 이런 내용의 약속은 주어지지 않았다. 이제 하나님은 박해와 중노동에 시달리는 이스라엘 자손에게 젖과 꿀이 흐르는 가나안을 약속하신 것이다. 교회가 시작된 이래 오늘날까지 이것은 낙원(천국)을 가리키는 말로 쓰였다.

여기에 덧붙여진 민족들, 지금은 거기 살지만 장차 쫓겨날 민족들(가나안 족속…)의 명단은 후렴구처럼 여러 차례 언급되었다.(출 3:8, 17; 13:5, 11; 23:23, 28; 33:2; 34:11) 이는 세계와 땅이 하나님께 속한 것이라는 의미이다. 이에 하나님은 그 땅을 주시마고 이스라엘 자손의 조상들에게 이미 약속하셨으며, 이제 그 약속대로 하시려고 모세에게 "자 이제는 가라[브앗타 르쿠] … 내 백성 이스라엘 자손을 나오게 하여라"고 말씀하신 것이다.(10절)

하나님의 이 부르심에 모세는 선뜻 나서지 못하였다. 머뭇거리는 그의 모습은 우리 눈에 어색하게 보인다. 이런 그의 태도는 오랜 광야 생활을 지내며 무디어진 동족애와 자신은 그만한 일을 감당할 만한 그릇이 애초부터 아니었다는 자신에 대한 자포자기적 진단이 한몫하였을 것이다.

모세보다 모세를 더 잘 아시는 하나님은 다르게 보셨다. 이런 그에게 하나님은 "내가 반드시 너와 함께 있으리라(키 예흐예 임마크)"라고 말씀하셨다.(12절) 곧 이스라엘의 출애굽이라는 위대한 과업은 모세라는 한 인간의 역량과 자질에 달려 있는 것이 아니었다. 여기서 가장 중요한 변수는 모세 자신의 자질이 아니라 그가 누구의 뜻에 따라 누구와 함께 이 일을 감당하느냐인 것이다.

하나님께서 이렇게 하시는 목적이 12절 뒷부분에 언급되었다: '너희가 이 산에서 하나님을 섬기리니.' 이로써 모세에게 목표가 제시되었다. 토라에서 예배를 가리키는 것으로 자주 쓰이는 이 말(아바드)은 출애굽기 전체를 꿰뚫는 주제이다.(출 3:12, 18; 4:23; 7:16; 8:1, 20; 9:1, 13; 10:3, 7~8, 24~26; 12:31; 20:5; 23:24~25, 33; 24:1; 34:14) 곧 하나님을 섬기는 것(예배드리는 것)이 출애굽의 목적이다. 이스라엘 자손이 이 산에 도착하고 또 거기서 제대로 된 예배를 드리기 전에는 출애굽은 아직 완성된 것이 아니다. 출애굽기 25~40장에는 이 주제가 광범위하게 다루어졌다. 12절의 '이 산'이란 곧 시내 산을 가리키는데, 그렇다면 호렙 산과 시내 산은 같은 곳인가를 놓고 학자들 의견은 나뉘어져 있다. 여기서 나는 그들의 학문적인 논쟁을 다루지 않을 것이다.

오늘의 적용

① 갈 곳을 예비하시고 인도하시는 하나님 (3:7~12)

하나님은 아브라함 이삭 야곱에게 갈 곳을 일러주셨다. 이스라엘 자손들에게 갈 곳을 예비하셨다. 성경은 파라오의 입을 빌어 그리고 하나님의 음성(입)으로 이런 사실을 전해준다:

1:10 (브알라 민-하아레츠 = 그리고 그가 이 나라(땅)로부터 나갈 것이다).

3:8 (우르하알로토 민 하아레츠 하후 = 그리고 그들의 나라(땅)로 데려가기 위하여)

스스로 있는 자라는 이름을 지니신 조상들의 하나님은 이제 이스라엘 자손들을 이집트의 파라오로 상징되는 온갖 억압과 악과 우상의 손아귀에서 구원하실 계획을 세우셨다. 이집트는 고대 4대 문명 중에 하나가 생겨난 곳이다. 그 문화와 문명은 주변 나라들에게 커다란 영향을 미쳤다. 그리고 아브라함과 야곱 및 그 가족은 가나안에서 흉년으로 고생하다가 이집트로 가 목숨을 부지하였다.(창 12:10; 26:1; 41:54; 43:1; 45:11; 47:4, 13)

이제는 상황이 뒤바뀌었다. 생명을 유지시켜주던 기름진 땅 이집트는 생명을 죽이고 억압하는 곳으로 된 반면 메마른 땅 가나안은 풍요로운 곳으로 바뀌었다. 하나님의 약속에 따라 주어질 땅 가나안은 이제 아름답고 광대한 땅 젖과 꿀이 흐르는 땅으로 변모한 것이다.(출 3:8) 하나님께서 이런 역전을 일으키신 것이다. 하나님은 파라오로 상징되는 온갖 억압과 악과 우상의 손아귀에서 이스라엘 자손들을 구원하실 계획을 세우시고 그들을 가나안으로 인도하실 것이다.

이스라엘에게 이집트는 역사-문화적 유산을 이어가거나 모방하고 싶은 선진국이 아니었다. 그보다는 이차적인 의미 곧 이집트란 말이 그대로 의인화(擬人化) 되어 '억압, 구속, 제약, 속박, 좁은 곳'등을 가리킨다.(이집트를 가리키는 미츠라임이란 말은 차라르 [= 좁다]에서 나왔다) 성경에 이집트란 말은 종 되었던 집(13:3, 20:2; 신 5:6, 13:5; 수 24:17)이라는 관용어로 쓰였다. 이렇게 이집트는 지리·지형적인 의미에서 나일 강 유역이라는 뜻을 넘어서 '경쟁 상대 이중압박, 숨 막히는 곳' 등으로 그 뜻이 넓어졌다.

신 4:5~8에는 큰 나라(학고이 학가돌; 꼬이 까돌 = 큰 나라, 위대한 민족)라는 표현이 3번이나 되풀이 나온다. 이는 국토 면적이나 인구 숫자로 따지는 큰 나라가 아니라 하나님의 규례와 법도에 얼마나 순종하는가 여부로 판단하는 큰 나라를 의미하였다.

비록 면적이 좁은 곳이라도 하나님과 함께하는 곳은 언제나 개방된 자리이다. 사통팔달(四通八達)한 곳이요 넓은 곳이다. 사도 바울이 그 좁은 감옥에 갇혔을 때에도 주님과 동행하며 자신이 할 일(복음 전도 활동)을 찾으니 그곳에서 할 수 있는 일이 참 많았다. 그 감옥은 다른 어느 곳에서 보다도 그에게 활동할 여지를 많이 제공하였던 것이다.(빌 1:12~13 참조)

사도 요한 역시 밧모 섬에 갇혀 지내며 하나님 음성을 들었고 환상을 보았다.(계 1:9 참조) 비록 몸은 자유를 잃었으나 그 영혼은 정화되었을 뿐만 아니라 자유로웠으며 최고의 경지에 이르렀다. 하나님은 연속되는 박해와 고난 속에 겨우 연명하는 필라델피아 교회를 칭찬하시며 '… 내가 네 행위를 아노니 네가 작은 능력을 가지고서도 내 말을 지키며 내 이름을 배반하지 아니하였도다.'(계 3:8)라는 음성 곧 남이 듣지 못하는 하늘의 소리를 사도 요한에게 들려주셨다. 세상에는 아주 크고 넓은 곳 높은 곳에서도 비좁은 시야와 밴댕이 소갈딱지같이 협소한 도량으로 사는 사람이 있는가 하면 사도 요한이나 바울처럼 아주 좁은 곳에 살면서도 폭넓은 시야와 광대한 도량으로 사는 사람이 있다.

② 부름받은 자와 함께 계시는 하나님(출 3:11~12)

루터교회, 성공회, 천주교회 등의 예배에는 인도자와 회중이 다음과 같은 노래로 서로 화답하는 순서가 있다:

목회자: 주님께서 여러분과 함께(The Lord be with you; der Herr sei mit euch)

회 중: 그리고 당신(목회자)의 영혼과 함께(And with thy spirit; Und in deinem Geist)

이 밖에도 다음과 같은 찬송가 222장(우리 다시 만날 때까지 하나님이 함께 있어 …; God be with you, till we meet again)을 즐겨 부르곤 한다.

어느 날 호렙 산에 나타나신 하나님은 양치기 모세를 부르셨다. 그를 파라오에게 보내시며 이스라엘 민족을 구원하여 가나안으로 인도하는 사명을 맡기셨다.(출 3:9~10) 이에 그는 자신에게는 이 과제를 감당할 능력이 없다고 판단하였다: '내가 누구이기에 바로에게 가며 이스라엘 자손을 이집트에서 인도하여 내리이까'(출 3:10) 이때 하나님은 그에게 "내가 반드시 너와 함께 있으리라"(출 3:12, 키 에흐예 임마크)라고 약속하셨다.

이것이 자신의 부름을 거절하는 모세에게 주신 하나님의 첫 번째 말씀이다. 하나님의 이 약속은 아주 확고부동한 것이어서 다른 이의를 제기할 여지가 없어 보인다. 그런데도 모세는 자신이 지닌 인간적인 약점 몇 가지를 근거로 하나님의 부르심을 되풀이 거절하였다. 그 때마다 하나님은 거듭 말씀하셨다(출 3:12):

이제 가라 내가 네 입과 함께 있어서 할 말을 가르치리라… 너는 그(= 아론)에게 말하고 그의 입에 할 말을 주라. 그리고 나는 이런 자 곧 나는 네 입과 그의 입에 함께 있는 자니라(브아노키 에흐예 임-피카…) 너희들이 행할 일을 가르치리라.(출 4:12, 15 직역; 렘 1:8, 19 참조)

이런 표현들에서 주어는 '나, 그, 주님, 하나님, 여호와'로 표현되며 그 대상은 전치사(에트, 임, 브)가 붙어 '나와(우리와) 함께; 내 안에(우리 안에) 함께, 너와(너희와) 함께; 네 안에(너희 안에) 함께, 그와(그들과) 함께; 그의 안에(그들 안에) 함께'이다. 여기에 사용되는 동사는 이다(있다)라는 뜻을 지닌 하야이다.

물론 출애굽기에는 위와 같은 표현이 사람의 입을 빌어 두 번 더 나온다. 한 번은 모세와 아론이 이집트에 메뚜기 재앙을 내리겠다 예고할 때이다.(여덟 번째 표적) 이에 파라오의 신하들마저 "어느 때까지 이 사람이 우리의 함정이 되리이까 그 사람들을 보내어 그들의 하나님 여호와를 섬기게 하소서 왕은 아직도 이집트가 망한 줄을 알지 못하시나이까"(출 10:7)라고 왕에게 고하며 동요하였다. 그러자 모세와 아론을 내보냈던 파라오는 그들을 다시 불러들여 호통을 쳤다:

만일 내가 너희와 너희 아이들을 가게 한다면, 여호와는 진실로 너희와 함께 계시리라. 그렇지만 보라, 너희는 참으로 악한 계략을 꾸미는구나!(출 10:10 직역)

다른 한 번은 이드로가 백성의 송사를 직접 들으며 판정을 내리는 모세의 모습을 보고서 하는 말 가운데 그 표현이 나온다. 그는 자기 사위가 하루 종일 그런 일에 시달리는 것을 보았다. 그는 저러다가는 정작 해야 할 일을 하지 못한 채 기력이 소진될 것을 염려하였다. 그는 모세에게 백성 가운데서 천부장, 백부장, 십부장을 뽑아 세우라고 제안하기에 앞서 이렇게 말하였다: "이제 내 말을 들으라 내가 네게 방침을 가르치리니 하나님이 너와 함께 계실지로다…"(출 18:19)

파라오의 말(출 10장)에서 그것은 비웃는 말투처럼 들리고 이드로의 말(출 18장)에서는 관용적인 인사치레나 축복 선언처럼 보이기 때문에(창 21:22; 룻 2:4 참조) '내가 반드시 너(너희)와 함께 있겠다'는 표현의 진정한 의미는 출애굽기 3~4장에 들어 있다고 보아야 할 것이다.

내가 반드시 너(너희)와 함께 있겠다는 하나님 말씀은 과거와 현재를 하나로 묶어주는 동시에 미래로 향하는 성격을 매우 강하게 띠고 있다.(계 1:4, 8; 4:8; 11:17; 16:5) 그것은 지금부터 시작하여 앞으로도 쭉 하나님께서 어떤 사람(어떤 공동체)과 함께 계신다는 약속이다. 이 약속은 중대한 과제(일)를 눈앞에 두고 자신의 한계를 뼈저리게 절감하는 사람, 의기소침해 있는 사람, 용기를 잃은 사람, 힘과 기가 빠져 있는 사람에게 주어졌다.(수 1:5;

삿 6:16; 마 28:20; 눅 1:28 참조) 그리고 하나님의 계획을 이루는 도구로 쓰일 사람(백성의 지도자)이 임무 수행을 방해하는 거대한 환경이나 강력한 사람과 마주쳐야만 할 때 주어졌다. 이런 뜻에서 출 3:12에서 모세에게 주어진 하나님의 약속은 그에게 용기와 자신감을 불어넣는 말씀인 동시에 자신이 하나님의 위대한 사역의 한 부분을 담당하는 사람이라는 자부심을 심어주는 말씀이다.

신약성경의 첫 번째 책인 마태복음은 처음과 끝을 하나님이 우리와 함께 계신다는 말씀으로 장식하였다.(마 1:23; 28:20) 이는 구약성경에서 개인 또는 특정한 무리에게 주셨던 이 약속이 온 인류에게 보편적으로 주어졌다는 사실을 알려준다. 하나님은 '내가 너(너희)와 함께하겠다'는 말씀으로 부름받은 사람에게 그리고 하나님의 백성에게 구원과 도움과 보호를 확약하시고 보증하시는 분이다. 그렇다. 임마누엘 하나님을 받아들이는 강도가 강하면 강할수록 그 사람은 자신이 지닌 인간적인 한계 곧 감정, 경험, 지식, 지위, 소유 등의 한계를 초월하여 하나님의 목적을 이루는 사람(자기 자신과 세상 풍조를 이기는 사람)이 된다.

③ 나는 누구?(who am I?)

영화 〈레미제라블〉에 나오는 노래 가운데 〈나는 누구인가(who am I?)〉가 있다. 복음 성가 중에도 〈나는 누구 (who am I)〉가 있다. 일찍이 디트리히 본회퍼(D. Bonhoeffer)도 〈나는 누구인가(wer bin Ich)?〉라는 유명한 시를 썼다. 이것들에는 주어진 현실 속에서 자신의 존재 의미와 가치를 묻는 인간 고뇌가 절절하게 들어있다.

이 물음의 조상은 아무래도 모세일 것이다. 그는 이스라엘 자손에게, 더 나아가 이집트인에게 자유와 해방을 선물하시려는 하나님의 거대한 계획 앞에 부름을 받았다. 이 부름에 대한 그의 첫 번째 반응은 '내가 누구이기에 바로에게 가며 이스라엘 자손을 애굽에서 인도하여 내리이까'(출 3:11)였다. 이것이 비록 자기 비하나 자신이 그 일에 부적합하다는 것을 표현하는 것이었더라도 이 진지한 고뇌와 번민의 과정을 거쳐 그는 하나님의 계획에 흔들리지 않고 참여하는 사람이 되었다.

우리는 출 3:11 및 그 뒤에 이어지는 거절의 말들을 겸손, 두려움과 회피, 내면적인 고뇌, 현실의 벽 앞에서 느끼는 무기력감(계란으로 바위치기) 등으로 풀이할 수 있다. 이 가운데 어느 쪽에 더 무게중심을 두어야 좋을지를 결정하는 것은 독자의 몫이다.

10
나는 나다

(출 3:13~14)

13 모세가 하나님께 아뢰되 내가 이스라엘 자손에게 가서 이르기를 너희의 조상
의 하나님이 나를 너희에게 보내셨다 하면 그들이 내게 묻기를 그의 이름이 무
엇이냐 하리니 내가 무엇이라고 그들에게 말하리이까
14 하나님이 모세에게 이르시되 나는 스스로 있는 자(나는 나다)이니라 또 이르시
되 너는 이스라엘 자손에게 이같이 이르기를 스스로 있는 자가 나를 너희에
게 보내셨다 하라

이것은 하나님께서 모세에게 자신이 누구인지 소개하는 이야기이다. 하
나님은 모세를 이스라엘 자손이 있는 이집트로 돌려보내 그들과 파라오를
만나 사명을 수행하게 하시려는 계획을 세우셨다. 이것은 모세의 반론(거
절)으로 가장 먼저 방해를 받았다.(출 3:11~12, 13~22; 4:1~9; 10~17) 그가 제기
한 두 번째 반론은 자신을 보내는 하나님(신)의 이름이 무엇이냐는 것이었
다.(13절) 이에 대해 하나님은 14절의 대답을 주셨다. 이 대답으로 모세 그리
고 우리의 의문이 풀리기는커녕 오히려 더 커졌다. 이 부분에 대한 연구서
와 글들을 모아놓으면 작은 도서관 하나가 될 정도로 학자들은 이 본문에
다양한 주석과 의견을 달아놓았다.

하나님은 모세에게 나는 '너(너희)의 조상의 하나님(엘로헤 아비카; 아비테켐
엘로헤)'이라고 알려주셨다.(3:6) 그리고 '나는 있는 자이다.(에흐예 아세르 에흐

예 또는 에흐예 = 나는 … 이다)'라고 하셨다.

출 3:14에서 하나님은 자신의 정체와 계획을 밝히셨다. 하나님은 첫째로 이스라엘 조상의 하나님이시다.(6절, 13절, 15절, 16절) 이는 우리가 흔히 말하는 조상신과 다르다. '네 조상의 하나님(엘로헤 아비카)'이란 말은 하나님은 i) 대를 이어 존재하시는 분이요 ii)4~5백 년 전에(더 나아가 창조 때부터) 믿음의 선조들에게 준 약속을 기억하시고 실현시키는 분이요 iii)영존하시는 분이라는 뜻이다.(출 3:15, … 이는 나의 영원한 이름이요 대대로 기억할 나의 칭호니라) 여기서는 하나님 이름에 영원과 기억이란 말이 덧붙여진 것이 특징이다. 조상들의 하나님이신 그분께서 무슨 목적으로 모세에게 나타나셨는가? 여기서 우리는 그 옛날 아브라함과 이삭과 야곱의 하나님이 이제 모세의 하나님이자 그 시대 히브리 민족의 하나님으로 자리매김하는 것을 본다. 그 하나님은 오늘 우리의 하나님이시기도 하다.

여호와의 계획은 영원히 서고 그의 생각은 대대에 이르리로다(시 33:11)

주의 나라는 영원한 나라이니 주의 통치는 대대에 이르리이다(시 145:13)

여호와여 주는 영원히 계시오며 주의 보좌는 대대에 이르나이다(애 5:19)

둘째로 하나님은 '나는 나다(14a 에흐예 아세르 에흐예)'란 이름을 지닌 분이다. 칠십인역(LXX)은 이 부분을 에고 에이미 호 온 (= 자존자, 스스로 있는 자)으로 번역하였다.(개역성경 참조) 출 3;14b에는 수식 어구(관계문장)가 빠지고 아주 간단하게 에흐예(= 나는 …이다)라고만 나온다.

하나님께서 자신을 '나는 …이다'로 선언(소개)하는 형식은 성경에 여

러 차례 나온다: 나는 네 방패요 너의 지극히 큰 상급이니라(창 15:1); 나는 … 여호와니라(창 15:7); 나는 여호와니(창 28:13); 나는 전능한 하나님이라(창 35:11); 나는 하나님이라 네 아버지의 하나님이니(창 46:3); 나는 너희를 치료 하는 여호와임이라(출 15:26) 등.

하나님의 이 자기 계시에 대하여 에리히 쳉어(Erich Zenger)는 4가지로 설 명하였다(Erich Zenger: Der Gott der Bibel. Ein Sachbuch zu den Anfängen des alt-testamentlichen Gottesglaubens. Stuttgart 1979 [1986³]):

① 신뢰, 의지(Zuverlässigkeit): 어려움이 닥칠 때 내가 '여기(거기)' 있으므로 사람 은 나를 신뢰(의지)할 수 있을 것이다.

② 비매수성(Unverfügbarkeit): 나는 오로지 나의 방식으로 존재할 뿐이다. 사람은 자기만을 위해 존재하기를 바라며 나를 매수하거나 좌지우지할 수 없다.

③ 유일성(Ausschließlichkeit): 나는 오직 나일 뿐 다른 그 누구도 아니다. 사람은 이것을 명심해야 한다.

④ 무제한성(Unbegrenztheit): 사람은 나를 그 어떤 틀에 묶어두거나 제한하지 말 아야 한다. 비록 죽음일지라도 나를 가둘 수 없다.

셋째로 하나님은 이스라엘을 구원할 계획을 확고하게 밝히셨다.(출 3:10) 이를 실행하시고자 하나님은 모세와 함께하시겠다고 약조하셨다.(출 3:12a, 키 에흐예 임마크 브제-르카 하오트 = 진실로 내가 너와 함께 있으리라. 그리고 이것이 너를 위한 그 기적이니라) 하나님께서 모세와 함께하시는 이 일을 가리켜 성경은 기 적(오트)이라고 표현하였다.(출 3:12) 그리고 기적 또는 이적을 나타내는 중요 한 낱말 세 가지를 출 3~4장에 8번 사용하였다.(오트 3:12; 4:8x2, 9, 17, 27; 니플 라오트 ← 팔라 3:20; 모페트 4:21) 이 세 가지 낱말의 의미를 굳이 구별하자면 i)

표적(sign)으로서의 이적(오트)과 ii)전조(前兆)로서의 이적(모페트) iii)놀랄 만한 경이로서의 이적(팔라) 등이다.

출 2~3장에는 하나님께서 이스라엘을 향해 구원의 의지를 불태우는 장면이 세 번 되풀이 곧 떨기나무 불꽃 사건 직전에 한 번(2:23~24) 그리고 그 직후에 두 번(출 3:7~8, 9~10) 나왔다. 이렇게 거듭되는 것은 하나님의 구원의 지가 그만큼 확고부동하다는 뜻이다.

여기서는 여호와가 누구신가를 알려주는 그 말씀의 의미를 찾는 것보다 더 중요한 것이 있다. 곧 이 말씀은 '진실로 내가 너와 함께 있으리라'고 약속하시는 맥락에서 나왔다는 사실이다.(출 4:12, 15 참조) 다시 말해 이 본문은 하나님의 정체(또는 정체성)를 밝히는 데 강조점이 있는 것이 아니다. 그보다는 하나님의 백성을 위하여 그들 곁에 항상 같이 계신다는 사실에 방점을 찍는 것이다. 곧 하나님은 '나는 나다'라는 이름으로 그 백성이 있는 곳으로 내려와 그들과 함께하시며, 그들을 도우시는 분이라는 것이다.(출 6:7; 33:19; 34:6 참조)

오늘의 적용

① 하나님은 누구신가?

하나님은 '나는 나다'라고 자신을 알려주셨다. 이에 대해 여러 갈래의 해석이 분분하지만, 그 가운데 중요한 것만 간추리면 다음과 같다.

i)미래형 '나는… 내가 존재하려는 대로 존재하리라.'(I will be who I will be) 이 동사가 능동형인 데다가 이스라엘 자손이 약속된 미래의 조명을 받

으며 살아간다는 뜻에서 이런 해석이 나왔다.

ii)현재형 '나는 …이다.'(I am who I am) 하나님은 본디 시간과 공간에 얽매이는 분이 아니기에, 그분은 미래까지 포괄하는 영원한 현재라는 것이다.(룻 2:13; 시 50:21; 호 1:9 참조) 그리스어 번역(칠십인역)이 뒤에 나오는 '하야' 동사를 분사형으로 옮긴 것이나, 예수님이 자주 '에고 에이미(= 나는 … 이다)'라고 하신 것이 이런 뜻이다. 이 해석은 여호와가 모든 피조물에 대해 초월적인 통치권을 지닌 존재이며 약속의 성취를 보증하는 분이라는 데 주안점이 있다.(사 41:4; 42:6, 8; 43:10~11; 44:6; 45:5~7 참조)

iii)'나는 …을 존재하게 하는 자이다(I will cause to be)', 곧 존재 원인으로 해석하는 것이다. 성경 어느 곳에도 하야 동사가 히필형이나 피엘형으로 쓰인 예가 없다. 히브리 어법으로는 이런 해석을 받아들이기 어렵다. 그렇지만 교리(신학)적으로는 이것을 선호하는 사람들이 많다.

사실 우리는 하나님을 아는 사람인 동시에 모르는 사람이다. 그분은 우리의 인식 영역 안에 계신 분인 동시에 그것을 초월해 계신 분이다. 이런 점에서 우리는 '이것이 하나님의 뜻이다'라고 말하기가 매우 조심스럽다. 이에 어떤 예언자는 '혹시'라는 낱말을 넣어서 하나님의 뜻을 매우 조심스럽게 표현하였다.(사 37:4; 암 5:15; 욘 1:6 참조)

주께서 혹시 마음과 뜻을 돌이키시고 그 뒤에 복을 내리사 너희 하나님 여호와께 소제와 전제를 드리게 하지 아니하실는지 누가 알겠느냐(욜 2:14)

너희는 악을 미워하고 선을 사랑하며 성문에서 정의를 세울지어다 만군의 하나님 여호와께서 혹시 요셉의 남은 자를 불쌍히 여기시리라(암 5:14)

여호와의 규례를 지키는 세상의 모든 겸손한 자들아 너희는 여호와를 찾으며 공의와 겸손을 구하라 너희가 혹시 여호와의 분노의 날에 숨김을 얻으리라(습 2:3)

② 자신을 알리시는 하나님

하나님께서 자신을 알려주시지 않으면 사람은 하나님을 알 수 없다. 광대무변하신 그의 모습과 활동을 우리는 다 측량할 수도 상상할 수도 없다. 오랫동안 하나님을 믿은 사람도 하나님 존재의 그 신묘 막측함을 다 알 수 없는 법이다.

다행스럽게도 하나님은 자신을 계시하신다. 비록 하나님을 온전히 알지도 체험하지도 못하지만 이를 통해 우리는 부분적으로나마 하나님을 아는 거룩한 지식에 이르는 것이다. 사도 바울도 하나님을 아는 지식의 한계를 이렇게 고백하였다.

우리가 지금은 거울로 보는 것 같이 희미하나 그 때에는 얼굴과 얼굴을 대하여 볼 것이요 지금은 내가 부분적으로 아나 그 때에는 주께서 나를 아신 것 같이 내가 온전히 알리라(고전 13:12)

하나님을 아는 우리 자신의 지식에 한계가 분명하다는 사실을 인정하는 것이 곧 신앙생활의 알파요, 오메가이다.

11

가라 모세, 너 가서…

(출 3:15~22)

15 하나님이 또 모세에게 이르시되 너는 이스라엘 자손에게 이같이 이르기를 너
희 조상의 하나님 여호와 곧 아브라함의 하나님, 이삭의 하나님, 야곱의 하나
님께서 나를 너희에게 보내셨다 하라 이는 나의 영원한 이름이요 대대로 기
억할 나의 칭호니라

16 너는 가서 이스라엘의 장로들을 모으고 그들에게 이르기를 여호와 너희 조상
의 하나님 곧 아브라함과 이삭과 야곱의 하나님이 내게 나타나 이르시되 내가
너희를 돌보아 너희가 애굽에서 당한 일을 확실히 보았노라

17 내가 말하였거니와 내가 너희를 애굽의 고난 중에서 인도하여 내어 젖과 꿀이
흐르는 땅 곧 가나안 족속, 헷 족속, 아모리 족속, 브리스 족속, 히위 족속, 여부
스 족속의 땅으로 올라가게 하리라 하셨다 하면

18 그들이 네 말을 들으리니 너는 그들의 장로들과 함께 애굽 왕에게 이르기를 히
브리 사람의 하나님 여호와께서 우리에게 임하셨은즉 우리가 우리 하나님 여
호와께 제사를 드리려 하오니 사흘길쯤 광야로 가도록 허락하소서 하라

19 내가 아노니 강한 손으로 치기 전에는 애굽 왕이 너희가 가도록 허락하지 아
니하다가

20 내가 내 손을 들어 애굽 중에 여러 가지 이적으로 그 나라를 친 후에야 그가
너희를 보내리라

21 내가 애굽 사람으로 이 백성에게 은혜를 입히게 할지라 너희가 나갈 때에 빈

이것은 여호와께서 이스라엘 자손을 해방시키기 위해 모세를 불러 그들
에게로 보내시는 이야기이다. 하나님은 지상에서 자신이 계획하신 일을 실
행할 인물로 모세를 선택하셨다.(출 3:9~10) 그리고 그를 부르셨다. 그 목적
은 그를 파라오에게 보내어 하나님 백성을 옛 거주지 이집트로부터 건져내
어(야차) 새로운 거주지인 가나안으로 데려가시는(알라) 일에 그를 쓰시려는
데 있다.

이는 참으로 원대한 계획이었다. 그리고 모세에게는 자기 목숨을 거는 엄
청난 결단을 요구하는 일이었다. 이런 뜻에서 그에게 주어진 사명은 아직
준비가 갖추어지지 않은 사람에게 갑작스럽고도 매우 당황스러운 일일 것
이다. 물론 하나님은 이미 오래전부터 이 일을 계획하셨으리라.(눅 5:1~11 참
조) 모세는 양을 치다가 하나님 부름을 받았는데 나중에 다윗(삼하 7:8)과 아
모스(암 7:14~15)도 그 예를 따랐다.

15절에서 여호와는 자신이 이스라엘 자손의 조상들에게 약속을 주신 조
상들의 하나님이신 것을 다시 한번 밝히셨다. 그 이름이 영원히 기억되어야
할 것을 말씀하셨다. 12절(1회) 14절(3회)에서 그분은 '나는 …이다' 형식으
로 자신을 소개하셨다. 하나님의 이 자기 계시는 이제 우리의 기억·기념(제
케르 = 칭호[개역개정] 표호[개역])으로 승화되어야만 할 것이다. 곧 하나님의 거
룩한 '그 이름'(핫셈)만 들어도 우리는 그분의 품성과 그분께서 이루어가시

는 놀라운 구원 역사를 기리게 될 것이다.

16절에서 돌보다(개역: 권고하다)로 옮겨진 말(파카드)은 본디 방문하다는 뜻이다. 여기서 이 말은 부정사 절대형과 함께 쓰여 그 확실성을 도드라지게 하였다.(내가 진실로 너희를 찾아왔노라. 직역) 하나님께서 누군가를 찾아오셔서 그의 인생에 관여하시는 일이 성경 여러 곳에 기록되었다. 이 개입으로 그의 생활환경이나 운명이 바뀌곤 하였다.

하나님께서 소돔과 고모라를 방문하셨을 때(창 19장), 아말렉 족속을 찾아오셨을 때(삼상 15:2), 그들은 심판을 받았다. 하나님께서 사라를 찾아오셨을 때(창 21:1) 오랫동안 기다리던 아기를 선물로 받았다. 파카드란 말은 인간사에 축복이나 저주로 임하는 하나님의 적극적인 행동을 가리키는 것이다.

하나님께서 찾아오셔서 모세에게 주신 말씀이 일으킬 반응은 세 가지이다. i)이스라엘 자손이 모세가 전하는 하나님의 목소리에 순종할 것이다.(18절) 목소리를 듣는다는 말은 상대방의 말에 호의적인 반응을 보인다는 뜻이다. ii)그 반면에 파라오는 듣지 않고 고집을 부리다가 결국 무릎을 꿇고 말리라.(19~20절) 이에 하나님은 자신의 손이 행할 여러 가지 표적을 처음으로 예고하셨다. iii)이웃 사람들(이집트인들)은 이스라엘 자손을 빈손으로 나가게 하지 않을 것이다. 여기서 그 이웃 사람(미쉬켄타)이란 말은 나중에 나오는 성막(미쉬칸)과 같은 뿌리에서 나왔다.(21~22절) 이는 이들이 내어 준 금은 등 여러 물품이 나중에 성막 제작의 재료로 쓰일 것을 염두에 둔 표현일까?

모세가 이집트 왕에게 가 할 말은 "히브리 사람의 하나님 여호와께서 우리에게 임하셨은즉 우리가 우리 하나님 여호와께 제사를 드리려 하오니 사흘 길쯤 광야로 가도록 허락하소서"이다.(18절) 이 요청에는 이스라엘 자손이 이집트로 되돌아오겠다는 말이 빠져 있다. 그래서 이 말의 의도를 알아내기가 참 어렵다.

20절에는 치리라(나카)는 말이 다시 나왔다. 이집트인이 히브리 노예를, 그리고 모세가 이집트인을 쳤을 때(2:11~12), 파라오의 감독관들이 히브리인 출신의 기록관들을 때렸을 때(5:14, 16), 하나님께서 나일 강물을 쳐 그 강물이 핏빛으로 변질되게 하셨을 때(7:17, 20, 25), 개구리를 보내 이집트 온 땅을 치셨을 때(8:12~13), 우박으로 곡식을 치셨을 때(9:25, 31~32), 여호와의 천사가 이집트 땅의 맏이를 모두 치셨을 때(12:12~13, 29) 그 결과는 늘 참혹하게 나타났다.

머뭇거리는 모세에게 하나님은 이 선택과 부르심(소명)의 결과를 상세하게 알려주셨다. 그런데도 그가 선뜻 순종하지 못하는 모습에서 우리는 이 일이 결코 순탄하게 이루어지지 않을 것이요, 또 감당하기도 수월하지 않을 것이란 사실을 짐작할 수 있다. 하나님도 이런 것을 잘 알고 계셨다. 그래서 여러 차례 걸친 모세의 거절(항변)을 참으시며 받아주시고 또 설득하셨다. 하나님의 이런 모습은 자신이 하는 일을 가로막을 자는 이 세상에 아무도 없다는 사실에서 출발한다. 파라오와 그 추종자들은 무슨 수를 써서라도 그리고 무슨 억지를 부려서라도 이 일을 방해하겠지만, 하나님은 반드시 그 계획을 성취하실 것이다.(출 3:22) 이미 아브라함에게 말씀하셨듯이:

13 여호와께서 아브람에게 이르시되 너는 반드시 알라 네 자손이 이방에서 객이 되어 그들을 섬기겠고 그들은 사백 년 동안 네 자손을 괴롭히리니 14 그들이 섬기는 나라를 내가 징벌할지며 그 후에 네 자손이 큰 재물을 이끌고 나오리라(창 15:13~14; 출 12:35~36 참조).

나는 여기 있는 나이다(Ich bin der, ich bin da)

네 희망이 서려 있는 양달에

그리고 네가 지닌 불안의 응달에

실망감으로 젖은 네 생활에

네가 현재 신뢰하는 그것에

나는 나의 약속을 싣는다: '내가 여기 있다.'

어두운 너의 지난날에

불확실한 너의 미래에

네가 받을 형통한 복에

무기력한 너의 곤고함에

나는 나의 약속을 싣는다: '내가 여기 있다.'

네 감정의 고양과 침체에

진지한 네 생각에

풍성한 네 침묵에

빈곤한 네 언어에

나는 나의 약속을 싣는다: '내가 여기 있다.'

너의 산더미같이 쌓인 일들에

너의 헛수고에

너의 많은 재능에

네가 타고난 재능이 한계에 부딪히는 곳에
나는 나의 약속을 싣는다: '내가 여기 있다.'

성공적인 너의 대화들에
기도에 지친 너에게
네 성공의 기쁨에
거절당한 너의 아픔에
나는 나의 약속을 싣는다: '내가 여기 있다.'

만남들 속에 네게 주어질 행운에
동경하는 것에서 받을 너의 상처에
기적과 같은 너의 애착에
거절하는 너의 괴로움에
나는 나의 약속을 싣는다: '내가 여기 있다'

답답한 너의 일상생활에
드넓은 너의 꿈에
박동하는 너의 심장에
나는 나의 약속을 싣는다: '내가 여기 있다'

① 인생을 찾아오시는 분

자신의 죽음을 앞두고 유언하는 바로 그 자리에서 요셉은 말하였다: 요셉이 또 이스라엘 자손에게 맹세시켜 이르기를 하나님이 반드시 당신들을 돌보시리니 당신들은 여기서 내 해골을 메고 올라가겠다 하라 하였더라(창 50:25)

하나님은 엘리사벳과 마리아에게 찾아오시어 그들의 인생과 운명을 바꾸어놓으셨다.(눅 1:25, 26~38) 예수님은 말씀이 육신이 되시어 인류를 찾아오셨다.(요 1:14)

하나님은 나의 영혼, 나의 생활에 언제 어떤 분으로 찾아오시는가?

② 하나님의 명함(출 3:13~15)

하나님은 모세에게 나는 너(너희)의 조상의 하나님(엘로헤 아비카; 아비테켐 엘로헤)이라고 알려주셨다.(출 3:6) 그리고 출애굽의 계획을 밝히시며 모세가 이스라엘 백성을 이집트에서 인도하여 내는 사람이 되라고 말씀하셨다. 이에 그는 "보소서… 그들(야곱의 자손들)이 내게 묻기를 그의 이름이 무엇이냐 하리니 내가 무엇이라고 그들에게 말하리이까?"(출 3:13) 라고 말씀드렸다. 그러자 하나님께서 마치 명함을 건네주듯이 하나님이 어떤 분인지를 가르쳐주셨다: '나는 있는 자이다.'(에흐예 아세르 에흐예 또는 에흐예 = 나는 …이다)

실제로 신앙생활을 하는 우리에게 하나님은 이러이러한 분이라고 아는 일은 매우 중요하다.(출 34:6~7; 시 145 등) 하나님을 아는 거룩한 지식은 우리를 바르고 건전한 신앙생활로 이끌 뿐만 아니라 굳건하고 흔들림 없는 인생살이로 인도하기 때문이다. 이런 뜻에서 시편 기자는 '우리의 도움은 천지를 지으신 여호와의 이름에 있도다'(시 124:8)라고 찬양하였다.

③ 아브라함의 하나님, 모세의 하나님, 나의 하나님

모세에게 나타나신 하나님은 자신을 아브라함 등 조상의 하나님으로 소개하셨다. 조상의 하나님이신 그분이 이제 모세와 그 시대 사람의 하나님이 되시려고 그들을 찾아오신 것이다. 여기에는 선택된 백성을 향해 대대로 이어지는 하나님의 배려와 동시에 이스라엘의 하나님을 향한 믿음이 대대로 이어지는 사실이 돋보인다. 사실 혈통(가문)과 신앙은 동서고금을 막론하고 세대와 세대를 이어주는 주요한 매개체이다. 특히 성경은 십자가의 피로 모든 인류를 하나의 혈통으로 만드신 예수 그리스도를 보여주는 한편, 모든 시대 모든 세대에 이어지는 신앙의 맥을 아주 뚜렷하게 부각시키고 있다.

성경에는 하나님에게 소유격 어미를 붙여 표현하는 곳이 많이 나온다.(요 20:13, 17; 롬 1:8; 고후 12:21; 몬 1:4) 조상들의 하나님, ○○○의 하나님, 나의 하나님, 그의 하나님 등이 그것이다. 이것은 신앙의 신비이다. 여호와가 아무리 역사의 하나님, 조상들의 하나님, 사랑과 평화의 하나님 등으로 고백되더라도 만일 그분이 '나 ○○○의 하나님'으로, 한 인격체인 나 자신의 하나님으로 고백되지 않는다면 성경의 도도한 역사와 나 사이에는 별로 관계가 없어진다. 이로써 하나님과 나 사이의 연결 고리도 사라지게 된다. 예언자 이사야도 이렇게 고백하였다: "여호와여 주는 나의 하나님이시라"(사 25:1) 부활하신 주님을 향해 도마는 '나의 주님이시요 나의 하나님이시니이다'(요 21:28)라고 고백하였다. 사도 바울도 빌립보서에서 하나님을 가리켜 나의 하나님이라 고백하였다.(빌 1:3; 4:19)

공동체의 고백이 개인의 고백으로 스며들고 개인의 고백이 공동체의 고백과 맥이 닿아 있는 등 서로 영향력을 긴밀하게 주고받을 때, 신앙은 바르고 굳건하여지는 법이다.

④ 나를 기념하라

하나님은 자신의 이름을 알려주시며 대대로 기념할 호칭이라 말씀하셨다.(15b 직역: 이것이 영원한 내 이름이며 이것이 대대로 나의 기억이다) 히브리 말에서 기억(기념)은 이름을 시적으로 표현하는 것이다.(욥 18:17; 시 135:13; 잠 10:7; 사 26:8) 주로 운문에 나타나는 이것은 그 인격체의 본질이나 성격이 기억될 뿐만 아니라 찬양받아야 할 것을 강조하는 것이다.

예수님은 최후의 만찬에서 이 일을 행하여 나를 기념하라고 말씀하셨다. 기억(기념)이란 무엇이며 그 당사자에게 어떤 작용을 하는가?

또 떡을 가져 감사기도 하시고 떼어 그들에게 주시며 이르시되 이것은 너희를 위하여 주는 내 몸이라 너희가 이를 행하여 나를 기념하라 하시고(눅 22:19)

기념이란 다른 말로 하면 기념하는 대상의 뜻과 의지를 자신의 삶에 적용하는 것이다. 이런 뜻에 성경이 가르치는 기념은 행사가 아니다. 의식 절차가 아니다. 예수님의 언행 심사를 따라 살겠다는 다짐으로 우리는 예수님을 기념하는 것이다, 작은 예수라는 의식을 가지고 예수님의 손과 발과 입의 역할을 하겠다는 거룩하고도 옹골찬 포부를 안고.

12
표적이 전하는 소리를 듣는가?

(출 4:1~9)

1 모세가 대답하여 이르되 그러나 그들이 나를 믿지 아니하며 내 말을 듣지 아니하고 이르기를 여호와께서 네게 나타나지 아니하셨다 하리이다

2 여호와께서 그에게 이르시되 네 손에 있는 것이 무엇이냐 그가 이르되 지팡이니이다

3 여호와께서 이르시되 그것을 땅에 던지라 하시매 곧 땅에 던지니 그것이 뱀이 된지라 모세가 뱀 앞에서 피하매

4 여호와께서 모세에게 이르시되 네 손을 내밀어 그 꼬리를 잡으라 그가 손을 내밀어 그것을 잡으니 그의 손에서 지팡이가 된지라

5 이는 그들에게 그들의 조상의 하나님 곧 아브라함의 하나님, 이삭의 하나님, 야곱의 하나님 여호와가 네게 나타난 줄을 믿게 하려 함이라 하시고

6 여호와께서 또 그에게 이르시되 네 손을 품에 넣으라 하시매 그가 손을 품에 넣었다가 내어보니 그의 손에 나병이 생겨 눈같이 된지라

7 이르시되 네 손을 다시 품에 넣으라 하시매 그가 다시 손을 품에 넣었다가 내어보니 그의 손이 본래의 살로 되돌아왔더라

8 여호와께서 이르시되 만일 그들이 너를 믿지 아니하며 그 처음 표적의 표징(소리)을 받지 아니하여도 나중 표적의 표징(소리)은 믿으리라

9 그들이 이 두 이적을 믿지 아니하며 네 말을 듣지 아니하거든 너는 나일 강 물을 조금 떠다가 땅에 부으라 네가 떠온 나일 강 물이 땅에서 피가 되리라

출애굽기 4장은 모세를 하나님의 사람이 되게 하는 기적(출 4:1~9), 머뭇대는 모세에게 아론과 지팡이를 붙여주시는 하나님(출 4:10~17) 하나님의 신임장(출 4:18~23), 귀향길에 생긴 불가사의한 일(출 4:24~26), 모세의 소명에 대한 마무리 작업(출 4:27~31) 등 다섯 부분으로 되어 있다.

출애굽기 4장은 하나님의 부르심과 약속에 모세가 대답하는 것으로 시작된다: '모세가 대답하였다: 그런데 보소서! 그들이 나를 신뢰하지 아니할 것입니다 ….'(직역) 여기서 그런데 보소서(= 웨헨)라는 부분을 '만일'(= What if …; wenn …)로 옮긴 성경들도 있다.(NASB, NIV, ELB 등) 비록 부자연스럽기는 하지만 이를 가정법으로 보는 것도 불가능하지는 않다.(GK §159w 참조) 이를 가정법으로 보는 데 가장 큰 걸림돌은 가정을 나타내는 절은 있는데 그 결과를 나타내는 절이 없다는 점이다.(칠십인역은 이를 보완하여 덧붙였다: …) 우리는 대다수 성경의 해석에 따라 이를 '그런데 보소서'로 옮길 것이다. 이로써 이스라엘 자손이 자신을 신뢰하지 않을 것이며 자신의 말을 받아들이지 않으리라는 사실을 모세는 강하게 표현한 것이다.

출 4장에는 믿음을 가리키는 낱말(아만/아멘의 히필형)이 5차례 나온다.(1, 5, 8[X2], 9) 이것이 히필형으로 쓰이면 그다음에 나오는 직접목적어는 곧바로 사람(또는 사람을 가리키는 대명사)이거나 전치사 르 또는 쁘를 앞세우고 인물 이름이 등장한다.(그것이 하나님을 가리킬 때에는 출 14:31b; 19:9를 빼고는 항상 쁘) 특히 출 4:1에는 믿음(웨헨 로 야아미누 리 = 그런데 보소서! 그들이 나를 믿지 아니할 것이며….; 출 4:5, 8, 9; 출 2:14 참조)과 들음(뷔로 이쉬엠우 뻬콜리 = 그리고 나의 목소리를 듣지 아니하리이다 ← 샤마으 뻬콜)의 관계가 나타나 있다. 이는 신 9:23과 시 106:24~25에도 보이는데 하나님 말씀을 듣는(받아들이는) 것과 믿음의 상관관계를 가리키는 것이다.

그러므로 믿음은 들음에서 나며 들음은 그리스도의 말씀으로 말미암았느니라(롬

10:17)

출애굽기에서 여호와의 말씀과 그 계획을 믿는 믿음과 여호와를 아는 거룩한 지식 사이에는 아주 밀접한 관계가 있다.

하나님과 모세가 소명을 둘러싸고 나누는 대화가 출애굽기 4장의 대부분을 차지한다. '나는 …이다, 나는 …에 있다.'(에흐예; 에흐예 아세르 에흐예)라고 자신을 소개하신 하나님은 모세에게 사명을 주시며 이집트로 돌아가야 할 이유를 충분히 설명하셨다.(출 3:9, 13~15) 이에 모세는 "진실로 그들은 하나님 여호와가 네게 나타나시지 않았다고 말할 것입니다."(출 4:1b 직역)라고 말하며 뒷걸음질 쳤다.

주어지는 사명 앞에서 모세는 i)내가 누구입니까? ii)하나님, 당신은 누구입니까? 라고 한 데 이어 iii)…. 듣지 않을 것입니다. 나는 어떻게 합니까? 라고 물은 것이다.(출 3:18 참조) 앞의 두 개는 직접 의문문인데 비해 마지막 것은 간접 의문문이라 볼 수도 있다.

어떤 역할이나 사명이 자신에게 주어질 때 사람이 보이는 반응은 다양하리라. 만일 사람이 그 일을 하지 않으려 한다면 자신을 비롯한 주변 환경에서 일이 되지 않을 근거를 얼마든지 들 수 있다. 그리고 분위기와 조건이 무르익어도 선뜻 나서지 않는다. '만일… 된다면…' 하는 까닭모를 두려움과 불안이 그의 발목을 사로잡는 것이다.

반대로 어떤 사람은 자기 자신은 물론 주변 여건도 아직 조성되지 않았는데도 무모하게 뛰어든다. 메시야 콤플렉스의 일종인 변화 조급증이나 변화 모험주의에 빠진 사람은 매우 위험하다. 또 다른 경우 반신반의하는 사람이나, 뛰어든 것도 아니고 물러선 것도 아닌 엉거주춤한 태도를 보이는 사람이다. 이는 매우 소극적이거나 소심한 사람에게 흔히 나타나는 현상이다. 위와 같은 것들은 그 사람 자신의 주관적인 경험이나 생각에 따라 많이 좌우된다. 그러므로 태도와 행동을 결정하기 전에 먼저 하나님 말씀과 신뢰할 만한 멘토를 찾는 것이 매우 중요하다.

누군가에게 어떤 일을 하려는 의욕이 있다면 투신(헌신)해야 할 이유와 근거를 얼마든지 찾아낼 수 있다. 이런 경우 일의 경중은 아무 문제도 되지 않는다. 상황이 유리하거나 불리한 것에도 전혀 개의치 않는다. 자신에 대한, 그리고 주어진 사명에 대한 꾸준한 믿음과 의지가 관건이다.

모세의 경우에는 어떠하였나? 그는 하나님의 부르심에 긍정적으로 반응하지 못하였다. 의욕 상실인지 두려움인지 그것도 아니면 아무리 해봤자 소용이 없다(계란으로 바위 치기)고 생각해서인지 그는 하나님의 부르심 앞에서 자꾸만 뒤로 물러섰다. 사실 이런 모습은 성경에서 그리 낯설지 않다:

	모세	기드온	사울	예레미야	성모 마리아
① 하나님의 부르심	출 3:4	삿 6:12	삼상 9:16	렘 1:5	눅 1:28
② 사명을 주심	출 3:10	삿 6:14	삼상 9:21	렘 1:5	눅 1:28
③ 거절(망설임)	출 3:11	삿 6:15		렘 1:6	눅 1:29~30
④ 하나님의 보증	출 3:12	삿 6:16		렘 1:8, 19	눅 1:30~33
⑤ 징표(표적)	출 3:12	삿 6:17	삼상 10:2 이하	렘 1:9	눅 1:36~37

위에서 보듯이 많은 사람이 하나님의 부르심 앞에 당황하거나 머뭇거렸다. 사실 그들은 구원과 해방을 절실히 요구하는 현장에 살고 있었다. 그런 상황과 조건에서도 그들은 아직 준비가 되어 있지 않았다, 부름받는 그 순간까지. 심지어 하나님께서 그 계획을 알려주실 때에도 그들은 그 일에 자신이 쓰임 받을 것이라고 꿈에도 생각하지 못하였다. 이것은 그들의 인생에

처음부터 그 일에 대한 마음도 계획도 없었다는 것을 보여준다. 하나님의 부르심과 소명 앞에 그들이 보여주는 놀람과 어정쩡한 태도, 거절과 뒷걸음질이 이런 사실을 적나라하게 보여준다. 하나님의 해방 역사에 참여할 마음도 계획도 그들에게 없었던 것이다. 이는 역설적으로 구원이 오직 하나님으로부터 온다는 사실을 확실하게 보여주는 사례이다.

하나님은 선택하신 백성을 구원하려는 계획을 세우고, 필요한 사람을 부르셨다. 비록 부름받는 사람이 자신의 역할과 사명을 제대로 깨닫지 못하였거나, 깨닫고 나서도 이런저런 핑계를 대며 주춤거릴 때 하나님은 그를 사용하여 개인과 공동체 나라와 민족 등을 구원하시려는 계획을 관철시키셨다.

부름을 받은 사람들 중에서 모세보다 더 온갖 이유를 들이대며 머뭇거린 사람은 없었다. 하나님은 그를 향해 믿음이 없는(적은) 자라고 꾸짖지 않으셨다. 그 대신 하나님은 모세를 통해 행하실 표적(이적) 세 가지를 말씀하셨다. 그 가운데 두 가지 표적(지팡이가 뱀이 되는 것, 4:2~5)과 손에 한센병= 나병(초라아트, 메초라아트 = 피부병)이 들었다가 낫는 것 (4:6~8)을 당장 그 자리에서 시행하시고, 또 한 가지 이적(나일 강에서 떠온 물이 마른 땅[뭍]에서 피로 변하는 것)을 약속으로 남겨두셨다.

하나님께서 이렇게 하시는 이유는 이스라엘 자손에게 자신이 아브라함의 하나님 이삭의 하나님 야곱의 하나님이신 여호와임을 믿게 하기 위함이었다.(5절) 나중에 모세는 앞의 두 가지를 이스라엘 자손 앞에서 행하였으며(출 4:30), 첫 번째와 세 번째 것은 파라오 앞에서 하나님이 모세를 통해 이집트에 내리신 첫 번째와 두 번째 이적이 되었다. 여기 나오는 세 가지 표적(이적)은 출애굽기(또는 민수기) 안에서 다시 되풀이 나온다: ① 지팡이와 뱀의 표적(출 7:8~13) ② 물과 피(출 7:14~24) ③ 나병(민 12:1~16).

5절에 '나병이 생겨'라고 옮겨진 말(메쵸라아트)은 피부병을 앓다(레 13:44) 나병을 앓다(왕하 5:1)라는 뜻의 동사 '차라'의 피엘 수동 여성 분사형이다. 여기서 쓰인 수동 분사형은 모세가 자기 손을 품에 넣었다가 빼어보니 마치 오래 전부터 나병을 앓아온 사람의 손처럼 '눈과 같이'(카샬라그) 되었음을 표현하는 형식이다. 6~7절에는 품(가슴)에라는 말이 5차례 쓰였다.(개정개 정 표준새번역 공동번역 개정 등에는 4번만 번역)

본문에는 모세에게 '얼른 네 손을 네 품에 넣으라'(하베-나 야데카 뻬헤케카 ← 뽄)는 하나님의 명령에 따라 모세가 자기 품에 손을 넣었다가(와야베 ← 뽄) 빼는 행위(와요치앗흐 ← 야차)가 와우 연속법으로 되어 있다. 이는 넣고 빼는 것이 거의 동시 동작이라 할 만큼 아주 짧은 순간에 진행되었다는 표현법이다. 그 결과는 놀라웠다. 출 4:6bc를 우리말 성경들은 모두 다 밋밋하게 번역하였다. 히브리 성경은 이 부분에 놀라는 표정이 생생하게 드러나도록 하였다: '그리고 그가 자기 손을 자신의 품에 넣었다가 빼었다. 그런데 보라! 그의 손에 나병이 생겨 눈과 같았다.'(직역) 출 4:6c를 KJV ELB 등은 다음과 같이 옮겼다: '… 그런데 그것(손)을 빼내었을 때, 그리고 보라…'

모세는 자기 손을 자신의 품속에 넣었다 바로 빼었다. 그러자 그 손이 마치 오래전부터 나병에 걸려 있었다는 듯이 눈과 같이 희게 되었다. 이에 하나님은 모세에게 그의 손을 다시 그의 품에 넣었다가 빼라고 말씀하셨다. 모세가 그대로 행하니, '그런데 보라! 그것(손)이 그의 살로 되돌아왔다.(출 4:7b 직역)

히브리 성경은 그의 손에 나병이 생긴 것도 나병에 걸렸던 손이 전과 같이 온전해진 것도 모두 '놀라움'으로 받아들였다. 뷔힌네 = 그런데 보라! 이 말이 여기에 두 차례나 되풀이 쓰인 것은 그 이적은 매우 놀랍다는 뜻인 동시에 오직 하나님만 그것을 일으키실 수 있다는 점을 강조하는 것이다.

여기서 당장 시행되지 않았지만 나일 강에서 퍼온 물이 피로 변하는 표적은 매우 의미심장하다.(9절) 이집트뿐만 아니라 그 주변 세계에서 나일 강은 특별한 의미를 지니고 있었다. 사람들은 그것을 '신의 선물 어머니 생명의 젖줄' 등으로 불렀다. 그 선물이 이제 공포로 변하고 그 생명이 죽음으로 변한다는 놀라운 경고가 여기에 들어 있는 것이다. 더구나 그 강은 그냥 강이 아니라 자신들이 숭배하는 신들 중에 하나였다.

출 4:8~9에는 표적이란 말(오트, 오토트 = sign, signs)이 세 차례 쓰였다.(17절과 30절 참조) 이를 믿고 받아들이는 것과 관련하여 아만(믿다)이란 동사와 샤마(듣다)라는 동사가 같이 나온다: 르콜 하오트 = 표적의 소리를 듣다.(개역개정엔 표적의 표징) 성경에는 표적(이적)을 가리키는 낱말이 몇 가지 있다. 하나님께서 이것들을 일어나게 하신 목적은 '이는 그들에게 그들의 조상의 하나님… 여호와가 네게 나타난 줄을 믿게 하려'(출 4:5)는 데 있었다.

> 3 내가 바로의 마음을 완악하게 하고 내 표징(오토타이= 표징들)과 내 이적(모프타이 = 이적들) 을 이집트 땅에서 많이 행할 것이나 4 바로가 너희의 말을 듣지 아니할 터인즉 내가 내 손을 이집트에 뻗쳐 여러 큰 심판을 내리고 내 군대, 내 백성 이스라엘 자손을 그 땅에서 인도하여 낼지라 5 내가 내 손을 이집트 위에 펴서 이스라엘 자손을 그 땅에서 인도하여 낼 때에야 이집트 사람이 나를 여호와인 줄 알리라(출 7:3~5; 출 6:7도 참조)

표징(표적)과 이적은 대부분 의미 구분 없이 서로 바꿔가며 쓰이기도 한다. 이를 굳이 구별하자면 다음과 같을 것이다. 표적은 하나님의 사람(믿는 이)을 대상으로 하는 반면에 이적은 믿지 않는 이를 대상으로 한다는 점이다. 이를테면 출 4:8에서 지팡이가 뱀으로 변하는 표적(오트)은 모세를 설득하기 위한 것이었다. 그렇지만 같은 내용의 이야기가 출 7:9(모페트)에서는 파라오를 설득하는 수단으로 사용되었다. 이로써 표적은 의욕과 용기를 불어넣는 뉘앙스로, 이적은 상대방과 다투거나 상대방에게 무릎을 꿇게 하는 수단으로 각각 사용되었다.

물론 하나님도 모세도 이 표적(이적)이 곧바로 믿음이나 순종으로 가기보다는 얼마 동안에는 의혹과 거절의 반응으로 나타날 가능성을 배제하지 않았다.(Hamilton, 71 참조) 표적에 관한 반응이 신약성경에도 이와 크게 다르지 않다. 예수님은 이렇게 말씀하셨다: "너희는 표적과 기사를 보지 못하면 도무지 믿지 아니하리라."(요 4:48) 사람들은 예수님께 이렇게 대꾸하였다: "그러면 우리가 보고 당신을 믿도록 행하시는 표적이 무엇이니이까? 하시는 일이 무엇이니이까?"(요 6:30) 한편 사도 요한은 예수님의 사역을 다음과 같이 요약하였다:

30 예수께서 제자들 앞에서 이 책에 기록되지 아니한 다른 표적도 많이 행하셨으나 31 오직 이것을 기록함은 너희로 예수께서 하나님의 아들 그리스도이심을 믿게 하려 함이요 또 너희로 믿고 그 이름을 힘입어 생명을 얻게 하려 함이니라(요 20:30~31)

오늘의 적용

① 표적의 소리를 듣는가?
예수님 시대 사람들은 예수님에게서 표적을 보고자 하였다. 그들은 그러면서도 표적이 말하는 소리를 들으려 하지 않았다.

38 그 때에 서기관과 바리새인 중 몇 사람이 말하되 선생님이여 우리에게 표적 보여주시기를 원하나이다 39 예수께서 대답하여 이르시되 악하고 음란한 세대가 표적을 구하나 선지자 요나의 표적 밖에는 보일 표적이 없느니라(마 12:38~39)

예나 지금이나 그 시대의 징조를 읽을 수 있는 표적은 끊임없이 일어났고 또 일어난다. 우리는 그 속에서 어떤 소리(메세지)를 듣는가?

② 네 손에 있는 것이 무엇이냐?

우리가 꼭 해야 할 일이나 반드시 이루고 싶은 일이 있을 때 우리는 무엇부터 찾는가? 우리 손(능력, 소유, 학력·경력)을 바라보는가?

이집트로 가는 모세의 손에는 지팡이가 들려 있었다. 인간적으로 생각할 때 이것은 있으나마나 한 것이다. 그것으로 모세가 무엇을 할 수 있는가? 파라오를 칠 수 있을까? 이집트 군대를 대적할 수 있을까? 그것으로는 하나님께서 하라고 하신 것들 가운데 할 수 있는 것이 거의 없다. 그런데도 하나님은 모세에게 '네 손에 있는 것이 무엇이냐?'라고 물으셨다.(2절) 이것은 두 가지 의미로 볼 수 있다.

하나는 없는 것을 탓하지 말고 아무리 작은 것이라도 있는 것으로부터 출발하라는 것이다. 다른 하나는 사람 눈에 아무리 보잘것없어 보이는 것이라도 하나님께서 사용하시면 놀라운 위력을 발휘한다는 것이다. 무슨 목적으로 하나님은 그 지팡이를 땅에 던지라고 하셨을까요?(3절) 그것은 '그 지팡이는 이제 네 것이 아니라 내 것이라'는 뜻이다. 이제까지 그것은 모세가 양을 치기 위해서 사용했던 모세의 지팡이였다. 이제부터는 그것은 모세의 손에 들려 있더라도 하나님의 능력을 나타낼 하나님의 지팡이였다.

모세가… 애굽으로 돌아가는데 하나님의 지팡이를 손에 잡았더라(출 4:20)

이런 뜻에서 하나님은 모세와 우리에게 '네 손에 있는 것이 무엇이냐?'라고 물으시는 분이다.

③ 믿음과 표적

하나님께서 모세에게 표적을 보여주신 목적은 그가 하나님을 믿게 하기 위함이었다. 물론 모세만이 아니라 이스라엘 자손 모두 다. 곧 표적만 보지 말고 그 표적을 통해 하나님을 만나고 믿으라는 것이다.

예수님은 오병이어의 기적을 일으키셨다. 그 이유로 예수님을 쫓아다니는 무리도 있었다. 이에 예수님이 말씀하셨다:

26 예수께서 대답하여 이르시되 내가 진실로 진실로 너희에게 이르노니 너희가 나를 찾는 것은 표적을 본 까닭이 아니요 떡을 먹고 배부른 까닭이로다 27 썩을 양식을 위하여 일하지 말고 영생하도록 있는 양식을 위하여 하라 이 양식은 인자가 너희에게 주리니 인자는 아버지 하나님께서 인치신 자니라(요 6:26~27)

④ 모든 것이 변할 수 있다

십 년이면 강산도 변한다는 말이 있다. 아마 이 세상에서 변하지 않는 것이라곤 '모든 것은 변화한다'는 말과, '예수 그리스도는 어제나 오늘이나 영원토록 동일하시니라'(히 3:8)라는 것과 하나님 말씀(사 40:8 풀은 마르고 꽃은 시드나 우리 하나님의 말씀은 영원히 서리라 시 119:89 참조)뿐이리라.

하나님은 지팡이를 뱀으로 건강한 손을 병든 손으로 맑은 강물을 핏빛으로 변하게 하실 수 있을 뿐만 아니라 그렇게 변질된 것을 원래 상태로 되돌려놓을 수 있는 분이다. 하나님은 부정적 변질은 물론 긍정적 변화도 일으키시는 분이다. 이런저런 변화의 물결 속에 사는 우리에게 그것은 어떻게 작용하고 있는가?

⑤ 뱀의 꼬리를 잡으라!

출애굽기 3~4장에는 표적(이적) 기사로 표현되는 하나님의 기적이 나온다. 구약성경에 이를 가리키는 대표적인 낱말 세 가지가 여기도 등장한다.(성경해설 참조)

하나님이 모세에게 지팡이를 던지라고 말씀하실 때 그대로 하였더니 그것이 뱀으로 바뀌었다. 그러자 하나님은 모세에게 네 손을 내밀어 그 꼬리를 잡으라(출 4:4a)고 말씀하셨다. 이에 모세는 '하나님 나를 죽이려 하십니까? 뱀의 목을 잡지 않고 꼬리를 잡으면 물려 죽습니다'라고 이의를 제기하지 않았다. 하나님의 말씀에 조금도 지체 없이(!) '그가 손을 내밀어'(출 4:4b) 그것을 잡았다. 그런데도 뱀에 물리지 않았다. 하나님께서 그 뱀을 지팡이로 변하게 하셨던 것이다. 뱀을 잡을 때 그 목덜미를 잡아야 한다는 일반 상식에서 벗어난 명령, 그런데도 이에 순종하였더니 하나님 능력과 은총이 나타났다.

베드로 등 제자 7명이 밤새도록 그물을 던졌으나 물고기를 한 마리도 잡지 못한 그날 아침(새벽), 예수님이 그들에게 찾아와 말씀하셨다: '그물을 배 오른편에 던지라.'(요 21:6a) 그들이 바보가 아닌 다음에야 그물을 어찌 오른쪽만 빼놓고 던졌겠는가? 깊은 곳 얕은 곳 가리지 않고 주변 사방에 다 그물을 던져보았을 것이다. 그런데도 예수님은 새삼 그물을 오른편에 던지라고 말씀하셨다.

그렇게 말씀하는 예수님은 어떤 분이신가? 그분은 바닷가 출신도 아니요 바닷가에서 잔뼈가 굵은 분도 아니다. 내륙 지방인 베들레헴에서 태어나 산동네 나사렛에서 자라셨다. 직업도 고기잡이와는 한참 거리가 먼 목수였다. 그런 예수님이 갈릴리 바다를 밤새도록 샅샅이 뒤진 제자들, 물고기 잡는데 귀신같은 그들에게 배 오른편으로 그물을 한 번 더 던지라고 말씀하셨다. 이는 상식적으로 맞지 않는 말씀이었다. 그럼에도 제자들은 군말 없이 그 말씀에 따랐다. 그 결과를 성경은 이렇게 증언한다: '이에 던졌더니 고기가 많아 그물을 들 수 없더라.'(요 21:6b) 조금 전까지 물고기의 씨가 아예 말라버린 것 같았던 바로 그 바다에서 이런 일이 벌어졌던 것이다.

만일 그 새벽녘에 건져 올린 물고기가 귀하다면 그것은 물고기 양이 많아서가 아니었다. 그보다는 자신들이 듣기에 별로 탐탁지 않았을텐데도 주님 말씀에 순종하여 얻어진 결과이기 때문이다. 더 나아가 소득도 의미도 없이 지나가버릴 뻔하였던 그날이 제자들에게 매우 뜻깊은 날로 회복되었다는 데 더 큰 의미가 있을 것이다.

오늘 우리는 이미 주어진 기적을 기적으로 받아들이지 않고 다른 기적을 갈망하고 있지는 않는가? 이미 우리에게 주어진 하나님의 기적은 우리 심령과 생활에 어떻게 작용(적용)하고 있으며 어떤 변화를 일으키고 있는가? 이런 물음을 안고 출 4:29~31을 읽어보니 그 사람들이 참 부럽다:

29 모세와 아론이 가서 이스라엘 자손의 모든 장로를 모으고 30 아론이 여호와께서 모세에게 이르신 모든 말씀을 전하고 그 백성 앞에서 이적을 행하니 31 백성이 믿으며 여호와께서 이스라엘 자손을 찾으시고 그들의 고난을 살피셨다 함을 듣고 머리 숙여 경배하였더라

⑥ 사슴을 잡으려는 사람은 토끼에게 한 눈을 팔지 않는다

산삼을 캐러 산에 오른 심마니는 산에서 나는 각종 약초에 눈을 돌리지 않는다. 그의 목표가 분명하기 때문이다. 사슴을 잡으려는 사람은 토끼 같

은 작은 짐승에게 눈길을 빼앗겨서는 곤란하다. 《회남자(淮南子)》17권 〈설림훈(說林訓)〉에 나오는 말이다. 거기에는 천금을 거래하는 사람은 푼돈을 다투지 않는다는 말도 있다. 이 말은 큰일을 이루려는 사람은 사소한 것에 얽매이지 않는다는 뜻이다.

호렙 산에서 지금 하나님의 부름을 받는 모세는 아직 이 수준에 이르지 않았다. 그는 요리조리 핑계를 대며 빠져나갈 구멍만 찾았다. 그의 이런 모습은 그나마 나은 편이다. 어떤 사람은 이미 부름받은 길에 들어선 지 한참이 되어서도 자주 한눈을 판다. 이런 뜻에서 예수님은 말씀하셨다.

(예수께서) 무리와 제자들을 불러 이르시되 누구든지 나를 따라오려거든 자기를 부인하고 자기 십자가를 지고 나를 따를 것이니라(막 8:34)

예수께서 이르시되 죽은 자들이 그들의 죽은 자들을 장사하게 하고 너는 나를 따르라 하시니라(마 8:22)

26 무릇 내게 오는 자가 자기 부모와 처자와 형제와 자매와 더욱이 자기 목숨까지 미워하지 아니하면 능히 내 제자가 되지 못하고 27 누구든지 자기 십자가를 지고 나를 따르지 않는 자도 능히 내 제자가 되지 못하리라(눅 14:26~27)

이것은 건강한 인생을 위한 지혜요, 영생을 위한 말씀이다.

13
모세에게 힘을 실어주신 하나님

(출 4:10~17)

10 모세가 여호와께 아뢰되 오 주여 나는 본래 말을 잘 하지 못하는 자니이다 주께서 주의 종에게 명령하신 후에도 역시 그러하니 나는 입이 뻣뻣하고 혀가 둔한 자니이다

11 여호와께서 그에게 이르시되 누가 사람의 입을 지었느냐 누가 말 못 하는 자나 못 듣는 자나 눈 밝은 자나 맹인이 되게 하였느냐 나 여호와가 아니냐

12 이제 가라 내가 네 입과 함께 있어서 할 말을 가르치리라

13 모세가 이르되 오 주여 보낼 만한 자를 보내소서

14 여호와께서 모세를 향하여 노하여 이르시되 레위 사람 네 형 아론이 있지 아니하냐 그가 말 잘 하는 것을 내가 아노라 그가 너를 만나러 나오나니 그가 너를 볼 때에 그의 마음에 기쁨이 있을 것이라

15 너는 그에게 말하고 그의 입에 할 말을 주라 내가 네 입과 그의 입에 함께 있어서 너희들이 행할 일을 가르치리라

16 그가 너를 대신하여 백성에게 말할 것이니 그는 네 입을 대신할 것이요 너는 그에게 하나님 같이 되리라

17 너는 이 지팡이를 손에 잡고 이것으로 이적을 행할지니라

이것은 자신의 약점을 핑계삼아 빠져나가려는 모세에게 도우미를 붙여 주시는 이야기이다.

하나님은 그에게 표적들을 보여주셨을 뿐만 아니라 필요하다면 앞으로도 표적을 더 보여주시겠다고 말씀하셨다. 이렇게까지 하시는 하나님께 모세가 한 첫마디는 '삐 아도나이 = 오 나의 주여!(제발 나의 주여!)'였다.(출 4:10) 이는 항상 낮은 위치(지위)에 있는 사람이 자기보다 더 우월하거나 높은 사람에게 쓰는 용어이다.(창 44:18; 출 4:13; 민 12:11; 삿 6:13, 15; 삼상 1:26) 이런 삐를 가리켜 간청(탄원)의 불변사(a particle of entreaty)라 부른다. 이 말에는 굴복(순종), 간청(부탁), 탄원(기원) 등의 말맛이 들어 있다.(W. H. C. Propp, Exodus, 213; Hamilton, Exodus, 72) 공동번역 개정, 표준새번역, 천주교새번역은 이 부분을 '주님, 죄송합니다'라고 의역하였다. 이것이 틀린 번역은 아니다. 그러나 그보다는 개역개정처럼, '오 주여'로 옮김으로써 다양한 뉘앙스로 해석할 길을 열어놓는 것이 더 좋으리라.

자신을 사명의 길로 보내시는 하나님의 초청에 모세는 출 3:11, 13; 출 4:1에 이어 또 다른 핑계를 대며 물러서려 하였다. 여기서 그가 제시하는 핑계의 소재는 입(말)이었다. 출 4:10~17에 입이란 낱말이 7번 쓰였다. 여기에 '말'과 '혀'라는 낱말까지 합치면 그 숫자는 훨씬 더 불어난다. 그는 자신의 언변이 신통하지 않았다고 하였다.

우리말에 본래라고 옮겨진 말(깜)은 또한(역시, 심지어)이란 뜻이다.(깜 밋테몰 깜 밋쉴르숌) 여기에 이어지는 '밋테몰'은 본디 과거를 가리키는 말(테몰)에 '…으로부터'를 가리키는 전치사 민이 붙은 형태이다. 그다음에 나오는 밋쉴르숌에는 숫자 3을 가리키는 말(샬로쉬)에 전치사 민이 들어 있다. 이 부분을 직역하면, '과거에는 물론이고 심지어 3일 전부터도'라는 의미이다.

'말을 잘 하지 못하는 자(로 이쉬 뜨바림)'란 말을 직역하면 '(나는) 말들의 사람이 아니다'이다. 여기서 복수형으로 쓰인 뜨바림은 능력 또는 충만의 복수형으로 말에 능통한 말솜씨가 뛰어난 등 형용사처럼 쓰였다. 이는 그가 태어나면서부터 지금까지 언변이 뛰어나지 못하다는 뉘앙스를 풍긴다.

한 걸음 더 나아가 모세는 '나는 (진실로) 입이 뻣뻣하고 혀가 둔한 자(키 카바드 페 우케바드 라숀)'라고 덧붙였다. 뻣뻣하다, 둔하다는 말(카베드)은 기본적으로 무겁다는 뜻이다. 이는 i)태도(행동)에 관련해서는 느리다, 둔하다, 무자비하다를 뜻한다. 이것은 특히 출애굽과 관련된 파라오의 완강한(완고한) 태도를 가리키는 말로 쓰였다.(출 7:14; 8:15 9:7; 10:1 참조) ii)어떤 사건이나 경험과 관련해서 이 말은 가혹하다(너무 힘들다)는 뉘앙스를 풍긴다.(출 5:9; 삿 1:35; 왕상 12:4; 대하 10:4 참조) iii)규모가 크거나 숫자가 엄청 많은 것을 의미한다.(창 18:20; 시 38:4; 욥 6:3) 이 밖에도 이 말은 iv)신체 기관 중에 간을 가리키고 v)긍정적인 뜻으로는 (하나님의) 영광을 나타낼 때 쓰이기도 한다. 여기서는 물론 i)번의 뜻으로 사용되었다.

자신은 말에 어눌한 사람이라는 이 표현을 우리는 다섯 가지로 추측할 수 있다.(Hamilton, 73 참조) i)하나님의 부르심과 소명에 대한 완곡한 거절, ii)그는 지금 원인 모를 언어장애를 앓고 있음(미드라쉬 중 "출애굽 Rabbah 1.26" 참조), iii)자신이 이집트왕궁과 미디안에서 오래 생활한 데서 오는 히브리인과의 소통 장애, iv)이스라엘 자손(대중)에게 나서서 말하는 것과 파라오(권력)를 대면하는 데 대한 두려움(불안 심리), v)과거에 겪은 어떤 일 곧 성장 환경이나 대인 관계에서 겪은 상처로 얻은 정신적 외상(트라우마). 그의 말이 어눌한 이유로 위와 같은 상상들 가운데 어느 것에 더 큰 비중이 있는지 아니면 이밖에 또 다른 이유가 있는지 그도 아니면 이 다섯 가지 것이 복합적으로 작용하는지 우리는 모른다.

물론 이 말에는 그의 솔직한 심정이 들어 있을 수도 있다. 그렇다면 모세는 출애굽의 일꾼으로 쓰임받을 자격 조건이 무엇보다도 우선 뛰어난 언변이라고 생각하였던 것 같다. 성경은 하나님의 나라는 말에 있지 아니하고 능력에 있다고 가르친다.(고전 4:20) 말주변이 좋은 것과 하나님 계획의 도구로 쓰임받는 것은 반드시 일치하는 것이 아니라는 뜻이다.(고후 10:10; 11:6 참조) 스데반 집사가 모세를 가리켜 '애굽 사람의 모든 지혜를 배워 그의 말과 하는 일들이 능하더라'(행 7:22)라고 한 것으로 보아 모세가 한 말은 겸손 또는 정중한 거절할 수도 있다. 이런 사실은 행 7:22와 눅 24:19에 쓰인 용어들을 비교해보면 금방 드러난다:

προφήτης δυνατὸς ἐν ἔργῳ καὶ λόγῳ (마 2:13 그는 … 말과 일에 능하신 선지자이거늘)

ἦν δὲ δυνατὸς ἐν λόγοις καὶ ἔργοις αὐτοῦ (마 2:13 그의 말과 하는 일들이 능하더라)

이에 하나님은 모세에게 수사학적 물음을 던지셨다. 모세를 책망하는 투로 이해되는 이 물음에는 두 가지 의미가 들어 있다. i)여호와는 모세가 지닌 모든 약점과 부족을 능히 극복하게 만드실 수 있는 분이다. ii)모세는 하나님이 계획하신 길에 합당하게 반응해야 한다.

하나님은 자신이 창조주이심을 모세에게 강조하셨다.(출 4:11) 출 4:10~11에서 모세와 하나님은 각자 '나'(아노키)라는 일인칭 대명사를 사용하여 명사 문장으로 자신의 의사를 분명하게 전달하였다. 모세가 10절에서 자신의 현재 상태를 묘사한 것에 상응하게 하나님께서도 명사 문장(하로 아노키 야웨, = 바로 내가 여호와 아니더냐? = 나는 이런 자, 곧 여호와가 아니더냐?)으로 자신이 창조주의 속성을 지닌 분이심을 강하게 피력하셨다.

하나님은 '그러니 이제 너는 가라(붸-앗타 레크)'고 결론을 지으셨다. 하나님은 그를 그냥 막무가내로 가라 하신 것이 아니었다. 그분은 모세의 입에 함께하시겠다(붸아노키 에흐예 임-피카) 하시며(창 26:3; 31:3; 출 3:12, 14 참조) 그 입에 할 말도 가르쳐주시겠다고 약속하셨다. 이는 예수님이 제자들을 세상

사람들에게 보내시며 하신 말씀을 기억나게 한다:

16 보라 내가 너희를 보냄이 양을 이리 가운데로 보냄과 같도다 그러므로 너희
는 뱀 같이 지혜롭고 비둘기 같이 순결하라 17 사람들을 삼가라 그들이 너희를
공회에 넘겨 주겠고 그들의 회당에서 채찍질하리라 18 또 너희가 나로 말미암아
총독들과 임금들 앞에 끌려가리니 이는 그들과 이방인들에게 증거가 되게 하려
하심이라 19 너희를 넘겨 줄 때에 어떻게 또는 무엇을 말할까 염려하지 말라 그
때에 너희에게 할 말을 주시리니 20 말하는 이는 너희가 아니라 너희 속에서 말
씀하시는 이 곧 너희 아버지의 성령이시니라(마 10:16~20; 막 13:11; 눅 12:11~12 참조)

모세는 하나님께 '보낼 만한 자를 보내소서(직역: 보냄받을 만한 능력[손]으로
갖추어진 사람을 보내소서)'라고 말씀드렸다.(출 4:13) 이 부분에는 매우 정교한
수사법이 구사되었다. 모세는 보내다라는 말(살라흐)을 명령형(기원형 쉘라흐-
나)과 미완료형으로 두 차례나 사용하며 자기 아닌 다른 사람을 보내시라고
강력하게 간청하였다. 보냄받을 만한 사람이란 자기 말고 다른 사람을 보내
달라는 뜻도 있고, 하나님의 계획과 일을 성취시킬 만한 자질과 능력을 갖
춘 사람 또는 하나님과 손발이 맞는 사람을 가리킬 수도 있다.
　세상 사람 중에 과연 누가 이런 사람일까? 그런 사람을 찾으려고 교회
안팎에서 자격증을 요구한다. 그 종이쪽지에 적힌 내용이나 사람의 추천이
과연 그런 요구를 채워줄지 의심스럽다. 그렇다면 보낼 만한 사람은 누구
란 말인가? 성경은 이에 대답한다: 하나님이 보내는 사람, 바로 그 사람이
보낼 만한 자이다. 하나님의 일은 사람이 자신의 능력이나 지혜로 해내는
것이 아니라 그분께서 공급하시는 힘과 인도하시는 손으로 감당하는 것이
기에.

131

거듭되는 모세의 뒷걸음질에 하나님은 짐짓 화까지 내시며 모세에게 말씀하셨다.(출 4:14) 14절 앞부분 '여호와께서 모세를 향하여 노하여'란 말씀은 구약성경에서 하나님이 구체적인 한 인간을 향해 진노하시는 첫 번째 구절이다. 아담·하와나 아브라함에 대한 하나님의 반응에도 이렇게 강한 표현이 쓰이지 않았다. 노하다는 말(봐잇카르 아프)은 노가 불타오르다는 뜻으로 마르틴 루터 성경에 따라(sehr zornig) 공동번역 개정판과 표준새번역은 이 부분을 크게 화를 내시며(크게 노하시어)로 옮겼다. 성경에서 이와 비슷한 부분을 찾는다면 삼하 6:7(= 대상 13:10)이다. '여호와 하나님이 웃사가 잘못함으로 말미암아 진노하사 그를 그 곳에서 치시니 그가 거기 하나님의 궤 곁에서 죽으니라.' 이 두 본문에서 차이점은 하나님께서 모세를 웃사처럼 죽게 만들지 않으셨다는 사실뿐이다.

다섯 차례나 머뭇거리는 모세에게 하나님은 강경하게 말씀하셨다: "레위 사람 네 형 아론이 있지 아니하냐(의역: 네가 네 형 레위 사람 아론이 있는 것을 정녕 생각하지 못하느냐?)" 이 부분 역시 명사 문장으로 된 수사학적 의문문이다.

이는 한편으로 모세를 보내시려는 하나님의 강력한 의지를 나타내고 다른 한편으로 한시바삐 구원 역사의 시동을 걸려는 하나님의 마음이 표현된 것이다. 본디 노하기를 더디하시는(출 34:6; 민 14:18; 시 86:15; 103:8; 145:8; 욜 2:13; 욘 4:2 참조) 하나님께서 이렇게 불같이 화를 내시는 것을 본 모세는 자신의 다섯 번째 항변을 거두어들였다.(출 4:18)

하나님은 아론에게 모세를 하나님과 같은 사람(직역: 하나님)으로 만들어 주시겠다고 약속하셨다.(출 4:16, 뻬얏타 타흐예-로 르엘로힘) 이는 참으로 대단한 약속이다. 이에 모세는 장인 이드로에게 작별을 고하고 이집트로 길을 떠났다.

① 일을 이루는 데에 필요한 결정적인 요건은 무엇일까?

하나님의 부르심에 머뭇거리는 모세는 자신의 입(혀, 언변)을 그 이유로 들었다. 물론 협상 과정에서 말(말재주)이 주요한 변수가 될 수 있다. 그렇다고 해서 그것이 결정적인 변수라고 보기에는 무리가 있다.

출애굽기에는 하나님의 부르심을 거절하는 모세가 내세운 몇 가지 이유들이 나와 있다.(Hamilton)

i)자기 비하 혹은 부적합성: 내가 누구이기에 바로에게 가며 이스라엘 자손을 애굽에서 인도하여 내리이까(3:11)

ii)무지: 내가 이스라엘 자손에게 가서 이르기를 너희의 조상의 하나님이 나를 너희에게 보내셨다 하면 그들이 내게 묻기를 그의 이름이 무엇이냐 하리니 내가 무엇이라고 그들에게 말하리이까(3:13)

iii)불신: 그러나 그들이 나를 믿지 아니하며 내 말을 듣지 아니하고 이르기를 여호와께서 네게 나타나지 아니하셨다 하리이다(4:1)

iv)어눌함: 오 주여 나는 본래 말을 잘 하지 못하는 자니이다 주께서 주의 종에게 명령하신 후에도 역시 그러하니 나는 입이 뻣뻣하고 혀가 둔한 자니이다(4:10)

v)불순종: 오 주여 보낼 만한 자를 보내소서(4:13)

이런 것들이 일을 이루지 못하게 하는 주요한 변수일까? 아니다. 그보다는 사명감, 뚝심, 정직과 신뢰 – 이런 것이 더 중요하지 않을까? 사람이

'안 된다'는 생각을 가지고 상황과 현실과 자기 자신을 보면 되지 않을 이유가 수두룩하게 보인다. '된다' 또는 '되어야만 한다'는 마음으로 하면 되어야 할 이유와 방법 또한 많아진다.

신앙인에게는 변수(환경과 형편)가 아닌 상수(常數 = 임마누엘 하나님)가 있다. 이것이 핵심이요, 결정적인 요소이다. 임마누엘 하나님을 망각하면 할수록 인간에게는 자신 또는 자신의 조건이나 환경이 점점 더 크게 보이는 법이다. 하나님을 신뢰하면 할수록 그런 것들은 점점 작아 보인다.

② 채워주시는 하나님(출 4:17)

하나님께서 주신 사명을 감당하기에 모세는 부족한 사람이었다. 그 자신도 이런 사실을 잘 알고 있었고 오늘날 우리가 제3자의 입장에서 보아도 역시 그러하다. 하나님께서도 모세가 하는 말이 단순한 핑계가 아니라 거대한 제국 이집트와 그 나라를 다스리는 파라오, 그리고 태어날 때부터 노예였으며 그 아래서 노예근성을 지닌 이스라엘 자손들을 감당하기에 그 역량이 부족한 것을 잘 알고 계셨다. 이에 하나님은 다음과 같이 말씀하시며 그의 부족한(미약한) 부분을 채워주셨다. "너는 이 지팡이를 손에 잡고 이것으로 이적(이적들)을 행할지니라."

그렇다. 하나님은 주어진 과제와 현실에 비추어 우리가 턱없이 부족하고 연약한 것을 잘 아신다. 그러기에 성령님을 보내셔서 친히 우리와 동행하며 인도하시는 것이다.

26 보혜사 곧 아버지께서 내 이름으로 보내실 성령 그가 너희에게 모든 것을 가르치고 내가 너희에게 말한 모든 것을 생각나게 하리라 27 평안을 너희에게 끼치노니 곧 나의 평안을 너희에게 주노라 내가 너희에게 주는 것은 세상이 주는 것과 같지 아니하니라 너희는 마음에 근심하지도 말고 두

려워하지도 말라(요 14:26~27)

이와 같이 성령도 우리의 연약함을 도우시나니 우리는 마땅히 기도할 바를
알지 못하나 오직 성령이 말할 수 없는 탄식으로 우리를 위하여 친히 간구
하시느니라 (롬 8:26)

③ 동역자를 붙여주시는 하나님(출 4:14~17, 27~31)

독불장군(獨不將軍)이란 말이 있다. 혼자서는 그 누구도 장군이 될 수 없
다는 뜻이다. 이 말은 하나님께서 맡겨주신 사명을 감당하는 데에도 그대로
적용된다. 성경과 교회사에 이런 예가 수두룩하다. 이를테면 하나님은 모세
에게 아론을 보내주셨다. 출애굽한 다음에는 여호수아도 덧붙여주셨다. 그
리고 72장로들과 천부장, 백부장, 십부장 등을 붙여주셨다. 다윗 임금에게는
나단을 예언자 예레미야에게는 바룩을 각각 보내주셨다. 사도 바울에게는
사도 바나바, 누가, 마가, 요한, 디모데 등 여러 동역자를 붙여주셨다.

동역자를 보내주시고 함께 주님의 뜻을 이루어나가게 하시는 하나님
은총은 오늘날과 같이 다원화된 시대에 더욱 더 필요하다. 죄로부터 벗어
나는 인간 해방 또는 사회·역사적 해방의 길은 탁월한 지도자 혼자서 닦
아가는 것이 아니다. 그것은 믿음의 공동체와 그 리더들이 함께 이루어가
는 것이다.

④ 자신에게 있는 약점은 다른 사람과 힘을 합치라는 하나님의 뜻

모세가 자신은 말을 잘하지 못한다고 하자 하나님께서는 아론을 그에
게 붙여주셨다. 사실 하나님에게 모세의 언어장애를 치유·회복시키시는
것은 식은 죽 먹기처럼 쉬운 일이다. 겉으로 드러나는 그의 약점을 보완하
고 모세 안에 잠재된 탁월성을 발휘하게 하실 수도 있었다. 하나님은 그렇

게 하시지 않으셨다. 그 대신에 아론을 세워주셨다. 이는 놀랍고도 은혜로운 하나님의 목적과 섭리이다.

세상에 약점이 없는 사람은 아무도 없다. 자기 약점이 드러날 때 우리는 어떻게 반응하는가? 주변 사람의 그것이 노출될 때 우리는 어떤 태도를 취하는가? 예전에는 '기쁨은 나누면 배가 되고 슬픔은 나누면 반이 된다'는 말이 널리 쓰였다. 요즘같이 패역한 시대에는 이 말도 '기쁨은 나누면 시기와 분쟁이 되고 슬픔은 나누면 비방과 경멸이 된다'로 변질되었다. 하나님은 우리에게 즐거워하는 자와 함께 즐거워하고 우는 자와 함께 울라(롬 12:15)고 말씀하셨다. 우리는 진정 이 말씀을 진지하게 받아들이고 있는가?

우리 자신에게 있는 약점과 연약함은 다른 사람과 힘을 합치라는 하나님의 거룩한 뜻이다.

⑤ 양달과 응달

자신의 입이 둔하다(언변이 부족하다)는 평계를 대며 거절하는 모세의 행동은 아론을 등장시키는 계기가 되었다. 아론은 말주변이 좋은 사람이다. 이런 아론의 등장은 모세에게 일단 천군만마(千軍萬馬)가 주어진 것 같았을지 모른다. 물론 세상일이란 이렇게 간단하지 않다. 한 가지 좋은 점이 있으면 거기에 문제도 끼어들기 마련이다. 그는 나중에 이스라엘 자손들과 함께 모의하여 금송아지를 만들었다. 이런 그를 추궁하자 아론은 미끈한 말솜씨로 자신의 책임을 회피하였다.(출 32장) 그리고 하나님이 부여하신 모세의 권위에 그럴듯한 말로 도전하기도 하였다.(민 12:1~2) 이런 그의 행동은 나중에 비싼 대가를 치르게 되었지만.

아니 아론까지 갈 것도 없다. 하나님의 소명에 흔쾌히 따르지 않았던 대가를 나중에 모세 자신도 톡톡히 치러야 하였다. 하나님의 부르심을 여러 차례 거절하던 모세는 가나안 땅으로 인도하려는 자신을 거부하는 이스라엘 백성과 종종 부딪혔다.

사람이 하는 일에는 이렇게 양달과 응달(빛과 그늘)이 공존하는가 보다. 세상에는 완전히 이롭기만 한 것도 완벽하게 손해만 되는 일도 없기 마련이다. 이때 모세가 차라리 다음과 같이 반응하였으면 일이 어떻게 진행되었을까?

하나님, 저의 형 아론이 개인적으로는 저보다 뛰어납니다. 저는 언변도 딸리고 다른 능력도 부족합니다. 그렇지만 하나님께서 쓰시고자 하는 사람이 저라면 저를 사용하십시오. 만일 하나님께서 저와 함께 계신다면 그리고 저의 입술에 동행하신다면 이다지 재주 없는 저도 아마 쓸모가 있을 것입니다. 하나님, 지금 제게 가라고 명령하십시오.(Hamilton, 76 참조)

때로는 다른 사람과 합력하는 것 때로는 단독자의 모습으로 서는 것 – 이 둘이 다 우리에게 필요하다. 어느 때에 그리해야 할지를 아는 분은 오직 하나님 한 분뿐이다. 그러니 하나님께서 하라하시는 대로 순종하는 것이 우리가 선택할 최선의 길인 것이다.

⑥ 대처할 지혜(대답할 말)를 주시는 분

모세는 말이 어눌한 사람이다. 이는 자신이 파라오에게 가 하나님 말씀을 전하기가 두려워서 한 핑계로 보일 수도 있다. 그러나 하나님께서 말 잘하는 아론을 그에게 붙여주신 사실을 감안하면 이는 사실에 더 가깝다고 할 것이다. 물론 이런 것이 하나님께서 주신 사명을 수행하는 결정적인 장애물이 될 수 없다. 사명자는 다양한 사람과 현실에 직면해야 한다. 때로는 전혀 예상하지도 못한 상황을 만나 당황할 수도 있을 것이다.

그것조차도 임마누엘 하나님과 함께하면 별로 문제가 되지 않는다. 하나님은 모세라는 사람과 함께하실 뿐만 아니라 그의 입에도 함께 계시는 분이다(출 4:12). 그가 상황에 알맞은 말을 할 수 있게 말의 지혜를 주시는 분이다.

예수님께서도 사나운 이리와 같이 거친 세상으로 제자들을 보내시며 "너희를 넘겨 줄 때에 어떻게 또는 무엇을 말할까 염려하지 말라 그 때에 너희에게 할 말을 주시리니"(마 10:19)라고 말씀하셨다. 이에 사도 바울은 자신의 어눌한 언변에 기가 죽는 대신에 "하나님의 나라는 말에 있지 아니하고 오직 능력에 있음이라"(고전 4:20)라고 하며 담대하게 사명을 수행하였다.(고후 10:10; 11:6 참조)

⑦ 말과 실천

우리 시대에는 말이 홍수처럼 넘쳐난다. 넘쳐나는 매스미디어의 다양화는 물론 말재주가 뛰어난 사람도 수두룩하다. 말이 많은 만큼 이로 인한 탈도 많다. 자신의 이익을 위하여 교묘한 말과 감언이설(甘言利說)로 사람들을 속이기도 하고, 자신의 입장과 다르면 막말과 독설을 거리낌 없이 퍼붓는 사람도 있다. 자기가 한 말을 손바닥 뒤집듯이 하며 자기가 한 말에 전혀 책임지지 않는 사람도 있다.

눌언민행(訥言敏行)이란 말이 있다. 말은 느리더라도 행동은 빠르게 하라는 뜻이다.(欲訥於言而敏於行 -《論語》) 여기서 민첩하다는 말은 빠르게 하라는 뜻보다는 말한 바를 그대로 온전하게 실행하라는 것이다. 곧 말보다는 실천(실행)이 더 중요하다는 뜻이다.

⑧ 내 손 안에 기적이 있다

모세에게 "네 손에 있는 것이 무엇이냐"(2절) 물으신 하나님은 그에게서 지팡이라는 대답을 들으셨다. 그리고 "너는 이 지팡이를 손에 잡고 이것으로 이적을 행할지니라"(17절)라고 말씀하셨다. 지팡이만 손에 들면 기적을 일으킬 수 있다면 세상에 기적을 일으키지 못할 사람은 아무도 없을 것이다.

기적의 재료는 이미 모세의 손 안에 들어 있었다. 그것은 기적의 주인이신 하나님과 만날 때에만 기적이 일어난다. 예를 들면 열왕기하 4장에 어떤 과부 여인의 이야기이다. 그녀 남편은 이미 죽었고 그녀는 아들들이 노예로 팔려갈 것을 염려하고 있었다. 그때 엘리사가 물었다. "네 집에 무엇이 있는지 내게 말하라."(왕하 4:2) 여인은 "계집종의 집에 기름 한 그릇 외에는 아무것도 없나이다"라고 대답하였다. 그것은 내게 있는 것은 시시한 것 밖에는 아무것도 없다는 뜻이다. 그러자 엘리사는 이웃집에 가서 그릇을 있는 대로 다 빌려다가 그 그릇들에 기름을 따르라고 하여 그대로 하였더니 그릇마다 기름이 가득 찼다.

기름 한 병과 같은 시시한 것이 바로 기적의 시작이었다. 그 시시한 것 안에 엄청난 기적이 들어 있었다. 그 과부는 그 기름을 팔아서 빚을 갚고 남은 돈으로 두 아들과 함께 잘 살 수 있었다.

제자들이 보리떡 다섯 개와 물고기 두 마리 밖에 없다고 하였을 때 예수님은 그것으로 감사 기도를 드리신 후에 사람들에게 나누어주라고 하셨다. 그 자리에 있던 사람 오천 명이 먹고도 열두 광주리가 남았다.(마 14:17~18)

예수님은 베드로에게 그물을 배 오른편에 던지라고 하셨다.(요 21:6). 그 말씀에 의지해 그물을 내리자 그물이 찢어질 정도로 큰 고기가 153마리 잡혔다.

그렇다. 믿음의 사람인 우리 손에는 이미 기적의 재료가 들려 있다. 기적은 멀리서 오는 것이 아니라 이미 우리가 가진 것에서 주어진다. 문제는 기적의 주인이신 여호와 하나님의 능력 안에서 그것이 사용되느냐이다.

14
하나님의 신임장

(출 4:18~23)

18 모세가 그의 장인 이드로에게로 돌아가서 그에게 이르되 내가 애굽에 있는 내
  형제들에게로 돌아가서 그들이 아직 살아 있는지 알아보려 하오니 나로 가게
  하소서 이드로가 모세에게 평안히 가라 하니라
19 여호와께서 미디안에서 모세에게 이르시되 애굽으로 돌아가라 네 목숨을 노
  리던 자가 다 죽었느니라
20 모세가 그의 아내와 아들들을 나귀에 태우고 애굽으로 돌아가는데 모세가 하
  나님의 지팡이를 손에 잡았더라
21 여호와께서 모세에게 이르시되 네가 애굽으로 돌아가거든 내가 네 손에 준 이
  적을 바로 앞에서 다 행하라 그러나 내가 그의 마음을 완악하게 한즉 그가 백
  성을 보내 주지 아니하리니
22 너는 바로에게 이르기를 여호와의 말씀에 이스라엘은 내 아들 내 장자라
23 내가 네게 이르기를 내 아들을 보내 주어 나를 섬기게 하라 하여도 네가 보
  내 주기를 거절하니 내가 네 아들 네 장자를 죽이리라 하셨다 하라 하시니라

이 부분은 하나님의 부르심을 드디어 받아들인 모세가 이집트로 가는 모
습을 보여준다. 본문이 그려내는 모세의 귀향 장면을 영화 속 화면으로 옮
긴다면 무엇이 가장 귀한(close-up) 장면일까? 아마 감독들 대부분은 모세
가 하나님의 지팡이를 손에 잡는 장면에 공을 기울일 것이다.

이집트로 향하는 그의 손에는 하나님의 지팡이가 들려 있었다.(출 4:20) 이 것은 전혀 새로운 것이 아니다. 이에 관해 하나님은 "너는 이 지팡이를 손에 잡고 이것으로 이적(복수형: 하오토트 = 그 이적들)을 행할지니라."(출 4:17)고 말씀하셨다. 칠십인역은 이 부분을 ἔλαβεν δὲ Μωυσῆς τὴν ῥάβδον τὴν παρὰ τοῦ θεοῦ ἐν τῇ χειρὶ αὐτοῦ (= 그러나 모세는 하나님으로부터 자기 손에 받은 지팡이를 잡았다)라고 번역하였다.

목자에게 지팡이는 필수품들 가운데 하나였다. 그가 이미 전부터 갖고 있던 것이다. 이제 하나님께서 사용하시니 그것은 모세의 것이 아니라 하나님의 것이 되었다.(출 17:9 참조) 모세는 누군가에게 하나님 같은 사람이요 그 손에 하나님의 지팡이를 손에 쥔 사람이 되었다. 이는 국가 원수가 대사나 사절단을 외국으로 파견할 때 건네주는 신임장과 같다.

이것을 들고 아론, 히브리 원로들 그리고 파라오를 만나는 모세에게 주어진 역할은 다음과 같은 사실을 알려주는 것이다. i)하나님께서 그들의 처지를 돌보신다. 히브리 성경에 '파코드 파카드티'로 된 이 구절은 '내가 찾고 또 찾았다, 내가 돌보고 돌보았다, 내가 방문하고 방문하였다'라는 뜻으로 그 내용을 매우 강조하는 문구이다. 이것은 창 50:25에 요셉의 입을 빌려 부정사 절대형 + 미완료형(파코드 잎코드)으로 표현되었다. 여기에는 부정사 절대형 + 완료형으로 기록되었다. 이는 그의 말이 성취될 때가 가까웠다는 사실을 보여준다.(변순복, 토라[상] 71 460) ii)하나님은 그들이 이집트에서 당하는 일들을 아신다. iii)하나님은 그들을 인도하여 가나안으로 올라가게 하신다.(출 3:16~17)

모세의 목숨을 노리던 자들이 죽었다.(출 4:19; 참조: 출 2:23) 이로써 모세가 이집트로 가기를 꺼릴 가장 큰 이유가 사라졌다. 마태복음도 이와 같은 이유로 예수님의 가족이 이집트를 떠나 갈릴리로 되돌아올 수 있었다고 밝히

며 본문을 인용하였다.(마 2:20) 때로는 시간의 흐름이 장애물을 저절로 치워
준다. 그래서 세월이 약이라고 하는 것이다.

ἄπελθε εἰς Αἴγυπτον· τεθνήκασιν γὰρ πάντες οἱ ζητοῦντές σου τὴν ψυχήν

(LXX 이집트로 돌아가라 네 목숨을 노리던 자가(자들이) 다 죽었느니라, 출 4:19)

τεθνήκασιν γὰρ οἱ ζητοῦντες τὴν ψυχὴν τοῦ παιδίου(이스라엘 땅으로 가라 아기의

목숨을 찾던 자들이 죽었느니라, 마 2:20)

모세가 하나님에게 쓰임 받는 사람이 된 것은 전적으로 하나님의 은혜이
다.(고전 15:10, 그러나 내가 나 된 것은 하나님의 은혜로 된 것이니… 내가 한 것이 아니요 오
직 나와 함께하신 하나님의 은혜로라)

이런 뜻에서 부름(사명)받은 사람은 자신에게 있는 것들을 주어진 것으로
받아들여야지 취득(획득)한 것으로 여기면 곤란하다. 자신의 사역에서 나타
나는 하나님의 능력과 은혜를 자신의 권능이나 노력의 대가로 착각하는 순
간 은혜는 밑바닥으로 떨어지고 만다. 그렇게 하면 그 사람 인생도 그 순간
부터 바닥으로 내려앉기 시작하는 것이다.

오늘의 적용

① 만남은 모든 일의 시작

하나님께서 주신 사명을 받아들인 모세에게 다섯 가지 만남이 있게 하
셨다.(이드로, 아론, 여호와, 이스라엘 자손의 장로들, 파라오) 그 첫 번째가 장인 이드로

와 만나 작별한 일이다. 그는 파라오가 다스리는 이집트로 들어가려는 모세를 격려하였다. 물론 그도 이것이 자칫 목숨을 걸어야 하는 매우 위험한 일임을 이미 알고 있었을 것이다. 그리고 자신의 딸과 외손자들에게 위험이 닥칠 수 있음 또한 알고 있었으리라.

그런데도 이드로는 이 일을 하나님께서 하시는 일로 인정하며 받아들였다. 그리고 위험한 길을 가는 모세를 우호적으로 대하였다. 역시 제사장다운 사람이다. 그런 사람과 만난 것이 모세에게는 커다란 복이었다.

② 사역자를 파송하기

하나님의 부르심을 받고 이집트로 돌아가기로 결심한 모세는 먼저 장인 이드로에게 허락을 청하였다. 미디안의 제사장이며 일곱 딸을 둔 한 가문(부족)의 족장인 이드로에게 큰 딸의 가족을 먼 곳으로 보낸다는 것이 내키지 않았으리라. 비록 그것이 하나님의 일을 위한 어쩔 수 없는 선택이었다 할지라도 인간적으로는 매우 서운하고 섭섭했을 터이니까. 그럼에도 그는 떠나는 모세를 위해 기꺼이 축복해주었다. 이런 그의 마지막 모습은 오늘을 사는 우리에게 참으로 귀감이 된다. 그는 "평안히 가시게나! 샬롬!" 하며 사위와 딸, 그리고 외손자들을 먼 곳, 위험한 곳으로 기꺼이 보냈다. 아마 그들은 육체적으로는 멀리 떨어져 있어도 서로의 마음속에는 평생 함께 살고 있었을 것이다.

그렇다. 이드로처럼 아름다운 작별을 고할 수 있는 사람에겐 더 이상 뼈아프거나 슬픈 이별은 없다. 우리가 다 알 수 없는 하나님의 넓은 경륜 안에 펼쳐지는 아름답고 창조적인 이별만 있을 뿐이다.

이런 이드로의 모습은 사명받은 사람을 그가 활동하기에 가장 알맞은 곳 또는 가장 필요한 곳으로 파송하는 교회의 오랜 전통을 낳은 모태가 되었다. 이는 비슷한 이별을 앞두고 사위와 장인 관계였던 야곱과 라반이 보여주었던 볼썽사나운 장면과 비슷한 모습을 곧잘 연출하는 현대의 교회에 시사하는 바가 크다.

> 1 안디옥 교회에 선지자들과 교사들이 있으니 곧 바나바와 니게르라 하는 시므온과 구레네 사람 루기오와 분봉 왕 헤롯의 젖동생 마나엔과 및 사울 이라 2 주를 섬겨 금식할 때에 성령이 이르시되 내가 불러 시키는 일을 위 하여 바나바와 사울을 따로 세우라 하시니 3 이에 금식하며 기도하고 두 사 람에게 안수하여 보내니라(행 13:1~3)

③ 하나님의 지팡이

여기서 지팡이는 신체의 연약함을 보완하는 도구가 아니다. 그것은 지 위(권위)의 상징물이다. 지존의 존재 또는 영적 정치적 지도자가 손에 지팡 이를 드는 일은 하나도 낯설지 않다.

모세는 하나님의 지팡이를 손에 든 사람이었다. 그 지팡이는 하나님의 임재 또는 하나님의 능력을 상징하였다. 이제 모세는 하나님의 임재 안에 서, 그리고 하나님께서 주시는 능력으로 사람이 할 수 없는 놀라운 일을 행 하는 사람이 되었다. 이런 뜻에서 지팡이는 하나님을 상징하는 동시에 하 나님의 권위를 나타내는 상징이었다. 하나님은 모세를 신뢰하시고 그 손에 하나님의 권위를 상징하는 지팡이를 쥐어준 것이다.

하나님의 지팡이를 손에 잡은 자의 권위 그리고 그에 합당한 거룩한 책임의식 - 오늘 우리에게 이런 것이 남 아 있기나 한 것일까?

지팡이를 든 살만에세르 III세(앗시리아 주전 858~824)

15
귀향길에 생긴 불가사의한 일

(출 4:24~26)

> 24 모세가 길을 가다가 숙소에 있을 때에 여호와께서 그를 만나사 그를 죽이려
> 하신지라
> 25 십보라가 돌칼을 가져다가 그의 아들의 포피를 베어 그의 발에 갖다 대며 이
> 르되 당신은 참으로 내게 피 남편이로다 하니
> 26 여호와께서 그를 놓아 주시니라 그 때에 십보라가 피 남편이라 함은 할례 때
> 문이었더라

이것은 모세가 이집트로 돌아가던 도중에 생긴 돌발 사고에 관한 이야기
이다. 여기에 기록된 사건은 우리가 쉽게 이해하기 어려운 것이다. 이집트
로 돌아오던 모세는 참으로 이상한 일을 당하였다. 이 부분은 단지 세 구절
뿐이기에 그 내용과 뜻을 찾아내는 데 큰 어려움이 있다. 이 일이 일어난 시
점이 밤이었듯이 그 의미와 배경도 짙은 어둠 속에 묻혀 있다.(창 32:23 이하
참조) 구약성경에는 다음과 같이 그런 대목이 몇 군데 있다.

이를테면 하나님은 야곱에게 가나안으로 가라고 말씀하셨다. 이 말씀에
따라 가나안으로 향하던 야곱은 얍복 강가에 이르렀다. 종과 가족과 재산을
다 딸려 강 건너로 보내고, 혼자 남은 그에게 하나님(하나님의 천사?)이 나타
나셔서 그와 씨름을 하셨다. 그때 허벅지 관절(고관절?)을 쳐 다리를 절게 만
드셨다.(창 32:22~32) 먼 길을 가야 하고 또 새로운 세계를 개척하며 살아야

하는 그에게 이것은 매우 큰 장애가 되었으리라.

모압 왕 발락의 가슴은 모압 광야에 진을 친 출애굽한 이스라엘 민족을 보고 폭풍을 만난 가랑잎마냥 세차게 흔들렸다. 이에 브돌(Petor)에 사는 선지자 발람을 불러다가 이스라엘을 저주하고자 하였다. 왕이 보낸 사신을 맞은 발람은 하나님께 갈지 말지를 여쭈어 보고는 그들을 그냥 돌려보냈다. 왕이 포기하지 않고 두 차례 더 사신을 보내자, 발람은 융숭한 대우를 받고 싶은 나머지 여호와께 가야 할지 가지 말아야 할지를 재차 물었다. 나중에서야 하나님 허락이 떨어졌다. 이에 길을 떠나는 발람에 대해 민 22:21~22절은 이렇게 보도한다:

발람이 아침에 일어나 자기 나귀에 안장을 지우고 모압 고관들과 함께 길을 떠났다. 그러나 그가 감으로 말미암아 하나님의 진노가 폭발하였다. 그래서 여호와의 사자가 그를 막으려고 길에 섰다 …(직역)

하나님은 발람에게 가도 좋다고 이미 허락하셨다. 다른 한편 하나님은 발람을 죽일 천사를 보내셨다. 모압으로 가는 발람은 그 불길한 낌새를 전혀 눈치채지 못하였다. 다행스럽게도 나귀가 이를 미리 알고 피하였다. 만일 그렇지 않았더라면 그는 그 자리에서 죽었으리라. 그렇다면 하나님의 이 진노는 무슨 뜻일까?

여호수아가 하나님 백성을 가나안으로 인도할 때 여호와의 군대장관이 나타나 그 앞길을 가로막았다.(수 5:13) 이것은 또 무슨 의미일까?

다시 출애굽기로 돌아와 보자. 거듭 사양하는 모세를 간신히 설득하여 이집트로 가게 하신 하나님은 도중에 그를 만나 죽이려 하셨다.(출 4:24) 만일 이 본문을 그 앞의 구절들과 이어서 읽는다면, 다음과 같은 낱말에 주목

할 수 있다. i)아들 – 내 아들 내 장자,(22절) 네 아들 네 장자,(23절) 그녀의
아들(25절). ii)죽인다 – 네 목숨을 노리던 자들(바카쉬 에트 네페쉬 19절) 죽이리
라(하라그 23절) 죽이려 하셨다(무트 24절). iii)그 밖에도 만나다(파가쉬)는 말이
쓰였다.(24, 27절)

　본문에는 여호와와 십보라를 빼고 등장인물이 모두 다 3인칭 대명사로
표시되었다. 또 여기 쓰인 낱말들도 대부분 다중의미라서 그 내용을 명확히
알아내기가 어렵다. 여호와가 죽이려 한 대상이 모세인지 그 아들인지도 알
수 없다. 우선 본문을 직역해 보자:

24 그리고 그 길, 야영하는 그곳에서 이런 일이 생겼다. 여호와께서 그를 만나신
것이다. 그리고 그는 그를 죽이려고 찾으셨다. 25 그러자 십보라가 돌칼(한글 개역
은 차돌로, 수 5:2는 부싯돌로 번역)을 취하였다. 그리고 자기 아들의 양피를 잘랐다. 그
리고 그의 발아래 갖다대었다. 그리고 그녀는 '진정으로 내게 피 남편은 당신뿐
입니다'라고 말하였다. 26 그러자 그가 그를 치유하였다.(놓아주었다) 그때 그 할례
들을 위하여 그녀는 그를 가리켜 피 남편(혹은 피 친척)이라고 말한 것이다.

　여기서 만나다는 말(파가쉬)은 히브리 성경에 14번 나온다. 그 대부분이
적대적인 또는 공격적인 대면을 가리킨다.(봐이프께쉐후 24절; 출 27:2; 삼하 2:13;
욥 5:14; 잠 17:12; 사 34:14; 렘 41:6; 호 13:8) 또는 만남의 당사자 중 한 쪽이 좋지
않은 일을 예상하며 만나는 것을 가리킨다.(창 32:17[18]; 33:18; 삼상 25:20) 본
문의 분위기로 보자면 여호와가 작심을 하고 모세를 만나셨다. 물론 이 말
자체는 카라 동사(= 부르다)와 함께 우호적인 분위기로 만나는 때에도 쓰인
다.(27절)

　죽이다는 말(하라그)은 가인이 아벨을 죽인 일과 관련하여 성경에 처음 등

147

장하였다.(창 4:8, 25) 그리고 죽임당할 것을 두려워하는 가인과 그를 보호하시겠다는 하나님 말씀에도 나온다.(창 4:14~15) 출애굽기 2장에는 모세가 이집트 사람을 죽이는 것(출 2:14)과 파라오가 모세를 죽이려 찾는 데에 이 말이 쓰였다.(출 2:15)

성경에 하나님께서 이 낱말의 주어로 처음 등장하는 것은 그랄 왕 아비멜렉이 하나님께 항의하는 때였다.(창 20:4) 출 4:23에서 이 말은 칼 분사형으로 쓰였다: '그런데 네[파라오]가 그를 보내기 거부하니(또는 만일 네가 그를 보내기 거부한다면), 보라, 내가 네 아들, 네 장자를 죽이리라.'(직역) 여기에서 성경은 굳이 쓰지 않아도 뜻이 통하는데도 보라(힌네)라는 강조사와 1인칭 대명사(아노키)를 사용하였다. 이로써 하나님의 굳센 의지를 강조하는 한편, 그 상황이 매우 긴급한 것을 생생하게 표현해 주었다.(출애굽기에는 이런 표현이 11번째 표적인 이집트인 장자의 죽음을 언급할 때 다시 나온다)

출 4:24에는 하나님께서 모세를 죽이시려 한다는 말(무트)이 찾다, 시도하다는 뜻의 동사 바카쉬와 함께 히필 부정사 연계형으로 쓰였다. 예레미야 26:21; 삼상 19:2; 왕상 11:40 등에서 이 말(무트)은 전치사(르)와 함께 쓰여 그 의미가 한층 강화되었다. 여기서 하나님은 모세를 죽인 것이 아니라 죽이려 시도하셨다.(way-baq-qêš) 죽이려 시도하는 것과 죽인 것 사이에는 시간의 차이가 분명히 있다. Fretheim과 Hamilton은 이 사실에 주목하여 다음과 같이 풀이하였다:

이것은 하나님의 행위를 한결 부드럽게 한다 … 하나님은 단순히 시도하셨을 뿐 치는 것을 직접 실행으로 옮기지 않으셨다… 그분은 십보라에게 중재할 여지를, 그리고 행동할 시간을 주셨다. 비록 그것이 매우 짧은 시간 동안이었지만 … 십보라는 하나님께서 시도하는 사이에 행동할 시간을 벌었다. 이렇게 하나님은 위협을 가하셨을 뿐 실제로 그를 죽이려 하지 않으신 것이다.(프레트하임 79; Hamilton 83)

이 이야기를 출 1~2장과 연결시켜 읽으면 앞서도 언급하였듯이 여성들 곧 히브리인 산파들 파라오의 딸 모세의 어머니와 누이 등은 파라오의 분노와 살해 의도에 거슬러 생명을 살리는 역할을 수행하였다. 십보라도 그 대열에 합류하였다.(프레트하임 79; Hamilton 83)

보수적인 학자들 가운데에는 십보라의 악역을 상상해 내기도 하였다. 이를테면 카일-델리취는 '모세가 그 아들들의 할례를 시행하지 않은 것은 십보라 때문이었다. 미디안의 전통에서 자란 그녀는 이를 좋아하지 않았던 것이다.'라고 말하였다.(Keil-Delitsch 459) 이런 상상은 성경에 근거하지 않은 것일 뿐만 아니라 전혀 바람직하지도 않다.

본문이 뜻하는 바를 다음과 같이 풀어볼 수 있다. 물론 그 어느 것도 완전히 만족스럽지 않다.

i)할례의식이 이 본문의 주제로 부각되었다. 할례의식은 아브라함과 여호와 하나님 사이에 맺어진 언약의 징표이며 이스라엘 백성을 다른 민족으로부터 구별하는 표식이었다. 아기가 태어난 지 8일 만에 반드시 행해야 하는 것이었다.(창 17:9~14; 수 5:2~7 참조) 이런 뜻에서 이 사건은 지도자로 나서는 사람은 먼저 자기 가정 안에서부터 하나님의 법을 따라야 한다는 점을 알려 준다.(수신제가치국평천하 修身齊家治國平天下 - 大學) 실로 신앙으로 바로 서지 못한 자가 신앙 공동체를 지도하는 것은 하나님을 우습게 보는 처사이며 하나님 영광을 가리는 비신앙적인 행위이다. 이에 사도 바울은 디모데에게 '오직 말과 행실과 사랑과 믿음과 정절에 있어서 믿는 자에게 본이 되'(딤전 4:12b)라고 교훈하였다.

ii)만일 여호와가 죽이시려 한 사람이 모세가 아니라 그 아들 게르솜이라면(출 24:4 참조), 이 말씀은 출 4:21~23에 나오는 이집트인 장자의 죽음 예고(열한 번째 표적)와 연결될 수 있을 것이다. 그러면 이 사건은 모세에게 사명의식을 다시 일깨우는 이야기가 된다.

iii)출 4:25에서 십보라는 자기 아들 양피를 베었다. 그리고 그것을 누군가의 발아래 갖다대었다(나가의 히필형). 이 낱말이 출애굽기 안에서 히필형으로 쓰인 곳이 또 한 군데 있다. 출 12:22이다. 거기서 이스라엘 백성은 유월절 양을 잡아 그 피를 우슬초에 묻혀 문 인방과 좌우 문설주에 뿌리라(나가)는 명령을 받았다.

물론 이것만으로 출 4장과 12장을 곧바로 연결시키는 것은 무리일 수도 있다. 그렇지만 이 두 경우가 다 i)피와 관련이 있으며, ii)피 묻은 것에 접촉함으로 화를 면하였다는 사실을 놓칠 이유가 없다. 할례 여부는 유월절 행사에 참여하는데 필수적인 요건이었다.(출 12:43~49) 이런 뜻에서 본문을 열한 번째 표적 및 유월절에 연결시켜 피에 들어있는 생명의 근원 보호 정화의 개념으로 풀어볼 수 있으리라.(김이곤 94~97; 박철현 95~96; 차준희 76~77 참조)

iv)이 이야기는 하나님의 사람도 자기 목숨이 하나님 손에 달려 있다는 평범한 사실에 주의를 기울이게 한다. 하나님의 사람은 한번 부름을 받았다고 해서 그 상태가 영구히 계속되리라고 방심하면 곤란하다. 늘 자신을 돌아보며 삼가고 조심하는 태도로 주의 일을 감당해야 할 것이다. 성경에 나오는 이런 이야기들은 하나님의 부름을 받아 사명을 감당하는 사람도 하나님의 은총과 인도뿐만이 아니라 하나님의 통치와 심판 아래 놓여 있다는 사실을 보여준다.(왕대일, 민수기 507)

만일 발람이 모압으로 가는 길목에서 칼을 든 하나님의 천사와 대면하지 않았다면 어떠하였을까? 그는 자신에게 돌아올 가시적인 어떤 이익을 포기하면서까지 그리고 모압 왕 발락의 뜻을 거듭 거스르면서까지 하나님의 말씀만 일관되게 전할 수 있었을까? 아마 그렇지 않았을 것이다. 이런 경험들을 통해 야곱, 모세, 발람, 여호수아 등은 정신을 바짝 차리고 하나님의 일을 수행해야겠다고 단단히 다짐하였을 것이다. 그들이 경험했던 이런 과정들은 이 시대의 또 다른 그들(사명자)인 우리에게 강한 경각심을 일깨워준다.

… 여호와의 기구를 메는 자들이여 스스로 정결하게 할지어다(사 52:11)

그러므로 누구든지 이런 것에서 자기를 깨끗하게 하면 귀히 쓰는 그릇이 되어 거룩하고 주인의 쓰심에 합당하며 모든 선한 일에 준비함이 되리라(딤후 2:21; 요일 3:3 참조)

v)사람은 누구나 언제든지 돌발적인 사고·사건을 만날 수 있다. 그것도 매우 뜻밖에, 전혀 예상하지도 못하는 순간에. 이처럼 우리가 사는 이 세상에는 그 발생 과정도 이유도 목적도 제대로 알 수 없는 놀랍고도 참담한 일들이 비일비재하다. 이럴 때 사람은 망연자실하거나 하나님 또는 누군가를 원망하는 경향이 있다. 신앙인인 우리는 이런 것을 어떻게 긍정적 창조적으로 승화시킬 수 있을까?

하나님과 긴 대화를 마치고(출 3:11~4:17) 또 도중에 일어난 돌발사건을 극복하고 모세는 이집트로 돌아왔다.(출 4:27~31) 실로 40여 년 만이다. 앞으로 또 어떤 돌발적인 사건이 그 앞에서 일어날지 모른다. 어떤 경우에도 하나님은 생명을 살리는 길로 그를 인도하실 것이 분명하다.

하나님은 모세를 부르심으로 새로운 일을 시작하셨다. 하나님은 사람을 노예로 부리는 심사와 노예 생활, 노예 근성에 젖어있는 인간의 심성을 바꾸면서 믿음의 조상들에게 주었던 약속을 실현시키기 시작하신 것이다.

오늘의 적용

① 위기(시험)를 이겨내야 제대로 쓰임받는다(출 4:24~26)

이것은 동서고금을 통틀어 고전적인 주제이다. 성경 안팎에서 큰일에 쓰임 받은 인물들 거의 대부분은 자신에게 다가온 죽음이나 실패의 위기 또는 시험을 극복해낸 사람들이다.

맹자는 유명한 말을 남기었다: '하늘이 장차 그 사람에게 큰 사명을 주려할 때는 반드시 먼저 그의 마음과 뜻을 흔들어 고통스럽게 하고, 그 힘줄과 뼈를 굶주리게 하고 궁핍하게 만들어 그가 하고자 하는 일을 흔들고 어지럽게 하나니, 그것은 타고난 작고 못난 성품을 인내로써 담금질하여 하늘의 사명을 능히 감당할 만하도록 그 그릇과 역량을 키워주기 위함이다.'《맹자(孟子)》의 〈고자장하(告子章下)〉

하나님은 사람을 쓰시기 전에 먼저 시험을 통과하게 하신다. 요셉에게도 그리하셨다:

> 17 그가 한 사람을 앞서 보내셨음이여 요셉이 종으로 팔렸도다 18 그의 발은 차꼬를 차고 그의 몸은 쇠사슬에 매였으니 19 곧 여호와의 말씀이 응할 때까지라 그의 말씀이 그를 단련하였도다(시 105:17~19)

위기와 시험은 모든 사람에게 다가온다. 심지어 예수님도 시험을 당하셨다.(마 4:1~11; 막 1:12~13; 눅 4:1~13) 때로는 그 원인과 이유를 알기에 자책하거나 누군가를 향해 원망을 하거나 억울해 한다. 때로는 도저히 이해할 수 없어 곤혹스러워하거나 침체에 빠진다.

152

여기서 모세와 그 가족이 당한 위기의 이유나 성격을 우리는 해명할 수 없다. 그것을 극복해내는 과정도 모호하기 짝이 없다. 성경의 다른 인물들이 본격적으로 쓰임을 받기 전에 위기에 처하였듯이, 모세와 그 가족도 지금 그런 처지에 놓였다. 사실 인간에게 다가오는 위기와 그 극복의 과정은 수수께끼 중에 수수께끼다. 이런 뜻에서 그 원인과 이유, 또 그것을 극복하는 과정을 명쾌하게 아느냐 모르느냐가 중요하지 않다. 그보다는 주어진 위기나 시험에 숨어 있는 하나님 목적을 신뢰하는 믿음이 훨씬 더 중요하다. 믿음 안에서 위기에 먹히기보다는 관리하는 것이 필요하다. 예수님처럼 하나님 말씀에 의지하여 그 위기(시험)에 대처할 때 하나님은 우리를 쓰임 받는 길로 들어서게 만들어 주신다.

② 돌발사고 (출 4:24~26)

인생길 곳곳에 사고와 사건의 위험이 도사리고 있다. 이런 일들이 우리에게 직접 일어나지 않을 때에는 그저 남의 일이겠거니 느껴져 피부에 와 닿지 않는다. 그러다가 갑자기 이것의 당사자가 되었을 때 우리는 깜짝 놀라 크게 괴로워하며 마치 딴 세상에 있는 양 행동한다.

엄격히 말하자면 우리 발걸음이 닿는 곳마다 위험하지 않은 곳이 별로 없다. 그런데도 우리가 큰 두려움 없이 일상생활을 하는 것은 대단히 신비로운 일이다. 위기가 돌발적으로 일어나는 것도 수수께끼이다. 그런 가운데서도 창세 이래 단 한 번도 변함없이 아침 해가 떠오르는 것도 놀라운 일이다.

우리가 먹고 마시며 일생생활을 꾸준히 영위할 수 있는 것도 대단히 큰 신비요 은혜이다. 일상생활이 매일 되풀이 돌아가는 것에 늘 감사하자. 순조롭지 않은 듯 순조로운 것에도 감사하자. 그리고 뜻밖에 돌발사고를 당하였을 때에도 가능한 한 최대한 빨리 일상성을 회복하기 위해 노력하자.

이 사고 많은 세상에 살면서 그런 일에 늘 노출되어 있는 사람을 생각하는 기회로 삼으며….

③ 소 잃고 외양간 고치기

어떤 학자들은 이 일이 발생한 이유는 모세가 아들들에게 할례를 행하지 않았기 때문이라고 주장한다. 만일 그렇다면 십보라는 소 잃고 외양간 고칠 뻔하였다. 다행히 하나님께서는 그녀에게 소 잃기 전에 외양간을 고칠 여유를 주셨다. 이는 하나님의 크나큰 은혜이다.

미리 대비하거나 스스로를 개혁하면 더할 나위 없이 좋다. 소를 잃기 전에 미리 그 전조를 알아차리기가 여간 어렵지 않다. 심지어 어떤 사람은 사건이 일어난 다음에도 그 의미를 깨닫지 못하고 똑같은 실수를 되풀이 하곤 한다. 이런 뜻에서 어떤 일이 잘못되었다면 나중에라도 바로잡는 차선책도 매우 중요하다.

16
만남은 모든 일의 시작

(출 4:27~31)

---

27 여호와께서 아론에게 이르시되 광야에 가서 모세를 맞으라 하시매 그가 가서
   하나님의 산에서 모세를 만나 그에게 입맞추니

28 모세가 여호와께서 자기에게 분부하여 보내신 모든 말씀과 여호와께서 자기
   에게 명령하신 모든 이적을 아론에게 알리니라

29 모세와 아론이 가서 이스라엘 자손의 모든 장로를 모으고

30 아론이 여호와께서 모세에게 이르신 모든 말씀을 전하고 그 백성 앞에서 이
   적을 행하니

31 백성이 믿으며 여호와께서 이스라엘 자손을 찾으시고 그들의 고난을 살피셨
   다 함을 듣고 머리 숙여 경배하였더라

이것은 출애굽기 4장에 나오는 모세의 다섯 가지 만남 가운데 마지막 것
이다.(이드로와의 만남, 사명을 재확인하기 위해 여호와 하나님과 또 다시 만남, 자신을 공격
하시는 여호와의 불가사의한 만남, 아론과 만남) 그 대상은 이스라엘 장로들이었다.

이제 모세에게는 하나님의 부르심에 어떻게 반응하느냐는 것만 남았다.
그 일에 직접 뛰어들기 전 하나님은 출 4:14에서 언급하신 대로 그의 소명
을 실현하기 위한 대책도 세워주셨다. 곧 그의 형 아론을 부르신 하나님은
그를 모세가 가는 길에 동행자가 되게 하심으로 출 4:15~16의 말씀을 완
성시키셨다.

이제부터 아론도 모세와 함께 이스라엘 자손을 향한 하나님의 구원 계획에 한 팀이 되어 나섰다. 물론 모세와 아론 사이에는 나이에 따라서가 아니라 하나님께서 맡겨주신 사명과 직분에 따른 서열이 분명하게 설정되었다. 하나님은 모세에게는 주도적이면서 중요한 역할을 아론에게는 보조적이면서 매우 중요한 역할을 각각 맡기신 것이다.(민 12:1~2 참조)

반갑게 만난 모세와 아론은 이스라엘 자손의 장로들을 불러 모았다. 모세는 하나님께서 그들을 해방시킬 계획을 세우신 것과 자신을 그 일의 도구로 부르셨다는 사실을 말하였다. 그리고 아론은 하나님께서 모세에게 약속하신 표적들(이적들)을 시행하였다. 이에 그들은 모세와 아론의 말을 믿고 받아들이며 하나님께 경배드렸다. 이로써 모세는 한시름 놓았다. 다행스럽게도 그가 염려하던 일들 가운데 하나 곧 백성이 자신을 거부할지 모른다는 걱정이 일단 해소되었다.(4:1, 8 참조)

출애굽기에는 믿는다는 말(아만)이 8번 나온다. 그 가운데 4:1, 8 [2X], 9에는 부정적인 의미로 쓰였다.(1절과 8절은 히필형 + 부정어 로; 9절은 히필형 + 부정어 로 + 전치사 르 = 믿기를 거절하다)

출 4:30에서 기적을 행한 사람이 모세인가(루터 성경) 아론인가? 우리말 성경과 대부분의 성경은 히브리 성경에 3인칭 단수 대명사로 나오는 것을 그 앞에 주어로 등장하는 아론으로 받아들여 그가 표적을 행한 것으로 옮겼다.

출 4:31에 나오는 '머리 숙여 경배하였다'는 표현을 어떻게 해석할 것인가? 곧 문자 그대로 두 동사를 다 동사형으로 옮길 것인가(연속되는 동작) 아니면 앞의 것을 부사적인 의미(수식어)로 할 것인가(동시에 일어난 일)가 문제이다: i)머리를 숙였다. 그리고 경배하였다; ii)머리 숙여 (머리 숙임으로) 경배하였다. 문법적으로는 둘 다 가능하다.

오늘의 적용

① 하나님을 알게 하는 사람 (출 4:16~17, 20)

하나님께서 모세에게 파라오와 이스라엘 백성에게 가라고 하시자, 그는 '내가 누구입니까?'(출 3:11)라는 물음과 함께 백성이 자신에게 '너를 보낸 그 신이 누구인가?'라고 물을 것이라고 하였다.

이 물음들을 거듭 되물으며 그 대답을 찾아나가는 과정이 곧 신앙생활이다. 우리는 이 물음에서 얻어지는 정체성을 분명히 할 필요가 있다. 무엇보다도 우리가 섬기고 고백하는 하나님과 그리스도의 몸 된 교회가 누구인지에 관한 대답을 늘 되풀이 물으며 찾아야 할 것이다. 그렇지 않으면 세속화와 다원주의 물결이 범람하고 있는 이 시대에 하나님의 자녀인 우리의 정체성, 하나님을 보여주는 사람, 예수님을 보여주는 교회의 모습도 덩달아 희미해질 것이다.

하나님의 부르심과 주시는 사명에 일익을 담당하는 것에 대해 여러 차례 머뭇거리던 모세에게 '그가(아론이) 너를 만나러 나오나니 그가 너를 볼 때에 그의 마음에 기쁨이 있을 것이라.(출 4:14) 너는 그(아론)에게 하나님 같이 되리라(출 4:16b)'고 하나님은 말씀하셨다.(출 7:1 볼지어다 내가 너를 바로에게 신이 되게 하였은즉…) 이는 무슨 뜻인가?

또 모세는 손에 지팡이를 들었다. 이것은 출 4:2~4에 나오는 것과 같은 것이리라. 그런데도 이제 그것은 모세의 지팡이가 아니라 하나님의 지팡이라고 한다. 무슨 까닭인가?

교회에서 만나는 사람의 마음과 얼굴에 웃음이 흐르게 하는 교회, 사역자 및 성도와 만나는 사람 마음에 평화가 깃들게 하는 사람, 하나님의 평화와 목적을 보여주는 사람, 이것이 성도의 정체성이 되어야 하리라. 그렇다. 하나님은 성도를 이렇게 쓰시고자 한다:

> 어두운 데에 빛이 비치라 말씀하셨던 그 하나님께서 예수 그리스도의 얼굴에 있는 하나님의 영광을 아는 빛을 우리 마음에 비추셨느니라(고후 4:6)

② 우호적인 만남

사람은 만남을 통해 자아를 실현하는 존재이다. 수많은 일들이 만남을 통해 이루어지기도 하고 틀어지기도 한다. 사람은 여러 가지 종류의 만남을 계속하며 살아가고 있다. 어떤 것은 우호적인 만남처럼 보였으나 부정적인 결과를 낳는 것도 있다. 어떤 것은 불편한 만남처럼 보였는데 오히려 긍정적인 열매를 맺는 것도 있다. 여러 만남 가운데 긍정적·우호적인 결실로 이어지는 만남의 비율이 더 많다면 그것 자체로 이미 행복한 일이다.

복음성가에 '우리 만남은 우연이 아니라오'란 것이 있다. 하나님 안에서 만남은 이런 것이다. 하나님은 우리 인생을 위한 만남 곧 인생을 바람직한 방향으로 창조해 나가도록 우리 앞에 많은 만남을 예비해 놓으셨다. 이런 뜻에서 만남의 신비를 하나님과 함께 열매로 이어가는 것이 신앙생활이다.

③ 믿음과 출애굽

출애굽은 하나님의 계획과 섭리를 믿는 믿음에서부터 시작되었다. 이런 사실은 출 4:1~9에 5차례 쓰인 믿는다(아만)는 말에서 엿볼 수 있다.(1, 5, 8[x2], 9; 참조 31절)

히브리어 아멘(아만)은 본디 히브리 사람만 쓰는 아주 독특한 말이었다. 시리아 말과 아람 말에도 이 말이 나오지만, 그것은 히브리 말의 영향을 받아 나중에 생긴 것이다. 그 뜻은 본디 시간적으로 오랫동안 지속되는 것을 가리킨다. 이 말은 중요한 어떤 일을 하는 사람이 그 과정에서 이런저런 장애물을 만나더라도 포기하지 않고 끝까지 인내하며 밀고 나가는 것을 가리킨다. 특히 하나님을 기쁘시게 하는 일이나 하나님 계획에 합당한 일일 때, 갖은 방해와 장애물도 꾸준히 오래 지속하는 믿음을 가진 사람의 길을 가로막을 수 없다. 그래서 그 뜻이 '버티다, 꾸준하다, 견고하다, 성실(신실 정직)하다, 굳건하다, 신뢰할 만하다'로 발전한 것이다.

기적 또는 이적을 나타내는 중요한 낱말 세 가지가 출 3~4장에 8번 나온다.(오트 3:12; 4:8x2, 9, 17, 27; 니플라오트 ← 팔라, 펠레 3:20; 모페트 4:21) 사실 출애굽기에서 가장 큰 기적은 출애굽 사건 그 자체이다. 이 기적은 하나님은 '하실 수 있다'는 사실을 믿고 어떤 경우에도 그 분을 신뢰하는 사람만이 체험할 수 있는 것이었다. 기적은 한편으로 피조물에 대한 하나님의 주권 선언이요, 다른 한편으로 사람은 할 수 없으나 하나님은 하실 수 있다는 사실을 당사자와 주변 사람들에게 천명하는 사건이다.

그러므로 '표적(기적)을 믿는다'는 말에서 드러나듯이 하나님께서 자기 인생의 어떤 사건에 기적적으로 개입하신 사실을 한번만 믿으면 그 믿음이 그 사람의 의식과 생활에 오랫동안 꾸준히 작용하기 마련이다. 하나님께서 함께하시는 기적을 믿기에 주어진 목적과 사명에 끝까지 충실한 사람이 곧 믿음의 사람이다.(갈 6:9 참조)

④ 기억력의 치유

기억력은 하나님께서 사람에게 주신 아주 고귀한 선물이다. 다른 한편 이것은 사용하기에 따라 자칫 우리 인생에 부정적인 역할을 할 수도 있다. 생전 처음 하나님을 만난 모세, 하나님이 만들어 가실 미래의 동역자로 부름 받은 모세가 출 3~4장에서 보여주는 모습이 바로 그런 예이다.

하나님의 부르심에 모세가 이렇게까지 저항(?)한 것은 어쩌면 지난날 자신이 겪은 실패가 생각났기 때문인지도 모른다. 그가 겪은 처절한 실패는 마치 옷에 묻은 얼룩처럼 그 기억 속에 박혀 있다가 새로운 일에 착수하려 할 때마다 그의 발목을 잡았을 것이다. 지난날 모세는 실패한 사람이다. 그 실패의 여파로 오랜 세월 동안 망명 생활을 하였다. 하나님이 모세를 찾아 오셨을 때 그에게는 그 옛날의 패기도 의욕도 남아 있지 않았다. 그는 더 이 상 이집트 왕실 사람도 동포가 당하는 불의에 의분을 느끼며 개입하는 사 람도 아니다. 그저 장인의 양을 키우며 세월을 죽이는 장삼이사(張三李四) 중에 한 사람이었다.

하나님께서 보시는 눈은 사람이 보는 눈과 달랐다. 이는 세상 사람들과 도 다를 뿐만 아니라 사람이 자기 자신을 보는 것과도 다르다. 하나님은 모 세의 이런 과거를 모른 채 그리고 그의 현재 상태나 인간적인 약점 그리고 그가 처한 환경을 모른 채 그를 부르셨을까? 그렇지 않다. 하나님은 그의 모든 것 ― 약점과 장점, 환경과 조건을 다 아셨다. 그런데도 모세를 부르 셨다. 이 사실을 우리에게 적용하는 것은 신앙생활의 성패, 더 나아가 인생 의 성패를 좌우할 만큼 아주 중요하다.

하나님은 지난날 실패와 과오에 대한 우리의 기억을 치유해 주신다. 그 리하여 족쇄가 되고 아픈 그 기억을 뛰어넘어 우리에게 미래로 나아가게 하는 힘과 용기를 갖게 하신다. 하나님 기억 속에는 실패자 모세가 아니라 하나님의 백성을 향해 주신 자신의 약속과 목적에 쓰임 받을 모세가 들어 있었던 것이다.

⑤ 선택은 하나님의 몫이다

하나님께서 모세를 선택하신 이유를 우리는 잘 모른다. 억지로 이유를 갖다 붙이자면 한두 가지를 들 수도 있다. 예를 들어 파라오 친딸의 양자가 된 모세는 궁중에서 이집트의 모든 학문을 배우고 익히며 말과 행동이 뛰어났다.(행 7:22) 이스라엘 민족 가운데 이만한 실력을 갖춘 사람이 모세 말고 누가 또 있겠는가?라는 식이다. 그렇다면 이집트 왕궁에서 길러진 사람이 노예인 히브리인의 지도자가 되거나 하나님의 도구가 되기에는 그 인생여정이 너무나 다르다는 등 그 반대 논리도 얼마든지 가능하다. 이런 말로는 설득력이 약하다.

따라서 우리는 하나님이 그를 쓰시고자 하셔서 그리고 하나님이 그 인생의 주인이시므로 그를 부르셨다고 말할 수밖에 없다. 하나님은 모세를 찾아와 함께하시겠다 약속하시며 그를 사명의 자리로 보내고자 하셨다. 이에 대한 모세의 저항(불순종)도 만만치 않았지만 인간을 구원하시려는 하나님의 의지는 그보다 더 집요하였다. 결국 모세는 하나님께 순종하였다, 다른 믿음의 조상들이 그랬던 것처럼.

모세가 부름 받은 이유를 묻는다면 우리는 모른다고 대답하거나 하나님만 아신다고 대답할 수밖에 없다.

⑥ 믿음의 동역자

하나님의 보냄에 따라 모세는 이집트를 향해 길을 떠났다. 도중에 그는 형 아론을 만나 같이 갔다. 이집트에 돌아온 모세는 이스라엘 장로들을 모았다.(29절) 그들과 함께 이스라엘 자손에게로 갔다. 그는 하나님의 일을 시작하기 전에 먼저 동역자를 모았다. 모세와 아론과 장로들과 백성, 이들이 모두 단합하고 협력하는 것은 출애굽을 실현시키기 위해 없어서는 아니될 중요한 준비였다.

모으다란 말(아싸프)은 뚜렷한 목적의식 아래 사람을 소집하는 것이다. 교회란 말의 뿌리가 카할(또는 예다)인데 그 뜻도 모으다이다. 신약성경에 쓰인 교회(에클레시아)란 말도 모으다란 의미이다. 교회란 하나님의 백성의 모임이다. 어떤 학자는 '인생에서 가장 중요한 결정 중 하나는 협력자를 선택하는 일이다. 협력자 없이는 거의 아무것도 달성할 수 없다. 대부분의 사람들은 자신을 도와줄 사람을 신중하게 선택하지 않는다. 역사 속에 살아 있던 모든 영적 지도자들에게는 많은 협조자가 있었'고 하였다.

예수님에게는 제자들이 있었다. 12제자뿐만 아니라 마리아와 요안나 등 많은 여인들이 곁에서 예수님의 사역을 도왔다. 사도 바울 곁에는 바나바, 마가, 누가, 디모데 등 많은 협력자가 있었다. 로마서 16장에는 그를 도운 여인들 이름이 많이 나온다. 그들을 향해 사도 바울은 동역자라고 불렀다. 그들이 없는 사도 바울의 사역은 상상할 수 없을 정도이다.

오늘 우리에게도 동역자 없는 사역은 불가능하다. 모세에게 믿음의 동역자를 붙여주신 하나님은 오늘 우리에게도 그리하실 것이다. '나를 보내신 이가 나와 함께하시도다 나는 항상 그가 기뻐하시는 일을 행하므로 나를 혼자 두지 아니하셨느니라.'(요 8:29)라는 말씀대로 그분 자신이 우리와 함께하실 뿐만 아니라 믿음의 형제자매들과 함께 있게 하신다.

17
계란으로 바위치기

(출 5:1~5)

> 1 그 후에 모세와 아론이 바로에게 가서 이르되 이스라엘의 하나님 여호와께서
> 이렇게 말씀하시기를 내 백성을 보내라 그러면 그들이 광야에서 내 앞에 절기
> 를 지킬 것이니라 하셨나이다
> 2 바로가 이르되 여호와가 누구이기에 내가 그의 목소리를 듣고 이스라엘을 보내
> 겠느냐 나는 여호와를 알지 못하니 이스라엘을 보내지 아니하리라
> 3 그들이 이르되 히브리인의 하나님이 우리에게 나타나셨은즉 우리가 광야로 사
> 흘길쯤 가서 우리 하나님 여호와께 제사를 드리려 하오니 가도록 허락하소서
> 여호와께서 전염병이나 칼로 우리를 치실까 두려워하나이다
> 4 애굽 왕이 그들에게 이르되 모세와 아론아 너희가 어찌하여 백성의 노역을 쉬
> 게 하려느냐 가서 너희의 노역이나 하라
> 5 바로가 또 이르되 이제 이 땅의 백성이 많아졌거늘 너희가 그들로 노역을 쉬게
> 하는도다 하고

이것은 모세와 아론이 파라오를 처음 만나는 이야기이다. 출 3:11~4:17
에 이르는 대화는 한 가지 일을 놓고 하나님과 사람이 나눈 구약성경의 대
화들 중에서 가장 길다. 그것을 마치고 도중에 일어난 돌발사건을 넘어 모
세는 이집트로 돌아왔다.(출 4:27~30) 모세가 여호와께서 주신 말씀을 전하
고 이적을 행하니(출 4:27~30) 백성이 믿고 여호와께 경배하였다.(출 4:31; 참조

14:31)

실로 40여 년 만이다. 10년이면 강산도 변한다는 말처럼 강산이 네 번은 바뀌었을 긴 세월 동안 변하지 않은 것이 있었다. 히브리인들의 노예생활이 바로 그것이다. 하나님은 모세를 부르심으로 그것을 변화시키는 일에 착수하셨다. 하나님은 사람을 노예로 부리는 심사와 노예생활(노예근성)에 젖어 있는 인간의 심성을 바꾸면서 믿음의 조상들에게 주었던 약속을 실현시키기 시작하신 것이다.

본 문		내 용
5:1~5		모세와 아론의 요구를 파라오가 거절함
5:6~14		파라오가 이스라엘 자손의 노동강도를 세게 함
	i)5:6~9	파라오의 명령이 이스라엘 자손에게 전달·시행됨으로 억압의 강도가 한결 세짐
	ii)5:10~14	파라오가 이스라엘 자손의 노동강도를 세게 함
5:15~19		파라오가 이스라엘 자손의 노동강도를 세게 함
5:20~21		파라오가 이스라엘 자손의 노동강도를 세게 함
5:22~6:1		모세가 여호와께 하소연하고(5:22~23), 여호와께서 답하심 (6:1)

출 5:2~6:1에는 모세와 아론이 파라오와 담판을 벌인 뒤에 일어나는 일들이 기록되었다. 출 5:1은 '그 뒤에'라는 말로 출 6:1은 봐요메르 야웨(= 그리고 여호와가 말씀하셨다)로 시작된다. 이는 이 부분이 새로운 단원의 시작이 아니라 출 5:22에 이어지는 이야기라는 것을 말해준다. 여기서 여호와는 사명을 완수하지 못한 모세에게 출애굽을 향한 자신의 변함없는 의지를 다시 천명하셨다. 출 6:2부터 하나님께서 모세를 계속 부르시는 소명 이야기

가 이어졌다.(출 3:9이하 참조)

출 5:1~14에는 그 다음 11장까지 쭉 이어지는 주요한 테마 세 가지가 나온다.(Stuart 159) ① 모세와 아론의 예언형식을 빌어 파라오에게 전하는 하나님의 요구(말씀). 내 백성을 이집트에서 내 보내 나에게 예배드리게 하라.(1, 3절) ② 파라오의 거절. 여호와를 알지 못함으로 전혀 두려워하지 않음 (2, 4절) ③ 파라오의 완고함. 여호와와 대치하는 내용으로 무엇인가를 행하거나 아무것도 행하지 않음.(4~14절) 우선 출애굽기 출 3:18과 5:1을 비교해보자.(출 4:23도 참조)

출 3:18	출 5:1
그들이 네 말을 들으리니 너는 그들의 장로들과 함께 이집트 왕에게 이르기를 히브리 사람의 하나님 여호와께서 우리에게 임하셨은즉 우리가 우리 하나님 여호와께 제사를 드리려 하오니 사흘길쯤 광야로 가도록 허락하소서 하라 여호와께서 답하심 (6:1)	그 후에 모세와 아론이 바로에게 가서 이르되 이스라엘의 하나님 여호와께서 이렇게 말씀하시기를 내 백성을 보내라 그러면 그들이 광야에서 내 앞에 절기를 지킬 것이니라 하셨나이다

① 이스라엘 장로들과 함께 가지 않고 모세와 아론 둘이서만 파라오에게 감 ② '히브리 사람의 하나님 여호와'를 '이스라엘의 하나님 여호와'로 바꾸어 부름 ③ 사흘 길이란 말을 빼고 기한을 정하지 않은 채 장소(광야)만 언급함 ④ 출 3:18에는 청유법(cohortative)이 쓰였고(네알카-나 = 자 우리가 가자) 출 5:1에는 피엘 명령법으로 살라흐(= 내어 보내라!)가 쓰였음 ⑤ 출 3:18 청유법에는 '나'(= … 하소서) 라는 강조사가 붙었는데 출 5:1는 강의형 명령형임. 이밖에 ⑥ 모세와 아론은 여호와께 이스라엘 백성과 함께 광야에 나가 여호

와께 제사를 드리겠다고 말하는 대신에 절기를 지키겠다고 말하였다.(히브리 동사 하각은 축제적인 분위기로 드리는 예배의식을 내포하고 있다)

어떤 사람은 이 말이 출애굽하려는 의도를 숨기고 매우 약하게 표현된 것이라 생각하기도 한다. 또 다른 사람은 파라오를 속여서 출애굽하려는 잔 꾀라고 보기도 한다. 결코 그렇지 않다. 절기를 지키겠다는 말은 여호와께 예배를 드리겠다는 뜻이다. 이는 출애굽하겠다는 의지를 다른 말로 표현한 것이다. 그는 이집트인의 신들 특히 파라오가 섬기는 신들을 거부하고 오직 여호와를 섬기겠다는 의지를 강력하게 표명하였다.

오경에는 출애굽의 목표가 다양한 말로 표현되었다: '(하나님을) 섬기다, 축제를 지키다, 예배를 드리다.' 그 속에 출애굽의 목적이 들어 있다. 출애 굽의 목적은 단순히 하나님의 백성에게 약속의 땅을 주어 거기서 자유롭게 살 길을 열어주기 위한 것만이 아니었다. 자유와 해방은 두 번째 목적 곧 약 속의 땅에서 하나님을 바르게 경배하는 일을 위한 디딤돌인 것이다. 어쨌거 나 이 말을 듣는 파라오는 아마 망치로 뒤통수를 맞는 듯 멍하였으리라.

출애굽기 5장은 '그리고 그 뒤에'란 말(베아하르) 곧 시간의 흐름을 나타내 는 말로 시작된다. 이는 출애굽기 4장에서 언급된 것들 뒤에 생겨난 일들 이 출애굽기 5장에 나오리라는 짐작을 하게 만든다. 그리고 이제부터는 이 전과 다른 새로운 양상이 전개되리라 긴장하며 기대하게 한다. 이런 뜻에서 출 5:1의 첫마디는 단순히 시간의 흐름뿐만 아니라 내용의 변화를 암시하 는 것이다.

이제 모세와 아론은 이집트의 파라오를 만나러 갔다. 이것은 그들에게 전 에 다른 사람과 가졌던 그 어떤 만남과 비교할 수 없는 긴장감을 불러일으 켰다. 여기 나오는 가다(오다)란 말(뽀)은 모세와 아론이 하나님께서 주신 일 에 착수하였다는 뜻(뉘앙스)이다. 이에 우리는 이 만남에 임하는 그들의 결연한 모습과 긴장감을 엿볼 수 있으리라.

모세와 아론이 파라오에게 전하는 말은 아주 간단명료하였다. '이스라엘의 하나님 여호와께서 이렇게 말씀하시기를'라고 시작되는 이 말로 그들은 자신의 생각이나 자신의 위치에 관해 구구절절 설명하는 대신에 하나님 말씀 그 자체만 명확하게 전달하였다.(1절)

예언자들도 이와 같은 형식으로 하나님 말씀을 선포하였다.(코 아마르 여호와 = 여호와께서 이렇게 말씀하셨다. 출 4:22 참조) 이런 형식의 표현은 오경 가운데 출애굽기에만 나온다. 이는 모세와 아론이 파라오에게 하는 말은 자기 자신의 말이 아니라 여호와 하나님의 말씀이라는 사실을 강조하는 것이다. 이로써 그들은 이 말씀(일)의 주체는 하나님이요 자신들은 그저 심부름꾼에 지나지 않는다는 겸손한 자세로 주어진 사명에 임하였다.

파라오에게 간 그들은 더하지도 빼지도 않고 내 백성을 보내라고 하신 하나님 말씀을 그대로 전하였다. 이스라엘 자손을 가리켜 히브리인이라 부르고 노예로 받아들이는 이집트인과는 달리 하나님은 내 백성(암미)이라 부르셨다. 백성이라는 일반적인 칭호에 '나(내)'라는 1인칭소유격 어미가 붙은 것이다. 이로써 이스라엘 자손의 위상은 최고로 높아졌다. 그들은 세상에 흔하디흔한 백성들 중에 하나가 아니라 내(= 하나님) 백성인 것이다.

출애굽기에서 (내)보내다는 말(살라흐)은 기본형(Qal)으로 여러 차례 쓰였다.(2:5; 3:12, 14, 15, 20a; 4:4[2x], 13[2x], 28) 출 5:1과 다른 곳에서 이 낱말은 강의형(Piel)으로 쓰였다.(3:20b; 4:21, 23[2x]) 강의형으로 쓰일 때 보내는 주체는 파라오였다. 그는 하나님으로부터 '내 백성 내어보내라'는 명령을 받았다. 이때 그 낱말은 '풀어놓다, 해방시키다, 보내버리다' 등 다시는 되돌아오지 않을 곳으로 보내는 것을 의미한다.

내 백성 내보내라는 여호와 하나님의 말씀을 전해 듣자마자 파라오는 대뜸 여호와가 누구냐고 물었다.(2절) 이 물음은 두 가지 뜻으로 해석될 수 있다: i)이는 교만하고 도발적인 대답이다. 이 나라에서 내가 곧 신인데 여호와가 감히 나에게 명령을 내릴 수 있단 말인가,라는 것이다. 사실 이집트에서 파라오는 신의 아들(신의 대리자)이다.(삿 9:28 아비멜렉은 누구며 세겜은 누구기에 우리가 아비멜렉을 섬기리요 그가 여룹바알의 아들이 아니냐 그의 신복은 스불이 아니냐 차라리 세겜의 아버지 하몰의 후손을 섬길 것이라 우리가 어찌 아비멜렉을 섬기리요 삼상 17:26; 25:10 참조) ii)이 말은 비아냥거리는 투로 들린다. '나는 여호와를 알지 못하니 이스라엘을 보내지 아니하리라'(출 5:2)고 한 대답에서 알 수 있듯이 이것은 그의 몰이해와 무지에서 나왔다.

그는 태양(신)의 아들인 자기가 정체조차 모르는 여호와의 말을 들어야 하느냐며 무식하면 용감하다는 속설대로 행하였다. 그의 강경한 반응에 영향을 받았는지 출 5:3에서 모세와 아론이 하는 두 번째 말은 출 3:18의 분위기에 보다 가깝다. 명령형 – '우리를 떠나게 하소서(살라흐)' 대신에 청유법(corhortative) 우리를 (제발) 떠나가게 하기를 바라나이다로 바뀌었다.(넬라카나 ← 할라크) 이를 출 3:18; 4:23과 비교하자면 사흘 길 히브리인의 하나님이란 표현이 되살아났고 네 아들 네 장자를 죽이리라 대신에 우리를 치실까 두렵나이다,로 한결 완화된 표현이 사용되었다.

이에 대한 파라오의 태도는 아주 완강하였다: 모세와 아론아 너희가 무슨 목적으로 백성에게 그들의 일을 싫어하게 만들려느냐? 너희의 그 힘든 일을 위하여 (여기서) 나가라.(5:4 직역; 5:8~9, 17 참조) 파라오의 이런 반응은 요셉을 모르는 데서 비롯되었다.(출 1:8) 이는 시대가 달라 요셉을 기억하지 못하거나 요셉이 이집트와 파라오를 위해 한 일에 관심이 없다는 뜻이다.

출애굽기에서 알다라는 낱말(야다)은 파라오에게 매우 중요하다.(출 1:8; 2:25; 3:7; 5:2; 6:3, 7; 7:5, 17; 8:10, 22; 9:14, 29~30; 10:2, 7, 26; 11:7; 14:4, 18; 16:6, 12;

18:11; 23:9; 29:46; 31:13; 33:12, 13, 16~17) 나중에 그는 여호와께서 일으키는 기적들을 여러 차례 겪었다. 그런 다음에서야 비로소 모세에게 자신과 자신의 나라를 위해 복을 빌어 달라(출 12:32)고 청하였다. 여호와를 모른다고 버티던 그의 고집이 그제서야 꺾였다. 그때 비로소 그는 여호와를 모든 신들 위의 신으로 인정하고 받아들였던 것이다. 여호와를 알고 그분을 인정하는 과정은 이렇게 길고도 험하였다.

여호와가 누군데 감히 나에게 … 라고 생각하는 파라오는 모세와 아론의 요구에 즉각 부정적인 방응을 나타냈다. 그는 너희가 어찌하여 망령된 짓을 하느냐?(람마 … 타프리우) 라고 반문하였다.(4절) 개역개정에 (일을) 쉽게 하려느냐로 옮겨진 말(파라으)은 본디 잃다, 싫어하다, 멀어지다, 무시하다라는 뜻이다. 파라오는 모세와 아론의 요구가 백성에게 일을 싫어하고 근로 의욕을 떨어지게 만든다고 생각하여 망령된 짓이라 단정한 것이다. 그는 모세와 아론에게 (쓸데없는 짓 하지 말고) 가서 너희의 노역이나 하라고 명령하였다. 노역이란 말(쎄발라)은 여기서 복수형으로 쓰였는데 이는 그 일이 매우 어렵고 힘들다는 것을 나타내는 것으로 의미강화(집중)의 복수형인 것이다.(GK §124a 출 1:11 무거운 짐; 2:11 고되게 노동; 5:9 참조) 5절에서 쉽게 하다로 옮겨진 말은 4절과는 달리 샤바트가 쓰였는데 이것은 중단하다 그치다라는 뜻이다.

오늘의 적용

① 아골 골짝 빈들에도 … (출 5:1~5)

예전에 복음성가 중에 '가라 모세 너 가서 바로왕에게 이 말 전하라 …' 는 것을 즐겨 부르곤 하였다. 출 5:1~2에는 '(내)보내라'는 낱말이 4차례 나온다. 하나님은 하나님 목적과 뜻을 이루는 자리로 사람을 보내시는 분이다. 하나님께서 모세를 보내신 자리는 결코 편안한 곳이 아니었다. 자칫 목숨까지 내놓아야할 위험한 자리였다.

하나님은 안디옥 교회를 움직이셔서 사도 바나바와 바울을 이방 지역의 선교사로 파송하셨다.(행 13:1~5) 그 사역 자체는 대단히 위대한 것이었으나 그 사역의 당사자인 사도 바울을 비롯한 동역자들은 이루 말로 다할 수 없는 고초를 겪었다.(고후 1:8~9 참조)

모세, 예언자 이사야, 예레미야 그리고 사도 바울과 그 동역자들은 모두다 뜻과 힘을 합쳐야 할 동포에게조차 오해와 미움을 받는 자리로 보냄을 받았다. 그곳은 큰 믿음 큰 용기 없이는 감히 나갈 수 없는 자리였다.

소명의식에 투철한 사람은 이와 같은 것을 알기에, 아니 그런 곳일수록 복음의 능력이 더 필요한 곳임을 알기에 '아골 골짝 빈들에도 복음 들고 가오리다'(찬송 323)라는 찬송을 부르며 나아가는 것이다.

② 계란으로 바위치기

모세가 파라오에게 가서 '우리가 광야로 사흘 길쯤 가서 우리 하나님 여호와께 제사를 드리려 하오니 가도록 허락하소서'라고 말한 것은 계란으로 바위를 치는 것보다 훨씬 더 무모해 보인다. 비록 이것이 모세 자신이 착안한 말이 아니라 하나님께서 그리하라고 하신 것일지라도.

이 말의 무게를 다시 한 번 생각해 보자. 이 세상에 중차대한 일치고 그 첫 착상 또는 첫 발을 내딛는 일이 위의 속담과 같지 않은 적이 있었는가?

하나님을 바라보는 사람에게 중요한 것은 자신이 생각하기에 그것이 이성적(합리적)인가, 여러 상황과 조건이 한번 부딪혀볼 만하게 여겨지는가, 나의 지식 정보 능력이 한번 붙어볼 만한가 등이 아니다. 핵심은 '하나님께서 그 일을 어떻게 생각하시는가, 어떻게 다루시는가'이다.

③ 존중감이 없으면 바르게 알지 못한다

모세와 아론의 말에 대한 파라오의 반박은 매우 실망스럽다. 그는 그들의 말을 진지하게 듣지 않았다. 자신이 이미 알고 있고 가지고 있는 고정관념에 따라 전혀 사실이 아닌 것(자신의 이기적인 생각)을 마치 사실인 양 그는 거리낌 없이 말하였다. 이런 태도가 어디서부터 나오는 것일까? 그것은 상대방과 그의 말에 대한 존중감이 없는 데서부터 비롯된 것이다. 한낱 노예에 지나지 않는 너희는 정상적인 인간이 원하는 것을 요구하지 말고 그냥 시키는 대로만 하라는 태도에서 나오는 것이다.

이런 모습은 오늘을 살아가는 우리에게도 전혀 낯설지 않다. 사람들은 아무리 바르고 정당한 말이라도 평범한 사람이 하면 무시하거나 틀렸다고 한다. 어떤 위치나 지위에 오른 사람이 하면 아무리 바르지 않고 해를 끼치는 것이라도 정당하게 또는 이해하며 받아들이는 것이다.

인간 그 자체에 대한 존중이 아니라 소유 지위 등에 대한 중요성이 앞설수록 사람의 판단력은 흐려진다.

18
더 세진 노동 강도

(출 5:6~14)

6 바로가 그 날에 백성의 감독들과 기록원들에게 명령하여 이르되

7 너희는 백성에게 다시는 벽돌에 쓸 짚을 전과 같이 주지 말고 그들이 가서 스스로 짚을 줍게 하라

8 또 그들이 전에 만든 벽돌 수효대로 그들에게 만들게 하고 감하지 말라 그들이 게으르므로 소리질러 이르기를 우리가 가서 우리 하나님께 제사를 드리자 하나니

9 그 사람들의 노동을 무겁게 함으로 수고롭게 하여 그들로 거짓말을 듣지 않게 하라

10 백성의 감독들과 기록원들이 나가서 백성에게 말하여 이르되 바로가 이렇게 말하기를 내가 너희에게 짚을 주지 아니하리니

11 너희는 짚을 찾을 곳으로 가서 주우라 그러나 너희 일은 조금도 감하지 아니하리라 하셨느니라

12 백성이 애굽 온 땅에 흩어져 곡초 그루터기를 거두어다가 짚을 대신하니

13 감독들이 그들을 독촉하여 이르되 너희는 짚이 있을 때와 같이 그 날의 일을 그 날에 마치라 하며

14 바로의 감독들이 자기들이 세운 바 이스라엘 자손의 기록원들을 때리며 이르되 너희가 어찌하여 어제와 오늘에 만드는 벽돌의 수효를 전과 같이 채우지 아니하였느냐 하니라

이것은 이스라엘 백성을 내어 보내달라는 모세와 아론의 요청을 받은 파라오가 내어놓은 대응책이다. 그들이 이스라엘 자손을 내어 보내달라고 요청한 바로 그 순간부터 파라오의 마음이 더 굳어졌다. 바로 그 날로(빠욤 하후) 그는 백성의 공사감독들과 현장 기록원들에게 노동 강도를 더 세게 하라고 명령하였다. 그의 말에는 3인칭 대명사 복수형(헴 = 그들)이 4번이나 되풀이 들어 있다.(출 5:7~8) 이는 이스라엘 자손을 향한 그의 상한 감정을 도드라지게 나타내는 표현이다.

더 나아가 그는 여호와께 예배를 드리려는 것은 이스라엘 자손이 게으르기 때문이라고 8절에서 한 번 17절에서 두 번 강조하였다.(오늘날에도 어떤 사람들은 주일을 성수하는 성도에게 할 일이 없어 그렇다고 빈정거린다) 그리고 이스라엘 자손이 '우리가 가서 우리 하나님께 희생제사를 드리자'고 소리질렀다(쵸아킴 ← 챠아크)며 없는 사실까지 만들어 과장하였다. 그는 또 모세와 아론의 말을 거짓말(뻬디브레 샤케르)이라고 낙인찍었다.

감독들과 기록원들이 파라오의 말을 전하는 형식은 예언자가 하나님의 말씀을 그들에게 전하는 형식으로 시작한다: '코 아마르 파르오.'(출 5:10) 여기서 감독들(노게심)이란 말은 사람에게 강제로 일을 시키다(사 58:3) 빚을 독촉하다(신 15:2) 등을 뜻하는 나가스에서 나왔다. 쇼트라이우(← 쇼트림)란 말을 패장이라 옮긴 개역성경과는 달리 개역개정이 기록원이라 번역한 것은 매우 적절하게 보인다. 이 말의 뿌리(쇼테르 ← 샤타르)에 기록하는 자(관리)라는 의미가 들어 있다. 그들은 노예에게 주어진 벽돌의 수량을 채우도록 독려하는 한편 그 실적을 낱낱이 기록하는 현장 관리인이었다. 그들은 이집트인이 아니라 히브리인이었다. 그들을 통하여 노예(노동자)를 통제하는 것은 저항의지를 꺾거나 불만을 다른 데로 돌리게 하는 방법으로 동서고금에 널리 쓰이는 방법이다.

그들은 파라오의 말이 떨어지자마자 작업현장으로 곧장 달려 나가 그 말을 전하였다. 히브리 성경은 와우연속법을 두 차례 연이어 사용함으로써 이런 사실을 확연하게 보여주었다.(봐예체우 ← 야챠르 … 봐요메루 ← 아마르) 11절은 그들이 하는 말을 명령형 두 개로 표현한다.(가서 주으라; 레쿠 케후) 11절 맨 앞에 2인칭 복수 인칭대명사(앗템)가 쓰였다. 사실 이것은 필요 없는 것이다. 그런데도 이 명령에 따라야 할 자가 이스라엘 자손인 것을 강력하게 표현하기 위해 또는 파라오의 단호한 의지를 강조하기 위해 의도적으로 사용된 것이다.

파라오의 얼음장 같은 태도는 이스라엘 자손에게 곧장 악영향으로 다가왔다. 이에 그 백성이 이집트 땅 사방팔방으로 흩어졌다. 이는 짚을 대신할 곡초 그루터기를 모으기 위함이었다. 노역 감독들은 그들을 독촉하며 이렇게 말하였다: '너희는 하루에 너희가 할일을 그날에 마치라, 너희에게 그 짚이 있을 때와 똑같이.'(출 5:12~13 직역) 이것의 일부분을 개역개정은 '… 곡초 그루터기를 거두어다가 짚을 대신하니 …'라고 옮겼다. 이는 이스라엘 자손이 흩어져서 곡초 그루터기를 모아다가 (성공적으로?) 짚을 대신한 것 같은 말맛이다. 히브리 성경의 뉘앙스는 이와 다르다. 곧 곡초의 그루터기를 모

파피루스 대를 수확하는 농부들(주전 2000년경, 이집트의 무덤 벽화)

으려고(르코쉐쉬 ← 카샤쉬) 흩어졌다는 데 초점이 있을 뿐 그 결과에 대한 평가가 아닌 것이다.(그리고 그 백성은 이집트 온 땅으로 흩어졌다, 그 짚을 대신할 곡초 그루터기를 모으려고, 12절 직역)

파라오의 관리들은 목표량을 채우려고 이스라엘 자손을 엄청나게 닦달하였다. 그 수량을 채우지 못하자 이스라엘 자손 출신 기록원들은 파라오의 감독들에게 매우 심하게 매를 맞았다.(14절) 개역개정은 파라오의 감독들을 이 문장의 주어로 옮겼으나 이 문장은 수동형(와육쿠 … Hopal)이다: 파라오의 감독들이 이스라엘 자손 위에 세운 기록원들은 매를 맞으며 이런 질책을 당하였다: '너희는 어찌하여 어제도 오늘도 벽돌 만드는 작업에서 너희가 맡은 일을 전처럼 다하지 못하느냐?' 이는 이스라엘 자손의 원망이 이집트인에게보다는 직접 자신을 때리는 동족 출신의 기록원에게 향하도록 하는 아주 교활한 통치술이다.

오늘의 적용

① 혹 떼려다가 혹 붙이다

혹 떼려다가 혹 붙인다는 말은 무엇인가(이익)를 얻으려다 오히려 낭패(손해)를 당하는 경우를 비유하는 말이다. 이스라엘 자손을 대표한 모세와 아론은 파라오에게 가서 요구사항을 전달하였다. 이에 대한 파라오의 반응은 얼음보다 차가웠다. 지금까지 이스라엘 자손이 겪은 강제 노동은 하나님께 울부짖을 정도로 극심하였는데 이제부터는 그보다도 더 강도가 세고 엄하게 되었다. 이로써 이스라엘 백성이 당하는 일의 겉모양새는 일단 혹을 떼려다 혹을 붙인 격이 되었다.

인간해방 운동의 역사가 항상 이러하였다. 그 일에 처음 뛰어든 사람마다 '괜히 이 일을 시작하였나'라는 회의에 사로잡힐 만큼 상황이 처음보다 더 나빠지지 않았던가? 문제는 그 다음부터이다. '앗 뜨거워라' 하며 움츠리고 물러설지 아니면 '이 정도 시련은 시작하기 전부터 이미 예상하였지' 하며 담담하게 그리고 끈기있게 나아갈지.

② 분열시키면 다스리기가 수월해진다 (divide & rule)

파라오와 그 감독관들은 정해진 수량을 채우지 못하는 이스라엘 자손을 직접 상대하지 않았다. 그 대신 감독·관리하는 이스라엘 자손 출신 기록원들을 심하게 다루었다. 파라오에게 당한 그들이 자기 동족에게 와 그 분풀이 할 것은 뻔한 일이다. 이리 되면 같은 동족 사이에 미움과 증오가 싹트게 된다. 파라오와 그 감독관들이 노리는 수대로 되어가는 것이다.

'분열시켜 통치하라'는 야비하고 전형적인 통치방식이 그 때에 이미 적용되었다. 같은 약자끼리 서로에게 감정이 쌓여가는 동안 그들은 진짜 적이 누구인지를 제대로 판단하지 못하거나 적을 제대로 알더라도 당장 눈 앞의 사람에게 적대적인 태도를 취하는 것이다.

영국은 인도를 식민 통치할 때 이 수법을 사용하였다. 인도 사회 내부에 종교적이고 인종적인 대립과 갈등이 있는 것을 적극 이용해 피지배층 사이에 반목과 분쟁이 더욱 크게 일어나게 조장하였다. 이로써 자신들의 식민통치를 합리화하여 쉽게 만들었다.

③ 정당한 요구인가 일하기 싫은 핑계인가?

모세와 아론의 요구를 들은 파라오는 '너희가 어찌하여 백성의 노역을 쉬게 하려느냐 가서 너희의 노역이나 하라'(4절)는 것이었다. 그리고 '그들이 게으르므로 소리 질러 이르기를 우리가 가서 우리 하나님께 제사를 드리자 하나니'(8절)라고 반응하였다.

히브리 노예들에게 죽어라고 일을 시킨 그는 그들의 정당한 요청을 게으름이라고 깎아내렸다. 강자들은 항상 이 같은 것인가? 강자들의 이런 태도는 예나 지금이나 큰 차이가 없다.

19

미운털 박힌 모세와 아론

(출 5:15~21)

15 이스라엘 자손의 기록원들이 가서 바로에게 호소하여 이르되 왕은 어찌하여
   당신의 종들에게 이같이 하시나이까

16 당신의 종들에게 짚을 주지 아니하고 그들이 우리에게 벽돌을 만들라 하나이
   다 당신의 종들이 매를 맞사오니 이는 당신의 백성의 죄니이다

17 바로가 이르되 너희가 게으르다 게으르다 그러므로 너희가 이르기를 우리가
   가서 여호와께 제사를 드리자 하는도다

18 이제 가서 일하라 짚은 너희에게 주지 않을지라도 벽돌은 너희가 수량대로 바
   칠지니라

19 기록하는 일을 맡은 이스라엘 자손들이 너희가 매일 만드는 벽돌을 조금도 감
   하지 못하리라 함을 듣고 화가 몸에 미친 줄 알고

20 그들이 바로를 떠나 나올 때에 모세와 아론이 길에 서 있는 것을 보고

21 그들에게 이르되 너희가 우리를 바로의 눈과 그의 신하의 눈에 미운 것이 되
   게 하고 그들의 손에 칼을 주어 우리를 죽이게 하는도다 여호와는 너희를 살
   피시고 판단하시기를 원하노라

이것은 파라오가 노동 강도를 훨씬 세게 함으로 이스라엘 자손이 파라오
에게 하소연한 뒤 모세와 아론에게 보이는 반응이다. 아마 파라오가 의도
하였던 것이 바로 이런 것이었으리라. 노예생활에 익숙한 이스라엘 자손들,

노예를 부려먹는데 익숙한 이집트인들 — 이 모두가 다 익숙한 것으로부터 벗어나는 과정에서 몸살을 앓았다. 노예제도의 편리함에 익숙해진 파라오는 모세가 전하는 하나님 말씀을 거짓말로 매도하였다.

에덴동산에서 뱀도 아담과 하와에게 이런 짓을 하였다.(창 3:1~5) 예레미야도 하나님 말씀을 거짓으로 치부하는 사람들에게 하나님의 이름으로 사역하였다.(렘 27:9~10, 14, 16) 히스기야 왕도 하나님과 자신을 거짓말쟁이로 몰아붙이는 앗시리아 침략군과 맞서야만 하였다.(사 36:13~18)

이런 일은 오늘 우리에게 낯설지 않다. 이럴 때 보여주는 반응이 그가 사역에 임하는 활동의 진정성을 가늠하는 기준이 될 수 있다. 진실한 주의 사자는 이런 왜곡과 탄압에 흔들리지 않는다. 시련과 방해에 시달리면서도 힘들어하면서도 변함없이 진리의 길에 선다. 때때로 실망하고 낙심하면서도 사역의 자리를 꾸준하게 지켜나간다.(행 20:24, 31 참조)

한편 파라오는 중간관리자를 통해 이스라엘 자손을 더욱 심하게 억압하였다. 이에 이스라엘 자녀 출신 기록원들이 파라오를 찾아갔다. 개역개정이 '호소하며'라고 한 것은 사실 울며 부르짖었다는 뜻이다.(차아크 = 부르짖다, 울부짖다): '당신은 무슨 목적으로 당신의 종들에게 이렇게 하십니까? 짚을 당신의 종들에게 주지 않으면서 그들이 우리에게 벽돌을 만들라고 말합니다. 그리고 보소서! 당신의 종들이 매를 맞고 있습니다. 그러므로 당신의 백성이 잘못하고 있습니다.'(5:15~16 직역) 그들은 울며 불며 파라오에게 애원을 한 것이다.

이에 대한 파라오의 반응은 동지섣달 얼음장처럼 차가웠다. 뉘앙스를 살려 출 5:17~18의 이 부분을 직역하면 '정말 너희들은 진정 게으른 자로구나. 그러니까 너희들이 우리가 갑시다. 여호와께 예배를 드립시다라고 말하는구나. 그러니 이제 너희는 가라. 너희는 일을 하여라 … 그러나 너희는 벽돌을 배당받은 숫자대로 바쳐야만 한다'이다. 여기서 파라오는 이스라엘 자녀들의 말을 직접 인용하는 형식을 빌려 그들을 비웃었다. 파라오는 '너희'라는 인칭대명사를 되풀이 쓰면서 적대적이고 불편한 심기를 숨김없이 드러내었다. 그것도 청유형(cohortative)으로 그들의 태도를 한껏 비아냥거렸다. 결국 그들은 하소연할(간구할) 대상을 잘못 찾은 셈이 되었다. 애당초 이스라엘 자손을 심하게 학대하라고 명령한 당사자에게 가서 애걸복걸하였으니 이는 당연한 결과이다.

이렇게 냉대를 당하고 물러나던 그들은 또 한 번 엉뚱한 과녁으로 화살을 쏘았다. 그들은 자신들에게 일어나는 이 나쁜 일들이 모세와 아론 때문이라고 여긴 것이다. 그들은 모세와 아론을 보자마자 적대감을 드러냈다: '그리고 그들은 자기들을 만나려고 선 모세와 아론에게 적의를 품고 달려들었다.(파가으) 그들이 바로를 떠나 나온 뒤(직역).'그리고 그들에게 퍼부었다: '여호와께서 너희를 (샅샅이) 살피시고, 심판(판단, 징계)하시기를 원하노라. 너희가 우리의 냄새를 바로의 눈과 그 신하들의 눈에 악취가 되게 하였다. 우리를 죽이게 하려고 그들 손에 칼을 쥐어주었다'(5:21직역; 창 34:30; 삼상 13:4; 27:12; 삼하 10:6; 16:21; 사 30:5; 대상 19:6 참조) 라고.

그들의 말은 사실상 저주하는 말투이다. 그들은 하나님의 이름을 빌어 하나님께서 보내신 사자 모세를 거부하였다(출 5:21c) 얼마 전까지만 해도 그들은 모세와 아론을 환영하며 흔쾌히 하나님과 그분의 계획을 믿었던 사람들이다.(출 4:29~31 참조) 180도 완전히 달라진 이스라엘 자손의 이런 모습은 오늘날에도 그리 낯설지 않다. 어제 찬사를 아끼지 않던 바로 그 입으로 오늘 저주와 악담을 퍼붓는 일이 진정 안타깝게도 교회 안팎에 적지 아니 일어난다. 어떤 기독교인이 성경(하나님의 말씀)을 들먹이며 자기 생각 및 신앙과 다르게 행동한다는 이유로 다른 기독교인을 판단(저주)하는 경우가 적지 않다.

파라오와 동포, 양쪽에서 오는 차가운 시선을 한 몸에 받은 모세와 아론은 코가 석자나 빠져 여호와께 하소연하였다(출 5:22~23): '어찌하여 … 어찌하여…' 그들은 '그리고 주님은 주의 백성을 정녕 구원하지 않으십니다'(출 5:23 직역 브핫첼 로 힛차르타 ← 나찰)라고 절규하였다. 이에 여호와께서는 임마누엘의 약속과 함께 출애굽의 의지를 한 번 더 강력하게 밝히셨다.

오늘의 적용

① 일수사견

파라오에게 나아가는 모세와 아론, 그들을 향한 파라오의 반응, 그 후폭풍으로 생겨난 일들을 우리는 어떻게 바라보며 평가할까?

일수사견(一水四見)이란 말이 있다. 물 한 가지가 네 가지로 보인다는 뜻이다. 같은 물이라도 천상의 사람이 보면 유리로 장식된 보배로 보이고, 인간이 보면 마시는 물로 보이고, 물고기가 보면 사는 집으로 보이고, 아귀가 보면 피고름으로 보인다는 것이다. 법화경(法華經)에 나오는 말이다.

사람의 일은 어느 한 가지로 옳다 옳지 않다, 불리하다 유리하다를 판정하기가 쉽지 않다. 대체로 이리 보는 것도 저리 보는 것도 다 나름 일리가 있을 것이다. 개인의 이해관계와 공동선이 충돌하기도 한다.

사람이 자신의 이해관계에 집착하며 말을 할 때에는 아예 터무니없는 주장이라도 개의치 않고 마구 쏟아놓는다. 이런 뜻에서 신앙적, 영적 관점을 지니는 것이 참 중요하다. 어떤 사람, 어떤 일에나 하나님 중심으로 생각하며 보아야 자기 자신의 이기적인 판단을 초월할 수 있다.

② 노동은 인간을 자유롭게 한다 (?)

우리말 성경에는 4절과 5절을 '쉬게 하다'로 똑같게 옮겨졌으나, 4절에는 파라으(= 자유롭다, 자유롭게 하다), 5절에는 샤바트(= 그치다, 쉬다, 안식하다)가 각각 쓰였다.

세상에는 말 그 자체는 맞지만(言則是也) 누가 그것을 쓰느냐에 따라 그 의미와 내용이 아주 달라지는 경우가 있다. 이를테면 노동은 (인간을) 자유하게 한다(Arbeit macht frei)는 구호는 백 번 지당한 말이다. 그런데 독일의 나치가 1930~40년대 이 말을 사용하였을 때에는 그 내용과 의미가 완전히 변질되었다. 그 당시 나치는 유대인 포로수용소마다 이 구호를 정문과 곳곳에 크게 써 놓고 강제 노동을 시켰던 것이다.

삼대독자 외아들도 일해야 곱다는 속담처럼(살후 3:10 참조) 누구나 일을 해야 존중을 받기 마련이지만, 여기서 파라오가 하는 말은 그 뉘앙스가 전혀 다르다.(5:4, 8~9, 17) 하나님이 주신 창조력을 존귀하게 발휘하는 노동, 하나님의 창조세계를 보전하는 노동, 휴식과 일이 조화롭게 어우러진 노동, 인간관계를 돈독하게 하는 노동은 아름답다. 그러나 긍정적인 것, 선한 것을 만들어내는 것과 반대되는 결과를 빚어내는 노동은 결코 아름답지 않다.

노동은 자유케한다(체코 테레지엔쉬타트에 있는 나치수용소)

③ 압박자 파라오, 위로자 예수님

파라오는 강제 노역과 학대에 고통당하는 사람들의 호소에 귀를 막았다. 그는 울부짖으며 하소연하는 사람들, 죽어가는 사람들 앞에서도 자기 입장만 되풀이 말하며 압박하였다. 이스라엘 자손은 그의 반응을 보며 마치 벽에 대고 이야기하는 기분이 들었으리라.

예수님은 귀가 밝으신 분이다. 특히 세파에 찌들고 상처 입은 사람들, 인간관계에 시달리는 당대 사람들을 향해서는 더욱 그러하셨다. 그들에게 마음이 열려 있었다. 그들에게 '수고하고 무거운 짐 진 자들아 다 내게로 오라 내가 너희를 쉬게 하리라'(마 11:28)라고 말씀하셨다. 예수님은 그들과 깊이 공감하시며 그들에게 하나님 나라를 세워주셨다. 예수님은 이런 분이다. 그분의 사역은 파라오가 당대 사람들에게 한 것과 전혀 달랐다. 그분은 세상에 사는 사람이 겪는 아픔과 시련, 상한 감정과 지친 영혼, 시들어가는 생기에 공감하고 만져주며 영육간의 휴식으로 인도하고 생기를 재충전하게 하시는 분이시다.

④ 하나님을 알자

히브리인의 하나님께서 우리를 찾아오시었습니다.(5:3 공개)라고 모세와 아론이 말하자 파라오는 '여호와가 누구냐'고 묻는다. 이런 물음을 야곱, 모세, 삼손도 물었지만(창 32:30; 출 3:13; 삿 13:17), 여기 나오는 파라오의 물음은 그 말맛이 앞의 것들과 사뭇 다르다. 그것은 '여호와가 누군데 감히…' 라는 투이다(Knight, Theology as Narration 38; 김이곤 101~102). 차가운 그의 태도는 다음과 같은 말에서도 엿보인다:

모세와 아론아 너희가 어찌하여 백성의 노역을 쉬게 하려느냐 가서 너희의 노역이나 하라(5:4)

8 … 그들이 게으르므로 소리 질러 이르기를 우리가 가서 우리 하나님께 제

183

사를 드리자 하나니 9 그 사람들의 노동을 무겁게 함으로 수고롭게 하여 그들로 거짓말을 듣지 않게 하라(5:8~9)

너희가 게으르다 게으르다 그러므로 너희가 이르기를 우리가 가서 여호와께 제사를 드리자 하는도다(5:18)

하나님이 누구신가, 성령님이 누구신가, 예수님이 누구신가를 아는 일은 우리 신앙의 첫걸음이자 평생 동안 찾아가야 할 대답인 것이다:

36 그들이 무리를 떠나 예수를 배에 계신 그대로 모시고 가매 다른 배들도 함께하더니 37 큰 광풍이 일어나며 물결이 배에 부딪쳐 들어와 배에 가득하게 되었더라 38 예수께서는 고물에서 베개를 베고 주무시더니 제자들이 깨우며 이르되 선생님이여 우리가 죽게 된 것을 돌보지 아니하시나이까 하니 39 예수께서 깨어 바람을 꾸짖으시며 바다더러 이르시되 잠잠하라 고요하라 하시니 바람이 그치고 아주 잔잔하여지더라 40 이에 제자들에게 이르시되 어찌하여 이렇게 무서워하느냐 너희가 어찌 믿음이 없느냐 하시니 41 그들이 심히 두려워하여 서로 말하되 그가 누구이기에 바람과 바다도 순종하는가 하였더라(막 4:36~41)

그가 나를 사랑한즉 내가 그를 건지리라 그가 내 이름을 안즉 내가 그를 높이리라(시 91:14).

일찍이 사도 바울은 이렇게 말씀을 전하였다: '하늘에 있는 자들과 땅에 있는 자들과 땅 아래에 있는 자들로 모든 무릎을 예수의 이름에 꿇게 하시고 모든 입으로 예수 그리스도를 주라 시인하여 하나님 아버지께 영광을 돌리게 하셨느니라'(빌 2:10~11).

만일 여호와가 누구인지 알았다면 파라오가 이런 무리수를 두지 않았으리라. 하나님을 영적으로 아는 것은 곧 유익한 선택을 하고 정당한 대우를 하며 올바른 관계를 맺으며 인생을 사는 지름길이다.

⑤ 의를 위하여 박해를 받는 자는 복이 있나니

사람에게는 피조물의 한계가 분명히 있다. 그런 모습 가운데 하나는 억압과 강제를 당할 때 그것에서 벗어나기를 원하면서도 그것이 주는 편리함에 젖어 은근히 즐기는 습성이다. 인류 역사에 보면 해방과 구원을 향한 투쟁에서 영광과 찬사를 얻기란 하늘의 별따기와 같다. 해방운동의 직접적인 수혜자가 될 사람들조차도 해방 또는 해방투쟁을 거부한 예는 수없이 많다. 한편에서는 억압자가 억압을 더욱 강화시키며 위협해 오는 현실이, 다른 한편에서는 주어진 현실에 순응하여 그럭저럭 익숙하게 살아갈 수 있다는 마음이 그들의 발목을 잡는 것이다.

해방투쟁은 외부의 적과 투쟁할 뿐만 아니라 내부의 적과도 끊임없이 맞서야 하는 것이다. 그래서 지극히 어렵고 힘든 과정이 계속 이어진다. 그것이 성공하기 이전에 많은 사람들이 도중에 포기하고 다른 길을 가거나 죽어가는 것이다. 예수님은 일찍이 이렇게 말씀하셨다:

10 의를 위하여 박해를 받은 자는 복이 있나니 천국이 그들의 것임이라 11 나로 말미암아 너희를 욕하고 박해하고 거짓으로 너희를 거슬러 모든 악한 말을 할 때에는 너희에게 복이 있나니 12 기뻐하고 즐거워하라 하늘에서 너희의 상이 큼이라 너희 전에 있던 선지자들도 이같이 박해하였느니라(마 5:10~12)

⑥ 거절당하는 사역

출애굽기 5장에는 모세가 하나님으로부터 위임받아 해방의 사역을 펼친 첫 번째 활동이 나와 있다. 이 시도는 파라오뿐만 아니라 자기 동포에게도 거절당하였다. 이런 일은 성경에서 결코 낯선 것이 아니다. 예언자 이사야(이를테면 사 6~7장)와 예레미야도 그러하였다(예레미야의 고백록 참조). 사역의 과정에서 예수님도(막 3:20~30), 사도 바울도 미쳤다는 말까지 들었다:

24 … 베스도가 크게 소리 내어 이르되 바울아 네가 미쳤도다 네 많은 학문이 너를 미치게 한다 하니 25 바울이 이르되 베스도 각하여 내가 미친 것이 아니요 참되고 온전한 말을 하나이다 26 왕께서는 이 일을 아시기로 내가 왕께 담대히 말하노니 이 일에 하나라도 아시지 못함이 없는 줄 믿나이다 이 일은 한쪽 구석에서 행한 것이 아니니이다 27 아그립바 왕이여 선지자를 믿으시나이까 믿으시는 줄 아나이다 28 아그립바가 바울에게 이르되 네가 적은 말로 나를 권하여 그리스도인이 되게 하려 하는도다(행 26:24~28)

복음은 소극적-적극적으로 수용하는 사람 뿐만 아니라 소극적-적극적으로 거절하는 사람에게도 전해져야만 하는 것이다. 하나님의 뜻이 아무 방해자도 없이 순순히 이루어지는 것이 아니며, 거룩하고 숭고한 일이 아무런 장애 없이 순탄하게 저절로 성취되는 것이 아니니 말이다. 우리가 하는 사역은 사람들과 세상에게 거절당하느냐 수용되느냐보다는 하나님을 기쁘시게 하는 것이냐 하나님 나라 확장에 보탬이 되느냐를 기준으로 하여야 할 것이다.

⑦ 변심 (변질)

출애굽기 4~5장을 읽는 우리는 깜짝 놀란다. 이집트로 돌아온 모세가 아론과 함께 백성을 만나 하나님께서 일러주신 이적을 행하자 그들은 이렇게 반응하였다: '백성이 믿으며 여호와께서 이스라엘 자손을 찾으시고 그들의 고난을 살피셨다 함을 듣고 머리 숙여 경배하였더라.'(출 4:31) 그러던 그들이 파라오가 전보다 더 심하게 압박하자 너무나도 빨리 마음을 바꾸었다.(출 5:21 참조) 너무나 재빨리 변한 이런 태도에 우리는 놀랄 수밖에 없다. 마치 며칠 전에 체험한 하나님의 놀라운 이적을 까마득히 잊어버린 것처럼.

사도 바울도 갈라디아 성도들이 이미 받아들였던 복음을 떠나 재빨리 예전에 섬기던 율법으로 되돌아간 것을 보며 놀람과 실망감을 여과 없이 드러낸 적이 있었다:

그리스도의 은혜로 너희를 부르신 이를 이같이 속히 떠나 다른 복음을 따르는 것을 내가 이상하게 여기노라(갈 6:1)

사실 이런 변심에 우리 자신도 별로 낯설지 않다. 우리 자신의 지난날 모습을 자세히 살펴보면, 그들과 우리가 별반 다를 게 없는 것을 금방 인정할 수밖에 없는 것이다.

⑧ 익숙이라는 이름의 족쇄

사람이 병치레를 하는 동안에는 여러 가지 혜택이 주어진다. 이런저런 의무와 책임감에서도 벗어난다. 그래서 병을 즐기는 사람도 있다. 어떤 때에는 칭병이나 꾀병을 부리며 은근히 즐기는 것이다.

중국에는 예부터 어린 여자 아이의 발을 꽁꽁 동여매는 풍습이 있었다. 이 전족(纏足)으로 아이의 발은 자라지 않을 뿐만 아니라 발등의 뼈가 휘어진다. 나중에 이런 풍습의 폐단을 깨닫고 그 전족을 풀게 하였다. 그런데도 그들은 이미 정상으로 걸어 다닐 수가 없었다. 발을 꽁꽁 싸맨 천을 풀자 오히려 걸음걸이가 더 이상해지고 통증도 커졌다. 결국 그들은 제 손으로 발을 다시 동여매고 예전의 풍습으로 되돌아가고 말았던 것이다.

이를 보고 청나라 말 양계초(梁啓超)는 "애국론(愛國論)"에서 '부인네들이 십년간 전족(纏足)을 하다 보니 묶은 것을 풀어주어도 오히려 다닐 수가 없다. 그래서 예전 걸음으로 스스로를 얽어매고 만다'고 하였다. 여기서 고보자봉(故步自封)이란 말이 나왔다.

파라오나 이스라엘 자손들이 출애굽을 거부한 것 그리고 출애굽 이후에 이스라엘 자손 중에 이집트에서의 옛 생활을 그리워하는 것은 모두 이와 같은 것이다. 익숙한 것에서 탈출하여 새로운 피조물로 사는 일은 간단하지만은 않은 법이다.(고후 5:16~17)

신앙생활에서도 예배나 기도에 익숙한 것과 신앙의 성숙이 반드시 같은 것은 아니다. 이 둘은 따로 놀 수도 있다. 오랜 신앙생활로 교회생활에 익숙해지는 것에도 사람에 따라 빛과 그늘이 있다. 어떤 사람은 계속 되풀이되는 예배와 기도를 통해 점점 더 영적 평화와 성숙에 이른다. 또 어떤 사람은 그냥 익숙하게 예배와 기도를 드리는 정도 곧 습관적인 참석에 지나지 않을 수도 있다는 말이다.

⑨ 하나님의 이름으로?

성경이나 교회사를 살펴보면, 사람이 하나님의 이름으로 하는 일에는 긍정적인 측면과 부정적인 측면이 있다. 하나님의 이름으로 사람은 이기적이거나 무사안일주의에 빠진 사람이 도저히 할 수 없는 선하고 아름다운 일을 이루어 나가기도 한다.

이와 달리 어떤 사람은 하나님의 이름으로 남들보다 더 잔인하고 가혹한 행동을 자행하기도 한다. 이런 일은 때때로 같은 기독교인 사이에서도 일어났다. 예수님을 그리스도로 영접한 사람이 더 진지하고 착실하게 믿으려다가 동료 기독교인에게 오히려 핍박당하는 경우도 있었다. 이를테면 18~19세기 경건주의 신앙인들이다. 하나님 말씀 중심으로 경건한 신앙을 지키려던 그들은 제도교회에게 박해를 당하였다. 교회를 사랑하였기 때문에 교회에게 밀려났던 것이다.

신(신앙)의 이름으로 세상 사람들조차 차마 하지 못하는 끔찍한 일을 서슴지 않고 하는 집단도 있다. 이런 뜻에서 하나님(주님)의 이름으로 라는 말(구호)을 쓰기가 매우 조심스럽다.

20

돌아옴

(출 5:22~6:1)

> 5:22 모세가 여호와께 돌아와서 아뢰되 주여 어찌하여 이 백성이 학대를 당하게
>
> 하셨나이까 어찌하여 나를 보내셨나이까
>
> 23 내가 바로에게 들어가서 주의 이름으로 말한 후로부터 그가 이 백성을 더 학
>
> 대하며 주께서도 주의 백성을 구원하지 아니하시나이다
>
> 6:1 여호와께서 모세에게 이르시되 이제 내가 바로에게 하는 일을 네가 보리라 강
>
> 한 손으로 말미암아 바로가 그들을 보내리라 강한 손으로 말미암아 바로가 그
>
> 들을 그의 땅에서 쫓아내리라

이것은 자기 백성에게 거부당한 모세와 아론이 하나님을 만나는 이야기
이다. 그 사정은 이러하다. 모세와 아론은 파라오를 만나 이스라엘을 내보
내라는 하나님의 뜻을 전달하였다. 이에 파라오는 게을러서 그런 말을 한다
며 이스라엘 자손에게 노동 강도를 더 세게 하라고 명령하였다. 이 가중된
고역에 견디다 못한 그들은 파라오에게 가 하소연하였다. 그는 그들의 이
요청을 일언지하에 거절하였다.(5:15~18절) 그러자 동포 기록원들은 모세와
아론에게 심한 말로 한바탕 퍼부었다.(5:19~21절)

이렇게 당한 모세와 아론은 곧장 하나님께로 돌아왔다.(슈브) 슈브란 말에
는 돌이키다, 돌아오다(가다)는 뜻과 함께 '회복하다(나 2:2) (생기를) 되찾게 하
다'(소성케 하다 시 23:3; 애 1:19)는 뜻도 있다. 그들은 치열한 삶의 현장을 벗어

나 하나님과 대화하는 곳으로 자리를 옮겨갔다. 약육강식의 생활현장에 머물던 그들이 하나님 앞에 머무는 시간을 가진 것이다. 파라오와 맞서던 그 용기백배하고 당당한 모습이 하나님 앞에서는 흔적도 없이 사라졌다. 이 자리에서 그들은 한없이 나약한 모습으로 하소연하였다.

그들은 하나님을 향하여 '어찌하여'라는 의문사(라마, 람마 = 무슨 이유로?, 무슨 목적으로?)를 두 번이나 되풀이하였다. 그리고 '주의 이름으로 '파라오를 찾아가 이스라엘 자손을 내어보내라고 하였지만 그 결과 상황이 이전보다도 더 나빠졌다고 하나님께 호소하였다.

구원하다, 구하다는 뜻을 지닌 말(나찰)이 여기서는 부정사 절대형으로 문장 맨 앞에, 그 다음에 완료형으로 쓰였다. 두 번 다 히필형이다.(핫첼 - 힛찰 타) 앞의 것은 강조하는 어조사로 읽는 것이 좋다. 거기에는 접속사 와우가 붙어 있는데, 이는 문맥에 비추어볼 때 역접(逆接)이다: '그렇지만(그러나) 정작 주님은 주님 백성을 구원하시지 않았나이다.'(23b 직역) 이런 모세의 말에는 실망감과 낭패감이 묻어 있다.

출 6:1은 봐요메르 야흐웨(그리고 여호와가 말씀하셨다)로 시작된다. 이는 이 부분이 새로운 단원의 시작이 아니라 출 5:22에 이어지는 이야기라는 것을 말해준다. 이 와우접속사의 의미를 살려서 이 부분을 직역하면 '그러자(이에) 여호와께서 말씀하셨다'이다.

여기 강한 손으로 말미암아(= 키 뻬야드 카자카) 라 번역된 부분에서 뻬야드란 야드(= 손)와 전치사 쁘가 합쳐진 것이다. 성경에서 야드는 손을 가리키는데 그보다는 힘(능력)이란 뜻으로 더 많이 쓰인다.

전치사 쁘는 크게 네 가지 의미로 쓰인다. 곧 i)때, 시간을 나타내거나 ii) (시간, 공간) '안에'라는 뜻과 iii)'으로, 통하여'라는 뜻(수단, 방법, 도구)으로 iv) 원인, 이유를 나타낸다. 두 번 되풀이 나오는 이 표현은 i)하나님의 능력 있는 행위(이제는 내가 능력있는 손으로 이집트에 하게 될 일을 …) 또는 ⅱ)파라오의 강력한 추격을 가리키는 것이다.

카자크는 구약성경에 57번 나온다. 그 가운데 23번이 여기처럼 손과 함께 쓰이며 그 대부분이 하나님의 능력을 가리킨다. 그러므로 이 부분은 '진실로 강력한 손으로(또는 왜냐하면 강력한 손을 통하여)'라고 옮겨야 할 것이다.

그 다음에 '바로가 그들을 보내리라(= 예가레쉠)'에서 내보내다는 말(까라쉬 = 쫓아내다, 인연을 끊다)은 출 5:1에 보내다(샬라흐)보다 훨씬 더 강한 뜻을 지녔다. 이는 아담과 하와가 에덴동산에서 쫓겨날 때(창 3:24) 동생을 죽인 카인이 놋 지방으로 쫓겨날 때(창 4:16) 이스라엘 자손의 가나안 정착에 앞서 그 지방에 살던 사람들이 쫓겨난 것(출 23:28; 수 24:12 등 여러 곳) 다윗이 사울에게 쫓겨나 광야로 피신한 때(삼상 26:19) 등 아주 확정적인 일을 나타낼 때 쓰였다.

출 6:1에 나오는 이런 낱말들은 출애굽을 꼭 이루고야 말겠다는 하나님의 약속과 의지를 표현하기에 매우 적절하다. 파라오가 자신의 의지(뜻)와는 전적으로 어긋나게 이스라엘 자손을 내보내지 않고는 견딜 수 없으리라는 말씀은 출 11:1; 12:39에도 거듭 언급되었다.

오늘의 적용

① 하소연할 곳이 있는 사람의 행복

말이 되든지 아니 되든지 관계없이 무슨 말을 하든 자신의 말을 들어주는 자가 있는 사람은 행복하다. 파라오에게 찬밥대접을 받고 동족에게 따돌림을 당한 모세와 아론에게는 하소연할 곳이 있었다. 그곳은 하나님 존전이었다. 하나님께서는 그들의 하소연을 들어주셨다. 그것도 어쩌다가

한 번이 아니라 모세의 평생동안 계속되었다.

우리에게는 우리말과 처지에 귀를 열고 마음을 여시는 분이 계시다. 예수 그리스도가 바로 그분이시다.

15 우리에게 있는 대제사장은 우리의 연약함을 동정하지 못하실 이가 아니요 모든 일에 우리와 똑같이 시험을 받으신 이로되 죄는 없으시니라 16 그러므로 우리는 긍휼하심을 받고 때를 따라 돕는 은혜를 얻기 위하여 은혜의 보좌 앞에 담대히 나아갈 것이니라(히 4:15~16)

② 나약해진 하나님의 일꾼 (출 5:22~23)

하나님께서 하시는 일은 반드시 성사된다는 모세와 아론의 확신이 흔들렸다. 파라오와 동족들의 반응을 보니 일이 제대로 굴러가긴 아예 틀려먹은 듯이 보였다.

하나님께서 맡겨주신 직분을 감당하다가 실망(낙심)해 보지 않은 사람이 있을까? 엘리야, 예레미야, 욥, 사도 바울(? 빌 1:22~23 참조) 등 기라성 같은 인물들도 이에서 예외가 아니었다. 그들도 자신들의 출생을 저주하거나 차라리 죽음이 더 낫겠다고 하였을 정도로 나약해지는 순간이 있었다. 우리네 인생살이에는 최소한 몇 번은 그럴 만한 일이 생긴다. 보통 사람과 믿음의 사람의 차이는 이런 기막힌 상황에 어떻게 반응하느냐에 따라 드러날 뿐이다.

③ 응답하시는 하나님

반대와 장애에 부딪혀 코가 석자나 빠져 있는 모세와 아론에게 하나님은 자신이 누구인지 어떤 목표와 의지를 가지고 있는지를 분명히 밝혀주셨다. 이에 따르면, 모세와 아론이 선택한 길은 하나님께서 이루고자 계획

하신 것이었다. 그것은 반드시 응답될 일이었다.(시 91:14~15)

하나님은 응답하시는 하나님임을 믿는 사람은 잠시 동안의 지체나 얼마 동안의 암담함에 빠져 스스로의 생각과 판단에 묶이지 않는다. 사도 바울은 이 점에서 아주 좋은 본보기이다. 그는 '내가 달려갈 길과 주 예수께받은 사명 곧 하나님의 은혜의 복음을 증언하는 일을 마치려 함에는 나의생명조차 조금도 귀한 것으로 여기지 아니하노라'라고 고백하였다.(행 20:24)

믿음이 없이는 하나님을 기쁘시게 하지 못하나니 하나님께 나아가는 자는
반드시 그가 계신 것과 또한 그가 자기를 찾는 자들에게 상 주시는 이심을
믿어야 할지니라(히 11:6)

④ 번지수를 제대로 찾는 사람

자신들에게 가혹한 억압이 찾아오자 이스라엘 자손의 기록원들(이스라엘 자손들 중에서는 비교적 출세한 사람들)은 즉시 파라오를 찾아갔다. 자신들을 학대하라고 명령한 사람이 다름 아닌 파라오인 것을 아는지 모르는지 그에게울부짖으며 간구하였다. 그래도 냉혈한인 파라오의 피는 전혀 따뜻해지지않았다.

자신에게 냉대와 핍박이 찾아오자 모세와 아론은 하나님을 찾았다. 그들은 하나님 한 분께만 하소연하였다. 그들은 하나님으로부터 이미 받았던약속이 반드시 이루어질 것임을 재확인하였다.

번지수를 잘못 찾은 이스라엘 자손의 기록원들은 허탕을 치고 빈손으로 물러날 수밖에 없었다. 그리고 간구드릴 상대를 제대로 찾아간 모세와아론은 하나님의 격려를 받으며 확신을 안고 발걸음을 옮길 수 있었다.

21
여호와 하나님은 …

(출 6:2~8)

2 하나님이 모세에게 말씀하여 이르시되 나는 여호와이니라

3 내가 아브라함과 이삭과 야곱에게 전능의 하나님으로 나타났으나 나의 이름을 여호와로는 그들에게 알리지 아니하였고

4 가나안 땅 곧 그들이 거류하는 땅을 그들에게 주기로 그들과 언약하였더니

5 이제 애굽 사람이 종으로 삼은 이스라엘 자손의 신음 소리를 내가 듣고 나의 언약을 기억하노라

6 그러므로 이스라엘 자손에게 말하기를 나는 여호와라 내가 애굽 사람의 무거운 짐 밑에서 너희를 빼내며 그들의 노역에서 너희를 건지며 편 팔과 여러 큰 심판들로써 너희를 속량하여

7 너희를 내 백성으로 삼고 나는 너희의 하나님이 되리니 나는 애굽 사람의 무거운 짐 밑에서 너희를 빼낸 너희의 하나님 여호와인 줄 너희가 알지라

8 내가 아브라함과 이삭과 야곱에게 주기로 맹세한 땅으로 너희를 인도하고 그 땅을 너희에게 주어 기업을 삼게 하리라 나는 여호와라 하셨다 하라

이것은 동포의 반응에 실망하고 자신을 찾아온 모세와 아론에게 주시는 하나님 말씀이다. 하나님은 자신이 어떤 분인지 이스라엘 자손을 위한 어떤 계획을 가지고 계신지를 분명하게 밝히셨다. 본문의 짜임새를 살펴보면 다음과 같다:

2절: 나 여호와

3~5절: 아브라함과 이삭과 야곱에게 나타나

6절a: 나 여호와

6절b: 내가 너희를 빼내며, 건지며, 속량하여

7절a: 너희를 내 백성으로 삼고, 나는 너희의 하나님이 되리니

7절b: 너희를 빼낸

7절c: 나 여호와, 너희 하나님

8절a: 아브라함과 이삭과 야곱에게 주기로 맹세한

8절b: 나 여호와

이 부분에서 하나님은 네 차례에 걸쳐 '나는 여호와'라 말씀하셨다.(2b 6a 7c 8b) 명사문장인 이를 정확히 번역하기가 쉽지 않다. 우리는 이 문장을 i) 나는 여호와라 ii)나는 이런 자, 곧 여호와다 iii)여호와는 (다른 누구도 아닌) 바로 나이다(오직 나뿐이다) 등으로 해석할 수 있다.

'아니 야웨'라는 이 문장은 구약성경에 약 150번(출애굽기에 16번) 나온다. 출애굽기에서 이것은 i)명사문장으로 쓰여서 여호와의 자기 계시(자기주장, 자기소개)를 나타내거나(출 6:2, 6, 8, 29; 12:12; 15:26) ii)야다(=알다)라는 동사의 목적어로 '내가 여호와인 줄을 알리라'는 구문에 나온다.(출 6:7; 7:5, 17; 8:22; 10:2; 14:4, 18; 16:12; 29:46; 31:13) 하나님을 아는 거룩한 지식은 건전·건강한 인생을 살고픈 사람에게 꼭 필요하다.

'나는 여호와다'라고 말씀하시는 하나님은 뜻한 바에 따라 인류 역사를 만들어가시는 분이시다. 그분은 지난날(역사)의 주인이시다.(출 6:3~4) 출애 굽 사건은 어느 날 갑자기 일어난 것이 아니다. 하나님은 이미 아브라함 시대에 이를 말씀하셨다.(창 15:13) 그리고 그분은 오늘의 주인이시다.(출 6:5) 또

한 그분은 미래의 주인인 분이다.(출 6:6~8절) 하나님께서 이렇게 하시는 목적이 있다: '너희를 내 백성으로 삼고 나는 너희의 하나님이 되리니 나는 … 너희의 하나님 여호와인 줄 너희가 알지라.'(출 6:7)

출 6:2~8에는 출애굽의 주체(2, 8절) 출애굽의 역사적 뿌리,(3~5절, 8절) 출애굽의 현재,(현실 6~7절) 출애굽의 방법,(6절) 그리고 출애굽의 목적(7절) 등이 집약되어 있다. 특히 7절에 나타난 출애굽은 단지 그때 뿐만 아니라 성경 전체를 꿰뚫는 기본 신앙이다. 더 나아가 오늘 우리 시대와 미래까지 이어지는 구원사요, 구원의 목적이다. 이스라엘 민족은 이 사실을 제대로 받아들이느냐 무시하느냐에 따라 부침(浮沈)을 거듭하였다. 이 원리는 오늘날의 신앙인 각 사람과 신앙공동체에도 똑같이 적용될 것이다.

3절의 엘 샷따이는 아브라함과 언약을 맺을 때 하나님께서 자신을 소개하신 표현이다.(창 17:1; 참조 창 28:3; 35:11; 43:14; 48:3) '샷따이'란 낱말은 흔히 힘 또는 능력을 가리킨다. 믿음의 조상들(족장들)과 관련하여 이 말은 6번 쓰였으며 욥기에는 30번이나 나왔다. 이를 '전능하신 하나님(전능자)'으로 옮기는 것은 칠십인역(LXX)의 영향을 받은 것이다.(판크라토스 = 전능자; 벌게이트는 omnipotens) 물론 그리스 말 칠십인역이나 라틴 말 불가타 번역은 샤따이의 의미를 잘 모른 체한 것으로 보여진다.

이 말의 유래를 정확히 알 수 없다. 다만 히브리 말 샷따이가 쌍수 어미인 것으로 보아 젖가슴 두 개를 가리킨다고 보는 사람도 있다. 창세기에서 이 말은 자손의 번성 및 풍요를 약속하는 말씀과 함께 쓰이기도 하였다.(창 17:1; 28:3; 35:11; 48:3; 49:25) 올브라이트 같은 학자는 이 말을 아카드어 샤두 (shadu = 산, 곧 산신)와 연결시키기도 하였다. 거기서 샤두 랍부(shadu rabbu)는 왕의 길(王道) 혹은 신의 길(神道)을 가리킨다. 샤두에 형용사적 어미 아이(ay) 가 붙으면(shadday) '산 들 중에 하나, 또는 산 위에 마련된 거처'라는 뜻이 되고 이는 여호와를 가리켜 바위 산성 등으로 표현하는 수사법(신 32:18, 31, 37; 삼하 22:47; 시 31:3; 사 51:1 등)과도 통한다. 또 다른 사람은 초원, 들판을 가리키는 샤데에서 그 유래를 찾기도 하였다.

여기서 알리다는 말(노다티 ← 야다의 니팔형)을 KJV는 수동형으로 옮겼다: '… but by my name JEHOVAH was I not known to them.(그러나 여호와라는 이름으로 나는 보여지지 않았다; … 알려지지 않았다)' 히브리어 니팔형은 본디 수동의 뜻만이 아니라 니팔 톨레라티붐(Niphal Tolerativum, GK 137 §51.c 삼하 21:14)이란 용법이 있다.(나는 나 자신을 보여지지/ 드러나지/ 알려지지 않게 하였다) 이 밖에도 재귀의 뜻으로 사용된다(reflexiv): 'aber mit meinem Namen Jahwe habe ich mich ihnen nicht zu erkennen gegeben(ELB). NASB와 NAS는 LXX의 번역에 따라 이를 사역형으로 보았다: 'but by My name, LORD, I did not make Myself known to them.'(= 그러나 나는 나의 이름 여호와로는 그들에게 내 자신을 알게 하지 않았다, 한글 개역개정 표준새번역 공동번역 참조) 그러나 히브리어에는 사역형으로 쓰이는 히필형이 따로 있으므로 이런 번역은 적합하지 않다.

하나님 이름 여호와가 창세기에도 여러 차례 나타났다. 그분은 하와(이브) 라멕, 노아, 아브라함, 사라, 아브라함의 종 등에게 직접 나타나시거나 그분의 사자를 보내셨다. 우리는 출 6:3을 읽으며 '모세 이전에도 여호와께서 히브리인에게 알려지신 분이냐, 아니면 모세 이전에는 그 이름으로 알려지지 않은 분이냐'라고 생각하게 된다. 이 물음에 역사비평학은 문서가설(documentary hypothesis)에 따라 J자료와 P자료로 분류하며 기록 연대의 차이라고 아주 손쉽게 대답한다. 이는 별로 신통하지 않은 해결책이다.

탁월한 히브리어 학자들 가운데 하나인 드라이버(G. Driver)는 이 문장을 수사학적 의문문으로 본다. 곧 여기 나오는 부정어(否定語)를 감탄조 부정사로 표현되는 호언장담(affirmation by exclamatory negation)으로 보았다.(The Book of Exodus in the Revised, 1973, 109쪽) 그리고 이를 다음과 같이 해석하였다. '그리고 내가 이미 그들에게 나의 이름을 여호와라고 하여 나 자신을 알려주지 않았느냐!' 그는 이것을 '나는 이미 나 자신을 여호와라는 이름으로 알려 주었다'라는 뜻으로 해석한 것이다. 비록 이 주장이 학계에서 별로 받아들여지지 않고 있지만 히브리 문법으로는 얼마든지 가능하다.

해밀턴은 이슬링어(Eslinger, 1996, 196쪽)의 '여호와를 아는 것은 여호와가 자신과 인간사에 아주 특별한 방법으로 개입하시는 독특한 사건을 경험한 사람이 체득하는 지식이다'는 말과 자이츠(Seitz, 1999, 157~158쪽)의 '여호와를 안다는 말은 그분의 이름 자체를 안다는 뜻이 아니라 어떻게 그분이 여호와답게 완벽하게 계시되고 알려졌는가에 관련되는 것이다 … 여호와를 아는 지식은 출애굽 사건으로 눈을 돌리게 한다 … 아브라함은 출애굽 시대의 사람들이 아는 방식으로 여호와를 알지 못하였다'라는 말과 가르 (Garr, 1992, 408쪽)가 이 부분을 문법적으로 연구하고 그 뉘앙스를 살린 '나는 아브라함과 이삭과 야곱에게 (제한적인 모습인) 엘샤다이(언약적 약속을 하시는 분)로 나타났다. 그러나 나는 그들에게 내 이름을 (온전한) 언약적 지식의 상대(파트너) 곧 여호와(언약적 약속을 지키는 분)로 알려지지 않았다'는 해석 등에 따랐다.

그에 따르면 출 6:3을 이해하는 열쇠는 출 6:4~8에 있다. 곧 여호와는 이집트에서 자신의 백성을 위해 하신 것과 같은 일을 하는 분이라는 사실이 그 이전에는 아무에게도 알려지지 않았다는 것이다. 여기서 그분은 언약에 참여하는 분이요,(4~5절) 구원과 구속의 은총을 베푸는 분이요,(6~7절) 가나안에 정착시키는 분이다.(8절) 비록 그 이름 여호와를 알고 있을지라도 그분이 이런 일을 하시는 분이라고 아는 지식은 위와 같은 역사적 사실을 체험하지 않고는 결코 얻어낼 수 없다는 것이다.(Cassuto 78~79; Hamilton, Exodus 78~79, 101)

출 6:3을 어떻게 정확하게 번역하고 이해하느냐에 매달리기보다는 이를 큰 테두리에서 포괄적으로 이해하는 사람들도 있다. 이를테면 얀첸(Janzen 24)은 이 부분에서 '하나님-인간의 관계가 한 사람(부족)에 관련되었던 것으로부터 또 다른 상대방(이집트인)에게도 관련되는 전환점'이라고 보았다. 이런 관점에서 사도 바울을 볼 수도 있다. 그는 자신을 이방인의 사도라고 의식하면서 유대인의 하나님을 온 인류의 하나님으로 알리고자 하였던 것이다.(롬 11:13; 갈 2:8; 딤전 2:7 참조)

출 6:6에는 속량하다(가알)라는 말이 나온다. 구속(救贖)하다를 기본 뜻으로 하는 이 말은 출애굽에 나타난 하나님의 구원활동을 표현한다.(출 15:13; 시 74:2; 77:15[16]; 78:35; 106:10) 나중에 그 주어가 하나님으로 나오는 곳에서 이 말은 바빌론 포로에서 돌아오게 하며 회복시키는 것을 나타낸다.(사 43:1; 44:23; 48:20; 52:9) 때로 이것은 하나님께서 죽음에서 생명으로 절망에서 소망으로 바꾸어주시는 것을 묘사하기도 한다.(시 103:4; 애 3:58; 호 13:14) 이 낱말이 쓰이는 기본 방향은 본래 모습을 상실한 어떤 피조물(개인 공동체 사회 국가 민족 자연)을 원래 모습(상태)으로 회복시키는 데 있다. 성경에서 이런 뜻으로 쓰이는 다른 말이 있다. 파다가 그것이다. 이를테면 이 낱말이 3번 되풀이 쓰이는 출 13:13이다:

그러나 나귀의 맏배는 어린양을 대신 바쳐서 대속하도록 하여라. 그렇게 대속하지 않으려거든 그 목을 꺾어라. 너희 자식들 가운데서 맏아들은 모두 대속하여야한다.(표준)

가알과 파다의 차이는 이렇다. 파다는 본디 자신의 것이 아니었던 것을 사들여 자신의 것으로 만드는 행위를 가리킨다. 이에 비해 가알은 원래부터 자신의 것이었는데 상실되었던 것을 되사들여 자기 것으로 만드는 행위를 의미한다.(민 35:9~15, 19, 21, 25, 27 참조) 예수님은 본디 하나님의 사람이었으나 하나님을 떠난 사람들 곧 마음과 생활에서 하나님을 상실한 사람들을 구속하여(자신의 목숨 값을 치르고 사들여) 다시 하나님의 백성으로 회복시키셨다. 이밖에도 가알(명사형은 고옐)은 종종 피(혈통 가문)로 맺어진 관계이기에 마땅히 구해주어야 할 의무를 이행하는 것(사람)을 가리켰다.(이를테면 룻과 보아스)

출 6:8을 직역하면 이렇다: '그리고 나는 너희를 그 땅으로 인도하리라. 그곳은 내가 내 손을 들어 아브라함과 … 에게 반드시 주겠다고 한 곳이다. 그리고 나는 그것을 너희를 위하여 소유물로 내어주리라. 나는 이런 자 곧 여호와이다.'

모세와 아론은 파라오의 차가운 반응과 동포의 불평 섞인 저주 앞에 기가 죽었다. 이런 그들에게 하나님은 이스라엘 자손을 향한 구원 의지를 다시 한 번 확인시키셨다. 그리고 용기를 북돋아주셨다.(출 6:1) 출애굽기 3장에서 모세에게 자신을 '나는 나다(나는 있다)'라고 알려주신 하나님은 출 6:6~8에서 그에게 확신을 심어주셨다. 여기에는 매 구절마다, 곧 맨 앞과 중간과 맨 뒤에 '나는 여호와라(I am …)'라는 표현이 여러 번 등장하고(6:2, 6, 7, 8, 29; 7:5 참조) 일곱 차례에 걸쳐 '내가 (반드시) … 을 하리라(I will …)'는 1인칭 약속이 주어졌다.

이것은 크게 세 부분으로 나누어진다: i)… 으로부터 빼내며, … 으로부터 건지며, …으로부터 구속하여(6절) ii)하나님과 이스라엘 백성의 연관관계(7절) iii)…으로 들어가게 하고 … 너희에게 …을 주리라.(8절 - 조상에게 주어진 7

절의 약속이 구체적으로 실현됨) 출 6:6~8에 집중하여 그 짜임새를 살펴보면 다음과 같다:

나는 여호와라 (아니 야웨)	6b절	여호와의 주권 선언
1. 내가 너희를 빼내며 2. 내가 너희를 건지며 3. 내가 너희를 구속하여	6절	구속(구원)
4. 내가 너희로 내 백성을 삼고 5. 나는 너희의 하나님이 되리니	7절	입양 (백성-자녀 삼음)
나는 참으로 너의 하나님 여호와라	7c절	여호와의 주권 선언
6. 내가 너희를 땅으로 들어가게 하고 7. 내가 너희에게 그 땅을 주어 기업을 삼게 하리라	8절	땅의 수여, 정착
나는 여호와라(아니 야웨)	8b절	여호와의 주권 선언

일인칭으로 선포된 이 일곱 가지 약속 가운데 앞의 세 개는 해방(구원)에 관한 말씀이다. 그 다음 두 개는 하나님과 이스라엘 자손의 관계에 설정하는 말씀이며, 그 뒤의 두 개는 땅의 획득과 소유에 관계된 말씀이다.(Hamilton, Handbook on the Pentateuch 149) 여기에 등장하는 주요 낱말은 하나님께서 이미 하신 말씀 가운데 쓰였다. 곧 빼낸다는 말(야챠)은 출 3:10, 11, 12절에 나온다. 그리고 무거운 짐이란 말(셉알라)은 출 1:11; 2:11; 6:4, 5에 구원(구속)이란 말(나찰)은 출 3:8과 6:23에 노역이란 말(아보다)은 2:23; 6:9, 11 등에 각각 나온다.

1절의 강한 손에 이어 6절에는 편 팔이란 말이 쓰였다. 이제 하나님은 이스라엘 자손에게 약속을 지키시려고 강한 손을 활짝 펴서 자유자재로 사용하시는 것이다. '편 팔과 여러 큰 심판들로써 너희를 속량하여'(6절)라는 표현은 앞부분에는 나타나지 않는다.(심판이란 표현만은 앞에도 나옴) 여기 이후에는 그것이 자주 사용된다. 하나님의 능력 있는(강한) 팔이란 표현은 하나님께서 내리실 심판의 도구로 성경 여러 곳에 자주 쓰인다. 곧 하나님의 강한 팔은 의인을 괴롭히는 악인의 손길에 대한 심판(징벌)과 의인을 향한 구원을 나타내는 말이다.(사 51:9 여호와의 팔이여 깨소서 깨소서 능력을 베푸소서 옛날 옛시대에 깨신 것 같이 하소서; 시 89:10, 13 주께서 라합을 죽임 당한 자 같이 깨뜨리시고 주의 원수를 주의 능력의 팔로 흩으셨나이다… 주의 팔에 능력이 있사오며 주의 손은 강하고 주의 오른손은 높이 들리우셨나이다) 이로써 하나님의 정체성과 함께 그분이 계획하고 이루시는 일의 실체가 분명하게 계시된 것이다.

참고로 출 6:8과 평행되는 다른 본문들을 비교해 보자.(Marc Vervenne, Studies in the Book of Exodus: Redaction, Reception, Interpretation. 119~120)

이와 관련하여 억압당하는 약한 자를 지켜주시려고 '일어나 손을 든다'는 표현이 관용구처럼 쓰이곤 한다. 위의 각 본문에는 나사 야드란 표현이 늘 되풀이 나온다.

겔 20:28	내가 내 손을 들어 그들에게 주기로 맹세한 땅으로 그들을 인도하여 들였더니
겔 20:42	내가 내 손을 들어 … 주기로 맹세한 땅…으로 너희를 인도하여 들일 때에
겔 47:14	내가 옛적에 내 손을 들어 맹세하여 이 땅을 너희 조상들에게 주겠다고 하였나니

출 6:8	내가 아브라함과 이삭과 야곱에게 주기로 맹세한 땅으로 너희를 인도하고 .
민 14:30	내가 맹세하여 너희에게 살게 하리라 한 땅에
느 9:15	주께서 옛적에 손을 들어 맹세하시고 주겠다고 하신 땅을 들어가서
신 6:10	네 하나님 여호와께서 …네게 주리라 맹세하신 땅으로 너를 들어가게 하시고

오늘의 적용

① 여호와 하나님은 …

사람에게는 여호와를 아는 거룩한 지식이 반드시 필요하다. 출애굽기 6장은 이런 사실을 구체적으로 보여주고 있다. 만일 파라오가 이 지식에 좀 더 일찍 도달하였더라면 그 많은 희생을 치르지 않아도 되었으리라. 이에 예수님은 '사람들이 나를 누구라 하느냐'라고 물으신데 이어, '너희는 나를 누구라 하느냐'고 물으시며, 제자들에게 그 대답(응답)을 기다리셨던 것이다.(막 8:27~30; 마 16:13~20; 눅 9:18~21)

출 6:2~3이다. '나는 여호와이니라 3 내가 아브라함과 이삭과 야곱에게 전능의 하나님으로 나타났으나 나의 이름을 여호와로는 그들에게 알리지 아니하였고'이 말씀은 출 6:7~8로 이어진다: '너희를 내 백성으로 삼고 나는 너희의 하나님이 되리니 나는 애굽 사람의 무거운 짐 밑에서 너희를 빼낸 너희의 하나님 여호와인 줄 너희가 알지라 8 내가 아브라함과 이삭과 야곱에게 주기로 맹세한 땅으로 너희를 인도하고 그 땅을 너희에게 주어 기업을 삼게 하리라 나는 여호와라 하셨다'

여기에 여호와 하나님은 어떤 분인지가 분명하게 나와 있다. 여호와는 언약을 맺으신 분이요.(출 6:3) 이스라엘 자손의 신음소리를 들으시는 분이다.(출 6:5) 하나님은 이런 분이다. 세상의 모든 권력자나 힘 꽤나 쓰는 사람들은 이 사실을 명심해야 할 것이다.

② 왜 하나님을 알아야 하는가?

출 6:2~8에서 하나님의 이름과 그 하실 일(약속)이 나열되었다. 물론 그냥 열거가 아니라 그 하나 하나에 방점이 찍혀 있었다. 이것은 언제 주어졌는가?(출 5:7~8) i)파라오의 학대와 억압이 더욱 심해졌다. ii)이스라엘 자손 출신의 기록자들이 하나님께 모세와 아론을 살피시고 판단하시기를 요구하였다.(출 5:20~21) iii)이런 이유로 모세와 아론은 맥이 빠져 있었다.(출 5:22~23)

사는 동안에 우리는 생활이나 심리적 영적 침체를 겪을 때가 종종 있다. 이런 것은 하나님을 바로 알라는 초청장인 동시에, 하나님과 자신의 관계를 돈독히 하라는 경고이다. 하나님을 바로 아는 것이 곧 건강·건전한 인생의 첫걸음이다. 하나님을 아는 거룩한 지식은 하나님과 우리의 관계, 나 자신의 정체성, 대인관계, 사회 및 국가와의 관계, 자연세계와의 관계 등에 큰 영향을 미친다. 그래서 아주 중요하다.

③ 성명신학

구약성경에 나오는 하나님 이름 여호와(JHWH)를 가리켜 거룩한 네 글자(테트라그램)라 부른다. 이것은 구약성경에 6,800번 쓰였다. 여기서 성명신학이 출발한다. 곧 하나님은 하늘에 계시는데 자신의 이름을 지상의 성전에 두시거나 이름 계시를 통해 세상에 거주하신다는 것이다. 이로써 여호와의 이름이 선포되는 곳에서는 역사적 시간 안에서 고통당하는 피조물과 인간의 구원이 시작되고 공동체가 형성되는 것이다.(장일선, 구약신학의 주제 104)

이스라엘은 사람의 이름이 그 사람의 혼(네페쉬)과 같다고 보았다.(장일선, 구약신학의 주제 82) 그러므로 상대방 이름을 아는 것이 그의 정체를 아는 것과 통한다.

논어에 나오는 이야기이다. 어느 날 자로가 공자에게 물었다: '위나라 왕이 선생님을 모시고 정치를 한다면 제일 먼저 무엇을 하시겠습니까?' 이에 공자는 '반드시 이름을 바로잡는 것(正名)부터 하겠다.'라고 대답하였다.(必也正名乎) 자로가 다시 물었다: '… 무엇 때문에 선생님은 멀리 돌아 이름을 바로 잡으려 하십니까?' 그러자 공자는 '… 이름(명칭, 명분)이 바르지 않으면 하는 말이 논리를 따라가지 못하고, 말이 논리정연하지 못하면 일이 성사되지 않는다. 사업이 되지 않으면 예(禮)와 악(樂)이 흥하지 아니하고, 예와 악이 흥하지 않으면 형벌이 타당치 못하게 된다. 그러면 백성이 손발을 둘 곳조차 없어지고 만다. 그러므로 군자는 정명(正名)을 하여 반드시 논리를 세워야 한다. 논리를 세우면 반드시 실행에 옮겨야 한다. 군자 말에 어찌 구차스러움이 있을 수 있겠는가?'라고 대답하였다.(論語 子路篇) 다른 곳에서 공자는 '이름과 실체가 분리되지 않는다'(名體不離)고 말하였다. 여기서 정명이란 이름을 바르게 하는 것(명상상부하게 하는 것)이다. 그 뜻은 i)'~다움'을 바르게 하는 것이며(君君臣臣父父子子 = 왕은 왕답고 신하는 신하답고 아버지는 아버지답고 아들은 아들다운 것) ii)정체성(본질)을 밝히고 굳건하게 하는 것 iii)겉(형식)과 속(내용)이 부합되게 하는 것 iv)일의 명분을 바르게 하는 것 v)시대정신을 세우는 것이라 할 것이다.

하나님 이름 '여호와'를 분명히 알고 그 의미를 깊이 받아들이는 것은 매우 중요하다. 우리가 그분에게 속한 그분의 백성이기 때문이다. 그분의 이름을 제대로 아는 것에는 그분께서 기뻐하시고 원하시는 것이 무엇인지, 피조물과 인생을 향한 그분의 목적을 아는 거룩한 지식을 포함한다. 우리가 하나님의 백성이기에 그 이름에 걸맞도록 다시 말해 하나님의 백성답게 살아야 한다는 점에서 이는 매우 중요하다.

④ 나는 여호와, 너의 하나님!

하나님은 모세에게 다시 '나는 여호와로라'고 말씀하시며 자신을 드러내셨다. 믿음의 조상인 아브라함과 이삭과 야곱에게 하나님은 전능의 하나님(엘 샤딱이)으로 나타나셨다. 모세에게는 하나님은 이미 자신의 이름이 여호와라고 밝히셨는데(출 3:14) 지금 다시 그 이름을 확인시키셨다.

여호와 하나님은 믿음의 조상들과 맺은 언약(창 15 17 26 28장)을 기억하시는 분이다. 그리고 그 언약대로 이스라엘 자손에게 행하시는 분이다. 이스라엘 자손의 출애굽도 이 언약을 실천하시는 하나님 은혜였다. 하나님은 모세에게 이것을 다시 환기시키셨다.(출 6:1, 5) 그 내용은 하나님의 백성들을 빼어내며 건지며 속량하리라는 것이다.(출 6:6) '빼어내며'란 말(야차)은 대가를 치르고 사들이는 행위를 가리킨다.

예수님께서 십자가 위에서 돌아가실 때에 '다 이루었다'고 말씀하셨다. 이것도 대가를 다 지불했다는 뜻이다. '건지며'라는 말(나찰)은 탈취하다 구원하다 라는 뜻이다. '속량한다'란 말(가알)은 팔아버렸던 것을 다시 사 들인다(되 무르다)는 뜻이다. 이집트로 팔려 가 파라오의 백성이 된 그들을 다시 하나님의 백성으로 사들인다는 뜻이다.

그리고 여호와께서는 이스라엘 자손을 맹세한 땅으로 인도하고 그들에게 주어 기업을 삼게 하겠다고 하셨다.(8절) 여기에는 언약을 반드시 준수하시겠다는 강력한 의지가 구구절절 나타나 있다. 찬송가 370장이다.

1. 주 안에 있는 나에게 딴 근심 있으랴 십자가 밑에 나아가 내 짐을 풀었네

2. 그 두려움이 변하여 내 기도되었고 전날의 한숨 변하여 내 노래되었네

3. 내 주는 자비 하셔서 늘 함께 계시고 내 궁핍함을 아시고 늘 채워주시네

4. 내 주와 맺은 언약은 영 불변하시니 그 나라 가기까지는 늘 보호하시네

[후렴]

주님을 찬송하면서 할렐루야 할렐루야 내 앞길 멀고 험해도 나 주님만 따라가리

⑤ 여호와의 팔

세파를 감당하지 못해 끌려 갈 수밖에 없는 모습으로 인생을 사는 사람이 많다. 시기마다 경우마다 정도의 차이는 있을지언정 세상풍조에 전혀 끌려 다니지 않는 사람은 아마 아무도 없을 것이다.

출 6장에는 여호와의 강한 손과 편 팔이라는 표현이 쓰였다. 이것들은 모두 힘과 능력을 상징한다. 하나님의 사람이란 그분의 팔에 이끌리는 사람인 것이다.

내 손이 그와 함께하여 견고하게 하고 내 팔이 그를 힘이 있게 하리로다(시 89:21)

이것을 의지하는 사람은 세파(세상풍조)에 따라 이리저리 흔들리며 사는 대신에 하나님의 은혜에 이끌리는 사람이 될 것이다. 찬송가 406장이다.

1. 곤한 내 영혼 편히 쉴 곳과 풍랑 일어도 안전한 포구 폭풍까지도 다스리시는 주의 영원한 팔 의지해

2. 세상 친구들 나를 버려도 예수 늘 함께 동행함으로 주의 은혜가 충만하

208

리니 주의 영원한 팔 의지해

3. 나의 믿음이 연약해져도 미리 예비한 힘을 주시며 위태할 때도 안보하
시는 주의 영원한 팔 의지해

4. 능치 못한 것 주께 없으니 나의 일생을 주께 맡기면 나의 모든 짐 대신
지시는 주의 영원한 팔 의지해

[후렴]

주의 영원하신 팔 함께하사 항상 나를 붙드시니 어느 곳에 가든지 요동하
지 않음은 주의 팔을 의지함이라

22

사명을 다시 일깨우신 하나님

(출 6:9~13)

9 모세가 이와 같이 이스라엘 자손에게 전하나 그들이 마음의 상함과 가혹한 노
 역으로 말미암아 모세의 말을 듣지 아니하였더라

10 여호와께서 모세에게 말씀하여 이르시되

11 들어가서 애굽 왕 바로에게 말하여 이스라엘 자손을 그 땅에서 내보내게 하라

12 모세가 여호와 앞에 아뢰어 이르되 이스라엘 자손도 내 말을 듣지 아니하였거
 든 바로가 어찌 들으리이까 나는 입이 둔한 자니이다

13 여호와께서 모세와 아론에게 말씀하사 그들로 이스라엘 자손과 애굽 왕 바로
 에게 명령을 전하고 이스라엘 자손을 애굽 땅에서 인도하여 내게 하시니라

　　이것은 여호와의 자기 계시 이후 모세와 함께 부름 받은 아론의 지도자
지위(자격)가 확립되는 과정을 보여준다. 아론의 중요성을 부각시키는 이 본
문은 다음과 같이 짜여 있다:

가. 6:10~12 여호와께서 모세와 직접 말씀하시다(대화 - 파라오에게 말할 모세의 입술
 이 둔함)

나. 6:13 여호와께서 모세와 아론에게 하시는 말씀(제3자 보도문)

다. 6:14~25 모세 및 아론의 혈통(가문)

나'6:26~27 여호와께서 모세와 아론에게 하시는 말씀(제3자 보도문)

가 6:28~30 여호와께서 모세와 직접 말씀하시다(대화 - 파라오에게 말할 모세의 입술이 둔함)

하나님은 자신이 누구인지, 자신이 하려는 일이 무엇인지를 다시 한 번 모세에게 분명히 밝히셨다. 그리고 모세가 무엇을 해야 하는지를 일러주셨다.(출 6:11) 그러나 그들(모세와 아론 + 이스라엘 자손들)은 마음이 상한 데다가 일상적으로 찾아오는 노역의 가혹함 때문에 그 말을 받아들이려 하지 않았다.

마음이 상하다란 말(코체르 루앗흐)은 '숨(생각)이 짧다 참을성이 없다, 근심하다, 낙심하다'는 뜻이다.(시 51:17 참조) 코체르는 짧다는 말(카차르)에서 나왔다. 이 카차르는 네페쉬나 루앗흐와 함께 '근심하다, 낙담하다, 조급해하다'(민 21:4; 삿 10:16; 16:16; 잠 14:29)란 뜻으로 쓰이곤 한다.

출 6:9는 그들이 지닌 실망감의 깊이와 인생살이의 무게를 반영하고 있다. 그리고 노역의 혹독함(가혹함)에서 가혹하다는 말(카샤)은 본디 심하다, 어렵다는 뜻인데 목이 곧은(목이 뻣뻣한) 백성을 가리켜 완악하다는 뜻으로도 쓰였다.(출 32:9; 신 10:16; 삿 2:19; 왕하 17:14) 이 부분은 이스라엘이 자신들에게 부과된 과중한 노동에 힘든 나머지 그 마음이 완악하게(옹졸하게) 되었다는 뉘앙스를 풍긴다. 이런 것이 하나님을 향한 믿음이나 하나님이 주신 소망마저 잃게 만드는 경우가 있다. 곧 현실생활이 어렵다는 이유로 하나님의 계획과 뜻을 찾으며 분별하기보다는 하나님과 그의 보내신 사람을 무시하거나 괴롭히는 모습이 오늘날에도 심심찮게 보이곤 하는 것이다.

하나님의 자기계시와 말씀에 대한 모세의 반응은 출 3~4장에서 머뭇거리던 그것과 별로 다르지 않았다.(12절: 보소서 이스라엘 자손도 내 말을 듣지 아니하였거든 바로가 어찌 들으리이까 나는 입이 둔한 자니이다) '나는 입이 둔한 자니이다'라는 명사문장을 직역하면 '보소서 나는 이런 자니이다 곧 할례 받지 못한 입술들을 지닌 자니이다'(헨 아니 아랄 쉬파타임)이다.

출 4:10에서 모세는 '나는 입이 뻣뻣하고 혀가 둔한 자니이다'라고 하였다. 여기에 카베드라는 동사가 두 번 쓰였다. 우리말 개역개정은 이를 뻣뻣하다, 둔하다로 각각 옮겨 놓았다. 이는 흔히 신체적인 둔함과 굼뜸을 나타내는 것이다. 그렇지만 여기서 아렐, 아랄(창 17:14 참조 = 할례 받지 않은)이란 말은 하나님과의 관계에서 미진하고 어리숙한 것을 표현하는 듯이 보인다. 이런 모세와 아론에게 하나님은 다시 한 번 그들의 사명을 강하게 일깨워주셨다: '(파라오에게 나의) 명령을 전하라, (이스라엘 자손을) 인도하여 내라.' 그들이 말씀(명령)을 전해야할 대상은 i)파라오 ii)이스라엘 자손들이다.

하나님께서 주시는 사명을 선뜻 받아들이지 못한 모세는 이제 자신이 전하는 하나님 계획을 기꺼이 수용하지 않는 이스라엘 자손과 파라오를 상대하게 되었다. 이로써 하나님께서 모세를 상대하며 답답해하시던 그 심정을 이제는 모세 자신이 그들을 상대하면서 절실하게 피부로 느꼈을 것이다.

여기서 하나님 명령을 전하는 사명, 곧 말씀을 전하는 것이 출애굽의 길로 백성을 인도하는 것보다 앞서 나왔다. 이로써 성경은 모세가 우선적으로 해야 할 사명이 하나님 말씀을 전하는 일이라는 사실을 적시(摘示)하는 것이다.

오늘의 적용

① 믿음과 오해

믿음에 따른 행위는 곧잘 오해(거부)를 불러오기도 한다.(출 5:20~23) 그것은 사람이 지니는 상식과 지식을 초월하기 때문이다. 창세기에 자세히 나와 있지 않지만 산 위에서 배를 만드는 노아가 그 긴 세월동안 얼마나 많은 오해와 조롱을 당하였을지 우리는 충분히 상상할 수 있다. 그만큼 믿음의 영역은 신비한 것이다. 하나님의 보냄을 받아 일하는 모세와 아론의 언행도 일단 거절을 당하였다.

성경에는 하나님의 사람이 하나님 말씀을 충실하게 따르다가 칭찬 대신에 오히려 오해(거부)받는 일이 비일비재하게 기록되어 있다. 심지어 예수님도 자신의 가족과 주변 사람들에게 더러운 귀신들렸다는 소리를 들으셨다.(마 12:22~32; 막 3:20~30) 사도 바울도 미쳤다는 소리를 들었다.(행 26:24)

그러므로 말씀에 든든히 기초한 행위라면 주변 사람들의 입방아나 눈초리에 따라 우왕좌왕하지 않는 군건한 심지가 필요하다. 하나님을 향하여 떳떳하다면 세속적인 사람이나 세상적인 것에 따라 흔들리지 말아야 한다는 말이다.

② 그런 결과가 뻔히 보이지만 …

모세와 아론이 하는 일은 애당초 계란으로 바위치기와 다르지 않았다. 그 결과가 뻔히 보이는 일이었다. 그들이 어린 아이가 아닌 이상 파라오가 단번에 자신들이 전하는 말대로 따르리라고는 생각하지 않았을 것이다. 하나님께서도 그럴 것을 이미 예고하셨다.(출 4:21) 그것을 알면서도 모세와 아론은 하나님 말씀을 전하였다. 자기들 말이 받아들여지지 않을 것을 알면서도 그들은 말씀을 그대로 전하였다. 되지도 않을 줄 알면서도 하나님의 뜻이기에 따랐던 것이다.(순종하였던 것이다)

모세와 아론의 이런 모습은 우리에게 참된 신앙의 본보기이다. 예언자들(특히 이사야와 예레미야)도 부름 받을 때부터 이미 자신들의 선포가 자기 동포에게 받아들여지지 않을 줄 뻔히 알았다.(사 6:9~13; 렘 1장 참조) 그러면서도 그들은 사명 받은 그곳으로 나아갔다. 사도 바울 자신도 그러하였다. 그리고 그는 자신의 영적인 아들 디모데에게 주님으로부터 받아 선포하는 말씀이 거부되는 현장으로 나아가기를 권면하였다:

2 너는 말씀을 전파하라 때를 얻든지 못 얻든지 항상 힘쓰라 범사에 오래 참음과 가르침으로 경책하며 경계하며 권하라 3 때가 이르리니 사람이 바른 교훈을 받지 아니하며 귀가 가려워서 자기의 사욕을 따를 스승을 많이 두고 4 또 그 귀를 진리에서 돌이켜 허탄한 이야기를 따르리라(딤후 4:2~4)

③ 이름값하며 살기

하나님은 자신의 이름과 그 의미를 밝혀주셨다. 그리고 우리에게 소중한 이름을 붙여 주셨다: 무너진 데를 보수하는 자, 길을 수축하여 거할 곳이 되게 하는 자(사 58:12); 여호와의 제사장(사 61:6); 좋은 열매 맺는 아름다운 푸른 감람나무(렘 11:16); 주의 이름으로 일컬음을 받는 자(렘 14:9; 15:16); 하나님의 아들(마 5:9); 세상의 빛, 세상의 소금(마 5:13~14); 하나님의 자녀(요 1:12; 롬 9:26; 요일 3:1) 등. 우리는 어떻게 이름값을 하며 살 수 있을까?

《무기여 잘 있거라》, 《누구를 위하여 종은 울리나》, 《노인과 바다》의 저자 어네스트 헤밍웨이. 그는 훌륭한 문학작품뿐만 아니라 멋진 수염을 기르는 사나이로도 유명했다. 어느 날 미국의 한 위스키 회사 간부가 헤밍웨이를 찾아왔다. 헤밍웨이는 강하고 대담한 아버지의 영향을 많이 받아 사냥과 낚시를 아주 좋아하였지만 술은 그리 즐기는 편이 아니기에 자신을 찾아온 손님을 조금은 의아해하였다. 비서를 따라 들어온 손님은 헤밍웨이의 턱수염을 보고는 매우 감탄하였다.

'선생님은 세상에서 가장 멋진 턱수염을 가지셨습니다. 우리 회사에서는 선생님의 얼굴과 이름을 빌려 광고하는 조건으로 4천 달러와 평생 마실

수 있는 술을 드리고자 합니다. 허락해 주십시오.'

그 말을 들은 헤밍웨이는 잠시 생각에 잠겼다. 이 정도의 조건이면 훌륭하다고 생각한 위스키 회사 간부는 기다리기 지루한 듯 대답을 재촉하였다.

'무얼 그리 망설이십니까? 얼굴과 이름만 빌려 주면 그만인데….'

그러자 헤밍웨이는 무뚝뚝하게 대답하였다.

'유감이군요. 전 그럴 수 없으니 그만 돌아가 주시기 바랍니다.'

헤밍웨이의 완강한 말에 당황한 손님이 돌아가자 비서는 왜 승낙하지 않았는지를 물었다.

'그의 무책임한 말을 믿을 수 없기 때문이야. 얼굴과 이름을 대수롭지 않게 생각하는 회사에 내 얼굴과 이름을 빌려 준다면 어떤 꼴이 되겠는가? 그리고 사람들이 맛없는 위스키를 마시며 나를 상상한다는 것은 도무지 참을 수 없는 일이네.'《좋은생각》, 2001년 6월호)

④ 성숙을 향한 발돋움

흔히 사람이 변화(성숙)하려면 세 가지를 먼저 바꾸어야 한다는 말이 있다: i)생활의 자리 ii)만나는 사람 iii)시간 사용의 내역. 물론 이 과정 전체를 성령님께서 인도하셔야만 소기의 목적이 달성될 것이다.

하나님을 만난 이후 모세에게는 이 세 가지가 모두 바뀌었다. 그가 스스로 한 것이 아니었다. 그런 노력을 그가 하지 않고 있을 때 하나님께서 그를 찾아오셨으며 그것들을 바꾸어주셨다. 하나님은 모세의 인생을 성숙과 진리의 자리로 발돋움하게 만드셨다.

우선 생활의 자리가 미디안 광야에서 이집트로 바뀌었다. 그리고 이중적 의미에서 그 만남의 대상도 바뀌었다: i)하나님 및 하나님과 함께하는 생활 ii)가족(집안)의 틀을 넘어 동포, 가족 또는 동료 목자들 하고만 어울리던 생활에서 하나님 동포 및 파라오(이집트인) 등 만남의 영역이 바뀌었다(확장되었다). 이에 따라 iii)그가 사용하는 시간의 내역이 달라졌음은 두말할 필요도 없을 것이다. 이것은 하나님을 의식하지 못한 채 살던 모세에게 주어진 하나님의 전적인 은혜이다.

하나님과 만남으로써 모세와 아론의 삶은 더욱 치열해졌다. 그들은 하나님과 만났지만 그들이 사는 생활현장은 말씀(진리)이 발붙이지 못하는 곳이었다. 진리와 아무 상관도 없이 오직 삶의 현실이 냉혹하게 부딪히는 곳에 그들은 살았다. 이런 곳에서는 하나님의 사람인 그들도 부딪히고 치이며 상할 수밖에 없었을 것이다.

출애굽기 5장 1~21절은 그리 되는 현실을 여실히 보여준다. 이에 그들은 하나님께 기도드리는(하소연하는) 자리로 되돌아왔다.(슈브) 마치 예수님이 시시때때로 이른 아침에 한적한 곳을 찾아 기도를 드리셨듯이.(막 1:35) 이런 뜻에서 출 5:22~23절은 진리를 실천하려다 맥이 빠진 사람이 가야 할 길을 모범적으로 제시하고 있다.

⑤ 이미 실패한 일에 또 다시 뛰어들기

사람이 하는 일에는 어려운 것이 많이 있다. 그런 것 가운데 빼놓을 수 없는 것이 이미 실패한 일에 또 다시 뛰어드는 것이다. 하나님은 모세와 아론에게 이 어려운 일을 시키셨다. 이미 좌절을 겪은 모세는 그 일을 계란으로 바위치기와 같다고 단정하고 코가 석자나 빠져 있었다. 그런 모세를 하나님은 똑같은 일에 다시 투입시키셨다. 사람의 눈에는 완전한 실패처럼 보였을지도 모른다.

그러나 하나님 보시기에는 이제 시작에 불과하였다. 하나님은 꼭 필요한 일이라면 '이미 (다) 해 보았어'라는 웅덩이에 갇혀 있는 우리를 부르셔서 그 똑같은 것을 다시 한 번 해보라고 격려하시는 분이다.

예수님은 갈릴리 바다에서 밤새도록 그물을 던졌으나, 물고기를 한 마리도 잡지 못한 베드로 등에게 깊은 데로 가서 그물을 내려 고기를 잡으라 (눅 5:4) 그물을 배 오른편에 던지라(요 21:6) 하시며 이미 실패한 그 자리에서 다시 시도하라고 말씀하셨다.

그렇다. 실패하였다고 해서 잘못된 것을 하였거나 하지 말아야 할 것을 했다는 뜻이 아니다. 꼭 필요한 일에서도 좋고 유익한 일에서도 우리는 얼마든지 실패할 수가 있다.

23
뼈대 있는 가문

(6:14~27)

14 그들의 조상을 따라 집의 어른은 이러하니라 이스라엘의 장자 르우벤의 아들
  은 하녹과 발루와 헤스론과 갈미니 이들은 르우벤의 족장이요

15 시므온의 아들들은 여무엘과 야민과 오핫과 야긴과 소할과 가나안 여인의 아
  들 사울이니 이들은 시므온의 가족이요

16 레위의 아들들의 이름은 그들의 족보대로 이러하니 게르손과 고핫과 므라리
  요 레위의 나이는 백삼십칠 세였으며

17 게르손의 아들들은 그들의 가족대로 립니와 시므이요

18 고핫의 아들들은 아므람과 이스할과 헤브론과 웃시엘이요 고핫의 나이는 백
  삼십삼 세였으며

19 므라리의 아들들은 마흘리와 무시니 이들은 그들의 족보대로 레위의 족장이요

20 아므람은 그들의 아버지의 누이 요게벳을 아내로 맞이하였고 그는 아론과 모
  세를 낳았으며 아므람의 나이는 백삼십칠 세였으며

21 이스할의 아들들은 고라와 네벡과 시그리요

22 웃시엘의 아들들은 미사엘과 엘사반과 시드리요

23 아론은 암미나답의 딸 나손의 누이 엘리세바를 아내로 맞이하였고 그는 나답
  과 아비후와 엘르아살과 이다말을 낳았으며

24 고라의 아들들은 앗실과 엘가나와 아비아삽이니 이들은 고라 사람의 족장이요

25 아론의 아들 엘르아살은 부디엘의 딸 중에서 아내를 맞이하였고 그는 비느하

이것은 모세와 아론 가문과 식구들 명단이다. 모세와 아론은 야곱의 열
두 아들 가운데 레위의 후손이다. 그 내용은 다음과 같다:

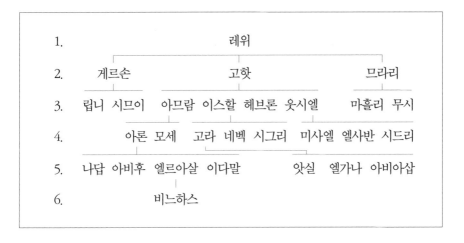

1.				레위					
2.	게르손			고핫				므라리	
3.	립니 시므이		아므람	이스할	헤브론	웃시엘		마흘리	무시
4.		아론	모세	고라	네벡	시그리	미사엘	엘사반	시드리
5.	나답 아비후	엘르아살	이다말				앗실	엘가나	아비아삽
6.		비느하스							

족보는 지나간 시간을 반성하는 동시에 앞으로 다가올 시대를 내다보게
만든다. 이로써 각각의 인물의 정체성과 비중이 드러나는 것이다. 여기 나
오는 족보는 출애굽기-민수기의 인물들이 창세기의 인물과 관련되어 있음
을 보여준다. 아론과 그 후손의 역사적 위치와 이스라엘 안에서 그 역할이
밝혀진 것이 그런 예이다. 이로써 우리는 출애굽기의 이야기를 좀 더 넓고

오랜 역사의 흐름 속에서 들여다 볼 수 있게 되었다.

이 족보는 이스라엘(야곱)로부터 레위를 거쳐 비느하스에 이르는 7대를 기록한 것이다. 그 내용은 레위 지파에 관한 것이다. 이것이 요약·압축된 것인지 전체를 다 포괄하는 것인지에 대하여서 학자들 사이의 의견이 일치하지 않는다.(Hamilton, Handbook on the Pentateuch 150~151 참조)

여기 나오는 첫 이름은 야곱의 큰 아들 르우벤이다. 이로써 아론과 모세의 뿌리가 이스라엘 민족 전체와 연결되는 것이다. 레위의 아들 셋 가운데 오직 고핫의 후손만이 4대에 걸쳐 기록되었다. 모세와 아론은 4대 조상에 속한다. 그 중심축은 이스라엘(야곱), 레위, 크핫, 아므람, 아론, 엘리아살, 비느하스로 이어진다.

특히 마지막에 나오는 아론의 손자 비느하스는 여호수아 시대를 거쳐 사사 시대 사람으로(삿 20:28) 제사장 아론의 대가 성공적으로 이어짐을 보여주고 있다. 비느하스란 말은 검은 피부를 가진 이란 뜻이다. 그는 수 22:13, 30~32와 삿 20:28에서 지도자 역할을 하는 사람으로 등장하였다. 하나님은 그에게 평화의 언약을 주실 뿐만 아니라 그와 그 후손에게 영원한 제사장 직분의 언약도 주셨다.(민 25:13)

구약성경의 다른 족보와 달리 여기에는 여성의 이름도 나온다: 아므람의 아내 요게벳(아론과 모세의 어머니; 그리스역본인 칠십인역과 시리아역본인 페쉬타에는 모세의 누이인 미리암의 이름도 들어 있다), 아론의 아내 엘리세바, 엘르아살의 익명의 아내.(브디엘의 딸, 아론의 며느리) 시므온의 아들인 사울의 어미가 가나안 여인이라 밝힘으로써(15절) 하나님 구원 사역의 범주가 유대인 남성에게만 국한되는 것이 아니라 남녀를 포함하여 매우 폭넓은 것임을 암시해주고 있다.(마 1:1~17에도 여성 5명 가운데 유대인 아닌 사람이 4명이다) 그리고 아론의 아내 엘리세바는 유다 지파의 암미나답의 딸이다. 그녀의 남동생은 나손이다.(23

절) 이 두 사람 이름은 예수님의 족보에도 나온다.(마 1:4; 눅 3:33 참조) 이는 레위 지파와 유다 지파가 결합하여(정치와 종교의 결합 또는 야합?) 이스라엘의 제사장직을 이어갔다는 뜻이다.

이 족보를 통해서 하나님은 모세와 아론이 하나님의 위대한 역사에 쓰임받는 일이 어느 날 갑자기 된 것이 아니라는 사실을 일러주신다. 이 족보 속에서 하나님은 그들을 향해 '너희는 내가 이미 오래 전부터 준비해 온 사람이다'라고 말씀하시는 것이다. 자신은 하나님께서 오래 전부터 준비해 온 소중한 사람이라는 깨달음은 그 사람이 자기 자신의 인생을 존귀하게 만드는 내적인 동력(믿음)이 된다.

이 족보의 또 다른 특징은 모세가 아론의 그늘에 가려져 있다는 점이다. 23~25절에는 아론의 아내 이름, 자녀들 이름, 자부의 이름이 있다. 모세의 가족 사항은 기록되지 않았다. 억지로 찾는다면 아론에게서도 있는 그의 부모형제 이름뿐이다.

이름이 기록된 순서도 그렇다. 물론 아론이 장자인 탓도 있겠지만 다른 곳들과는 달리 아론이 모세보다 먼저 나온다.(20, 26절; 비교: 27절) 아론의 아내와 아들들 이름은 기록되었으나 모세의 식구 이름은 생략되었다. 이는 아마 예언자 직분은 계승되지 않으나(후대 사람들에게 모세도 예언자로 불려졌다) 제사장 직분은 세습되었던 것을 반영하는지도 모른다. 이것은 이를 제사장 문서(P문서)로 규정하는 단서로 보는 사람도 있다. 그보다는 진정한 제사장직을 향한 출애굽기의 높은 관심을 반영하는 것으로 보는 것이 더 나을 것이다.

물론 이사야의 아들들(사 7:3 스알야숩; 사 8:3 마헤르-샬랄-하스-바스)과 호세아의 자녀들(호 1:4 이즈르엘; 1;6~7 로루하마; 1:8 로암미) 등의 이름이 기록되었다. 이는 어디까지나 그들을 소개하려는 뜻보다는 예언적 의미를 강조하는 수단이었다. 성경에는 아버지와 아들이 대를 이어 예언자로 활동한 경우가 하나도 없다.

이 족보에서 모세의 아버지 아므람(출 2:1에는 '레위 가족 중 한 사람'이라고만 언급됨)은 친족인 요게벳(고모)과 결혼하였다. 이런 것은 후대에 금지되었으며(레 18:12 너는 네 고모의 하체를 범하지 말라 그는 네 아버지의 살붙이니라) 벌을 받을 일이다.(레 20:19 네 이모나 고모의 하체를 범하지 말지니 이는 살붙이의 하체인즉 그들이 그들의 죄를 담당하리라)

이런 일들은 위와 같은 율법이 제정되기 이전의 일이다. 이는 그 당시 일반적인 풍속에도 어긋나지 않기에 전혀 문제 삼지 않은 듯하다.(칠십인역은 이 난제를 피하려고, 요게벳[= 여호와 + 무겁다, 비중이 높다, 영화롭다]을 아므람의 고모가 아니라 사촌으로 표기하였다) 민 26:59에는 요게벳이 레위의 딸이라 되어 있는데 이는 레위 집안의 후손이라는 뜻이다.

모세는 나중에 히브리 동족 출신이 아닌 이디오피아 여인을 아내로 맞아들였다가 형과 누이에게 비난을 받았다.(민 12:1)

14절 맨 앞에는 '그들의 조상을 따라 집의 어른은…'이란 말(라쉐 베트-아보탐 = '그들 아버지들의 집안의 (우두)머리들')이 나온다. 여기서 어른이라 옮겨진 말(로쉬)은 머리란 뜻인데 그 뜻이 확장되어 '우두머리 지도자 으뜸' 등을 의미한다. 이와 같은 표현이 민 7:2에도 나온다. 거기서 이것은 이스라엘 각 지파의 대표자를 가리킨다. 14절 맨 뒤에 나오는 '이들은 르우벤의 족장이요'(미쉬페호트 레우벤)에서 족장이라 옮겨진 말(미쉬파코트)은 본디 족속(대상 2:55) 종족(창 10:5) 가족(신 29:17)을 뜻하는 말이다. 이는 부족이나 민족 같이 커다란 단위의 집단을 혈연관계에 따라 보다 작게 나눈 집단(씨족 가족)을 나타낸다. 따라서 이 말은 가족들(씨족들)이라 옮겨야 마땅하다. 이 낱말은 14, 15, 17, 19, 24, 25에 계속 쓰였으며 가족 또는 족보라고 번역되었다.

뼈대 있는 가문 출신이라고 그 사람이 저절로 훌륭하게 살거나 본보기가 되는 것은 아니다. 이를테면 고라 같은 사람은 모세의 지도자 자리를 넘보며 대적하다가 하나님의 심판을 당하였다.(민 16:1~3, 28~35) 아론의 두 아들은 제사장직에 오른 뒤에 하나님께서 지정하시지 않은 불로 제사를 드리다가 심판을 받았다.(레 10:1~2) 모세의 누이 미리암은 모세를 비난하다가 문둥병에 걸렸다.(민 12:9~10) 이런 뜻에서 노블레스 오블리주(noblesse oblige)가 이들에게 더욱 철저히 적용되었던 것이다.

이 족보는 하나님께서 아브라함에게 주신 약속이 그대로 성취된 것을 보여준다.(창 15:16 네 자손은 사대 만에 이 땅으로 돌아오리니 …) 이스라엘 자손은 레위에서 아론까지 4세대만에 출애굽을 하였던 것이다.(430년의 이집트 체류 출 12:40; 갈 3:17; 행 7:6 참조) 여기 나오는 4세대는 하나님의 징벌이 미치는 기간의 최대치를 가리킨다.(출 20:5b = 신 5:9b) 성경에는 또한 이 4세대가 하나님의 약속이 성취되는 기간의 최대치를 가리키기도 한다: i)아브라함에게 주신 이집트에서 가나안으로 되돌아오는 세대(창 15:16) ii)바빌론으로부터 가나안으로 되돌아 옴 – 모든 나라가 그와[1세대] 그의 아들과[2세대] 손자를[3세대] 그 땅의 기한이 이르기까지 섬기리라 또한 많은 나라들과 큰 왕들이 그 자신을[4세대] 섬기리라.(렘 27:7)

오늘의 적용

① 신앙의 맥 이어가기

출 6장에는 레위 가문의 족보가 나온다. 아론과 모세는 야곱과 레아 사이에 태어난 셋째 아들 레위의 후손이다. 레위와 함께 르우벤과 시몬이 언급되는 것은 이들 세 사람의 자랑스럽지 못한 전력(창 49:3~7)을 생각나게 한다. 이로써 성경은 하나님의 선택이 그들 자신의 탁월함에 연유하는 것이 아니라 하나님의 은총과 계획에 입각한 것임을 분명히 하려는 듯하다. 곧 아론과 모세는 그들 조상의 우수하고 뛰어난 혈통 때문에 선택받은 것이 아니라 하나님의 선택 때문에 쓰임을 받은 것이다.

성경에 나오는 모든 족보는 하나님의 사랑과 구원을 향한 신앙이 누군가에게 잠시 머물다 사라지는 것이 아니라는 사실을 보여준다. 족보에는 오랜 세월 동안 자자손손이 대를 이어 하나님 안에 거하며 시간과 공간을 초월하여 하나님께 충성한 사람들의 이름이 나와 있다. 이 족보는 하나님을 섬기는 가족(가문)의 역사인 것이다.

② 영적인 롤 모델 되기

족보는 자기 가문(문중)에서 본보기가 되는 사람을 회상하고 본받게 하는 데 그 특성이 있다. 출 6장의 족보에 있는 인물들 중에도 영적인 롤 모델이 되는 사람과 반면교사가 되는 사람이 있다.

교회는 30년사 50년사 100년사 등 일정 기간에 역사책을 내곤 한다. 거기 새겨진 제직(목회자 장로 권사 집사)의 이름(또는 사진)을 대할 때 영적인 자녀(영적인 후배)들은 어떤 이미지를 떠올릴까? 롤 모델? 반면교사? 가정에서도 이와 같다. 자녀 손자손녀 또 그 후손이 하나님의 사람인 우리를 어떤 인상으로 기억할까?

오늘 우리가 살아가는 모습을 보고 느끼는 후배와 후손은 자신들의 마음에 그것을 깊이 새기리라. 이런 뜻에서 오늘 우리의 몸가짐 마음가짐은 참으로 조심스러울 수밖에 없는 것이다.

③ 가문이나 혈통의 자랑은 부질없는 것

레위 가문의 족보에는 아론과 모세같이 이스라엘 자손 대대로 본받을 아름다운 흔적을 남긴 사람이 있는가 하면 고라같이 부끄러운 유산을 남긴 사람도 있다. 이런 것은 아마 모든 가문이 다 똑같을 것이다. 그러므로 가문이나 혈통의 자랑은 부질없는 짓이다. 사도 바울은 족보 이야기를 늘어놓는 어리석은 사람이 되지 말라고 교훈하였다.(딤전 1:4; 딛 3:9)

청장관(靑莊館) 이덕무는 사소절에서 '가문을 따지고 어느 가문이 높으니 낮으니, 어느 가문 출신이냐를 따지면서 은근히 가문을 자랑하는 것(家閥高下)'은 여러 사람이 모인 자리에서 할 이야기가 아니라고 하였다(士小節 [下], 婦儀). 이는 자신이 그렇게 자랑할 경지에 이른 것인지를 스스로 살피기보다는 조상의 음덕에 묻혀 무임승차하려는 검은 속셈을 드러내는 것일 뿐이기 때문이다.

물론 조상 자랑을 하지 않는다는 것과 가문의 전통을 중시하며 살려나가는 것은 다르다. 조상 때부터 면면히 쌓여온 선한 전통과 믿음의 흐름을 후손이 제대로 살려나가는 일은 반드시 필요한 것이다. 이 마음가짐과 하나님의 인도에 따라 훌륭한 가문에서 가문을 빛내는 사람이 나오는가 하면 가문을 더럽히고 가문을 어지럽히는 사람도 있다.

열왕기상하와 역대기하에 나오는 임금들은 모두 다 훌륭하고 큰 가문에서 태어났지만 하나님 보시기에 선을 행한 사람도 있고(예를 들면 히스기야 왕이나 요시야 왕) 악을 행한 사람도 있다.(이를테면 여호람 왕과 므낫세 왕)

신약성경에도 비천한 가문에서 태어난 훌륭한 사람도 있고 이스라엘 혈통에서 나지 않았으나 칭찬 받기에 충분한 믿음을 가진 사람도 있다. 다른 한편 예수님의 특별하신 은총으로 선택받았던 가룟 유다나 아나니아 삽비라 부부처럼 몰락의 길을 가는 사람들도 있다.

24
열 번을 찍어도 …

(출 6:28~7:1)

6:28 여호와께서 애굽 땅에서 모세에게 말씀하시던 날에 29 여호와께서 모세에
게 말씀하여 이르시되 나는 여호와라 내가 네게 이르는 바를 너는 애굽 왕
바로에게 다 말하라
30 모세가 여호와 앞에서 아뢰되 나는 입이 둔한 자이오니 바로가 어찌 나의 말을
들으리이까 7:1 여호와께서 모세에게 이르시되 볼지어다 내가 너를 바로에게
신 같이 되게 하였은즉 네 형 아론은 네 대언자가 되리니

출 6:1~13은 여호와가 누구인지를, 6:14~27은 아론이 누구인지를,
6:28~7:1은 여호와께서 강한 손으로 역사하시게 된 배경이 각각 언급되었
다. 그리고 출 7:2~7은 모세와 아론을 하나님께서 새롭게 불러 보내시는 이
야기이다.

따바르(= 말하다)란 낱말이 거듭 나오면서 출 6:28~29에는 여호와께서 말
씀하셨다는 사실이 크게 강조되었다. 말씀하신 내용은 '나는 여호와라'(아니
야웨)이다.(직역: 나는 이런 자 곧 나는 여호와라)

출 6:28~7:1의 내용은 겉보기에 출 6:10~13(10~27)과 많이 닮았다. 그렇
지만 크게 두 가지 점에서 차이가 있다.

i)6:12에서 모세는 파라오가 자신의 말을 듣지 않을 것인데, 이는 자신에

226

게 그를 설득할 만한 언변이 부족하기(문자 그대로 하면, 할례를 받지 못한 입술을 지녔기) 때문이라고 하였다.

성경에는 할례 받지 못한 입술이란 표현 말고도 할례 받지 못한 귀(렘 6:10) 할례 받지 못한 마음(레 26:41:렘 9:26) 등이 나온다. 이것들은 하나님의 뜻을 받들지 않는 태도를 가리키는 것이다. 6:30에서 모세는 그 순서를 바꾸어 자신의 입술이 할례를 받지 못하였기에 파라오가 자신의 말을 듣지 않을 것이라고 하였다. 이로써 모세는 하나님의 사명을 감당하는 데에 걸림돌의 핵심은 자기 자신에게 있다고 강조하다가(6:12) 이제는 파라오에게 있다는 것으로 문제의 초점을 바꾸어 놓았다.(Hamilton, Exodus 110)

ii)하나님은 모세에게 이스라엘 자손을 '부대별로(군대대로) 편성하여'(출 6:26)이집트에서 데리고 나오라고 말씀하셨다. 차바는 아카드 말 또는 이디오피아 말에서 싸우러 나가다, 전쟁에 나가다, 싸우다는 뜻이다. 우가릿 말에서는 이 말 자체로 전사 군대를 가리키기에 체바오트란 말이 동사에서 유래하였는지 명사에서 나왔는지에 대해 학자들의 의견이 일치하지 않는다.

이스라엘 자손을 부대로 편성하여 이집트 땅에서 이끌어내라는 것은 전에 언급되지 않던 새로운 말씀이다. 이는 티게이와 해밀턴이 적절하게 해석하였듯이 이스라엘 자손은 노예가 몰래 도망쳐 나오듯 기죽은 모습으로 빠져나오지 말고 마치 군대가 행진하듯이 행렬을 갖추어 목적지(약속의 땅)를 향하여 당당하게 나가라는 뜻이다.

출 6:11에서 하나님은 모세에게 '들어가서 애굽 왕 바로에게 이스라엘 자손을 그 땅에서 내보내라고 전하라'(직역) 말씀하셨다. 그러자 모세가 여호와께 말씀드렸다. '보십시오. 이스라엘 백성들조차 제 말을 들어주지 않았는데 말주변도 없는 제 말을 파라오가 어찌 들어주겠습니까?'(공개) 그 뒤에 아론과 모세의 족보가 나온다. 거기에 많은 인물이 거론되었다. 그들 가운데 모세와 아론을 출애굽의 도구로 쓰시려는 하나님의 계획이 분명하게 드러났다. 이를 보여주는 하나님의 말씀(출 6:13 + 출 6:26~27)이 그 앞과 뒤에 소개된 것이다. 특히 아론의 중요성이 재차 부각되었다. 그리고 출 6:28~30절에 출 6:12의 대화가 다시 이어졌다.

출 7:1을 개역개정 등 많은 성경은 '하나님과 같이 되게(또는 신과 같이 되게)'라고 옮겼다. 이는 모세가 파라오에게는 신과 같이 두려운 존재라는 말맛이다. 이것은 본문을 직역한 것이 아니다. 이를 직역하면 '여호와는 모세에게 이르셨다. 볼지어다! 내가 너를 바로에게 하나님(엘로힘)이 되게 하였다. 그리고 아론을 네 대언자로 세웠다'이다.(출 4:16 참조) 이 사실을 강조하려고 하나님께서 말씀하시는 내용은 '볼지어다'(르에 ← 라아) 라며 주의를 강력하게 환기시키는 어구(ein Partikel der Aufmerksamkeitserregung)로 시작되었다. 이런 경우에 흔히 쓰이는 힌네(= 브힌네)와 그 용법이 거의 같지만 굳이 구별하자면 이 낱말은 주로 어떤 약속이나 지명(appointment)을 의미하곤 한다.(출 31:2; 렘 1:10; 신 1:8, 21; 수 6:2 등 참조)

이 절에서 동사 나탄은 성경에 천구백 번 정도 나오는 낱말이다. 그 뜻은 대체로 i)주다 ii)두다, 놓다(창 1:17; 출 7:4; 미 3:5) iii)…이 되게 하다, 만들다(창 17:5; 41:43) 등이다. 여기서 이 말(네탓티카)은 '내가 너를 엘로힘이 되게 하였다(또는 내가 너를 엘로힘의 위치에 올려놓았다)'는 뜻이다. 여호와께서 자신의 권위와 능력을 파라오 앞에 설 모세에게 완벽하게 부여하셨다는 것이다.

일찍이 하나님은 모세를 그 형 아론에게도 엘로힘이 되게 하시겠다고 말씀하셨다.(출 4:16) 그리고 하나님은 모세에게 아론을 대언자로 붙여 주셨다.(출 4:15; 행 14:11~13 사도 바울과 사도 바나바의 관계 참조) 개역개정은 출 7:1에서 나비라는 히브리 말을 예언자가 아니라 대언자로 바르게 번역하였다.

본디 아카드 말 나부(= 부르다; 명사형은 나비투 = 부르는 사람)에서 온 이 말을 그동안 학자들은 올브라이트의 제안에 따라 수동형으로 해석해 왔다.(부름받다 부름받은 사람). 근래에는 이를 능동형으로 해석하는 사람도 늘어나고 있다: (하나님 이름을) 부르다, (하나님께) 간구하다; 하나님께 간구하는 사람, 하나님 이름을 부르는 사람.(D. E. Fleming, The etymological Origins of the Hebrew nābû: The one who invokes God, CBQ 55, 1993, 217~224; Lester L. Grabbe, The Priests in the Prophets-The Portrayal of Priests, Prophets, 2004. 61~62) 하나님께 부름받은 사람인 모세는 더 이상 망설이거나 두려워할 것 없이 곧바로 파라오에게 나갈 수 있는 조건이 채워진 것이다.

오늘의 적용

① 열 번을 찍어도 (?)

옛날 말에 열 번 찍어 넘어가지 않는 나무가 없다고 하였다. 그런 경우가 아주 드물게 있기는 한 모양이다. 이집트의 파라오를 보면 …. 하나님은 모세와 아론을 통해 그를 11번(12번?) 찍어서야 겨우 넘어갔다. 이스라엘 자손을 홍해 바다까지 뒤쫓아 왔던 것을 감안하면 무려 12번(13번?)이다. 아니다. 파라오는 진정한 의미에서 자기 뜻을 굽히지 않았다. 끝까지 완고(완강)하게 굴다가 하나님의 거대한 구원역사 앞에 무릎을 꿇었을 뿐이다.

물론 참되고 바른 것이라면 열 번이 아니라 백 번을 찍어도 넘어가지 않아야 마땅할 것이다. 파라오는 하나님의 뜻과 반대되는 것을 가지고 이렇게 고집을 부렸다는 데 문제가 있었다. 열 번 넘게 찍어도 넘어가지 않을 만큼 완고한 그의 태도가 가져온 결과가 무엇인가?

② 설득당하는 사람의 행복

모세와 파라오 사이에 근본적인 차이가 무엇일까? 둘 다 어떤 사명(사역)이 주어질 때 거절(거부)부터 하였다. 그렇지만 하나님이 자신을 설득하시자 모세는 여덟 번(많이 잡으면 11번) 만에 고집을 꺾었다. 파라오는 끝까지 고집을 부리다가 12가지 표적으로 실컷 얻어터지고 나서야 마지못해 고집을 버렸다. 그는 말이 통하지 않는 사람이었다. 이런 뜻에서 모세는 설득당할 줄 아는 사람이었고 파라오는 설득당할 줄 모르는 사람이었다.

성경에서 하나님의 쓰임을 받은 사람들은 다 하나님과 말이 통하는 사람들 곧 설득되는 이들이었다. 하나님 말씀에 설득당하기보다는 하나님을 설득하려는 것은 믿음이 아니다. 이런 태도는 사실 믿음이 있었기에 가능한 것이다, 아브라함이 그러하였듯이.

> 그리고 그는 하나님께서 약속하신 것을 능히 이루어주시리라고 확신하였습니다(롬 4:21 공개)

③ 누군가에게 하나님이 되는 사람

우리말에는 '네 할아버지다(네 할아버지의 할아버지다)'라는 말이 있다. 이는 자신이 상대방보다 우위인 것을 나타내는 말이다.

하나님께서는 모세를 이 정도와 비교할 수 없는 사람으로 만드셨다. 그를 아론에게 하나님 같은 존재로 고양시키신 것이다.(출 4:16) 이제 또다시 파라오에게 그와 같이 되게 하셨다.(출 7:1) 이는 억압 속에 울부짖는 이스라엘 자손을 출애굽시키려는 하나님의 의지에서 나온 것이다. 그들을 향한 하나님의 사랑은 이 정도로 높고 또 깊었다!!!

하나님의 이런 은혜는 결코 교만이나 잘못 사용될 수 없다. 그보다는 감격스러운 마음으로 조심스럽고 절제하는 데로 이어져야만 한다. 그래야 자신의 위상을 이렇게까지 높여주신 하나님께 영광을 돌릴 수 있다.

25
끝까지 설득하시는 하나님

(출 7:2~7)

2 내가 네게 명령한 바를 너는 네 형 아론에게 말하고 그는 바로에게 말하여 그에게 이스라엘 자손을 그 땅에서 내보내게 할지니라

3 내가 바로의 마음을 완악하게 하고 내 표징과 내 이적을 애굽 땅에서 많이 행할 것이나

4 바로가 너희의 말을 듣지 아니할 터인즉 내가 내 손을 애굽에 뻗쳐 여러 큰 심판을 내리고 내 군대, 내 백성 이스라엘 자손을 그 땅에서 인도하여 낼지라

5 내가 내 손을 애굽 위에 펴서 이스라엘 자손을 그 땅에서 인도하여 낼 때에야 애굽 사람이 나를 여호와인 줄 알리라 하시매

6 모세와 아론이 여호와께서 자기들에게 명령하신 대로 행하였더라

7 그들이 바로에게 말할 때에 모세는 팔십 세였고 아론은 팔십삼 세였더라

이 부분은 말씀을 무시하는 파라오와 이집트인에게 행하실 일 세 가지(표징 이적 큰 심판)를 하나님께서 단호하게 밝히시는 내용이다.

'그러나 내가 파라오의 마음을 완악하게 하고 내 표징과 내 이적을 이집트 땅에서 많이 일으킬 것이다'(출 7:3 직역)의 의미를 밝혀내기가 여간 어렵지 않다. 이에 대한 학자들 의견도 여러 가지로 갈리는데, 몇 가지만 예로 들어보면 다음과 같다:

i)이를 심리적으로 해석하는 것이다. 곧 모세의 요구사항을 듣는 순간 파라오는 심사가 뒤틀렸고, 그 얼굴을 보거나 그가 한 말을 곱씹으면 곱씹을수록 감정이 꼬였다는 것이다. 여호와의 표적 열한 가지 이야기 중에는 그렇게 추론할 여지가 있는 부분도 있지만 출 7:3은 분명히 그렇지 않다.

ii)어떤 학자들은 이를 예정론 교리 또는 하나님은 전지전능하시다는 신학적 입장에 따라 해석하기도 한다. 만일 그렇다면, 파라오는 단순히 인형극의 배우 역할만 하는 것이다. 예정론을 여기에 극단적으로 적용시키는 것은 곤란하다. 그렇지만 파라오의 자유의지가 처음부터 끝까지 일관되게, 전적으로 작용하였다는 주장도 성경과 현실을 무시하는 것이다.

iii)다른 학자들은 이것이 본문의 발전과정을 보여준다고 주장한다. 곧 후대 편집자(편찬자)가 소기의 목적을 달성하지 못하였던 초자연적인 이적에 관한 예전의 전승을 당대의 사람들에게 설명해주는 것이라고 보는 것이다(이를테면 Childs, Exodus, 174; Janzen 97 이하).

iv)또 어떤 학자들은 위의 주장들 가운데 어느 부분을 확대-강조하며 받아들이는가 하면 다른 부분을 최소화-무시하며 받아들인다(Fretheim, Exodus, 96 이하).

어려운 문제를 놓고 씨름하는 학자들의 이런 노력은 존중되어야 할 것이다. 그렇지만 위와 같은 설명을 들어도 우리 손에는 그 의미가 얼른 손에 잡히지 않는 것도 사실이다. 이마 출 4:24~26절처럼 이 구절의 의미도 안개 속에 가려져 있는 듯하다.

이 부분에서 우리가 분명히 알 수 있는 것이 하나 있다. 곧 파라오의 마음이 완강해진 것과 하나님께서 여러 가지 기적을 일으키시는 것이 매우 깊게 연관되어 있다는 점이다. 하나님은 모세를 통해 전달된 자신의 계획을 파라오가 진지하게 받아들이게 하시려고 이 표적을 일으키셨다. 출 7:5가 이런 사실을 뒷받침해준다. 오직 여호와 하나님만이 모든 피조물을 다스리는 유일한 분이시기에 파라오의 마음도 그 분의 통치권 아래 있는 것이다.

우선 출 7:3의 와우접속사를 그리고(KJV)로 할 것이냐 그러나(NASB ESV)로 할 것이냐가 문제다. 문맥으로 보면 뒤에 것이 더 알맞은 것 같다. 공동번역개정과 표준새번역 및 대부분의 성경도 이를 '그러나'로 옮겼다.

여기 나오는 주어 '나'(아니 = 여호와)라는 인칭대명사는 출 7:1의 '너'(앗타 = 모세)와 대칭관계에 있다. 행동의 주체가 인칭대명사로 이렇게 강조된 것은 앞으로 여호와와 모세 및 아론이 만들어 나갈 새로운 역사를 긴장감어린 눈으로 살펴보게 만든다. 출 7:3~5에서 여호와는 되풀이 '나(나의)'라는 1인칭화법으로 이 사실을 강조하였다.

이집트에 새로 등장한 파라오가 요셉이 누구인지 몰랐었는데(출 1:8) 지금의 파라오는 여호와가 누구인지 전혀 모르고 있다.(출 7:5) 하나님은 출 6장에서 이스라엘 자손에게 '나는 여호와라'는 말씀을 5차례 쓰셨는데(6:2, 6, 7, 8, 29) 이집트인에게도 같은 것을 5차례 되풀이하셨다.(7:5, 17; 8:22; 14:4, 18) 이로써 하나님은 자신을 이스라엘 자손에게도, 이집트인에게도 똑같이 여호와(주님)로 알리고자 하신 것이다.(출 4:5 참조)

하나님께서 파라오의 마음을 완악하게 하신다는 말(카샤의 미완료 히필)은 출 13:15; 삼 19:44에도 나오는데 비유적인 용법으로 쓰였다. 완악하다는 말(카샤)은 본디 단단하다, 어렵다, 심하다는 뜻이다. 그렇지만 쓰임새에 따라 그 뜻이 워낙 다양하다. 앞뒤 문맥에 비추어 보아야만 그 말맛이 밝혀진다. 이것이 마음(심장)이란 낱말로 함께 나오는 경우는 여기 말고도 출 4:21; 겔 3:7; 시 95:8; 잠 28:14 등이다. 이럴 때에 그것은 한결같이 하나님 말씀(뜻)에 순종하지 않는 태도를 강조하였다. 이것은 심장(마음) 대신에 목과 함께 쓰여 '목이 굳은'이란 뜻(출 32:9; 33:3, 5; 34:9; 신 9:6, 13; 31:27) 얼굴과 함께 쓰여 '얼굴이 뻔뻔한'이란 뜻이 되기도 한다.(겔 2:4a 이 자손은 얼굴이 뻔뻔하고 마음이 굳은 자니라) 이는 아마도 신 10:16(그러므로 너희는 마음에 할례를 행하고 다시는 목을 곧게 하지 말라)에서 유래한 표현일 것이다.

하나님은 자신을 거역하는 사람을 향해 손을 보내시거나(출 7:4 나탄 야드 브) 펴시거나(7:5 뻬느토티 에트- 야디) 뻗으신다.(출 22:8; 삼상 24:10; 26:11; 시 55:20 샬라흐 야드 브) 또는 그 손을 그들에게 거슬러(전치사 알) 또는 향하여(전치사 엘) 치시거나(나타 야드) 뻗으신다.(샬라흐 야드) 이런 표현들은 성경에 셀 수 없이 많이 쓰였다. 여기서 손은 언제나 인간의 현실에 구체적으로 개입하시는 하나님의 사역을 나타내었다. 그 개입의 내용은 구원이 아니라 징계(심판)였다.

신명기에서 하나님의 '강한 손과 펴신 팔'은 구원행위를 가리키는 말이다.(신 4:34; 5:15; 7:19; 11:2; 26:8) 이런 표현은 이집트 문헌에서도 낯설지 않다. 파라오 라므세스 II는 '강한 팔'로 프사메티쿠스 II는 '강력한 팔'로 그의 아들 아프리스는 '근육질의 팔을 가진 자'로 각각 불리곤 하였다.(Lundbom, 102; Hamilton, Exodus 114)

하나님의 설득을 모세와 아론은 결국 받아들였다.(출 7:6) 이제 남은 것은 파라오가 모세와 아론처럼 하나님의 말씀과 계획을 받아들이는 일이다. 여기에는 이미 11가지 표적이 잉태되고 있다. 하나님 말씀(사명)을 받아들일 자가 모세와 아론일 뿐만 아니라 이집트의 파라오라는 점에서. 모세의 소명과 관련하여 하나님께서 무려 여덟 차례에 걸쳐 그를 설득하신 것을 살펴보면 다음과 같다.(Fretheim, Exodus 52)

모세의 거절(망설임)	하나님의 설득(약속)
3:11 내가 누구이기에 바로에게 가며 이스라엘 자손을 애굽에서 인도하여 내리이까	3:12 내가 반드시 너와 함께 있으리라 네가 그 백성을 애굽에서 인도하여 낸 후에 너희가 이 산에서 하나님을 섬기리니 이것이 내가 너를 보낸 증거니라
3:13 내가 이스라엘 자손에게 가서 이르기를 너희의 조상의 하나님이 나를 너희에게 보내셨다 하면 그들이 내게 묻기를 그의 이름이 무엇이냐 하리니 내가 무엇이라고 그들에게 말하리이까	3:14~22 … 나는 스스로 있는 자이니라 또 이르시되 너는 이스라엘 자손에게 이같이 이르기를 스스로 있는 자가 나를 너희에게 보내셨다 하라 …
4:1 그러나 그들이 나를 믿지 아니하며 내 말을 듣지 아니하고 이르기를 여호와께서 네게 나타나지 아니하셨다 하리이다	4:2~9 … 만일 그들이 너를 믿지 아니하며 그 처음 표적의 표징을 받지 아니하여도 나중 표적의 표징은 믿으리라 …
4:10 오 주여 나는 본래 말을 잘 하지 못하는 자니이다(직역: '오 주여, 말씀의 사람(a man of words)이 저는 아니나이다') 주께서 주의 종에게 명령하신 후에도 역시 그러하니 나는 입이 뻣뻣하고 혀가 둔한 자니이다	4:12 이제 가라 내가 네 입과 함께 있어서 할 말을 가르치리라
4:13 오 주여 보낼 만한 자를 보내소서('셀라크-나 쁘야드-팃슬라크'인데, 이는 '진실로 구하옵나니, 보냄받을 만한 능력(손)이 있는 자를 보내주소서'라는 뜻이다. 여기에는 자기 말고 다른 사람을 보내달라는 것이다)	4:14~16 … 그가(아론이) 너를 대신하여 백성에게 말할 것이니 그는 네 입을 대신할 것이요 너는 그에게 하나님같이 되리라

5:22~23 주여 어찌하여 이 백성이 학대를 당하게 하셨나이까 어찌하여 나를 보내셨나이까 …	6:1~8 … 나는 여호와라 내가 애굽 사람의 무거운 짐 밑에서 너희를 빼내며 그들의 노역에서 너희를 건지며 편 팔과 여러 큰 심판들로써 너희를 속량하여 너희를 내 백성으로 삼고 나는 너희의 하나님이 되리니 나는 애굽 사람의 무거운 짐 밑에서 너희를 빼낸 너희의 하나님 여호와인 줄 너희가 알지라 …
6:12 이스라엘 자손도 내 말을 듣지 아니하였거든 바로가 어찌 들으리이까 나는 입이 둔한 자니이다	6:13~29 … 나는 여호와라 내가 네게 이르는 바를 너는 애굽 왕 바로에게 다 말하라
6:30 나는 입이 둔한 자이오니 바로가 어찌 나의 말을 들으리이까	7:1~5 … 내가 내 손을 애굽 위에 펴서 이스라엘 자손을 그 땅에서 인도하여 낼 때에야 애굽 사람이 나를 여호와인 줄 알리라

오늘의 적용

① 하나님을 보여주며 사는 사람

모세와 아론은 한편으로 이스라엘 자손에게, 다른 한편으로 이집트인(파라오)에게 하나님이 어떤 분이신가, 어떤 일을 하시는 분인가를 보여주는 통로로 쓰임을 받았다.(출 7:1~2)

오늘 우리도 이와 같다. 이런 뜻에서 사도 바울은 우리를 그리스도의 편지에 비유하였다.(고후 3:3) 신앙인인 우리가 말씀대로 사는 것을 보여줄 때 우리 이웃은 '저 사람을 보니 진짜로 하나님이 살아계시네' 하며 하나님께 영광을 돌릴 것이다. 그렇다. 하나님을 보여주는 사람은 하나님 말씀을 자기 생활에 적용하며 살아간다. 그는 복음을 살아내는 사람인 것이다.

② 겸손과 온유는 지도자의 필수요건

여호와께서는 모세를 아론과 파라오에게 하나님(엘로힘)으로 격상시키셨다.(출 4:16; 7:1) 그렇지만 그는 단 한 번도 아론을 향해 '형님, 여호와께서 나를 형님의 하나님으로 세우셨다는 사실을 결코 잊지 마시오'라고 말하지 않았다. 오히려 그는 매우 겸손한 사람이었다: 그런데 이 사람 모세는 이 세상에 사는 그 어떤 사람보다도 더욱 더 겸손한 사람이었다. (민 12:3 직역)

그는 본질적으로 겸손하고 온유한 사람이었다. 이런 뜻에서 모세는 하나님이 세우신 지도자, 하나님의 부름 받은 사람에게 영원한 본보기가 된다.

> 내가 그리스도를 본받는 자가 된 것 같이 너희는 나를 본받는 자가 되라(고전 11:1)

겸손과 온유의 본보기는 우리 구주 예수이시다. 사도 바울도 '기쁜 마음으로 섬기기를 주께 하듯 하고 사람들에게 하듯 하지 말라'(엡 6:7) '무슨 일을 하든지 마음을 다하여 주께 하듯 하고 사람에게 하듯 하지 말라'(골 3:23)고 권면하였다.

③ 믿음의 동역자

아론과 모세는 형제 사이이다. 그 둘은 출애굽 구원역사에서 단짝이요 동역자였다. 성경에 그 이름이 기록된 이유는 혈통 때문이 아니라 둘이 다 하나님의 일에 쓰임 받았기 때문이다. 성경에는 두 사람 이상이 동역자가

되어 하나님의 영광을 드러내는 일에 합력하는 이야기가 많이 나온다.(사도
바나바와 바울, 사도 바울과 디모데 등등)

물론 사람과 사람이 함께 만나 서로 협력하며 상호 보완하는 관계를 유
지하기가 쉽지는 않다. 때로는 그 과정에서 은근히 쌓인 감정 때문에, 또
는 어떤 구체적인 사안에 대한 입장 차이 때문에 관계가 틀어질 위기를 겪
기도 한다. 신앙인인 우리는 그 위기를 어떻게 지혜롭게 극복하느냐가 끝
까지 동역자로 남느냐 단기적인 관계로 끝내느냐를 결정짓는 열쇠가 되는
것이다. 이를테면 사도 바울과 사도 바나바의 관계가 그것이다.(행 15:36~41
참조)

> 8 심는 이와 물주는 이는 한가지이나 각각 자기가 일한 대로 자기의 상을
> 받으리라 9 우리는 하나님의 동역자들이요 너희는 하나님의 밭이요 하나님
> 의 집이니라(고전 3:8~9)

> 디도로 말하면 나의 동료요 너희를 위한 나의 동역자요 우리 형제들로 말
> 하면 여러 교회의 사자들이요 그리스도의 영광이니라(고후 8:23)

④ 뿌린 대로 거둔다

이집트 및 광야 생활 중에 모세는 11번 이상의 반대와 저항에 부딪혔
다. 하나님께서 모세를 불러 쓰시기까지 8번이나 설득하시고 11번이나 되
풀이 시도하셨을 정도로 그가 망설이거나 뒤로 물러나려 하였다. 이것이
우연일까? 세상만사가 반드시 뿌린 대로 거두는 것처럼 보이지 않을 때도
있다. 이것이 또한 세상의 진실(현실)임을 아무도 부정하지 못하리라. 그렇
지만 일의 추이를 길게 보면 '뿌린대로 거둔다'는 말은 늘 유효하다.

이를테면 야곱이다. 그는 팥죽 한 그릇으로 거래하여 형의 장자권을 빼

앗았다. 그리고 아버지를 속이고 축복기원을 빼앗았다. 그 결과 그는 처음에 승승장구하는 것처럼 보였다. 그러던 그는 하란의 외삼촌 라반에게 가살 때 사람을 속이며 뿌린 그 씨를 라반을 통하여 고스란히 거두어 들였던 것이다.

7 스스로 속이지 말라 하나님은 업신여김을 받지 아니하시나니 사람이 무엇으로 심든지 그대로 거두리라 8 자기의 육체를 위하여 심는 자는 육체로부터 썩어질 것을 거두고 성령을 위하여 심는 자는 성령으로부터 영생을 거두리라(갈 6:7~8)

26

열한 번의 표적

(출 7~12장)

하나님은 이집트 땅에서 여러 가지 표적을 일으키셨다. 이는 i)여호와 하나님과 그 섭리를 알라는 뜻 ii)그 깨달음에 바탕하여 하나님을 온전히 섬기라는 신호 iii)이스라엘 자손을 출애굽 시키는 과정의 일환 iv)동시에 하나님께서 파라오를 설득하는 방법이기도 하였다.

그 11가지 표징(이적)의 내용이 출 7:8~12:39에 나온다. 성경은 이들을 가리켜 재앙이란 낱말(네게아; LXX 플리게)로 단 한번만 쓰였다. 이것은 이집트의 맏이를 사람이나 동물이나 가리지 않고 다 죽이겠다고 여호와께서 모세에게 예고하시는 장면(출 11:1)에서만 단 한번 나온다.(참조 창 12:17 재앙; 시 38:12 괴악한 일) 그보다는 표적 또는 기사(오트 또는 모페트)란 용어를 널리 사용하였다.(출 4:8, 17, 21, 30; 7:3, 9; 8:23; 10:1~2; 11:1~10; 12:13 등) 그런데도 여러 번 등장하는 낱말을 무시한 채 한번 나오는 낱말로 표제를 정하여 재앙이라고 부르는 것은 어불성설이다. 출 7:4의 쉬페트 쉬파팀을 개역성경과 표준새번역은 재앙으로 개역개정은 심판이라고 번역하였다. 출 9:14 막게파(= 역병)를 개역개정은 재앙이라 옮겼다.

물론 파라오와 이집트사람의 입장에서 볼 때 그것은 틀림없는 재앙이다. 이것을 이스라엘 자손의 눈으로 보더라도 똑같이 재앙이라고 부를 수 있을까? 아니다. 하나님과 이스라엘 자손의 눈으로 보면 이는 하나님께서 하실 일을 알리는 신호인 동시에 그분이 원하시는 길을 가라는 초청이었다. 그러므로 우리는 성경 기록에 따라 이 부분을 재앙 대신에 표적이라 부를 것이다. 하나님께서 이 11가지 표적을 일으키신 목적은 여호와가 누구인가를 이스라엘 자손과 이집트인(파라오)이 직접적인 체험을 통하여 알게 하는 데 있었다.

이 이야기에서 우리는 모세나 아론의 탁월한 능력이나 굳건한 심지가 아니라, 여호와가 어떤 분인가를 깨달아 알아야 하는 것이다. 이런 흐름에서 에스겔 예언자는 나중에 유다 왕국에 내릴 하나님의 심판을 예고하면서(겔 6:13; 7:4; 12:20; 13:23; 14:8; 35:9) 그리고 치유와 회복을 예언하면서(겔 13:21, 23; 36:11) '내가 여호와인 줄을 너희가 알리라'는 표현을 65차례나 사용하였다.

맥카디는 하나님께서 직접 개입하여 일으키신 11번째 표적을 빼놓고, 지팡이가 뱀으로 변한 첫 번째 표적부터 흑암이 이집트 전역을 뒤덮은 10번째 표적까지의 내용을 분석하여, 다음과 같이 교차대구법의 구조라고 보았다.(성서와 함께 140~142)

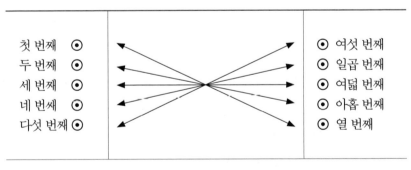

맥카디(J. D. McCarthy)가 분석한 표적 이야기의 문학구조

출 7~12장에 나오는 표적 이야기 본문을 자세하게 살펴 본 학자들은 이것이 문학적으로 매우 짜임새 있는 기록임을 밝혀내었다.(Cassuto 93; Janzen

(69; Stuart 189 참조)

표적	1	2	3	4	5	6	7	8	9	10	11
유형		a	b	c	a	b	c	a	b	c	
성경	7:8-13	7:14-25	8:1-15	8:16-19	8:20-32	9:1-7	9:8-12	9:13-35	10:1-20	10:21-29	11:1-10; 12:29-36
내용	뱀	피	개구리	이 (모기)	파리 (등에)	가축 괴질	악성 종기	우박	메뚜기	어둠	맏배 죽음
사전 경고	없음	아침에 파라오 앞에서	모세가 파라오 에게감	없음	아침에 파라오 앞에서	모세가 파라오 에게감	없음	아침에 파라오 앞에서	모세가 파라오 에게감	없음	모세가 파라오 에게감
히브리인	4:28 (?)			피해 없음	피해 없음	피해 없음		피해 없음		피해 없음	피해 없음
반응	13	22	15	19	32	7	12	20, 34-35	1, 7, 20	27	10

출 7~12장의 이러한 세밀한 문학적 짜임새(1:9[3+3+3]:1)와 내용의 섬세한 흐름 매우 신중한 용어선택 예배를 위한 해방이라는 출애굽기 전체의 주제와 맥이 닿는 것 등을 자세히 묵상할 필요가 있다. 이것은 파라오의 무감각(거부)으로부터 시작되었으나 하나님의 통치권을 직접 체험하고 수용하는 과정을 한편의 드라마처럼 구성한 완벽한 작품이다.

본문의 불일치(불연속)를 전제로 하여 세워진 문서가설 및 역사비평은 이 본문을 J, E, P 기자 및 후대 첨가부분으로 잘게 쪼갠다. 그 가설은 위와 같은 사실 앞에 설 자리를 잃는다. 이것은 어떤 동일한 저자나 공동체가 의식적-의도적으로 저술한 일관성 있는 작품인 것이다.

이 표적 이야기는 i)이스라엘 자손을 출애굽시킴은 하나님께서 그들의 조상에게 주신 약속을 이행하는 것이며,(출 3:8, 19~20; 6:1, 5 등) ii)이스라엘

자손과 이집트인들이 여호와를 알게 하는 교육과정이고,(출 6:7; 10:2 등) iii)
감히 '여호와가 누구냐'고 대드는 파라오에게 주는 대답이며,(출 5:2; 7:5;
8:22; 9:14) iv)이 세상과 인간과 역사 및 자연현상이 여호와의 다스림 아래
있다는 사실을 확인시키는 것,(출 9:16, 29; 11:7; 12:12; 참조 민 33:4; 시 24:1 등)
v)하나님은 출애굽을 통해 예배공동체를 창조하시려 했다는 사실,(표적 이야
기들에 특히 되풀이 나옴) vi)출애굽 이후의 세대에게 하나님께서 이스라엘 자
손을 위해 이루는 놀라운 사역(출애굽) 사건을 대를 이어가며 교육함으로써
대대손손 하나님을 섬기게 하는 것(출 10:2) 등을 목적으로 상세하게 기록되
었다.

시내 산(호렙 산)에서 모세와 처음 만날 때 하나님께서는 이미 표적에 관
해 언급하셨다:

내가 내 손을 들어 애굽 중에 여러 가지 이적으로 그 나라를 친 후에야 그가 너
희를 보내리라(출 3:20)

그 뒤에도 하나님은 거듭 이런 일이 있어야만 이스라엘 자손이 출애굽
할 수 있다는 것을 말씀하셨다:

네가 애굽으로 돌아가거든 내가 네 손에 준 이적을 바로 앞에서 다 행하라 … 너
는 바로에게 이르기를 여호와의 말씀에 이스라엘은 내 아들 내 장자라 내가 네
게 이르기를 내 아들을 보내 주어 나를 섬기게 하라 하여도 네가 보내 주기를 거
절하니 내가 네 아들 네 장자를 죽이리라 하셨다 하라(출 4:21~23)

이 말씀대로 하나님은 놀라운 일들(니플라오트, 모프팀)을 일으키셨다. 출

7:14부터 그것이 본격적으로 시작된다. 출 7:8~13의 첫 번째 표적 이후에 출 7:14~11:10(~12:36)에는 하나님께서 이집트에 내리신 표적 열 가지가 계속 이어진다. 하나님께서 이런 표적을 보이시는 것은 그분이 냉혹하거나 잔인한 분이라서가 아니다. 그것은 한편으로 나라의 지도자나 백성이 완악하고 패역하기 때문이요, 다른 한편으로 하나님과 그 목적을 모르는 자들에게 하나님을 알리는 과정이다.

우리는 표적 이야기를 자연과학의 입장에서 그 근거를 찾는가 하면 민담을 읽듯이 사회·종교적으로 접근할 수도 있다. 침대는 물론 떡 반죽 그릇까지 뛰어오른 개구리 이야기는 익살스럽기까지 하다. 이 이야기를 자연과학의 눈이나 민담 혹은 사회-종교의 눈으로만 읽으면 자칫 알맹이를 빼놓기 쉽다. 결론부터 말하자면 이 표적 이야기를 우리는 출애굽 전체 역사의 한 부분으로 읽어야 한다. 이 이야기는 창조주 하나님이자 구원의 하나님이 개구리 모기 등 곤충, 소 양 같은 가축, 강과 우박 같은 자연현상, 사람의 생사화복 등 우주와 우주 안에서 일어나는 모든 일들을 총망라하여 다스리는 분이심을 우리에게 일깨워준다.

그것은 자신의 백성을 구원하시는 하나님의 힘찬 손길을 보여주는 도구이다. 그것은 모세와 아론을 통해 일으키시는 하나님의 능력 있는 활동 앞에 두 손 두 발 다 든 이집트의 마술사들이 자인하듯이 '직접 신이 하는 일'이다(출 8:15 공동번역: 이는 하나님의 손에 속한 일이라 - 직역).

오늘 우리는 이 이야기를 읽으며 '하나님 손길은 오늘날 이 세상 어느 곳에 머물고 계신가, 우리 자신이 처한 상황이나 사건을 어떤 마음가짐으로 받아들이는가, 단순히 인간세상의 일 또는 자연 현상 가운데 하나일 뿐이라고 받아들인 나머지 그 안에서 작용하는 하나님의 섭리를 놓치고 있지 않은가' 하는 점을 스스로 살펴보아야 할 것이다.

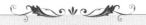

① 마음이 굳어지면 눈으로 보는 것도 보지 못한다

파라오의 마음은 강퍅하였다. 마음이 그렇게 굳어지면 표적이 말하는 소리를 듣지 못한다. 표적은 평범한 말로는 듣지 못하는 그에게 하나님께서 주신 기회였다. 출애굽기 7~12장에 기록된 표적 하나 하나에는 하나님의 목소리가 들어 있다. 그 소리를 듣지 않으려고 단단히 마음먹은 굳어진 파라오의 귀에 그 소리가 들릴 리 만무하다. 그 의미가 피부에 와 닿을 리 만무하다.

마음이 굳어지면 우리는 성령을 거스르게 된다. 그리고 성령께서 열어주시는 새로운 시각과 관점에 마음 문을 닫아건 사람은 자기 판단으로 한 번 결정한 사항만이 진실(현실)인 양 착각하는 것이다.

② 강퍅

하나님께서는 파라오가 한 번 말을 듣지 않을 때마다 표적을 한 가지씩 내리셨다. 이집트에 내린 11가지 표적은 그 나라 왕 파라오가 하나님의 말씀을 받아들이지 않아서 생긴 것이다.

이를테면 모세와 아론은 하나님이 지시하신 대로 지팡이로 강물을 쳐서 그 물이 피가 되게 하였다. 그것을 본 파라오는 이집트인 술객들을 데려다가 모세와 같은 일을 행하도록 하였다. 그들도 모세와 똑같이 행하였다. 그러자 파라오의 마음이 굳어졌다. 바로 그런 마음을 가리켜 우리는 강퍅하다고 말한다. 그것의 내용은 우리(나)의 힘으로도 할 수 있다는 마음이었다. 하나님의 말씀을 어겨도 내 힘으로 얼마든지 무엇인가를 할 수 있다는 것이다. 이런 뜻에서 강퍅이란 하나님을 의지하는 대신에 자기 스스로 자기를 의지하고 그 뜻대로 행하는 것을 가리킨다.

자신이 원하는 결론을 미리 내려놓고 그것을 이루기 위해서 하나님을 찾는 것이 하나님을 의지하는 것이 아니다. 하나님께서 기뻐하시지 않는 것이라면 내가 할 수 있어도 하지 않고, 포기하기 싫어도 포기하는 것이 믿음이요 순종이다.

11가지 표적 가운데 마지막은 이집트의 모든 맏배가 죽임을 당하는 것이었다. 그때 죽임당하지 않은 사람들이 있었다. 그 기준은 이스라엘 사람이라는 신분이 아니다. 마음이 강퍅하지 않은 사람들만 살아남았다. 이스라엘 사람이라고 해서 그때 살아난 것은 결코 아니다. 그들은 출12장 말씀대로 어린양의 피를 자기 문 좌우 설주와 인방에 발랐던 사람들이었다. 이집트인이든 이스라엘인이든 또 다른 어떤 민족의 사람이든 상관없이 하나님의 이 지침대로 한 사람은 죽음을 면하였다.

하나님은 무엇 때문에 어린양의 피를 바른 집을 공격하지 않으셨는가? 출 12:13에 따르면 그 피가 표적이라 하셨다. 피를 바르라는 말씀을 받아들이는 바로 그 마음을 하나님은 강퍅하지 않은 마음으로 여기셨던 것이다.

27
지팡이가 뱀으로

(① 출 7:8~13)

8 여호와께서 모세와 아론에게 말씀하여 이르시되

9 바로가 너희에게 이르기를 너희는 이적을 보이라 하거든 너는 아론에게 말하기를 너의 지팡이를 들어서 바로 앞에 던지라 하라 그것이 뱀이 되리라

10 모세와 아론이 바로에게 가서 여호와께서 명령하신 대로 행하여 아론이 바로와 그의 신하 앞에 지팡이를 던지니 뱀이 된지라

11 바로도 현인들과 마술사들을 부르매 그 애굽 요술사들도 그들의 요술로 그와 같이 행하되

12 각 사람이 지팡이를 던지매 뱀이 되었으나 아론의 지팡이가 그들의 지팡이를 삼키니라

13 그러나 바로의 마음이 완악하여 그들의 말을 듣지 아니하니 여호와의 말씀과 같더라

이것은 모세와 아론이 파라오를 두 번째로 만나는 이야기이다.(10절) 그전에 하나님은 '파라오가 너희에게 너희 자신을 위하여 이적을 보이라 하거든 너는 너의 지팡이를 잡아라. 그리고 그것을 파라오 앞에 던지라 (직역)'고 말씀하셨다.(9절) 아론은 여호와께서 명령하신 그대로(켄 카아쉐르 치와 야웨) 하였다. 그러자 하나님이 그것을 뱀으로 만드셨다.

9절에 쓰인 모페트란 말은 표징, 기적(이적)이라 옮겨지곤 한다. 4:21에는

이것이 복수형으로 나왔다 (모프팀) 아론이 자기 손에 들린 지팡이를 던졌을 때 하나님께서 그것을 뱀이 되게 하셨다는 것이 그 이적의 내용이다. 여기 지팡이(맛세)는 출 4:2, 14, 17, 20에 이미 하나님이 쓰시는 도구로 나왔다.

이와 비슷한 내용이 출 4:1~5에도 나오는데 그 내용과 결과를 살펴보면 다음과 같은 차이가 있다.

첫째로, 앞의 표적은 모세가 아론 앞에서 행한 것인데 뒤엣것은 아론이 파라오 앞에서 행한 것이다.

둘째로, 출 4:3~4의 뱀(나카쉬)과 출 7:9, 10, 12의 뱀(탄닌, 복수형은 탄니님)을 가리키는 용어가 서로 다르다. 사실 구약 성경에서 뱀으로 번역된 히브리어에는 세 가지가 있다: i)나카쉬는 뱀을 통칭하는 것으로 가장 많이 쓰였다.(출 4:3; 창 3:1; 민 21:6) ii)사라프는 주로 치명적인 독성을 지닌 독사를 가리켰다.(민 21:8; 사 14:29) iii)탄닌. 히브리 성경에 14(15번?) 나오는 이 말은 뱀처럼 생긴 괴물(신 32:33; 시91:13)을 가리킨다. NIV성경은 이 말을 바다짐승들(창 1:21 creatures of the sea), 뱀(출 7:9, 10, 12 snake), 괴물(사 27:1 monster) 등 세 가지로 번역하였다. KJV는 뱀,(출 7:9

19왕조 (주전 1292~1190년) 시대에 나온 나크타문의 사자의 서(Totenbuchpapyrus des Nachtamun). 죽은 자가 저 세상의 행복으로 가려고 Apophis의 뱀을 제압하는 장면

serpent) 고래,(창 1:21) 용(그 밖에 다른 부분들에서)으로 옮겼다. 우리말 개역개정은 이를 보다 더 세분하여, 큰 바다 짐승들,(창 1:21) 뱀,(출 7:9) 불뱀,(민 21:8; 사 14:29) 뱀 리워야단(사 27:1)이라 하였다. 이 밖에도 용,(시 148:7) 악어, 코브라 등으로 옮기기도 한다.

여기서 문제는 이 두 낱말이 동의어인가 하는 점이다. 출 7:15에 또 다시 나카쉬라는 용어가 쓰이기에 동의어라 볼 수도 있을 것이다. 그렇지만 렘

51:34; 겔 29:3; 32:2 등에는 탄닌이 나카쉬보다는 더 강한 괴물로 나타나 있다.(이를테면 용 = 드라곤 악어 등) 출 7:12와 렘 51:34에는 이 탄닌의 행동이 삼키다(발라)로 기록되었다. 다른 한편 이것은 하나님의 대적자로 등장하였다.(시 74:13; 사 27:1; 51:9)

셋째로, 앞의 것을 표적(오트)이라 부른데 비해(4:8) 뒤엣것을 이적(모페트)이라 불렀다. (7:9)

넷째로, 앞엣것은 이스라엘 자손에게 여호와를 믿게 하려는 의도로 수행되어 그 목적을 달성하였다. 뒤엣것은 파라오를 설득시키려 시행되었으며 이집트인 현인들(하카밈)과 마술사들(메카쉐핌)도 똑같은 이적을 행하였다. 비록 아론의 지팡이가 변하여 된 뱀이 이집트인의 그것을 삼켰지만 파라오는 이 일에서 깊은 인상을 받지 못하였다. 따라서 그 마음도 전혀 움직이지 않았다.

파라오 앞에 불려온 현인들은 점성과 지리에 능한 자들로 보이고 마술사들은 태양신 레를 섬기는 제사장이었다. 그 요술사들(하르툼밈)은 보다 설명하다란 말(후르)과 감추다, 숨기다란 말(툼)이 합쳐진 것이다. 그들은 비밀스럽게 숨겨진 것을 보고 설명하는 자였다. 출 7:11b은 그들을 이집트의 그 요술사들(하르툼밈)이라 불렀다. 그들은 신비한 것들을 다루는 예언자이며 주문이나 마법 등을 연구하고 행하던 자들이었다. 그들의 도움을 받은 파라오는 마음이 완악해져(와예케자크 레브) 모세와 아론의 말을 듣지 않았다.

여기에 쓰인 완악하다는 말(카자크)은 강하다, 단단하다는 뜻으로 긍정적인 의미와 부정적인 의미를 다 담고 있다. 이는 '여호와는 나의 힘이시라'는 뜻을 지닌 히스기야 왕의 이름에도 '여호와께서 힘주시기를'이라는 뜻을 지닌 에스겔의 이름에도 들어 있다. 이 말은 여호와의 손(손들)이란 명사와 함께 쓰여(= 강한 손, 그 손의 권능) 하나님의 강력한 권고와 구원을 나타내기도

하였다.(출 3:19; 6:1; 13:3, 9, 14, 16) 사람을 가리키는 말과 함께 쓰일 때 이것은 힘과 용기를 불어넣어주는 뜻이다.(신 31:6이하, 23; 수 1:6이하, 9, 18 등 구약성경에 약 24회) 이것이 부정적으로 쓰이면, 완고하다 어리석다는 의미이다.

'바로의 마음이 완강하여'(출 7:14)에서 완강하다는 말(카베드)은 구약성경에 376번 나오는데 출애굽기에 33번 등장한다. 이 말은 본디 무겁다(삼하 14:26; 욥 6:3) 중량감이 있다 영광스럽다 등 다양한 뜻을 지니고 있다.(삼상 4:18; 삼하 14:26) 그리고 마음이 완악하거나(출 7:14; 8:15, 28; 삼상 6:6) 행위가 가혹한 것(출 5:9; 왕상 12:10; 삿 20:34)을 묘사할 때에도 쓰였다.

표적 이야기에서 이 낱말은 출 10:1을 빼놓고는 항상 파라오가 주어로 등장한다. 특히 이 동사는 출 14:4, 17~18에서 하나님께서 영광을 얻으신다는 뜻으로 쓰였다. 파라오가 완강하게 행하는 것이 오히려 하나님께서 영광 받으실 통로가 된다니 참으로 역설이라 할 것이다.

카베드라는 말에는 중요하거나 풍부한 것을 가리키는 긍정적인 뜻(창 13:2)과 재난이 심하거나 감정(감각)이 둔한 것을 가리키는 등 부정적인 의미가 같이 들어 있다.(출 7:14; 8:11, 20, 28; 9:3, 7, 18, 24; 10:1, 14). 부정적인 뜻일 때 이것은 무겁다는 뜻이다. 마음뿐만 아니라 눈, 귀, 혀(입술) 등이 제 기능을 발휘하지 못하는 상태를 묘사할 때에도 쓰인다. 여기서는 파라오의 마음이 외부의 자극과 그 의미를 감지하지 못하는 상태를 묘사하는 것이다.

출애굽기 4~14에서 이 말은 파라오의 마음이란 명사와 함께 쓰여 하나님 뜻에 완강하게 거역하는 모습을 나타냈다. 곧 영적인 감응력이 아주 둔해지거나 마비된 상태를 가리키는 것이다. 거절하다는 말(마엔)은 하나님의 명령(또는 율법)에 불순종하는 것을 가리킬 때 자주 쓰였다. 이 불순종은 아담 이래 사람이 하나님께 짓는 죄 중에서 가장 대표적인 것이다.

13절에 나오는 '듣다'는 낱말(샤마)은 다음과 같이 세 가지 내용을 포함한

재칼과 코브라가 끄는 배에 오른 태양신 레가 파도모양으로 등장한 뱀신(아포피스)과 싸우는
세트신의 도움으로 어둠의 세계를 헤쳐나가는 장면(주전 1085~950 21왕조).

다: i)인간의 오관(감각기관)으로 듣는 것 ii)마음으로 '그렇습니다, 맞습니다'
라고 고개를 끄떡이며 인정하고 동의하는 것 iii)어떤 대가를 치르더라도
이 말씀 그대로 자신에게 적용시켜 실천하는 것이다. 이런 태도를 가리켜
복음을 살아내기, 복음으로 살기라 말한다. 그래서 옛 번역에는 청종(聽從)
하다(들으며 따른다)라는 용어가 쓰였다.

　　출애굽기 4~14장에 파라오가 완강하게 거부하는 마음이 20여 차례 기
록되었다(4:21; 7:3, 13, 14, 22; 8:15〔MT 11절〕, 19〔MT 15절〕, 32〔MT 28절〕; 9:7, 12, 34,
35; 10:1, 20, 27; 11:10; 13:15; 14:4, 8, 17).

　　출 4~14장에서 완강(완악)하게 하였다는 뜻으로 쓰인 용어는 3가지다.(카
자크 14번; 카베드 7번; 카샤 2번) 이와 관련하여 2, 3, 4, 7, 8번째 표적에는 '여호
와께서 (모세에게) 말씀하심과 같더라'는 표현이 파라오의 마음이 완강해졌
다는 문구와 함께 나란히 등장하였다. 순종하는 모세와 순복하지 못하는 파
라오가 같은 자리에 있었다. 9. 10번째 표적에서도 표적 행위의 주체로 인
칭대명사 대신에 여호와라는 낱말이 쓰였다.(출 10:20, 27) 이는 하나님은 파
라오의 마음까지도 좌우하신다는 뜻이다. 카베드 카자크 카샤에서 하나님
이 주어인 경우 10번, 파라오가 주어인 경우 4번, 파라오의 마음이 주어인

경우 6번이다.(Hamilton, Handbook on the Pentateuch 163~164)

이를 표적 이야기에 들어가 자세히 살펴보면 첫 번째-여섯 번째와 여덟 번째에는 파라오 또는 파라오의 마음이 주어로 등장하고, 일곱 번째와 아홉 번째 이후에는 여호와가 주어로 나타나고 있다. 이는 여호와 하나님의 주권에 거슬러 자신의 주권을 주장하려는 파라오의 마음을 보여준다.

파라오의 이런 태도는 헤스본에 거주하던 아모리 왕 시혼에서도 엿보인다.(민 21:21~23) 이를 놓고 신명기 2:30에는 '헤스본 왕 시혼이 우리가 통과하기를 허락하지 아니하였으니 이는 네 하나님 여호와께서 그를 네 손에 넘기시려고 그의 성품을 완강하게 하셨고 그의 마음을 완고하게 하셨음이 오늘날과 같으니라'라고 기록되었다.

사실 이런 태도는 우리 모습이기도 하다. 하나님의 주권 권세 위엄 앞에서 그것을 부인하고 자신의 힘과 권위를 드러내려 하거나 자기주장만 관철시키려는 유혹이 언제든지 우리를 사로잡을 수 있다는 점에서.

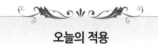

오늘의 적용

① 표적은 하나님의 초대장

하나님은 '이제 내가 바로에게 하는 일을 네가 보리라 강한 손으로 말미암아 바로가 그들을 보내리라 강한 손으로 말미암아 바로가 그들을 그의 땅에서 쫓아내리라'(출 6:1)고 말씀하셨다. 이 말씀대로 하나님은 자신이 여호와이심을 알리는 표적을(출 6:7; 7:5, 17; 8:6, 10, 22; 9:14, 29; 10:2; 11:7; 14:4, 18) 열 한 차례 일으키셨다. 시편 78:44~51에는 이 열한 가지 가운데 7가지가 언급되었다.

이것은 히브리 민족을 승리자로 이집트 바로 왕을 패배자로 만드는 데 목적이 있는 것도 아니다. 그보다는 오히려 히브리 민족과 이집트 사람들이 다 같이 여호와를 아는 지식에 이르게 하려는 것이었다. 여호와를 여호와로 바르게 아는 것은 곧 그분의 권위와 주권을 인정하고 받아들인다는 말이요, 그분께 순종하며 그분을 섬기는 것이다.

이런 뜻에서 표적은 교육과정이다. 그 표적에 따른 기쁨과 고통을 겪는 과정에서 히브리인과 파라오는 하나님을 바르게 알고 하나님이 원하시는 길을 선택하도록 초대받았다. 결과는 이 초대에 어떻게 반응하느냐에 달려 있다. 예수님 비유에도 잔치에 초대를 받았으면서도 이런저런 개인적인 이유로 거절하는 사람들이 나온다.(마 22:1~14; 눅 14:15~24)

② 평범한 것으로 비범한 일을 …

하나님께서 모세를 시켜 행하신 첫 번째 표적의 재료는 매우 평범한 것이었다. 그것은 모세가 날마다 들고 다니는 지팡이를 이용한 것이었다. 하나님이 하시고자 하면 사람이든 물건이든 현상(기상 기후) 이든 그 어느 것이나 평범한 것도 비범한 용도로 변화될 수 있는 것이다.

예수님은 나면서부터 소경인 사람을 치유하실 때에도 매우 평범한 재료를 사용하셨다. 그분은 땅에 침을 뱉어 진흙을 이겨 그의 눈에 바르셨다. 그리고 실로암 샘물에 가 씻으라고 하셨다.(요 9:6~7) 그러자 그는 눈을 뜨고 볼 수 있게 되었다.

우리가 이렇게 하면 소경이 눈을 뜰까? 아니다. 이것은 예수님이기에 가능한 일이었다. 예수님은 평범한 것으로도 비범한 일을 창조하시는 분이다.

③ 짝퉁(짜가) 시대

우리가 사는 이 시대에는 짝퉁이 넘쳐난다. 물건만이 아니라 사람도 …
겉보기에는 짝퉁이 진짜보다 오히려 더 진짜처럼 보일 때도 있다.

이집트 마술사들은 모세와 아론의 표적을 짝퉁으로 흉내내었다. 얼마
동안 그들이 짝퉁인지 전혀 드러나지 않았다. 하나님께서 그 실체를 드러
나게 하시기 전까지 그들은 파라오의 든든한 후원자였다. 파라오는 마술
사들이 모세와 아론의 행위를 따라하는 것을 보고는 하나님의 표적조차도
마술사의 장난질 정도로 받아들였던 것 같다. 마치 짝퉁을 즐겨 쓰는 사람
이 진품을 보고도 가짜로 여기듯이.

물품만 그런 것이 아니다. 일상생활과 정신과 신앙의 영역에도 짝퉁이
적지 않다. 짝퉁 인권운동, 짝퉁 민주화, 짝퉁 경제 살리기, 짝퉁 환경 살리
기 등.

예수님은 말씀하셨다.

숨은 것이 장차 드러나지 아니할 것이 없고 감추인 것이 장차 알려지고 나
타나지 않을 것이 없느니라(눅 8:17)

이것은 단순히 사건(일 물건)에만 해당되지 않는다. 사람과 그 행실에도
그러하다.

28

핏빛으로 변한 강물

(② 출 7:14~25)

14 여호와께서 모세에게 이르시되 바로의 마음이 완강하여 백성 보내기를 거절하는도다

15 아침에 너는 바로에게로 가라 보라 그가 물 있는 곳으로 나오리니 너는 나일 강 가에 서서 그를 맞으며 그 뱀 되었던 지팡이를 손에 잡고

16 그에게 이르기를 히브리 사람의 하나님 여호와께서 나를 왕에게 보내어 이르시되 내 백성을 보내라 그러면 그들이 광야에서 나를 섬길 것이니라 하였으나 이제까지 네가 듣지 아니하도다

17 여호와가 이같이 이르노니 네가 이로 말미암아 나를 여호와인 줄 알리라 볼지어다 내가 내 손의 지팡이로 나일 강을 치면 그것이 피로 변하고

18 나일 강의 고기가 죽고 그 물에서는 악취가 나리니 애굽 사람들이 그 강 물 마시기를 싫어하리라 하라

19 여호와께서 또 모세에게 이르시되 아론에게 명령하기를 네 지팡이를 잡고 네 팔을 애굽의 물들과 강들과 운하와 못과 모든 호수 위에 내밀라 하라 그것들이 피가 되리니 애굽 온 땅과 나무 그릇과 돌 그릇 안에 모두 피가 있으리라

20 모세와 아론이 여호와께서 명령하신 대로 행하여 바로와 그의 신하의 목전에서 지팡이를 들어 나일 강을 치니 그 물이 다 피로 변하고

21 나일 강의 고기가 죽고 그 물에서는 악취가 나니 애굽 사람들이 나일 강 물을 마시지 못하며 애굽 온 땅에는 피가 있으나

22 애굽 요술사들도 자기들의 요술로 그와 같이 행하므로 바로의 마음이 완악하여 그들의 말을 듣지 아니하니 여호와의 말씀과 같더라

23 바로가 돌이켜 궁으로 들어가고 그 일에 관심을 가지지도 아니하였고

24 애굽 사람들은 나일 강 물을 마실 수 없으므로 나일 강 가를 두루 파서 마실 물을 구하였더라

25 여호와께서 나일 강을 치신 후 이레가 지나니라

이것은 여호와께서 파라오와 이집트인에게 보여주신 두 번째 표적 이야기이다. 이것은 파라오의 마음이 완강하다는 말로 시작되었다.(14절) 이는 아마 마음이 가난한 자는 복이 있나니(마 5:3)라는 말씀과 반대되는 표현이리라. 그 말은 이 표적의 끝부분(22절)에도 사용되었다.

인류의 4대 고대 문명이 다 강변에서 발생하였듯이 어느 나라 어느 민족에게나 강이 차지하는 비중은 매우 높다. 일찍이 파라오는 '이 강은 내 것이라 내가 나를 위하여 만들었다'(겔 29:3) 라며 자신의 위세를 드러내는 한편 그 강에 대한 애착을 나타내었다. 역사의 아버지라 불리는 헤르도투스(주전 5세기)는 헤카테우스의 '나일 강은 이집트의 선물이다'라는 말을 인용하였다.

이렇듯 나일 강은 그 나라의 경제를 살찌우며 백성의 삶과 역사와 문화에 커다란 영향을 끼친 곳이다. 하나님께서 물이 피로 변하게 하신 곳은 다름 아닌 그 강이다. 이를 위해 하나님은 이른 아침 파라오가 강에 나오는 시각에 맞추어 모세를 그리로 보내셨다. '가라 파라오에게 아침에. 보라 그가 그 물로 나오리라. 그리고 너는 서 있으라, 그를 만나기 위해 …'(15a 직역) 이는 파라오가 모세에게 어떤 반응을 보일지에 개의치 말고 두려움 없이 그

의 앞에 나가 서 있으라는 명령이다.(Cassuto 97)

거기서 그는 파라오에게 다시 한 번 여호와 하나님의 말씀을 듣지 않는 것에 대해 환기시키면서 강물이 핏빛으로 변하리라고 경고할 것이다.(16~17절) 그 결과 '그 나일 강에 있는 물고기가 죽을 것이다. 그리고 그 강이 악취를 풍길 것이다.'(18a 직역)

강물이 핏빛으로 변한 일이 그 얼마나 중대한 일이었는지를 본문은 적나라하게 표현하였다. 전체가 12절인 이 본문에 나일 강이란 말이 일곱 차례나 나왔다. 더햄(Durham, 98)과 브루크너(Burckner, 134)는 주전 2300년경 이집트 왕조 초기의 문서(Admonitions of Ipuwer)를 인용하여 나일 강물이 피로 변하였던 사건을 말하였다:

이 어인 일이냐? 강물이 피이다. 만일 누군가 그것을 마신다면 인간답게 (그것을) 거부하고 물을 애타게 찾으리라.(ANET 441, ii 10)

이것은 아마 나일 강 상류에서 전쟁이 일어나 그 피로 강물이 물들고 시체들이 강물에 떠내려가는 모습을 묘사하는 시일 것이다.(브루크너 134)

모세가 여호와 말씀대로 파라오와 그의 신하들이 보는 앞에서 지팡이를 들어 나일 강을 치니 그 결과가 다섯 가지로 나타났다. i)강물이 피로 변하였다.(20절) ii)나일 강에 사는 물고기가 다 죽었다.(21절) iii)강물에서 악취가 나고 마실 물이 없어졌다.(21절) iv)그 피가 이집트 땅 어디에나 있게 되었다.(21절) v)이집트 사람들은 나일 강 가를 두루 파서 마실 물을 구하였다.(24절)

이 표적을 이집트의 마술사들도 첫 번째 표적처럼 따라하였다. 이를 본 파라오의 마음은 다시 완악하여졌다.(22절) 그는 백성들이 마실 물을 찾으려고 고생하는 것에 아랑곳하지 않았다. '23 바로가 돌이켜 궁으로 들어가고 그 일에 관심도 가지지 아니하였고 24 애굽 사람들은 … 나일 강 가를 두루 파서 마실 물을 구하였더라.'

강물이 피(핏빛)로 변하는 것은 단순한 일이 아니다. 이는 그 나라와 민족의 생명력을 뒤흔들어놓는 것이다. 그리고 그 강을 지배하는 신으로 숭배되는 하피 신과 오시리스 신의 기반을 무너뜨리는 일이다. 고대사회에서 샘(우물) 또는 강물이 핏빛으로 변하는 것은 불길한 징조로 받아들여졌다. 사람들은 이것을 i)마실 물의 결핍 ii)수원지 오염 iii)장차 임할 재앙을 예고하는 흉조 등으로 생각하였던 것이다.

파라오가 사는 왕궁 안에서 지팡이가 뱀으로 변하는 표적을 행한테 이어 온 이집트의 젖줄인 나일 강에서 두 번째 표적을 일으킨 것은 매우 절묘한 선택이라 보아야 하리라.

고대인이나 중세인과 달리 현대인은 대체로 강을 신격화하지 않는다. 그 대신 경제적 이익이나 유흥을 위한 이용대상으로만 여기는 경향이 있다. 신성한 강(산), 소중한 피조물이라는 관념이 희박해졌다. 그 결과 정수기를 사용해야 물을 마실 수 있게 되었다. 40여 년 전에만 해도 물을 돈 주고 사먹는 것을 상상조차 하지 않았다. 지금은 4대강(낙동강, 한강, 금강, 영산강)에 시도 때도 없이 조류현상(녹조 등)이 생겨나고 있다. 이는 혹시 우리 시대에 주시는 하나님의 표적이 아닐까? 이것은 분명 마실 수 있는 살아있는 물을 주신 하나님, 피조물을 돌보시는 하나님의 뜻보다는 인간의 이익을 앞세우는 태도를 경고하시는 그분의 표적일 수 있다.

① 핏빛으로 물든 강물

지난 시절 정부는 4대강 살리기란 이름으로 4대강 사업을 강행하였다. 이때 어용학자들과 어용 언론인들이 국민의 눈을 멀게 하거나 입을 닫게 만드는 도구로 전락하기를 주저하지 않았다. 그 결과 속칭 녹차 라테로 불리는 조류현상이 해마다 아주 폭넓게 발생하고 있다. 앞으로도 해마다 발생할 것이라는 불길한 예보도 나온다. 이는 강물에 사는 동식물에게는 물론 사람에게도 치명적인 해를 끼칠 수 있는 것이다. 실제로 강에 사는 물고기의 양이 엄청나게 줄어들었다.

모세 시대에는 이스라엘 자손을 억압하여 경제적 이익을 얻으려는 파라오의 죄악이 나일 강물을 핏빛으로 물들게 하였다. 우리 시대에는 어떻게 하면 당장 돈벌이가 될까를 궁리하는 경제인과 몰지각한 정권 그리고 정치가 ○○○를 지지하느라 이성이 마비된 듯한 국민이 한 통속이 되어 꾸민 죄악이 강물을 녹조 등으로 물들여 건강한 생활환경을 파괴하였다. 옛말에 '다른 것은 다 썻어 먹어도 물은 씻어먹지 못한다'고 하였는데 물을 이렇게 오염시켜 놓았으니 …. 이 일에서 교회와 기독교인도 결코 그 책임과 죄를 벗어날 수 없다.

혹시 우리보다 4~5대 후손들은 우리에게 이렇게 원망하지 않을까? '우리 조상들은 돈에 눈이 멀어 우리가 살아갈 강도 들도 산도 바다도 건강하게 남겨놓지 않았다. 자기들은 조상 대대로 남겨 준 것을 다 받아 누렸으면서 우리에게는 망가진 것만 남겨 놓았다'고.

② 돌같이 차갑게 굳은 마음, 어린애 살갗같이 연한 마음

19 내가 그들에게 한 마음을 주고 그 속에 새 영을 주며 그 몸에서 돌 같은 마음을 제거하고 살처럼 부드러운 마음을 주어 20 내 율례를 따르며 내 규례를 지켜 행하게 하리니 그들은 내 백성이 되고 나는 그들의 하나님이 되리라(겔 11:19~20)

26 또 새 영을 너희 속에 두고 새 마음을 너희에게 주되 너희 육신에서 굳은(돌) 마음을 제거하고 부드러운(고기, 살) 마음을 줄 것이며 27 또 내 영을 너희 속에 두어 너희로 내 율례를 행하게 하리니 너희가 내 규례를 지켜 행할지라 28 내가 너희 조상들에게 준 땅에서 너희가 거주하면서 내 백성이 되고 나는 너희 하나님이 되리라(겔 36:26~28)

사람의 일상생활에는 아무리 결심을 하여도 할 수 없는 것도 많고 또 마음먹기에 따라 달라질 것도 수없이 많다. 그만큼 마음(결단, 결심)의 역할이 크다. 사람의 행동은 대체로 생각(마음)에서부터 시작한다. 생각한 것이 마음의 결정으로 이어지면 행동으로 나타나는 것이다. 우리 마음이 이끌리고 지배당하는 것이 실제로는 우리 생활과 행동 모두가 그것에 이끌리고 지배당하는 결과를 낳는다.

이를 지나치게 강조하여 불교에서는 일체유심조(一切唯心造 = 모든 것을 오직 마음이 만들어낸다)라고 말한다. 그들은 마음을 다스리라고 거듭 강조한다. 물론 일리 있는 말이다. 그러나 우리는 우리 마음의 방향과 목표가 일정하지 않은 것을 너무나도 잘 알고 있다. 때로는 서로 반대되는 서너 가지 마음(생각)이 동시에 생겨나 우리 자신을 혼란스럽게 하기도 한다.

우리가 우리 자신의 지난날을 되돌아보자. 정말 우리 마음먹은 대로만 되었다면 '아찔'하고 두려운 것들이 많았다. 사정이 이럴진대 어찌 마음만

다스린다고 일이 잘 되겠는가?

우리는 하나님을 창조주로 고백하는 사람들이다. 하나님은 사람의 마음을 창조하셨다. 하나님은 우리 마음을 아시는 분이다.(왕상 8:39; 대하 6:30; 시 139:23; 행 1:24; 15:8) 우리는 성령님의 기름 부으심을 받는 마음을 지녀야 할 것이다. 마음이 무엇인가 좋은 것을 만들어내는 것이 아니다. 오직 성령에게 이끌리는 마음을 도구로 삼아 창조주 하나님께서 우리 인생에 건설적이고 긍정적인 것들을 만들어내시는 것이다.

③ 약하고 부드러운 것이 억센 것을 이긴다

융통성 · 유연성이 없는 강함은 결코 강한 것이 아니다. 완강(완악) 일변도로 나가던 강력한 군주 파라오를 보아도 우리는 이런 사실을 금방 알 수 있다.

부드러운 혀와 단단하고 강한 이빨도 그런 예이다. 사람이 늙어 죽을 때까지 이빨이 제 기능을 발휘하는 경우는 매우 드물다. 혀는 대부분의 경우에 그렇다.

물론 약하거나 부드럽다고 해서 늘 이기는 것은 아니다. 자신이 약하고 부드러운 것을 알기에, 그래서 주어진 사람이나 일이나 환경을 상대하기에 턱없이 부족한 것을 인정하기에, 하나님을 더욱 굳게 붙드는 약한 사람이 이기는 것이다. 하나님 밖에는 의지할 만한 다른 것이 없는 사람, 그래서 하나님 앞으로 나아오는 약자가 하나님 은혜를 덧입는다.

④ 숭배의 대상, 협력의 대상, 활용의 대상, 악용의 대상

이 세상에는 인간이 접촉하는 온갖 것들로 가득하다: 국가체제, 사회제도 이데올로기 환경(예를 들면 강), 물질, 식물, 동물(예를 들면 뱀), 지위(명예), 사람 신 또는 신적인 존재. 이 모든 것, 그리고 그 각각과 어떤 관계를 맺느냐가 결국 그 인생의 가치와 보람과 열매를 좌우한다.

숭배의 대상만이 아니라 협력·활용·선용의 경계선을 제대로 분별하지 못하는 것이 아마 인간의 연약함인 듯하다. 옛날부터 그것들을 숭배의 대상으로 오용(악용)하는 사람들이 있었다. 그 결과가 불을 보듯 훤한데도 사람들 중에는 당장 또는 잠시 동안 그리하는 것이 이익이 되거나 편리하다 하여 그런 것을 쫓아가는 것이다.

오늘날에도 모양과 내용만 다를 뿐 현실(현상)은 크게 다르지 않다. 출애굽기의 11가지 표적을 통해서 하나님은 우리에게 이것을 분명하게 밝히셨다. 이를 온전하게 깨닫는 사람이 경건하고 거룩한 하나님의 사람이다.

⑤ 변질

지금(과거)의 상태보다 더 나쁜 방향으로 바뀌는 것을 가리켜 변질이라 말한다. 음식이 상하면(변질되면) 먹을 수 없다. 기후 등 자연환경이 변화(변질)되면 생태계의 근간이 흔들린다. 어떤 사람 마음이 변질되면 주변 사람들이 고통을 겪는다. 중요한 것일수록 그 변질이 가져오는 파급효과도 크다. 나일 강물의 변질로 인하여 이집트에 생겨난 파괴적인 결과가 그러하듯이.

한 국가를 다스리는 왕 사울이 다윗의 적대자로 변질되었을 때, 예수님의 제자였던 가룟 유다가 예수님의 배신자로 변질되었을 때 생겨난 치명적인 결과를 우리는 알고 있다. 그러므로 마음의 변질 신앙의 변질 사상이나 이념의 변질 등을 우리는 무섭게 경계하며 성령님의 인도를 따라야 하리라.

⑥ 파라오의 마음

모세와 아론을 통해 나일 강물이 핏빛으로 변하였다. 그 순간 아마 파라오의 얼굴은 백짓장처럼 하얗게 되었을 것이다. 그는 급히 이집트의 요술사들을 불러오게 하였다. 그들도 모세와 아론처럼 이적을 행하자 그는 평상심으로 되돌아갔다. 그는 이스라엘 자손을 여전히 차갑게 대하며 모세와 아론을 통한 하나님의 신호를 무시하였다. 마치 아무 일도 없었다는 듯이 자기 궁으로 되돌아갔다. 백성이 식수를 구하느라 고생하는 것에는 눈길 한 번 주지 않았다. 정말 그 마음이 완악하였다. 그는 이스라엘 자손을 향해서만이 아니라 자국 백성을 향해서도 그와 같았다.

그는 공감 능력이 결핍된 사람일까? 아니면 자신의 이해관계에 집착하는 정도가 너무 강하다보니 아예 그런 것을 염두에 두지 조차 않았을까? 우리 시대 지도자들은 어떤가? 보이는 것이나 자신의 이해 득실을 초월하여 국민의 아픔과 고생에 공감하거나 마음 아파하는 정치·사회·종교·문화의 지도자는 얼마나 될까?

29
개구리 표적

(③ 출 8:1~15 [7:26~8:11])

1 여호와께서 모세에게 이르시되 너는 바로에게 가서 그에게 이르기를 여호와의
말씀에 내 백성을 보내라 그들이 나를 섬길 것이니라

2 네가 만일 보내기를 거절하면 내가 개구리로 너의 온 땅을 치리라

3 개구리가 나일 강에서 무수히 생기고 올라와서 네 궁과 네 침실과 네 침상 위와
네 신하의 집과 네 백성과 네 화덕과 네 떡 반죽 그릇에 들어갈 것이며

4 개구리가 너와 네 백성과 네 모든 신하에게 기어오르리라 하셨다 하라

5 여호와께서 모세에게 이르시되 아론에게 명령하기를 네 지팡이를 잡고 네 팔을
강들과 운하들과 못 위에 펴서 개구리들이 애굽 땅에 올라오게 하라 할지니라

6 아론이 애굽 물들 위에 그의 손을 내밀매 개구리가 올라와서 애굽 땅에 덮이니

7 요술사들도 자기 요술대로 그와 같이 행하여 개구리가 애굽 땅에 올라오게 하
였더라

8 바로가 모세와 아론을 불러 이르되 여호와께 구하여 나와 내 백성에게서 개구
리를 떠나게 하라 내가 이 백성을 보내리니 그들이 여호와께 제사를 드릴 것
이니라

9 모세가 바로에게 이르되 내가 왕과 왕의 신하와 왕의 백성을 위하여 이 개구
리를 왕과 왕궁에서 끊어 나일 강에만 있도록 언제 간구하는 것이 좋을는지 내
게 분부하소서

10 그가 이르되 내일이니라 모세가 이르되 왕의 말씀대로 하여 왕에게 우리 하나

님 여호와와 같은 이가 없는 줄을 알게 하리니

11 개구리가 왕과 왕궁과 왕의 신하와 왕의 백성을 떠나서 나일 강에만 있으리이다 하고

12 모세와 아론이 바로를 떠나 나가서 바로에게 내리신 개구리에 대하여 모세가 여호와께 간구하매

13 여호와께서 모세의 말대로 하시니 개구리가 집과 마당과 밭에서부터 나와서 죽은지라

14 사람들이 모아 무더기로 쌓으니 땅에서 악취가 나더라

15 그러나 바로가 숨을 쉴 수 있게 됨을 보았을 때에 그의 마음을 완강하게 하여 그들의 말을 듣지 아니하였으니 여호와께서 말씀하신 것과 같더라

이것은 세 번째 표적(개구리 표적) 이야기이다. 이것은 두 번째 표적(나일 강물이 핏빛으로 변함)이 거절당한(마엔) 후에 일어났다.(출 8:2)

개구리 표적은 사람을 성가시게 하고 비위를 몹시 상하게 하는 것이지 사람 목숨을 왔다갔다 하게 만드는 것은 아니다. 그런데도 이 표적을 겪는 동안 파라오는 처음으로 이스라엘 자손을 내보내야겠다는 생각을 하게 되었다. 7:15와 비교하면 출 8:1~4은 매우 단순하게 시작된다:

1 여호와께서 모세에게 말씀하셨다. '파라오에게 가서, 주님께서 이렇게 말씀하십니다'하고 말하여라. '나의 백성을 내보내어 나를 예배하게 하여라. 2 네가 만일 내보내기를 거부한다면, 보라, 나는 개구리 떼로 너의 온 영토를 치겠다. 3 그러면 나일 강에 개구리들이 무수히 생겨날 것이다. 그것들이 올라와 네 궁궐과 침실로, 네 침상 위로, 네 신하들과 백성의 집으로, 네 화덕과 반죽 통 속으로 들

266

어갈 것이다. 4 그리고 개구리들은 너에게, 네 백성에게, 너의 모든 신하들에게 뛰어오를 것이다.'(표준)

개구리란 말(체파르데아, 체파르데임)은 여기와 여기를 배경으로 하는 시편에만 두 번 나온다.(78:45b; 105:30) (무수히) 생겨나다, 기다는 말(샤라츠)은 '생겨나다, 번성하다, 득실거리다(우글거리다), 기다' 등 여러 가지 의미로 쓰였다.(창 1:20, 21; 7:21; 8:17; 레 11:29) 게제니우스는 이 동사를 말레, 파라츠, 야라드 등과 함께, 풍족·부족의 동사(verba copiae 또는 verba abundandi)라고 불렀다.(GK §117z; HeSy §90d 참조) 이를 NASB 등은 우글거리다, 떼를 짓다(swarm)로 NIV는 충만하다(teem)로 각각 옮겼다.

창세기 1:20~21에 두 차례 나오는 이 낱말과 연관시켜 본다면 개구리들이 이집트 사람의 생활공간에 온통 우글거렸다.(7절 '애굽 땅에 덮이니'란 구절 참조) 더구나 파라오의 궁궐, 그 가운데서도 침실과 침대까지. 지극히 은밀한 공간 더 나아가 그 무엇으로도 침해당하거나 아무에게도 방해받지 않아야 할 파라오의 침실과 침대가 아니던가! 게다가 화덕과 반죽통이라면 원래 개구리가 접근을 기피하는 곳이다. 그런데도 이곳까지 개구리가 몰려들었다는 것은 한편으로 그 숫자가 엄청났다는 뜻이다. 다른 한편으로 사람이 먹는 음식물까지 더럽혀진다는 뜻이다. 이렇듯 모든 장소에 다 퍼져 있는 그것들은 우리가 흔히 생각하는 것보다 훨씬 더 큰 불쾌감을 안겨주었을 뿐만 아니라 일상생활에 커다란 장애가 되었으리라.

성경은 개구리들이 출몰하는 장소를 왕궁 침실 침상(침대)으로 범위를 좁혀가며 구체적으로 설명하였다. 그리고 왕궁 신하들의 집 백성의 집으로 피해를 당하는 사람들의 숫자를 점점 늘려나갔다.(3절) 더 나아가 식생활에 관련된 영역까지(화덕과 떡반죽 그릇) 개구리들이 들어감으로써 혐오감이 극대화되었다.

그리고 '나는 … 치겠다'(2절)는 표현에서 친다는 말(나가프)이 표적 이야기에서 처음으로 나온다. 이 말은 서양 언어권에서는 재앙을 가리키는 말(palgue)로 번역되었다. 이런 번역은 '치다 불행하다'등을 의미하는 그리스 말 플레게(plege)에서 나왔다. 여기서 개구리로 친다는 말은 조금 가볍게 들릴 수도 있다. 개구리는 사람이나 작물을 직접 해치는 동물이 아니라 불쾌감(혐오감)을 안겨주는 동물이기 때문이다.

친다는 이 말이 출 12:23에 쓰일 때에는 분위기가 완전히 달라졌다.

야훼께서 이집트인들을 치며 지나가시다가 문상인방과 좌우 문설주에 바른 피를 보시고는 그 문을 그냥 지나가시고 파괴자를 당신들의 집에 들여보내어 치게 하는 일이 없게 하실 것이오.(공개)

더 나아가 출 32:35에는 치는 대상이 이스라엘 자손으로 바뀌었다.

여호와께서 백성을 치시니 이는 그들이 아론이 만든 바 그 송아지를 만들었음이더라

성경에 기록되지 않았지만 5절 앞에는 위와 같은 위협의 말씀을 듣고도 파라오가 그에 순종하지 않았다는 사실을 짐작할 수 있다. 이에 하나님은 세 번째 표적을 시작하셨다. 파라오는 전처럼 이집트의 마술사들을 불러들였다. 하나님을 대신한 모세와 아론처럼 그들도 개구리들을 이집트 땅 곧 사람의 생활처소로 올라오게 하면서도 사라지게 할 수는 없었다.

이는 참으로 역설적인 일이다. 마술사들이 진정으로 파라오를 위한다면

나일 강에서 올라온 개구리를 되돌려 보내거나 없애버려야 했다. 그들은 오히려 파라오 궁전 안에 개구리 숫자를 늘려놓았다. 더 우글거리게 만들어 놓았다. 이로써 그들은 하나님을 의지하는 모세와 아론만이 이런 일을 할 수 있는 것이 아니라는 사실을 보여주었지만 개구리 표적을 더 크게 만들어 파라오에게 더 심한 괴로움을 안겨주었던 것이다.

나일 강물을 피로 변하게 한 일도 이와 같다. 한편으로 그들도 모세와 아론처럼 할 수 있음을 보여주었다. 다른 한편으로 상황을 더 나쁘게 만들었다. 정말 그들이 능력 있는 마술사라면 나일 강물을 핏빛으로 변하게 할 것이 아니다. 핏빛으로 변한 그 강물을 원래 상태로 되돌려 놓아야 할 것이었다. 그렇다. 아무리 신기하고 기상천외한 것이라도 파괴적인 상처를 입히거나 이미 있는 상처를 덧내는 것은 결코 진정한 표적이 될 수 없다. 진정한 표적은 언제나 건설적·창조적인 목적에 따라 치유와 회복으로 이어지는 것이라야 한다. 그 과정에서만이 아니라 그 결론에서도 파괴적인 상태로 남아 있는 것은 결코 표적(기적)이 될 수 없다.

침대에까지 뛰어오르는 개구리로 곤욕을 치르면서 파라오의 마음은 크게 흔들렸다. 그는 굴욕을 무릅쓰고 모세와 아론을 불러들였다. 그리고 처음으로 여호와의 존재를 인정하며 기도를 부탁하였다.

출 8:8에 처음 쓰인 기도드리다는 말(아타르)은 청원하다, 탄원하다는 뜻이다.(출 8:28; 9:28 참조) 이는 항상 하나님을 향한 장면에서만 쓰였다. 우가릿말에서 이것은 '죽이다 〉 처형(처분)하다 〉 제물로 바치다 〉 청원하다'로 그 뜻이 변화되었다.(GB[18], 1032) 창세기에서 이 말은 이삭이 자기 아내 리브가가 임신하게 해 달라고 기도드리는 곳에 유일하게 나온다.(창 25:21b)

개구리 문제를 놓고 모세가 여호와께 기도드리는 것은 차아크란 낱말로 표현되었다.(12절) 이는 흔히 커다란 위험 앞에서 또는 절박한 위기 때에 부르짖다, 울부짖다, 아우성치다로 옮겨지는 말이다. 4절에 나오는 기도드리다(아타르)보다 훨씬 더 강렬한 표현이다. 이에 카숫토는 만일 하나님께서 자신의 기도에 선하게 응답하시지 않으면 자신이 죽임을 당할 것이라는 절박한 심정으로 모세가 기도드렸다고 보았다.(Cassuto 103) 그렇지만 이는 그의 간절함을 지나치게 강조하여 해석한 것으로 보인다.

파라오는 처음으로 협상할 뜻을 내비쳤다.(출 8:8) 이는 지금까지 얼음같이 차갑기만 하던 태도에 비하면 참으로 놀라운 진전이다. 모세는 '나에게서(나를 통해) 당신 자신을 영화롭게 하시오'(직역. 히트파에르 알라이 ← 파아르)라고 응수하였다.(개역개정은 이 부분을 제대로 번역하지 않았으며, 표준새번역은 '기꺼이 그렇게 하겠습니다'로 공동번역은 '그대로 하겠습니다'로 각각 옮겼다. 모두가 지나친 단순화 또는 의역이다.

KJV는 이를 glory over me when … (기뻐하십시오 …할 때 내 위에서) 라고 해석하였다. 파아르 동사는 피엘형으로 6번(사 55:5; 60:7, 9, 13; 시 149:4; 스 7:27) 히트파엘형으로 7번(출 8:9[5]; 삿 7:2; 사 10:15; 44:23; 49:3; 60:21; 61:3; 참조 예수시락서 48:4; 50:20) 그리고 명사형(페에르)으로 7번 나온다.(출 39:28; 사 3:20; 61:2, 10; 겔 24:17, 23; 44:18)

출 8:9의 이 문형과 가장 비슷한 곳(파아르 + 전치사 알)은 삿 7:2b(= 이는 이스라엘이 나를 거슬러 스스로 자랑하기를 내 손이 나를 구원하였다 할까 함이니라)와 사 10:15a(= 도끼가 도끼질하는 사람에게 어찌 으스대겠느냐? 공개)이다. 이것의 의미를 학자들 대다수는 '내가 당신에게 유리하게 해 드리리다'로 풀이하였다.

파라오는 모세와 아론이 개구리를 제거하는 일을 당장하라고 하지 않고 내일하라 하였다.(10절) 그 이유가 무엇일까? 자못 궁금하다. 성경에는 그 대답이 나와 있지 않아서 순전히 추측에 의존할 수밖에 없다. 카숫토는 여기에 쓰인 내일이란 말이 문법상 '가능한 한 최대한 빨리'라는 뜻이라 하였다.(Cassuto 104) 대부분의 주석가들은 이것을 다르게 본다. 곧 파라오는 모세가 그 일을 당장 할 수 있으리라 믿지 않았기에 내일 안에 개구리들이 저절로 사라지기를 바라는 심정으로 이렇게 말하였다는 것이다.

파라오의 말을 듣고 난 모세는 10절에서 이 표적의 목적을 다시 한 번 강조하였다. 여호와와 같은 이가 없는 줄을 파라오에게 알게 하는 것이 그것이다.

모세의 기도에 하나님께서 응답하셨다. 개구리들이 집과 마당과 밭에서 나와 죽어버렸다.(13절) 사람들이 죽은 개구리를 모아다가 쌓아 놓았다.(코마림 코마림) 코마림이란 말이 되풀이 나오는 것은 그 숫자가 셀 수 없이 많은 것을 강조하는 의미이다.(GK §123.e) 코마림은 코메르의 복수형이다. 1코메르는 약 220리터이므로 그 양이 엄청나다.

모세가 드린 기도에 하나님께서 응답하심으로 파라오는 마음이 가벼워질 수 있었다.(15절) 개역개정이 숨을 쉴 수 있게 됨이라 옮긴 말(레붸카)은 본디 넓음, 사이에 있는 공간, 소생이란 뜻이다. 넓히다, 확장하다, 가벼워졌다고 느끼다는 뜻을 지닌 말(라봐 I)에서 온 이것은 여기서 꼭 막혀 답답하기만 하던 것이 활로가 열리며 수월해졌다는 말맛을 지녔다. 이 낱말이 여기 쓰인 것은 파라오가 개구리 표적으로 얼마나 큰 정신적 압박을 받았는지를 단적으로 보여준다. 개역개정, 표준새번역, 공동번역 개정은 이 라봐 II의 뜻을 채택하였다. 그에 따라 이를 한숨 돌리다로 옮겼으나 본래의 뜻이 아니다.

개구리들이 사라지자 그는 화장실에 들어갈 때와 나올 때의 생각이 다르다는 말처럼 또 다시 자신의 마음을 완강하게 굳혀버렸다.(출 8:15) 이로써 그는 자신의 생각을 돌이킬 수 있는 기회를 제 발로 차버렸다.

① 말과 행동 (언행일치)

파라오는 자기가 한 말을 불과 몇 시간 (또는 하루?)만에 뒤집었다. 말과 행동이 이렇게 다르면 그 주변 사람은 당혹스러워진다. 기분에 따라 변덕이 죽 끓듯 하는 그것에 맞추어 주기가 힘들다.

말과 행동, 이 두 가지가 다 중요하다. 굳이 그 둘을 나누자면 당연히 말보다는 행동이 더 중요하리라. 일찍이 공자가 말하였다.(論語 第伍 公冶長) "선생님께서 말씀하셨다. 처음에 나는 사람을 대할 때 그가 말하는 것을 들으면 그대로 실행되리라고 믿었다. 그런데 이제는 남이 말한 것을 들은 다음 과연 그대로 실행하고 있는지 관찰하기로 했다."

예수님도 말씀하셨다:

28 … 어떤 사람에게 두 아들이 있는데 맏아들에게 가서 이르되 얘 오늘 포도원에 가서 일하라 하니 29 대답하여 이르되 아버지 가겠나이다 하더니 가지 아니하고 30 둘째 아들에게 가서 또 그와 같이 말하니 대답하여 이르되 싫소이다 하였다가 그 후에 뉘우치고 갔으니 31 그 둘 중의 누가 아버지의 뜻대로 하였느냐 …(마 21:28~31)

평소 우리는 어떤가?

② 말씀대로 되다

하나님께서 이집트에 내린 표적들은 하나같이 하나님께서 말씀하신 그

대로 일어났다. 개구리 표적도 그러하였고, 그 표적 이후 파라오가 보인 반응 역시 하나님께서 말씀하신 그대로였다.

물론 여기에 아주 작은 변화가 감지되었다. 그 표적이 세 번째 이어지자 파라오는 처음으로 이스라엘 자손을 내보내야 하는 것이 아닌가라고 생각하였다. 비록 그 마음을 곧바로 실천하지 못하였더라도 태도가 조금이라도 달라졌다는 데 의미가 있다.

하나님께서 말씀하신 그대로 따르던 모세와 아론은 여기서 처음으로 하나님 말씀하신 대로 일이 되겠구나 하는 낌새를 느꼈을 것이다.

③ 기도를 부탁받는 사람

파라오가 모세에게 중보기도를 부탁하였다. 이것은 실로 엄청난 변화이다. 비록 파라오가 모세를 통한 하나님의 말씀을 받아들이지 않았더라도 그 신분이나 지위로 볼 때 자신과 도저히 비교할 수 없는 사람인 모세에게 기도를 부탁한 것이다. 그만큼 그가 하나님의 사람인 것을 인정한다는 뜻이다. 모세 자신도 모르는 사이에 하나님은 그를 기도 부탁을 받는 사람으로까지 끌어올리셨다.

사람은 흔히 흔쾌히 하는 일에서보다 마지못해 억지로 하는 일에서 본심이 드러나기 마련이다. 파라오는 지금 마음이 흔들리는 중이다. 모세에 대해 자신이 지금까지 품었던 생각이 바뀌는 중이다. 어쩔 수 없어 하긴 하지만 파라오가 모세에게 그런 부탁을 하기가 얼마나 싫었을까? 충분히 상상할 수 있다. 만일 그 심정을 조금이라도 헤아린다면 우리는 비록 원수가 중보기도를 부탁하더라도 그에 응할 수밖에 없을 것이다.

모세는 파라오의 부탁을 받아들였다. 그리고 하나님께 기도를 드렸다. 이렇게 하는 모세는 파라오의 말을 귀에 들리는 대로 순수하게 받아들였을까? 아마 반반이었으리라.

비록 기도를 요청하는 상대방에게서 순수성을 찾지 못하더라도 우리는 그 요청을 뿌리칠 수 없다. 기적을 일으킬 능력이 우리에게는 없지만 기도 드릴 능력이 있다면 마다할 이유가 없는 것이다. 하나님의 사람은 곧 기도를 드리는 사람이다. 우리는 중보기도의 사도로 부름 받았다. 특히 중보기도를 드리는 것은 우리의 사명이다.

1 그러므로 내가 첫째로 권하노니 모든 사람을 위하여 간구와 기도와 도고와 감사를 하되 2 임금들과 높은 지위에 있는 모든 사람을 위하여 하라 …(딤전 2:1~2)

④ 고난 중에 체험한 은혜가 내 생활에 어떤 작용을 하고 있는가?

인생에는 생사와 직접 관련된 것이 아니더라도 생활을 불편하게 하고 마음을 불안하게 하는 일이 여러 가지 있다. 그리고 때로는 생명을 좌우할 만한 중대한 일도 일어난다.

지금 우리는 어떤가? 오늘에 이르기까지 우리는 위와 같은 것들을 여러 차례 경험하였다. 그리고 살아남아 오늘에 이르렀다. 불안하고 두려운 일 불편하고 싫은 일 목숨이 왔다갔다하는 위태로운 일 등을 하나씩 겪어 낼 때마다 우리는 무엇을 배우는가? 그런 경험들 속에서 '우리 하나님 여호와와 같은 이가 없는 줄을 알게 되는' 사람은 복이 있다.(출 8:10) 파라오의 불행은 기본적으로 표적들을 겪으면서도 이런 깨달음에 이르지 못 한데서 비롯되었다.

12 형제들아, 너희는 삼가 혹 너희 중에 누가 믿지 아니하는 악한 마음을 품고 살아 계신 하나님에게서 떨어질까 조심할 것이요 14 오직 오늘이라 일컫는 동안에 매일 피차 권면하여 너희 중에 누구든지 죄의 유혹으로 완

고하게 되지 않도록 하라 14 우리가 시작할 때에 확신한 것을 끝까지 견고히 잡고 있으면 그리스도와 함께 참여한 자가 되리라 15 성경에 일렀으되 오늘 너희가 그의 음성을 듣거든 격노하시게 하던 것 같이 너희 마음을 완고하게 하지 말라 하였으니(히 3:12~15)

⑤ 가라 모세, 너 가서…

가라 모세여 (Go Down, Moses!) 라는 복음성가이다.

1. 내 백성 애굽 땅에서 해방시키라.
   저 심한 압제 밑에서 해방시키라.
2. 네 원수 대적 못하리라 해방시키라.
   저 가나안 복지 얻으리라 해방시키라.
3. 거친 광야 걱정 말아라 해방시키라.
   가슴 깊이 확신 가지라 해방시키라.
4. 저 모세 크게 외쳤네 해방시키라.
   거역하면 징벌 받으리라 해방시키라.
5. 이 멍에 모두 벗도록 해방시키라.
   주 예수 안에서 자유토록 해방시키라.

[후렴]
가라 모세 너 가서 바로 왕에게
이 말 전하라 해방시키라.

압제가 있는 곳에, 부당한 일을 당하여 신음하는 사람이 있는 곳에, 자유와 해방을 위한 투쟁의 앞길에 아무리 큰 장애물이 있더라도 하나님의 사람은 그곳을 향하여 나아간다.

30

모기(이) 표적

(④ 출 8:16~19 [12~15])

16 여호와께서 모세에게 이르시되 아론에게 명령하기를 네 지팡이를 들어 땅의 티끌을 치라 하라 그것이 애굽 온 땅에서 이가 되리라

17 그들이 그대로 행할 새 아론이 지팡이를 잡고 손을 들어 땅의 티끌을 치매 애굽 온 땅의 티끌이 다 이가 되어 사람과 가축에게 오르니

18 요술사들도 자기 요술로 그같이 행하여 이를 생기게 하려 하였으나 못 하였고 이가 사람과 가축에게 생긴지라

19 요술사가 바로에게 말하되 이는 하나님의 권능이니이다 하였으나 바로의 마음이 완악하게 되어 그들의 말을 듣지 아니하였으니 여호와의 말씀과 같더라

이것은 네 번째 표적 이야기이다. 그 수단은 모기(이)였다. 여기서 생긴 것(킨님)이 이(lice)인지 모기인지 확실하지 않다. 파라오가 빈말을 한 탓인지 이것은 사전에 경고 없이 곧바로 시행되었다.(일곱 번째, 열 번째 표적 참조) 16~18절에 모기(이)란 말이 다섯 번 나왔다.(16[2], 17[2], 18)

고대 시리아어 역본과 아람어 역본(타르굼 옹켈로스)은 킨님을 이라고 옮겼다.(표준새번역) 칠십인역(LXX)은 나무껍질 속에 사는 곤충으로, NIV와 NRSV는 각다귀(gnats)로 각각 옮겼다. 물속이나 축축한 곳에 있는 알에서 깨어나 날아다니는 곤충인 각다귀는 모기보다 작으며 사람을 비롯하여 거의 모든 종류의 동물을 공격하여 괴롭힌다.

필로, 오리게네스 이래 주석가들 대부분은 이를 모기로 보았다. 우리도 모기로 보겠다. 그 이유는 i)이집트의 지리와 문맥의 앞뒤를 고려하여 ii)이 집트어 켄넴(Khennems)이란 말이 모기(mosquito)를 가리키는 것 등이다.

하나님은 모세를 통해 아론에게 지팡이로 먼지(티끌)를 치라고 말씀하셨다.(16절) 하나님은 11가지 표적 가운데 둘째와 넷째에 이어 세 번만 지팡이를 사용하게 하셨다. '땅의 티끌을 치라'에서 치다는 말(나카)은 8:2의 치다(나가프)와 다른 낱말이 쓰였다. 이 티끌은 아담을 만드셨을 때 쓰셨던 것과 똑같은 것이다. 하나님은 일찍이 그 땅의 먼지(아파르 민 -하아다마)로 사람을 만드셨는데(창 2:7) 이번에는 그것으로(아파르 하아렛츠) 다른 생명체를 만드셨다.

출 8:16[12]은 먼지에 들어 있는 상징적 의미를 이용하여 하나님의 권능을 부각시키는 한편, 그 숫자가 엄청나다는 사실을 보여주었다. 이것이 주는 고통을 강조하려고 출 8:17b[13b]에는 '모든'이란 말이 16절에 이어 두 번 되풀이 나온다: '애굽 온(콜) 땅의 티끌이 다(콜) 이가 되어 사람과 가축에게 오르니.' 이와 비슷하게 강조하는 되풀이가 출 8:18[14]에도 거듭 나온다: '… 이가 사람과 가축에게 생긴지라.'

이집트 마술사들도 이 일을 일으키려 하였으나 할 수가 없었다. 첫 번째부터 세 번째까지는 부분적으로 흉내를 낼 수 있었는데 이제부터 그들은 두 손 두 발 다 들어버렸다. 그들은 더 이상 파라오의 측근으로 활동하지 못하게 되었다. '이는 하나님의 손(손가락 = 권능)입니다 (에츠빠아 엘로힘 의역: 이는 하나님께 속한 일입니다)'라고 말하며 이 일을 포기하였다. 물론 이집트 마술사가 말하는 하나님은 히브리인이 생각하는 여호와가 아니라 그들이 습관적으로 입에 달고 사는 '신'이다. 이로써 그들은 모기가 모세와 아론의 재주나 권능으로 생긴 것이 아니라 하나님의 역사라는 사실을 받아들였다.

오늘날 이슬람교도들이 자신의 능력으로 어찌할 수 없는 일을 가리켜 '마샬라'(maschallah = 이것은 신이 하시는 일이다)라고 한다(어서 가거라, 158). 자기 편에 있으면서 적극적으로 따르는 마술사들도 이 일이 하나님께 속한 것이라고 인정하였다. 그런데도 파라오의 굳어진 마음은 요지부동이었다.(출 7:12, 22 참조) 그는 마치 벽창우(碧昌牛)라도 된 양 현실에 눈을 감고 귀를 닫아버린 채 마음을 강하게 먹었다.(봐예케자크 레브-파르오)

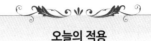

오늘의 적용

① 사람의 일, 하나님의 일

파라오는 모세와 아론의 요구를 사람의 주장으로만 받아들였었다. 세 번째 표적에 가서야 비로소 그는 이것이 하나님의 일이란 사실을 겨우 인정하였다. 비록 이집트 마술사의 입술을 빌린 것이기는 하지만 네 번째 표적에서는 이것이 하나님의 권능에 속한 일임을 인정하기 시작하였다. 머리로 받아들인 것이 가슴으로까지 받아들여지기가 힘든 탓일까? 그의 마음은 하나님의 뜻을 따르기에는 아직도 단단하게 굳어져 있었다.

성경은 하나님께서 하시는 일을 여전히 사람의 일로만 받아들이는 바로 이런 태도를 가리켜 마음이 굳어져 있다고 말씀하신다. 인문주의자(휴머니스트)도 이와 크게 다르지 않다. 그들은 예수님의 동정녀 탄생이나 물 위를 걸으신 표적 등 성경의 표적(기적)도 순전히 인간의 일이란 입장에서 해석한다.

그렇다면 오늘의 시대와 그 징조를 바라보는 우리는 파라오나 휴머니스트의 이런 태도와 얼마나 다를까? 여기 열한 가지 표적도 자연현상 또는 단순한 종교적 대결 등으로 보려는 경향도 있다. 만일 우리가 이런 것들이 인간이 하는 일이 아니라 하나님께서 이루시는 일이라 믿을 때에도 위와 같은 의심을 품게 될까?

예수께서 그들을 보시며 이르시되 사람으로는 할 수 없으나 하나님으로서는 다 하실 수 있느니라(마 19:26)

② 하나님의 손(손가락)

하나님의 손(손가락)이란 말(에츠빠아 엘로힘)은 상징적인 표현이다. 마치 하나님의 얼굴이란 표현이 그러하듯이. 이는 하나님께서 친히 만드신 것이라는 경외감과 친밀감을 불러일으킨다. 팔이나 손에 비교하여 손가락은 힘들이지 않고 쉽게 만들었다는 점(하나님의 권능)과 아주 정교하게 만들었다는 점(섬세함)도 아울러 포함한다. 다음의 말씀들은 손가락이란 말에 들어있는 이런 다양한 말맛 가운데 어느 한 측면을 강조하여 표현하고 있다.

여호와께서 시내 산 위에서 모세에게 이르시기를 마치신 때에 증거판 둘을 모세에게 주시니 이는 돌판이요 하나님이 친히(손가락으로) 쓰신 것이더라(출 31:18)

주의 손가락으로 만드신 주의 하늘과 주께서 베풀어 두신 달과 별들을 내가 보오니(시 8:3)

예수께서 그 사람(귀먹고 말더듬는 사람)을 따로 데리고 무리를 떠나사 손가락을 그의 양 귀에 넣고 침을 뱉어 그의 혀에 손을 대시며(막 7:33)
그러나 내가 만일 하나님의 손(손가락)을 힘입어 귀신을 쫓아낸다면 하나님

의 나라가 이미 너희에게 임하였느니라(눅 11:20)

… 예수께서 몸을 굽히사 손가락으로 땅에 쓰시니(요 8:6)

또 무거운 짐을 묶어 사람의 어깨에 지우되 자기는 (= 서기관들과 바리새인들은)
이것을 한 손가락으로도 움직이려 하지 아니하며(마 23:4)

③ 창조주 하나님

흙으로 사람을 만드셨던 하나님은 이제 그것으로 모기를 만드셨다. 하나님은 자신이 원하는 것을 말씀만으로 또는 재료를 사용하여 만드실 수 있는 분이다.

하나님은 이스라엘 민족의 새 역사를 창조하시려고 모세와 아론을 동역자로 세우셨다. 그들의 지팡이는 하나님께서 사용하시는 도구가 되었다.

창조주 하나님은 피조물들을 새롭게 하실 뿐만 아니라 사람도 역사도 국가 사회도 새롭게 창조하시는 분이다. 하나님은 만물을 새롭게 하시는 창조주시다.(계 21:5)

31
파리(등애) 표적

(⑤ 출 8:20~32 [16~28])

20 여호와께서 모세에게 이르시되 아침에 일찍이 일어나 바로 앞에 서라 그가 물 있는 곳으로 나오리니 그에게 이르기를 여호와께서 이와 같이 말씀하시기를 내 백성을 보내라 그러면 그들이 나를 섬길 것이니라

21 네가 만일 내 백성을 보내지 아니하면 내가 너와 네 신하와 네 백성과 네 집들에 파리 떼를 보내리니 애굽 사람의 집집에 파리 떼가 가득할 것이며 그들이 사는 땅에도 그러하리라

22 그 날에 나는 내 백성이 거주하는 고센 땅을 구별하여 그 곳에는 파리가 없게 하리니 이로 말미암아 이 땅에서 내가 여호와인 줄을 네가 알게 될 것이라

23 내가 내 백성과 네 백성 사이를 구별하리니 내일 이 표징이 있으리라 하셨다 하라 하시고

24 여호와께서 그와 같이 하시니 무수한 파리가 바로의 궁과 그의 신하의 집과 애굽 온 땅에 이르니 파리로 말미암아 그 땅이 황폐하였더라

25 바로가 모세와 아론을 불러 이르되 너희는 가서 이 땅에서 너희 하나님께 제사를 드리라

26 모세가 이르되 그리함은 부당하니이다 우리가 우리 하나님 여호와께 제사를 드리는 것은 애굽 사람이 싫어하는 바인즉 우리가 만일 애굽 사람의 목전에서 제사를 드리면 그들이 그것을 미워하여 우리를 돌로 치지 아니하리이까

27 우리가 사흘길쯤 광야로 들어가서 우리 하나님 여호와께 제사를 드리되 우리

에게 명령하시는 대로 하려 하나이다

28 바로가 이르되 내가 너희를 보내리니 너희가 너희의 하나님 여호와께 광야에
서 제사를 드릴 것이나 너무 멀리 가지는 말라 그런즉 너희는 나를 위하여 간
구하라

29 모세가 이르되 내가 왕을 떠나가서 여호와께 간구하리니 내일이면 파리 떼가
바로와 바로의 신하와 바로의 백성을 떠나려니와 바로는 이 백성을 보내어 여
호와께 제사를 드리는 일에 다시 거짓을 행하지 마소서 하고

30 모세가 바로를 떠나 나와서 여호와께 간구하니

31 여호와께서 모세의 말대로 하시니 그 파리 떼가 바로와 그의 신하와 그의 백
성에게서 떠나니 하나도 남지 아니하였더라

32 그러나 바로가 이때에도 그의 마음을 완강하게 하여 그 백성을 보내지 아니
하였더라

이것은 파리 떼가 출몰하는 이야기이다. 다섯 번째 표적에 앞서 하나님은
'만일 네가 내 백성을 보내지(메샬레아흐 ← 샬라흐) 아니하면, 보라 내가 너와
네 신하와 네 백성과 네 집들에 파리 떼를 보내리니(마쉴리아흐 ← 샬라흐)'(직
역: 출 8:21 [17])라고 말씀하셨다. 20~21 [16~17]에는 구절마다 '힌네 또는 힌
니'(= 보라)라는 낱말이 나와서 그 내용을 강조하였다.

우리말 성경이 파리 또는 등애로 번역하는 이 곤충이 구체적으로 어떤
것인지 분명하지 않다. 이는 파리(등애)라고 옮겨진 히브리 말(아롭)이 아카
드 말 벌레, 그리스 및 라틴 말 해충에서 나왔으리라 추측할 뿐이다. 어떤
학자들은 이를 소의 등애 또는 해충의 떼로 보기도 한다.

하나님께서 모세와 아론을 불러 파라오에게 경고하라고 말씀하신 후에
파리(등애) 표적을 일으키셨다. 이 표적에서 가장 두드러진 특징은 이스라엘

자손과 이집트인의 구별(분리)이다. 표적과 관련하여 하나님께서 이스라엘 자손과 이집트인을 구별하신 것은 이번이 처음이다. 다섯 번째 표적에서 하나님은 이스라엘 자손을 가리켜 네 번이나 거듭 '내 백성'(암미)이라 부르셨다. 이는 파라오의 국민을 '네 백성'(아메카)이라 부르시는 것과 확연히 다르다. 이에 따라 하나님은 '내 백성'인 이스라엘 자손을 표적으로 인한 고통에서 면제시켜 주셨다.(8:18)

여기서 구별하다로 번역된 히브리 낱말(팔라)은 여기와 출 9:4; 11:7; 33:16; 시 4:4; 17:7; 139:14 등에도 나온다. 출애굽기에서 이 말은 항상 하나님의 백성을 향한 여호와의 특별한 배려와 은총을 나타내고 있다.

아울러 23[19절]에 나오는 페두트(← 파다)는 본디 구속(redemption)이란 뜻이다. 이 낱말은 이곳과 시 111:9; 130:7; 사 50:2 에도 쓰였다. 이 구절의 경우 그 의미가 쉽게 손에 잡히지 않는다. 70인역(LXX 디아스톨레) 및 여러 번역자들은 대체로 '분리 혹은 구분하여 구원(구속)하신다'는 뜻으로 이 낱말을 번역하였다. 이는 하나님께서 이 표적으로 인한 피해를 당하지 않게 이스라엘을 배려하신 것이 곧 그들을 자신의 백성으로 선택하신 구속적 행위라는 것이다.

이스라엘 자손은 파라오의 자식(백성)이 아니라 하나님의 자녀(백성)임이 명명백백해졌다. 이 표적들 또한 자연현상이 아니다. 그것들은 여호와가 세상과 역사의 주인임을 알리시려는 계획 아래 일어남을 보여주었다.(8:22) 이는 여호와께서 이스라엘 자손과 이집트 사람을 구분하는 목적이기도 하다:

네(=파라오)가 알게 하기 위하여, 나는 여호와이며, 내가 이 땅 한 가운데 있음을.(출 8:22b 직역)

이로써 파리 떼 그것도 엄청나게 많은 파리 떼(등애=떼 아룝 카베드)가 생겨 났다.(출 8:23[19]) 그것들에게 곤욕을 치르는 한편, 이스라엘 자손에게는 이런 일이 일어나지 않은 표적인 것을 확인한 파라오는 두 번째로 협상의지를 밝혔다. 여기서 그는 최소화된 조건(개역개정: '이 땅에서'- 이 지역에서 이 구역에서?) 을 내놓았다.(레쿠 지브쿠 렐로헤겜 빠아렛츠 = 이제 너희는 가서, 이 땅 안에서 너희 하나님께 제사를 드려라 - 표준) 이런 단서 조항을 모세는 즉각 거절하였다. 그는 '우리는 우리의 하나님 여호와께 제사를 드릴 때, 이집트인들이 부정하게 여기는 것을 바치게 될 것입니다. 이집트인들이 보는 데서 부정한 것을 바치다가는 그들 손에 죽지 않겠습니까'(8:26[22] 공개)라고 말하였다.

이집트인들이 신으로 숭배하거나 신성시하는 동물은 매우 다양하였다. 그들이 동물을 희생제물(봉헌제물)로 바치는 일은 아주 드물었다. 그들의 제사장들은 유대인들이 양을 희생제물로 드리는 것을 아주 혐오하였다는 기록이 페르시아 시대의 문헌에 나온다. 그러므로 모세와 아론이 하는 말에는 충분한 근거가 있었다. 이것이 설득력 있는 항변이라는 점은 이에 대한 파라오의 반응에서 엿볼 수 있다:

내가 너희를 보내리니 너희가 너희의 하나님 여호와께 광야에서 제사를 드릴 것 이나 너무 멀리 가지는 말라(출 8:28[24])

너무 멀리 가지 말라는 파라오의 말은 대제국의 황제답지 않은 불안과 두려움이 그에게 엄습하였음을 엿보게 한다. 그의 마음이 이미 아주 많이 약해져 있었다.

이미 세 번째 표적이 일어났을 때 파라오가 자신의 말을 번복한 적이 있었다. 이에 모세는 일단 그에게 변덕을 부리지 말라고 권한 다음에 그 말을 받아들여 여호와께 기도를 드렸다.(8:30[26]). 하나님은 파라오와 그 신하들과 백성이 있는 곳으로부터 파리를 한 마리도 남지 않고 다 제거하셨다.(출 8:31 로 니쉐 아르 에카드 창 47:14; 롬 11:36; 계 1:8 참조). 이번에도 파라오는 또다시 약속을 어기고 이스라엘 자손을 내보내지 않았다. 아직 그에게 식언(食言)할 힘이 남아 있었던 모양이다.

오늘의 적용

① 무소부재하신 하나님

이제까지 파라오는 여호와를 '너희(= 히브리인)가 믿는 신'이라고만 받아들였다. 첫 번째로부터 세 번째 표적까지 일어난 일들을 자신의 마술사들도 행할 수 있게 되자, 그는 이런 생각을 더욱 굳혔을 것이다. 네 번째 표적을 자신의 마술사가 일으킬 수 없을 때 그는 조금 깨달았겠지만 우연한 현상이거나 자연현상으로만 볼 것이 아니라는 생각이 들었을 것이다. 그리고 다섯 번째 표적이 이스라엘 자손에게는 전혀 영향을 미치지 않는 반면에 자신과 자기 백성에게는 큰 피해가 되는 것도 보았다.

이에 그는 두 번째로 협상할 뜻을 내비쳤다. 처음에 그는 이집트 영토 안에서 하나님께 예배드리라고 하였다. 모세와 아론이 반론을 제기하자 사흘 길쯤 광야로 나가는 것을 허락하였다. 이제 다섯 번째 표적의 목적 곧 여호와가 이 땅(이집트 또는 고센)에 계시는 것을 믿게 하려는 뜻이 이루어진 것이다.(뻬케레브 하아렛츠 = 그 땅 한 복판에) 하나님은 히브리인이 있는 곳에만 계신 분이 아니다. 비록 이집트인이 전혀 의식하지 못하더라도 그들이 있는 곳 그 한복판에 계신 분이다.

② 부름받은 자의 기도에 응답하시는 하나님

표적이 파괴적인 모습으로 이집트에 엄습할 때마다 그 나라 최고 권력 자인 파라오는 물론 그 측근과 백성들이 크게 당황하고 불안하였을 것이 다. 요지부동인 것처럼 보이던 파라오의 마음은 그것들이 하나하나 진행될 때마다 서서히 무너져갔다. 파라오는 그 때마다 모세에게 중보기도를 부탁 하였다.

이렇게 하기에 앞서 그는 개구리, 파리, 등애 등을 사라지게 하려고 갖 은 수단을 다 동원하였을 것이다. 그래도 되지 않았다. 게다가 파라오를 추 종하는 마술사들은 이미 견디기 어려울 정도로 큰 재앙의 강도를 더 크게 만들기도 하였다.

그러던 것이 하나님의 사람 모세가 기도드리자 순식간에 사라졌다. 이 후에도 모세가 기도를 드릴 때마다 하나님은 샬롬의 응답을 주셨다. 하나 님은 하나님의 백성에게 기도드리게 하실 뿐만 아니라 하나님을 모르는 파라오도 기도의 자리로 부르셨다, 비록 파라오는 그 뜻을 온전히 깨닫지 도 받아들이지도 못하였지만.

그렇다. 이 세상에 그 어느 누구도 중보기도를 필요로 하지 않는 사람은 없다. 지금 당장 그것이 필요 없다고 느끼는 순간순간이 있을지 몰라도 여 기 파라오처럼 목마르게 필요한 순간이 반드시 오고야 만다.

1 그러므로 내가 첫째로 권하노니 모든 사람을 위하여 간구와 기도와 도고 와 감사를 하되 2 임금들과 높은 지위에 있는 모든 사람을 위하여 하라 이 는 우리가 모든 경건과 단정함으로 고요하고 평안한 생활을 하려 함이라 3 이것이 우리 구주 하나님 앞에 선하고 받으실 만한 것이니 4 하나님은 모든 사람이 구원을 받으며 진리를 아는 데에 이르기를 원하시느니라(딤전 2:1~4)

③ 고난 중에 받은 은혜를 잊는 파라오

파라오에게 고난이 닥치자 그는 이런저런 약속을 하며 모세에게 중보기도를 부탁하였다. 아마 그때 그는 자신에게 닥친 고통이 사라지기만 한다면 약속한 것보다 더 큰 것을 요구하더라도 다 들어주고 싶은 마음이었으리라. '물에 빠진 사람은 지푸라기라도 붙잡는다'고 하지 않았던가! 그러나 그 순간이 지나가자 그는 언제 그랬냐는 듯이 입을 씻고 말았다.

비록 뜸하기는 하지만 우리도 생활 현장에서 이런 사람을 반드시 만난다. 그럴 때마다 우리는 인간과 그 약속(마음)을 기대하거나 의지하는 것이 얼마나 허망한 것인가를 실감하게 된다.

12 우리로 하여금 빛 가운데서 성도의 기업의 부분을 얻기에 합당하게 하신 아버지께 감사하게 하시기를 원하노라 13 그가 우리를 흑암의 권세에서 건져내사 그의 사랑의 아들의 나라로 옮기셨으니 14 그 아들 안에서 우리가 속량 곧 죄 사함을 얻었도다(골 1:12~14)

파라오가 자꾸 말을 바꾸는 것은 그가 하나님께서 주시는 표적으로 고난당할 때 받은 은혜를 잊는 데서 비롯되었다. 그가 그것을 잊는 이유는 무엇일까? 궁궐에서 항상 최고로 대접받던 그의 성장배경이나 황제의 권위의식도 작용하였으리라. 그리고 이스라엘 자손을 내보냈을 때 당장 자국이 입을 경제적 손실도 계산하였을 것이다.

④ 거짓으로 순간을 모면하면 그 다음에 또 다른 고난이 찾아온다

파라오는 자신이 도저히 해결할 수 없는 문제에 봉착하자 모세에게 기도를 부탁하였다. 그리고 이스라엘 백성에게 광야로 나가 하나님께 예배드릴 것을 허락하겠다고 약속하였다. 그리고 그 약속을 번번이 어겼다. 그가 약속을 할 때마다 모세는 하나님께 기도를 드렸으며 그 기도가 응답되었다.

파라오는 자신의 잔꾀가 이렇게 통하는 것을 보며 속으로 쾌재를 불렀을 것이다. 그러나 그것이 끝이 아니었다. 파라오가 하나님의 백성이 속아 넘어가는 것을 보며 속으로 통쾌하게 웃는 바로 그때 하나님은 또 다른 표적을 이미 준비하고 계셨다. 그렇다. 거짓으로 그 순간을 모면하려 들면 그 다음에 또 다른 고난이 찾아오기 마련이다.

7 스스로 속이지 말라 하나님은 업신여김을 받지 아니하시나니 사람이 무엇으로 심든지 그대로 거두리라 8 자기의 육체를 위하여 심는 자는 육체로부터 썩어질 것을 거두고 성령을 위하여 심는 자는 성령으로부터 영생을 거두리라(갈 6:7~8)

⑤ 은총에 따른 분리(구별)

하나님께서 다섯 번째 표적에서 이스라엘 자손을 이집트인과 분리하셨다. 이때 그 기록이 처음 나오는 것으로 보아 아마 그들도 두 번째부터 네 번째 표적에 따른 고통을 이집트인과 같이 겪었을 것이다. 사실 성경에 보면 하나님께서 세상을 심판하실 때 자신의 백성을 구별하여 구원하시는 이야기가 여러 곳에 나온다.(예: 노아와 그 가족, 롯과 그 가족 등) 이것은 하나님을 믿는 사람에게 주어지는 은총이자 특권이다. 이 은총은 하나님께서 사랑하시는 사람에게 무상으로 주시는 것이다.

그렇다. 그리스도인은 구별된 사람이요 분리된 사람이다. 그리스도인답게 사느냐는 결국 이 구별(분리)을 실생활에 얼마나 비중 있게 적용하느냐에 달려 있다. 곧 평소에 이런 은총과 특권을 의식하며 하나님의 백성답게 살려고 노력하느냐이다. 성도는 자신에게 자격이 있어서가 아니라 하나님의 은혜로 말미암아 구별된 사람이다. 그는 자신에게 주어진 사명을 수행할 때에는 물론 세상에서 일상생활을 할 때에도 세속 및 세속적인 풍조와 구별된 모습으로 나타나야 하는 것이다.

19 너희 몸은 너희가 하나님께로부터 받은 바 너희 가운데 계신 성령의 전인 줄을 알지 못하느냐 너희는 너희 자신의 것이 아니라 20 값으로 산 것이 되었으니 그런즉 너희 몸으로 하나님께 영광을 돌리라(고전 6:19~20)

32

가축의 떼죽음

(⑥ 출 9:1~7)

1 여호와께서 모세에게 이르시되 바로에게 들어가서 그에게 이르라 히브리 사람
의 하나님 여호와께서 말씀하시기를 내 백성을 보내라 그들이 나를 섬길 것이
니라

2 네가 만일 보내기를 거절하고 억지로 잡아두면

3 여호와의 손이 들에 있는 네 가축 곧 말과 나귀와 낙타와 소와 양에게 더하리니
심한 돌림병이 있을 것이며

4 여호와가 이스라엘의 가축과 애굽의 가축을 구별하리니 이스라엘 자손에게 속
한 것은 하나도 죽지 아니하리라 하셨다 하라 하시고

5 여호와께서 기한을 정하여 이르시되 여호와가 내일 이 땅에서 이 일을 행하리
라 하시더니

6 이튿날에 여호와께서 이 일을 행하시니 애굽의 모든 가축은 죽었으나 이스라엘
자손의 가축은 하나도 죽지 아니한지라

7 바로가 사람을 보내어 본즉 이스라엘의 가축은 하나도 죽지 아니하였더라 그러
나 바로의 마음이 완강하여 백성을 보내지 아니하니라

여섯 번째 표적은 이집트인의 가축이 떼죽음을 당하는 이야기이다. 이것
은 '파라오에게 가라'(출 7:26, 10:1 참조)시는 하나님 말씀으로 시작되었다. 그
다음에 이어지는 말씀, '네가 만일 보내기를 거절하고 억지로 잡아두면'(출

이집트인이 숭배하는 각종 동물과 우상들(루브르 박물 관 소장)

9:2)에는 계속이란 의미가 뚜렷하게 부각되었다.

만일 네가 그들을 내보내지 않고 그대로 붙잡아 두려고 한다면(공개)

네가 그들을 보내기를 거절하고, 계속 그들을 붙잡아 둔다면(표준)

만일 네가 내보내기를 거절하고, 또 그들을 계속(끈질기게) 붙잡아 두려 한다면(직역)

291

여기서 억지로(그대로 계속)라 옮겨진 말(붸오데카)은 본디 '그리고(그런데) 네가 계속해서…'란 뜻이다. 반복하다는 뜻을 지닌 동사(우드)에서 유래한 부사 '오드'는 반복하거나 계속되는 어떤 일이나 현상을 가리키는 말이다.

히필(사역형)로 쓰인 잡아둔다라는 말(카자크)은 본디 강하다는 뜻이다. 이 것이 사역형으로 쓰이면 묶다, 붙들다, 붙잡다, 고집하다는 뜻이다. 그 직접 목적어가 사람일 경우 이것은 잡다, 장악하다, 통제 아래 두다, …를 계속 붙들고 있다 등의 뜻으로 쓰인다. 이를테면 아브라함의 집에서 쫓겨난 하갈 과 이스마엘이 브엘세바 광야에서 방황하다가 지쳤다. 하갈은 자기 아들 죽 는 것을 눈뜨고 보지 못하겠다며 화살 하나 날아가는 거리만큼 떨어진 곳 에서 울고 있었다. 이때 하나님께서 하갈에게 '일어나 아이를 일으켜 네 손 으로 붙들라 그가 큰 민족을 이루게 하리라'(창 21:18)고 말씀하셨다.(이 동사 가 쓰이는 예는 신 22:25; 삿 19:25; 삼하 13:11 등을 참조하라) 예레미야서 50:33은 출애굽기 9:2과 아주 긴밀하게 연결되어 있다.

> 만군의 여호와께서 이와 같이 말씀하시니라 이스라엘 자손과 유다 자손이 함께
> 학대를 받는도다 그들을 사로잡은 자는 다 그들을 붙들고 놓아 주지 아니하리
> 라.(렘 50:33)

여호와께서 주시는 여섯 번째 표적은 이집트인들이 그토록 숭배하는 가 축에게 해당되었다. 이 표적에 관해 모세는 파라오에게 미리 통고하였다: '보아라, 여호와의 손이 들에 있는 네 가축 곧 말과 나귀와 낙타와 소와 양 에게 더하리니 심한 돌림병이 있을 것이다.'(9:3 직역) 여호와의 손이란 말 은 여호와의 손가락(출 8:19)보다 훨씬 더 강력한 힘을 나타내는 말이다. 이 는 출 9:35의 '모세의 손'과 함께 출애굽기 9장에 나오는 표적 세 가지를

앞과 뒤에서 감싸주는 역할을 하고 있
다.(Inclusio)

동물을 희생제물로 바치는 히브리인
이나 고대 근동의 다른 나라와는 달리,
이집트인은 각색 동물들을 숭배하였다.
오늘날 우리가 소를 숭배하는 인도인을
이상하게 느끼듯이 그 당시 히브리인의
눈에도 이는 매우 이상하게 보였을 것이
다. 그 반대도 마찬가지이다.(출 8:25~26
참조)

가축(소)를 숭배하는 이집트인

심한 돌림병이라 번역된 구절(데베르 카베드 메오드)에는 무겁다, 중하다란
뜻의 형용사 카베드에 매우(아주)란 뜻의 부사 메오드가 덩달아 붙여졌다.
이는 돌림병(악질, 괴질)의 정도가 얼마나 심한지를 단적으로 보여주는 표현
법이다. 그리고 가축이란 말도 동물을 가리킬 때 흔히 사용되는 브헴마라는
낱말 대신에 재산, 소유물이란 뜻을 지닌 용어 미크네가 쓰였다.(9:3~4)

그 사정은 오늘날에도 크게 다르지 않다. 축산 농가에게 짐승은 단순한
동물 또는 애완(반려)동물이 아니다. 이는 그 가정 살림의 기초이자 근거(재
산)이다.

이런 표현을 통해 출애굽기는 여섯 번째 표적이 이집트인의 재산에 얼마
나 큰 손실을 가져왔는지를 실감나게 보여주었다. 여섯 번째 표적(가축에게
일어난 돌림병)과 여덟 번째 표적(사람에게 생긴 악질)은 출애굽기 9장의 세 가지
표적을 감싸는 역할을 한다.

다섯 번째 표적처럼(출 8:23 참조) 여기서도 이스라엘 자손에게는 피해가
전혀 미치지 않았다. 하나님께서 그들의 가축을 분리하여 치셨기 때문이

다.(4절 뻬로 야무트 믹콜 = 모두[가축들] 중에서 전혀 죽지 않았다; 6절 로 메트 에카트 = 단 하나도 죽지 않았다) 이것 자체만으로 놀라운 표적(기적)이다. 이를 강조하느라 여기에는 그 사실이 두 번이나 되풀이 언급되었다. 하나님은 사람만 이스라엘 자손과 이집트인 사이를 구분하신 것이 아니었다. 가축에게서도 그 둘 사이를 구별하셨다.(팔라)

히브리어에는 구별하다로 쓰이는 낱말이 여러 개 있다.(the verb for differentiate) 나자르, 카다쉬, 빠달 그리고 팔라가 그것이다. 물론 각각의 낱말에는 어감(뉘앙스)의 차이가 있다. 이를테면 나자르는 나실인(민 6:2, 20~21; 삿 13:5, 7; 암 2:11)의 뿌리가 되는 말이다. 이는 하나님께 온전히 헌신하기 위하여 보통 사람과 구별된 것을 가리킨다. 카다쉬는 일상생활에서 하나님을 진지하게 믿지 않는 사람과 구별되는 생활모습(양식) 또는 하나님께 바쳐져 거룩하게 된 상태를 뜻한다.

이 분리 혹은 나누어놓음이 부정적으로 쓰인 예를 들면 갈라놓다 차별하다 등이다. 이것이 긍정적으로 쓰이는 예를 들면 성별하다, 분별하다, 가닥을 잡다 등이다. 사람이 시간 활용, 활동 영역, 인간관계 등에서 분별력을 잃으면 그 생활이 혼탁해지거나 혼란 속에 빠진다. 인생의 목표나 목적을 이룰 수도 없다. 긍정적인 의미에서 나뉘어야만 할 것을 나누어놓고 분리시켜야 할 것을 분리시키는 것 - 여기서 거룩한 구별(聖別)이 시작되는 것이다.

하나님이 그 일곱째 날을 복되게 하사 거룩하게 하셨으니(카다쉬) 이는 하나님이
그 창조하시며 만드시던 모든 일을 마치시고 그 날에 안식하셨음이니라(창 2:3)

빠달은 어떤 실체에서 분리(구별)된 다른 존재를 의미한다. 하나님의 창조

294

는 나눔과 채움의 과정을 통해 완성되었다. 하나님은 첫째 날에 빛(낮)과 어둠(밤)을 분리하셨고, 둘째 날에 궁창 위의 물과 궁창 아래의 물, 곧 하늘 위의 물과 하늘 아래의 물을 나누셨다. 셋째 날에 하늘 아래에서 땅과 물을 나누시고, 땅을 식물들로 채우셨다. 넷째 날에 낮과 밤을 나누시고, 하늘을 태양과 달과 별들로 채우셨다.(창 1:4, 6, 7, 14, 18 참조) 이렇게 나누기도 하고 채우기도 하는 것을 통하여 하나님은 생명이 생명답게 살 수 없게 만드는 장애물을 위와 같이 걸러내셨다.

구별이란 말(팔라)은 구속(구원)의 맥락에서 쓰였다. 곧 억압(압제)에서 분리되어 자유로워진 상태를 묘사한다. 이는 내부에서 나오는 것이 아니라 밖으로부터 오는 힘에 의해 분명한 목적의식 아래 분리되는 것이다. 출애굽기의 표적 이야기에서 이 낱말은 8:22[18]; 11:8에 쓰였다. 이집트에서 일어난 표적과 관련하여 이 동사가 사용된 것이다. 이 말은 하나님의 특별한 구별(성별 분리)의 은총에 따라 고센 지역에 사는 히브리 자손들이 이집트인들이 당하는 것과 같은 피해를 전혀 겪지 않았다는 맥락에서 쓰였다. 이 동사가 히필형으로 쓰인 곳을 몇 군데 찾아보면 다음과 같다:

여호와께서 자기를 위하여 경건한 자를 택하신 줄 너희가 알지어다(시 4:3[4]a)

주께 피하는 자들을 그 일어나 치는 자들에게서 오른손으로 구원하시는 주여(시 17:7a)

위와 발음이 비슷하면서 철자법이 다른 곧 끝이 알레프로 끝나는 팔라 동사가 있다. 예를들면 다음과 같다:

… 남자나 여자가 특별한 서원 곧 나실인의 서원을 하고 자기 몸을 구별하여 여

호와께 드리려고 하면(민 6:2)

여호와를 찬송할지어다 견고한 성에서 그의 놀라운 사랑을 내게 보이셨음이로
다(시 31:21 [22])

표적이 거듭될수록 이집트인에게는 점점 더 심각한 일이 생겨났다. 이
는 가축들을 신성시하고 신으로까지 숭배하는 이집트인에게 커다란 타격
이 아닐 수 없었다. 이것이 경제적으로 뿐만 아니라 영적(정신적)으로도 그들
에게 엄청난 충격이었다. 그래도 파라오는 협상에 나서지 않았다. 이 일에
기한이 정해져 시간이 흐르면 자연히 없어질 것(9:5)을 아는 것일까 아니면
신하를 보내 알아봤더니 이스라엘 자손의 가축은 하나도 손상을 입지 않은
것을 알고 심사가 뒤틀려서일까?

어쨌거나 하나님 말씀을 진지하게 받아들이지 않고 무시하면서 돌이킬
기회가 주어질 때마다 외면한 결과는 이렇게 참담하였다.

오늘의 적용

① 사람의 죄가 짐승을 죽음으로 내몬다

하나님의 말씀을 받아들이지 않는 파라오의 강퍅(완강함)이 이집트 가축
을 죽음으로 내몰았다. 그것들은 군사용 농사용 경제활동용으로 그들에게
아주 유용한 재산이며 삶의 수단이었다. 그 백성에게는 자식같이 귀한 것
들이다. 아끼고 아끼던 가축이 악질에 걸려 죽어가는 것을 보는 주인의 마
음이 어떠할까? 파라오는 이런 것을 전혀 염두에 두지 않았다. 그의 죄는

짐승의 생목숨을 잡았다. 그리고 짐승을 기르고 관리하는 자기 백성의 억장을 무너지게 만들었다.

오늘날 하나님의 창조질서나 생명의 존엄한 가치를 돈과 맞바꾸려는 사람들이 있다. 그 결과 생태계의 오염과 파괴가 곳곳에서 일어나고 있다. 사람이나 짐승의 먹거리를 가지고 장난치는 사람들도 있다. 그 결과 없던 각종 질병이 생겨나고 있다. 짐승이나 식물이 건강하게 살지 못하는 환경이라면 사람의 생명도 결코 안전하지 않다는 것을 우리는 분명히 알아야 한다.

파라오의 죄악은 급기야 가축의 죽음을 가져왔다. 앞서 일어난 다섯 가지 표적은 위협과 불편과 불안을 가져왔을망정 죽음과는 직접 상관이 없었다. 이제는 사정이 달라지기 시작하였다. 파라오가 쌓고 또 쌓는 강퍅함은 생명의 뿌리까지 건드리기 시작한 것이다.

② 매를 버는 파라오

우리는 꼭 필요한 일인데 상대방이 말을 듣지 않으면 '너 맞고 할래 그냥 할래'라고 말한다. 여기 나오는 파라오가 바로 그 짝이다. 그는 표적을 통하여 이미 다섯 번이나 매를 맞았다. 그런데도 깨닫지 못하였다. 앞으로 얼마나 더 맞아야 할지? 자기 백성에게 우리가 지혜롭게 행하자(출 1:10) 라고 말하였던 그가 연달아 어리석게 행동하였다.

자기 궁궐에서 포학과 겁탈을 쌓는 자들이 바른 일 행할 줄을 모르느니라 여호와의 말씀이니라(암 3:10)

선한 사람은 그 쌓은 선에서 선한 것을 내고 악한 사람은 그 쌓은 악에서 악한 것을 내느니라(마 12:35; 눅 6:45)

오늘 우리에게 벌(징계)을 버는 죄가 얼마나 있는가? 그 죄를 얼마나 오 랫동안 그리고 많이 쌓아왔는가? 두렵고 떨리는 마음으로 스스로 살필 뿐 만 아니라 성령께서 깨달아 알게 해 주시기를 간구해야 할 것이다. '혹시라 도 나(우리)는 지금 벌을 벌고 있는 것은 아닐까?'

33
피부병

(⑦ 악성 종기 9:8~12)

8 여호와께서 모세와 아론에게 이르시되 너희는 화덕의 재 두 움큼을 가지고 모세가 바로의 목전에서 하늘을 향하여 날리라

9 그 재가 애굽 온 땅의 티끌이 되어 애굽 온 땅의 사람과 짐승에게 붙어서 악성 종기가 생기리라

10 그들이 화덕의 재를 가지고 바로 앞에 서서 모세가 하늘을 향하여 날리니 사람과 짐승에게 붙어 악성 종기가 생기고

11 요술사들도 악성 종기로 말미암아 모세 앞에 서지 못하니 악성 종기가 요술사들로부터 애굽 모든 사람에게 생겼음이라

12 그러나 여호와께서 바로의 마음을 완악하게 하셨으므로 그들의 말을 듣지 아니하였으니 여호와께서 모세에게 말씀하심과 같더라

이것은 피부병 표적 이야기이다. 이를 통해 하나님은 이집트인의 몸을 직접 치셨다. 네 번째 표적처럼 이 표적도 예고 없이 막 바로 진행되었다. 이 표적에는 특징이 두 가지 있다. 하나는 이집트의 마술사들이 완전히 무기력해진 것이다. 그들 자신이 종기에 걸려 모세 앞에 나오지도 못하였다. 다른 하나는 하나님께서 파라오의 마음을 굳어지게 하겠다고 말씀하신대로(출 4:21; 7:3) 그의 마음을 그렇게 만드셨다.(출 9:12) 이때마다 출애굽기는 '여호와께서 모세에게 말씀하심과 같더라'고 기록하였다.(출 7:13, 22; 8:15,

출 4:21b	출 7:22	출 9:12
… 그러나 내가 그의 마음을 완악하게 한즉 그가 백성을 보내 주지 아니하리니	애굽 요술사들도 자기들의 요술로 그와 같이 행하므로 바로의 마음이 완악하여 (카자크) 그들의 말을 듣지 아니하니 여호와의 말씀과 같더라	그러나 여호와께서 바로의 마음을 완악하게 하셨으므로 (카자크) 그들의 말을 듣지 아니하였으니 여호와께서 모세에게 말씀하심과 같더라

이런 내용을 어떻게 해석할 것인가가 결코 쉽지 않은 문제이다. 출 7:22에 따르면 파라오는 천성이 완악하고 고집이 센 사람이다. 그런 그에게 마음을 돌이킬 기회가 여러 차례 주어졌다. 그는 하나님의 능력을 여러 번 경험하면서 그분의 계획을 받아들이라는 신호를 직접 경험한 것이다. 그렇지만 그는 스스로 자기 마음을 완악하고 굳어지게 하였다. 그에게 보여진 표적들은 그로 하여금 더 이상 하나님을 모른다고 할 수 없게 만들었다. 그런데도 그의 마음은 요지부동이었다.

이럴 때 하나님께서 그의 마음을 통제하기 시작하셨다. 곧 그가 자신의 완악함을 여러 차례 되풀이 드러내면서 스스로 돌이킬 의사가 전혀 없는 것을 확실하게 보여 준 뒤에 하나님께서 그 마음을 통제하셨다.(백철현, 121) 출 9:12에 따르면 하나님께서 파라오의 마음을 완강하게 만드셨다. 하나님은 출 4:21; 7:3~4에서 이미 이리하시겠다고 예고하셨다. 이제 그 말씀대로 시행하신 것이다.

이와 비슷한 입장에서 어떤 학자들은 이를 놓고 타락한 인간이 자신에게 주어진 은총의 선물인 자유의지를 남용하여 하나님께 대항하며 자신의 마음을 스스로 완강하게 하는 것을 여호와께서 막지 않고 내버려두셨다는 뜻으로 풀이하였다.(생활성서, 163) 성경은 타락한 인간이 반항하며 더욱 타락한 행동을 하더라도 그냥 내버려두는 것 자체를 하나님의 심판으로 보곤하였다.(롬 1:21~32, 특히 24, 26, 28절 참조)

이것을 소극적인 의미로 풀든 적극적인 의미로 해석하든 어느 경우에나 하나님의 절대적인 주권과 역사를 이끌어가는 섭리를 부각시키는 것에는 틀림이 없다. 이 부분이 자칫 인간의 자유의지를 극단적으로 강조하거나 또는 예정설을 뒷받침하는 것으로 지나치게 해석되어서는 곤란하다는 말이다.(Child, 174; 김이곤, 119)

하나님은 모세와 아론에게 말씀하셨다.

> 8 … 쥐어라, 그 가마솥의 재를 너희 스스로 너희 두 손에 가득하게. 그리고 모세야, 그것을 하늘로 뿌려라, 바로의 눈앞에서. 그러면 그것이 가는 먼지가 되리라, 이집트 온 땅 위에서. 9 그리고 사람과 짐승에게 생길 것이다, 물집이 터지는 종양이 이집트 온 땅에서.(출 9:8~9 직역)

재를 나타내는 말(피카흐)은 그을음이란 말에서 나와 검게 하다, 검게 물들이다는 뜻이다. 9절에는 악성 종기를 나타내는 낱말이 세 개 쓰였다. i)쉬킨 이것은 빨개지다, 달아 오르다는 말에서 나왔다. ii)파라흐. 이것은 생기다, 돋다라는 뜻이다. iii)아바부아는 종기나 염증이다. 이것은 복수형(아바부오트)으로 쓰여서 종기의 강도가 보통 이상으로 강력하다는 사실을 보여주었다. 짐승이란 말(브헤마)도 흔히 가축을 가리키는 말(미크네 2~3, 6절 참조)과 다르다. 이것은 가축만이 아니라 온갖 종류의 짐승을 가리키는 말이다.

모세와 아론은 하나님 말씀대로 하였다.(10절 직역: 그리고 그들이 풀무의 재를 취하였다. 그리고 그들이 파라오 앞에 섰다. 그리고 그들을 모세는 하늘로 뿌렸다.) 그것이 마치 티끌처럼 되어 흩날렸다.(뻬하야 레아바크) 여기서 티끌이란 말(아바크)은 말이나 자동차가 비포장도로를 달릴 때 생기는 먼지 또는 산들바람에도 쉽게 떠다니는 아주 작은 가루(미세먼지)를 가리킨다. 평소 재는 소독제 방충제 역할을 하는데 하나님께서 그것을 사용하시니 병균의 역할을 하게 되었다. 사람들에게 날아간 미세먼지는 그 피부에 독종(쉐인 아비뿌아, 욥 2:7; 계 16:2 참조)이 생기게 하였다.

출애굽기는 앞서 여섯 번에 걸쳐 파라오가 완악한 마음의 소유자라거나 또는 자기 스스로 제 마음을 완악하게 하였다고 하였다.(7:13, 22; 8:15, 19, 32; 9:7) 여기에 처음으로 하나님께서 그의 마음을 완강하게 하셨다고 하였다.(12절) 이제 하나님은 모든 피조물 모든 사람이 자신의 영향권 아래 있음을 분명히 밝히신 것이다.

이 표적은 피부병(독종)의 직접적인 원인이 하나님의 뜻을 거역하는 죄라고 알려준다. 곧 인간의 신체 건강도 말씀에 순종하는지 여부를 보시는 여호와의 손에 달려 있다는 것이다.

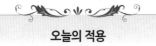

오늘의 적용

① 구제역과 조류독감

2010년에 발생한 구제역의 피해를 정리하면 다음과 같다:

발생 기간: 2010년 11월 28일(경북 안동에서 발생)-2011년 4월 3일(가축이동제한 해제).

발생규모: 전국 11개 시도, 75개 시군구의 6241 농가.

살처분수: 348만 마리(소 15만두[사육 규모 전체의 5%], 돼지 331만두[사육규모 전체
　　　의 34%], 기타 사슴, 염소 등)

인명피해: 공무원 7명, 군인 1명 사망, 140명 부상.

피해금액: 3조원 이상.

이로써 세계동물기구(OIE)는 이 구제역을 지난 50년 이래 최악의 규모로 판
정하였다. 정부는 청정국 지위까지 포기하면서 구제역 예방 백신 접종 제도
를 도입하였다.

조류독감과 구제역은 단순히 동물과 축산 농가만의 문제 또는 기껏해
야 한 나라에 찾아오는 병원체(질병)의 문제로 그치는 것일까? 사건이나 질
병의 경우 평소의 대비 또는 그 당시의 대응하는 태도와 내용에 따라 그
결과에 크게 차이가 날 수도 있다.

② 구별된 백성

하나님의 백성은 하나님께서 세상(세속)으로부터 분리시키고(성별하시고),
선택하신 사람들이다. 이집트에서 일어난 열한 가지 표적들 가운데, 하나
님께서 이스라엘 자손에게 네 번째 - 여섯 번째, 여덟 번째 그리고 열 번째
- 열한 번째 표적의 피해를 당하지 않게 구별하셨다고 출애굽기는 기록
하고 있다. 이 밖의 표적으로 인한 고통은 아마 이스라엘 자손에게도 해당
되었으리라.

이는 오늘날에도 좋은 본보기가 된다. 하나님의 백성도 세상(세속)의 풍
파로부터 완전히 자유롭지 못하다. 때로는 세상 사람들과 비슷하거나 더한
모습으로 세상 속에서 시련을 당한다. 때로는 그들보다 훨씬 가볍게 당하
거나 아예 면제된다. 어느 경우든 우리에게는 하나님의 구별된 백성이라는

믿음과 자아의식이 필요하다.

3 찬송하리로다 하나님 곧 우리 주 예수 그리스도의 아버지께서 그리스도 안에서 하늘에 속한 모든 신령한 복을 우리에게 주시되 4 곧 창세 전에 그리스도 안에서 우리를 택하사 우리로 사랑 안에서 그 앞에 거룩하고 흠이 없게 하시려고 5 그 기쁘신 뜻대로 우리를 예정하사 예수 그리스도로 말미암아 자기의 아들들이 되게 하셨으니(엡 1:3~5)

선택받은 백성 구별된 사람이라는 자아의식이 성령님의 인도에 이끌리면 거기서 나오는 것은 모두 다 긍정적인 것으로 채워진다.

③ 하나님은 사람이 가진 재산 일체의 주인

포악을 의지하지 말며 탈취한 것으로 허망하여지지 말며 재물이 늘어도 거기에 마음을 두지 말지어다(시 62:10)

나의 하나님이 그리스도 예수 안에서 영광 가운데 그 풍성한 대로 너희 모든 쓸 것을 채우시리라(빌 4:19)

비록 지금은 옛날과 같지 않지만 축산 농가에 소나 양 등 가축은 재산 목록 중에 아주 큰 비중을 차지한다. 소유, 학식(학력), 경력 등도 그와 같다. 오늘날 사람들은 건강을 유지하려고 도저히 말리지 못할 정도로 열성적이다. 이런 것들에 대해 사람들은 흔히 자신의 것 또는 자신이 노력한 대가요 잠 덜자고 덜먹고 덜 쉬며 고생한 결과라고 생각한다. 물론 기도도 드리지만 기도드리는 중에도 이것들이 더 큰 자리를 차지하고 있는 것이다.

진정 하나님은 우주 만물의 주인이시자 인생 각 사람의 주인이라는 것을 실감할 날이 언제런가?

④ 하나님을 거역한 결과는 질병으로 나타날 수도 있다

그 두 사람이 엎드려 이르되 하나님이여 모든 육체의 생명의 하나님이여 한 사람이 범죄하였거늘 온 회중에게 진노하시나이까(민 16:22)

이제는 나 곧 내가 그인 줄 알라 나 외에는 신이 없도다 나는 죽이기도 하며 살리기도 하며 상하게도 하며 낫게도 하나니 내 손에서 능히 빼앗을 자가 없도다(신 32:39)

반드시 그런 것은 아니지만 사람의 죄와 악이 그 사람을 병들게 만드는 통로일 수 있다. 정신적으로 겪는 심한 압박감이나 근심 걱정도 그러하다. 당나라 시인 백거이는 이렇게 읊었다: 길흉화복이 오는 데에는 이유 있으리니(吉凶禍福有來由 길흉화복유래유) 원인 깊이 살피되 두려워 마라.(但要深知不要憂 단요심지불요우)

다른 한편 질병은 하나님을 만나는 통로가 될 수 있다. 몸이 아플 때 하나님과 사람 앞에 바르게 살지 못한 자신을 되돌아보는 사람은 복이 있다. 이런 사람에게는 육체의 회복뿐만 아니라 마음과 영혼의 회복도 주어진다.

⑤ 전능하신 하나님

두 움큼에 지나지 않은 적은 양의 재로도 하나님은 이집트 전국에 독종 (피부병)이 창궐하게 만드셨다.(출 9:9) 더구나 재는 보통의 경우 방충제 방독제 역할을 하는 것이다. 이 표적으로 하나님은 피조물과 자연현상 사회현상 등 모든 것을 자신의 목적에 따라 자유자재로 사용하시는 전능하신 분이심이 명백하게 드러났다.

주께서는 못 하실 일이 없사오며 무슨 계획이든지 못 이루실 것이 없는 줄
아오니(욥 42:2)

우리 가운데서 역사하시는 능력대로 우리가 구하거나 생각하는 모든 것에
더 넘치도록 능히 하실 이에게(엡 3:20)

⑥ 황사와 미세먼지

해마다 우리는 중국 쪽에서 날아오는 황사에 몸살을 앓는다. 그 나라가
행하는 잦은 원자핵실험 등 몇 가지 이유로 사막지대가 넓어지고 그 모래
와 먼지가 바람에 실려 날아오는 것이다. 물론 삼국사기나 고려사 조선왕
조실록에도 황사에 관한 기록이 있다. 그렇더라도 오늘날같이 이렇게 빈번
하거나 광범위하거나 농도가 짙지 않았다.

게다가 화력발전소, 공사 현장 그리고 자동차 배기가스 및 그것이 저질
시멘트로 포장된 길을 달리며 일으키는 먼지들 기타 이런저런 이유로 떠
돌아다니는 미세먼지는 미관과 기분을 해치는 것은 물론 생명체의 건강
에 아주 나쁜 영향을 끼친다. 그것은 푸른 하늘을 바라보며 느끼는 우리의
정서를 빼앗아갔을 뿐만 아니라 사람을 비롯하여 동식물의 건강에 커다란
위협이 되고 있다.

지난날 파라오의 욕심이 그 나라 백성과 가축 등 자연 환경에 피해를
입혔다. 오늘날에는 남보다 강해지려는 마음, 조금이라도 더 많이 소유하
고 더 편리해지려는 마음이 이런 피해를 가져오는 것이다.

34
우박

(⑧ 출 9:13~35)

13 여호와께서 모세에게 이르시되 아침에 일찍이 일어나 바로 앞에 서서 그에게
이르기를 히브리 사람의 하나님 여호와의 말씀에 내 백성을 보내라 그들이 나
를 섬길 것이니라

14 내가 이번에는 모든 재앙을 너와(네 마음과) 네 신하와 네 백성에게 내려 온 천
하에 나와 같은 자가 없음을 네가 알게 하리라

15 내가 손을 펴서 돌림병으로 너와 네 백성을 쳤더라면 네가 세상에서 끊어졌
을 것이나

16 내가 너를 세웠음은 나의 능력을 네게 보이고 내 이름이 온 천하에 전파되게
하려 하였음이니라

17 네가 여전히 내 백성 앞에 교만하여 그들을 보내지 아니하느냐

18 내일 이맘때면 내가 무거운 우박을 내리리니 애굽 나라가 세워진 그 날로부터
지금까지 그와 같은 일이 없었더라

19 이제 사람을 보내어 네 가축과 네 들에 있는 것을 다 모으라 사람이나 짐승이
나 무릇 들에 있어서 집에 돌아오지 않는 것들에게는 우박이 그 위에 내리리
니 그것들이 죽으리라 하셨다 하라 하시니라

20 바로의 신하 중에 여호와의 말씀을 두려워하는 자들은 그 종들과 가축을 집으
로 피하여 들였으나

21 여호와의 말씀을 마음에 두지 아니하는 사람은 그의 종들과 가축을 들에 그대

로 두었더라 22 여호와께서 모세에게 이르시되 너는 하늘을 향하여 손을 들어 애굽 전국에 우박이 애굽 땅의 사람과 짐승과 밭의 모든 채소에 내리게 하라

23 모세가 하늘을 향하여 지팡이를 들매 여호와께서 우렛소리와 우박을 보내시고 불을 내려 땅에 달리게 하시니라 여호와께서 우박을 애굽 땅에 내리시매

24 우박이 내림과 불덩이가 우박에 섞여 내림이 심히 맹렬하니 나라가 생긴 그 때로부터 애굽 온 땅에는 그와 같은 일이 없었더라

25 우박이 애굽 온 땅에서 사람과 짐승을 막론하고 밭에 있는 모든 것을 쳤으며 우박이 또 밭의 모든 채소를 치고 들의 모든 나무를 꺾었으되

26 이스라엘 자손들이 있는 그 곳 고센 땅에는 우박이 없었더라

27 바로가 사람을 보내어 모세와 아론을 불러 그들에게 이르되 이번은 내가 범죄하였노라 여호와는 의로우시고 나와 나의 백성은 악하도다

28 여호와께 구하여 이 우렛소리와 우박을 그만 그치게 하라 내가 너희를 보내리니 너희가 다시는 머물지 아니하리라

29 모세가 그에게 이르되 내가 성에서 나가서 곧 내 손을 여호와를 향하여 펴리니 그리하면 우렛소리가 그치고 우박이 다시 있지 아니할지라 세상이 여호와께 속한 줄을 왕이 알리이다

30 그러나 왕과 왕의 신하들이 여호와 하나님을 아직도 두려워하지 아니할 줄을 내가 아나이다

31 그 때에 보리는 이삭이 나왔고 삼은 꽃이 피었으므로 삼과 보리가 상하였으나

32 그러나 밀과 쌀보리는 자라지 아니한 고로 상하지 아니하였더라

33 모세가 바로를 떠나 성에서 나가 여호와를 향하여 손을 펴매 우렛소리와 우박이 그치고 비가 땅에 내리지 아니하니라

34 바로가 비와 우박과 우렛소리가 그친 것을 보고 다시 범죄하여 마음을 완악하

게 하니 그와 그의 신하가 꼭 같더라

35 바로의 마음이 완악하여 이스라엘 자손을 내보내지 아니하였으니 여호와께서
모세에게 말씀하심과 같더라

이것은 우박 우렛소리 땅에 떨어진 불덩이 표적에 관한 이야기이다. 표적
이 거듭될수록 그 위력이 점점 더 커졌다. 그것이 시작된 이래 처음으로 사
람이 죽었다. 그래서인지 이 부분은 이제까지 나온 표적을 다루는 이야기들
보다 그 내용이 자세하다. 그 길이도 유월절에 관한 열한 번째 표적 다음으
로 길다.

이 부분에는 '전체'를 가리키는 '콜'이란 낱말이 12번이나 쓰였다. 이는
하나님의 표적이 이스라엘 자손과 그 지역을 제외하고 이집트의 왕실과 귀
족에게만이 아니라 모든 사람에게 적용되었음을 강조하는 것이다.

이것은 하나님께서 더욱 강력하게 역사하시는 신호탄일까? 우선 이 표적
을 예고하시면서 하나님은 모세를 시켜 자신의 판단과 입장을 파라오에게
전달하게 하셨다. 그 가운데 한 부분이다.(9:14~17)

진실로 이번만큼은 내가 나의 모든 재앙을 반드시 너(히: 네 마음[심장])와 네 신하
와 네 백성에게 보내리니 이 모든 땅(이 모든 나라)에 나와 같은 자가 없음을 네가
알게 하리라(출 9:14 직역).

14절b는 16절b(내 이름이 그 온 천하에 전파되게 하려 하였음이라)와 함께 하나님
께서 이집트에 내리는 표적의 목적을 잘 보여준다.

표적 이야기에서 재앙이란 말(막게파)이 출애굽기에서 여기에 처음이자

309

유일하게 나온다. 민수기에 9번 역사서와 예언서에 몇 차례 나오는 이 말은 자연사나 사고가 아닌 죽음에 이르는 재앙(재난)을 가리킨다. 여기서 '모든 재앙'이 이번 것을 포함하여 i)앞서 나타난 일곱 가지 표적을 가리키는지 ii)그 후에 일어나는 것까지 포함하여 열한 가지 표적을 다 가리키는지 iii)아니면 지금 내려질 표적과 그에 따른 고통을 강조하는 것인지 분명하지 않다.

그 표적이 지향하는 첫 번째 대상은 파라오의 마음(레브 = 심장)이다. 이 낱말은 단순히 신체기관인 심장 또는 그것의 작용들 중에 하나인 마음(기분 감정 등 마음의 상태)만 가리키지 않는다. 그것은 통일체로서의 한 인간 전체를 뜻하기도 한다. 이런 뜻에서 여호와의 여덟 번째 표적은 한 인간인 파라오 전체, 곧 그의 심장(마음 상태, 심리적 불안감, 영적인 혼돈)과 몸 전체에 깊은 인상을 남기는 심각한 증상이 될 것이다.

15~16절에는 여호와께서 파라오와 그 세력을 단숨에 물리치는(멸망시키는) 일 정도는 얼마든지 하실 수 있는 분이면서도 그리하지 않는 이유를 밝혀준다. 15절은 '나는 … 할 수 있다'고 옮기거나 '나는 … 하련다'로 옮길 수 있다. 앞엣것은 할 수 있음을(공개 천새 참조) 뒤엣것은 의도나 당위성을 각각 나타낸다.(개역개정 표준새번역) 여기서는 뒤엣것이 더 타당해 보인다.(Hamilton, Exodus 150) 출 2:16이다:

그러나 이 일을 위하여, 곧 내 힘을 네게 보여주기 위하여, 그리고 내 이름이 온 세상에 전파되게 하려고 내가 너를 세웠노라(직역)

15절에서 파라오를 멸망시키지 않은 이유가 16절에 조금 더 구체적으로 밝혀졌다. 곧 하나님께서 파라오를 이집트(온 땅)에 세운 것은 자신의 계획이 있기 때문이라는 것이다. 이것은 지금 세상을 다스리고 통제하는 것처럼 보이는 파라오가 아니라 여호와가 역사와 세상의 대주재요 우주만물의 주인이심을 분명하게 밝히는 것이다.(출 9:29 참조)

여호와는 크신 하나님이시요 모든 신들보다 크신 왕이시기 때문이로다(시 95:3)

17절에 교만이라 옮겨진 말(미스톨렐)은 '세우다, 높이다'는 말(살랄)에서 나왔다. 이는 파라오가 자신을 스스로 높이며 거만하게 군다고 옮길 수도 있고, 파라오가 자신을 내세워 이스라엘이 갈 길을 가로막는다(방해한다)로 볼 수도 있다. 사도 바울은 17절을 칠십인역에 따라 롬 9:17에 인용하였다. 이집트 역사에 유례가 없는 거대한 우박을 준비하시며(18, 24절) 하나님은 이에 대한 대비책을 일러주셨다:

이제 사람을 보내어 네 가축과 네 들에 있는 것을 다 모으라 사람이나 짐승이나 무릇 들에 있어서 집에 돌아오지 않는 것들에게는 우박이 그 위에 내리리니 그 것들이 죽으리라(9:19).

이로써 하나님께서 15~16절에 하신 말씀의 진정한 의미가 밝혀졌다. 모세가 전하는 하나님 말씀에 파라오가 어떻게 반응하였는지 우리는 모른다. 출 9:20~21절은 그의 신하들 중에 작지만 동요가 일어났다는 사실만 살짝 언급할 뿐이다. 그들 가운데 몇몇이 모세를 통한 하나님 말씀을 두려워하였다. 그들은 모세가 충고한 대로 따랐다. 그들은 지금까지 일어난 표적을 직접 경험하면서 여호와의 권능을 다 받아들이지는 못하지만 어렴풋이나마 느끼기 시작한 것이다.

두려워하는 자들이란 말(하야레)은 야레 동사의 분사형에 정관사가 붙은 것이다. 이 동사에는 이중적인 의미가 있다. 첫째로 여호와를 유일한 하나님으로 믿는 자들의 가슴 깊은 곳에서 우러나오는 경외심(창 22:12 참조)이다. 둘째로 어떤 사람이나 일이나 현상에 대한 두려움이다. 여기 나오는 두려워하는 자들은 미약하나마 여호와를 향한 두려움과 장차 일어날 일에 대한 강한 두려움이 뒤섞여 있을 것이다.

그리고 주어지는 말씀을 심장(레브, 마음)에 두지 않은 사람들은 자기 종들과 가축을 들판에 그냥 있게 하였다.(출 9:21) 말씀을 마음에 둔다는 표현은 신 11:18; 32:46; 삼상 9:20; 20:25; 욥 1:8; 학 1:5, 7; 2:15, 18[2x] 등 여러 곳에 나온다. 이런 구절들에서 하나님 말씀을 허술하게 대하는 자와 순순히 받아들이는 자, 곧 하나님 뜻을 떨림과 두려움으로 받아들이는 자와 귓등으로도 듣지 않는 자는 자신의 태도에 걸맞게 서로 상반된 결과를 맞게 되었다.

이제 하나님은 모세에게 하늘을 향해 손을 뻗으라(들라) 하셨다. 표적을 일으키실 때 하나님께서 모세(또는 아론)의 손을 들게(뻗게) 하신 일이 출애굽기에 여러 차례 나온다. 여기에 쓰이는 동사는 주로 나타 파라스 샬라흐 이다. 우리말 성경은 이것들을 '(손을) 펴다, 들다'로 옮겼다. 출애굽기에는 이 가운데 나타가 가장 많이 쓰였다.(출 6:6; 7:5, 19; 8:5, 6; 8:17; 9:22, 23; 10:12, 13, 21, 22; 15:12) 파라스는 주로 기도드릴 때 손을 드는 모습을 나타내곤 하였다. 이를테면 파라오의 부탁을 받고 하나님께 기도드릴 때 사용된 것이다.(출 9:29, 33). 샬라흐가 손을 펴다(능력을 행사하다)는 뜻으로 쓰인 것은 15절 여기뿐이다.

이 밖에도 '나는 여호와라'는 형식의 표현이 여러 표적 이야기에 자주 나온다. 이것은 주로 표적의 목적을 알리는 말씀에서 쓰였다.

네가 이로 말미암아 나를 여호와인 줄 알리라(7:17)

왕에게 우리 하나님 여호와와 같은 이가 없는 줄을 알게 하리니(8:10[6])

이로 말미암아 이 땅에서 내가 여호와인 줄을 네가 알게 될 것이라(8:22[18])

세상(직역: 땅)이 여호와께 속한 줄을 왕이 알리이다(9:29)

모세가 하나님 말씀대로 손을 드는 것에 맞추어 하나님은 우박을 사람과 짐승 그리고 들판의 모든 풀(곡초) 위에 내리게 하셨다. 내리셨다는 말(마타르)은 분사형(마므티르)이다. 이는 우박이 잠시 동안 내린 것이 아니라 길게 지속되었다는 뜻이다. 아마 이집트에 내린 우박 중에서 가장 피해가 큰 것이었으리라.

성경에서 우박은 하나님이 쓰시는 심판의 도구로 여러 차례 언급되었다. 이것은 죄인과 악인을 심판하는 도구인 동시에(사 28:2, 17) 하나님의 진노를 상징하는 수단이었다.(겔 38:22; 학 2:17) 아울러 하나님은 우박과 함께 소리(하나님의 음성? 천둥?)도 주셨으며 불(번개?)도 내리셨다.(출 9:20~25) 하나님께서는 때로는 엘리야에게처럼 조용이 속삭이는 분으로(왕상 19:12) 그리고 여기에서처럼 매우 강력한 파괴력을 지닌 분으로 나타나신다.

성경에서 소리는 때때로 하나님의 권능과 계획을 전제로 하였다.(출 19:16; 20:18) 이를테면 사무엘이 하나님께 청하자 하나님은 소리들(의미강화의 복수형?)을 보내셨다.(삼상 12:15) 그리고 우레와 비도 함께 내리게 하셨다.(삼하 12:17~18)

신약성경은 예수님과 관련하여 소리가 들려왔다고 한다. 그 분이 세례를 받으실 때(막 1:11 하늘로부터 소리가 나기를 너는 내 사랑하는 아들이라 내가 너를 기뻐하노라 하시니라), 변화산에서 변모되실 때(막 9:7 … 구름 속에서 소리가 나되 이는 내 사랑하는 아들이니 너희는 그의 말을 들으라 하는지라), 성령께서 강림하실 때(행 2:6 이 소리가 나매 큰 무리가 모여 각각 자기의 방언으로 제자들이 말하는 것을 듣고 소동하여) 등이 그것이다. 이밖에도 요한계시록에는 들려오는 소리에 관한 언급이 여러 차례 나온다.(계 1:10; 21:3 등)

하나님은 이 표적도 이스라엘 자손에 사는 고센 지역에는 발생하지 않게 기적을 베푸셨다. (9:26) 똑같은 일이 이집트인이 사는 지역에는 일어나고 이스라엘 자손이 사는 곳에는 발생하지 않았다는 사실 그 자체가 또한 표적(기적)이었다.

> 천 명이 네 왼쪽에서, 만 명이 네 오른쪽에서 엎드러지나 이 재앙이 네게 가까이 하지 못하리로다(시 93:7)

사태가 이리 되자 파라오는 기겁을 하였다. 그는 모세와 아론을 당장 불러 들였다. 그리고 그들에게 '이번은 내가 범죄하였노라'(직역: 내가 죄를 지었노라, 이번만큼은; deictic particle 렘 28:16 참조). 여태까지 그는 매우 당당하였고 또 스스로 의로운 사람이었다. 아마 그는 자신의 행동이 마땅히 그리고 당연히 해야 할 자연스러운 것이라고 믿었을 것이다. 아니 왕이 하는 일은 다 옳다고 여겼으리라. 그러다가 거듭되는 하나님의 표적들로 인한 피해가 자신과 백성에게 피부로 다가오자 어딘가 잘못되었다는 생각을 어렴풋이나마 한 것 같다.

왕에게는 부끄러움도 오류도 없다는 말이 있다. 왕이 하는 또 하고자 하는 일은 언제나 정당하다는 뜻이다. 부모형제를 죽이고 심지어 자식을 유배 보내거나 죽이더라도 왕이 왕의 자리를 지키기 위해 죽는 사람보다 그 자리를 지키지 못했을 때 죽는 이가 더 많다는 논리로 이를 합리화시켰다. 이를테면 단종이 쫓겨나고 수양대군이 왕으로 되는 과정에서 아깝게 죽은 인재가 얼마나 많았던가! 광해군을 몰아낸 이들도 그가 영창대군과 임해군을 죽인 일에 대해선 입을 다물었다.

어제 한 약속을 오늘 뒤집어도 왕이 한다면 잘못이 아니다. 만일 잘못이 있다면 그것은 신하 탓이다. 이순신 장군의 죄를 물을 때 그를 기용한 왕(선조)이 아니라 추천한 사람인 류성룡이 책임을 졌다.

이런 주장이 오늘날에는 너무나 어처구니없이 들리지만 옛날에는 동서를 막론하고 통하였다. 교황무오설도 이것의 일종이다.

이런 뜻에서 성경의 가르침은 참으로 위대하다. 성경은 위와 같은 시대에 이미 사울이나 다윗 등 임금들의 오류를 지적하였다. 오늘날 대통령들 중에는 지금이 로마 시대나 조선 시대인 양 착각하는 사람도 있나보다. 아니면 그 시절을 그리워하는지….

야곱의 아들 유다는 막내아들 셀라를 잃게 될까 두려워하여 며느리 다말을 친정으로 돌려보내고 방치하였다. 이에 며느리는 교묘하게 꾀를 내어 유다와 관계를 갖고 아기를 잉태하였다. 이런 내막을 모른 채 잉태한 것만 가지고 며느리를 응징하려던 유다는 자신이 그 아기의 아버지라는 사실을 알아차리고는 며느리에게 '그는 나보다 옳도다'라고 말하였다.(창 38:26)

사울 임금도 이런 예에 속한다. 아말렉과 싸울 때 그는 사무엘의 말대로 하지 않았다. 나중에 이 일로 사무엘에게 책망을 들자 '내가 (여호와께) 범죄하였나이다'(삼상 15:24)라고 고개를 숙였다.

또한 그는 군사 삼천 명을 동원하여 다윗을 추격하였다. 그가 밤에 깊이 잠들고 호위병들도 잠들었을 때 다윗은 사울의 진영으로 몰래 숨어들었다. 그는 얼마든지 사울을 죽일 수도 있었는데 그리하는 대신에 사울의 머리 곁에서 창과 물병을 가지고 되돌아왔다. 이튿날 그가 멀리 떨어진 곳에서 이것을 사울에게 보이며 소리치자 사울은 다윗을 향해 '내가 범죄하였도다'(삼상 26:21)고 인정하였다.

다윗도 그러하였다. 그는 밧세바를 범하고 그 남편 우리아를 죽게 하였다. 이 일로 하나님께서 선지자 나단을 보내 책망하실 때 그는 '내가 여호와께 죄를 범하였노라'고 고백하였다.(삼하 12:13) 그리고 하나님의 뜻에 거슬리는 인구 조사를 함으로 말미암아 재앙이 닥칠 때에도 그는 '내가 이 일을 행함으로 큰 죄를 범하였나이다'(삼하 24:10) 라 고백하였다.

이밖에도 이스라엘 백성(민 14:40; 신 1:41, 삿 10:5) 아간(수 7:20) 다니엘(단 9:5) 등이 그런 예이다. 가룟 유다는 예수님이 체포된 후 자기가 그분을 판 것이 잘못되었다고 자책하며 '내가 무죄한 피를 팔고 죄를 범하였도다'라고 말하였다.(마 27:4) 그리고 그는 옛 행실을 회개하며 예수님 품으로 돌아오는 대신에 죽음을 선택하였다.

출 9:27과 위에 언급한 곳들에 쓰인 말은 카타이다. 이는 표적에서 빗나가다 곧 목표(대상)를 잘못 선택하였다는 뜻이다. 죄라는 용어가 파라오의 완고함에 대해 여덟 번째 표적에서 처음으로 붙었다.(출 9:34 참조) 세계적인 제국 이집트의 통치자인 그가 방향을 잘못 잡고 대상을 잘못 만남으로 말미암아 사람과 동물과 식물에 엄청난 재난이 닥치게 된 것이다.

그 뒤에 이어지는 장면이 보여주듯이 앞서 말한 사람들이 죄를 인정한 것과 파라오의 경우는 전혀 다르다. 그는 이런 말로 자신의 마음이 흔들리는 사실을 드러내었을 뿐 그 말이 진심이 아니었던 것이다.

이어서 그는 '여호와는 의로우시고 나와 나의 백성은 악하도다'(직역: 여호와는 의로우신 분이고 나와 내 백성은 악한 자들이로다)라고 말하였다.(모세의 장인 이드로 출 18:10~11; 모압이 불러들인 선지자 발람 민 22~24장; 아람의 군대장관 나아만 왕하 5:15; 느부갓네살 왕 단 4:34~35; 다리우스 왕 단 6:26 등 참조) 이런 외국인들 말고도 히스기야 왕(대하 12:6), 에스라(스 9:15) 등이 그런 고백을 하였다.

'의로운'이란 말(챠디크)에 정관사가 붙어 있으며(핫챠디크) '악한(라샤)'이란 말도 그와 같으므로(호르샤임) 이는 형용사가 아니라 명사로 해석해야 하는 것이다.

그 다음에 이어지는 말 '여호와께 구하여 이 우렛소리와 우박을 그만 그치게 하라 내가 너희를 보내리니 너희가 다시는 머물지 아니하리라' (9:27~28) 로 미루어 보건대 파라오가 여호와를 인정하는 말이 진심인지 의아스럽다. 이것은 그 뒤에 나오는 말을 하기 위한 겉치레에 지나지 않았다. 마치 예수님을 향해 사탄들이 하나님의 거룩한 자(눅 4:34) 하나님의 아들 (마 8:27; 막 3:11)이라고 말하는 그 정도 비중의 말인 것이다. 모세는 그 속마음을 꿰뚫어 보았다.(9:30 직역: 그러나 나는 당신과 당신의 신하들을 알고 있나이다. 아직도 당신들이 여호와 하나님 앞에서 두려워하지 않는 것을) 여기서 여호와의 앞에서 두려워한다는 말은 그분의 말씀과 계획에 따른다는 뜻이다.

그럴 줄 알면서도 그는 하늘을 향해 손을 펴(들어올려) 기도를 드렸고 하나님은 우박을 그치게 하셨다. 모세는 이렇게 약속을 지켰건만 파라오는 마음을 다시 바꾸었다. 그의 심장은 무거워지고(완강해지고 = 카베드) 완고해져서(강해져서 = 카자크) 이스라엘 자손을 내보내겠다는 자신의 말을 뒤집었다. 물론 이것은 새삼스러운 일이 아니다. 그는 표적 세 번째부터 이런 식으로 줄곧 자신의 약속(말)을 깨뜨렸다.

그와 같은 큰일을 겪고도 파라오와 그 신하들은 자신들의 마음을 완악하게 하는데 하나가 되었다. 하나님께서 이미 예고하셨고 모세가 이미 예상한 대로 '그리고 그가 그의 마음을 완강하게 하였다. 그리고 그의 신하들이.'(출 9:34b 직역)

35절을 직역하면 '파라오의 마음은 완악하여졌다. 이에 그는 이스라엘 자손을 보내지 않았다, 여호와께서 모세의 손을 통하여 말씀하셨던 것과 같이'이다. 이 구절에 나오는 '모세의 손에(손을 통하여) 말씀하셨던 것과 같이'라는 표현은 표적을 여러 차례나 되풀이 경험하면서도 하나님 말씀을 무시하는 바로의 행동을 설명할 때 자주 나온다.(출 7:12, 22; 8:15, 19; 9:12, 35; 왕상 15:29; 16:12, 34) 그리고 하나님께서 대언자(예언자)를 통해 말씀하실 때에도 등장한다.(레 8:36; 10:11; 민 4:37; 삼상 28:15; 왕상 16:7; 느 8:14) 아마르나 문서에도 u qa-bi-ti i-na qa-ti Pa-wu-ra a-wa-ta (나는 파우라의 손을 통하여 이 말을 하였다) 란 표현이 나온다.(Hamilton, 149) 아마도 이는 단순히 입술의 말이 아니라 실행을 향한 강력한 의지와 큰 권능이 포함된 말씀이란 뜻일 것이다.

오늘의 적용

① 여호와는 기적과 이사를 행하실 유일하신 분이다

출 9:14에서 여호와는 파라오에게 여덟 번째 표적은 예고하셨다. 이 대목에서 하나님은 '(정녕) 나와 같은 자가 없음'(키 엔 카모니)을 알게 하시겠다고 선포하셨다. 카모니는 …과 같이, …처럼, … 만큼이란 뜻을 지닌 전치사 케모에 일인칭어미가 붙은 것이다. 여기에 없다, 존재하지 않는다는 뜻의 '엔'(아인의 연계형)이 붙었다.

이로써 하나님은 파라오와 이집트 백성에게 이집트의 각종 신들이 도저히 견줄 수 없는 차원으로 자신의 존재를 부각시키고자 하셨다. 진실로 하나님은 모든 신들 위에 뛰어나신 분이요, 홀로 큰 기사와 이적을 행하시는 분이며, 영광과 찬양을 영원히 받으시기에 합당한 유일한 분이다.

여호와여 신 중에 주와 같은 자가 누구니이까 주와 같이 거룩함으로 영광
스러우며 찬송할 만한 위엄이 있으며 기이한 일을 행하는 자가 누구니이까
(출 15:11)

우리는 오늘날 하나님을 인간의 경험과 이성의 틀 안에 가두고 현실 앞
에 두려워 떤다. 이런 뜻에서 파라오와 우리 사이에는 공통점이 있다.

② 폐부 깊이 파고드는 뼈아픈 기억

여덟 번째 표적을 통고하시며 하나님은 그것이 '네 마음과 네 신하와
네 백성'에게 미칠 재앙이 되리라고 말씀하셨다.

여기 마음으로 옮겨진 말(레브 = 심장)은 인간이 지닌 느낌과 감정·감각
의 자리일 뿐만 아니라 그 한 개인 전체를 가리키기도 한다. 파라오의 가슴
에는 이 재앙의 기억이 깊이 새겨질 것이다. 이는 통치자인 그에게 미칠 외
면적인 피해뿐만 아니다. 그것은 그의 마음과 정신의 중심에서 평정을 빼
앗아갈 것이다. 이로써 출애굽기는 하나님과 그분의 표적으로 인하여 그의
심령이 혼란스러워질 것을 예고하였다.

이는 하나님을 떠난 심령 하나님 말씀을 무시하는 심령에게 찾아오는
불안과 정신적 방황을 가리키는 것이다. 그리고 그 피해는 고스란히 본인
자신에게 그리고 주변 사람과 일들에 찾아온다. 이런 뜻에서 지위가 높을
수록 아는 것이 많을수록 가진 것이 많을수록 하나님과 그분 말씀 앞에 무
릎꿇어야 하는 것이다.

35
메뚜기 표적

(⑨ 출 10:1~20)

1 여호와께서 모세에게 이르시되 바로에게로 들어가라 내가 그의 마음과 그의 신
하들의 마음을 완강하게 함은 나의 표징을 그들 중에 보이기 위함이며

2 네게 내가 애굽에서 행한 일들 곧 내가 그들 가운데에서 행한 표징을 네 아들과
네 자손의 귀에 전하기 위함이라 너희는 내가 여호와인 줄을 알리라 …

12 여호와께서 모세에게 이르시되 애굽 땅 위에 네 손을 내밀어 메뚜기를 애굽 땅
에 올라오게 하여 우박에 상하지 아니한 밭의 모든 채소를 먹게 하라

13 모세가 애굽 땅 위에 그 지팡이를 들매 여호와께서 동풍을 일으켜 온 낮과 온
밤에 불게 하시니 아침이 되매 동풍이 메뚜기를 불어들인지라

14 메뚜기가 애굽 온 땅에 이르러 그 사방에 내리매 그 피해가 심하니 이런 메뚜
기는 전에도 없었고 후에도 없을 것이라

15 메뚜기가 온 땅을 덮어 땅이 어둡게 되었으며 메뚜기가 우박에 상하지 아니한
밭의 채소와 나무 열매를 다 먹었으므로 애굽 온 땅에서 나무나 밭의 채소나
푸른 것은 남지 아니하였더라

16 바로가 모세와 아론을 급히 불러 이르되 내가 너희의 하나님 여호와와 너희
에게 죄를 지었으니

17 바라건대 이번만 나의 죄를 용서하고 너희의 하나님 여호와께 구하여 이 죽음
만은 내게서 떠나게 하라

18 그가 바로에게서 나가서 여호와께 구하매

19 여호와께서 돌이켜 강렬한 서풍을 불게 하사 메뚜기를 홍해에 몰아넣으시니 애굽 온 땅에 메뚜기가 하나도 남지 아니하니라

20 그러나 여호와께서 바로의 마음을 완악하게 하셨으므로 이스라엘 자손을 보내지 아니하였더라

이것은 하나님께서 메뚜기를 도구로 표적을 보여주시는 이야기이다. 우선 출 9:34~35와 10:1을 비교해보자.

출 9:34~35	출 10:1
바로가 비와 우박과 우렛소리가 그친 것을 보고 다시 범죄하여 마음을 완악하게 하니 그와 그의 신하가 꼭 같더라 바로의 마음이 완악하여 이스라엘 자손을 내보내지 아니하였으니 …	여호와께서 모세에게 이르시되 바로에게로 들어가라 내가 그의 마음과 그의 신하들의 마음을 완강하게 함은 나의 표징을 그들 중에 보이기 위함이며

메뚜기 표적은 우박 표적에서 간신히 해를 입지 않은 농작물을 완전히 먹어치우는 것이었다.(5, 12절) 출 9:14에서 재앙이라 불렀던 하나님의 표적이 다시 표적(오트 = 표징)이란 말로 되돌아 왔다.(출 10:1) 아홉 번째 표적부터 성경은 파라오가 자신의 마음을 완악(완강)하게 하였다고 언급하는 대신 하나님이 그리하셨다고 표현한다. 이는 인간의 자유의지냐 하나님의 섭리냐 하는 끝없는 토론의 실마리가 되고 있다.

출애굽기 10장에서 하나님은 '진실로 내가 그의 마음과 신하들의 마음을 완강하게 하였다. 이는 그들 마음 중심에(삐키르뽀 = 그[마음]의 속에) 나의 표징

들(표적들 오트)을 자리잡게 하기 위함이다(직역)'라고 말씀하셨다. 그리고 이렇게 하시는 목적을 하나 더 추가하셨다. 하나님께서 이집트에서 표적을 일으키시는 목적이 '파라오와 그 백성에게 여호와를 알게 하시려는 것'이라고 하였다.

이제는 '내가 애굽에서 행한 일들 곧 내가 그들 가운데에서 행한 표징을 네 아들과 네 자손의 귀에 전하기 위함이라 너희는 내가 여호와인 줄을 알리라'(10:2)고 말씀하셨다. 이로써 하나님께서 이집트에서 행하시는 표적의 두 번째 목적이 밝혀졌다. 단순히 여호와를 알 뿐만 아니라, 그분의 구원행적을 찬양하고 대대에 전하게 하시려고 하나님은 이 일을 계속하신다는 것이다.(사파르의 피엘형)

이렇게 표적의 목적을 밝히신 하나님은 이번에는 메뚜기를 통한 표적을 예고하셨다.(10:4~5) 나중에 예언자 아모스는 하나님께서 메뚜기로 이스라엘 농토를 초토화시키는 환상을 보고 질겁하였다.(암 7:1~3). 이런 사실에서 우리는 이 표적의 강도를 능히 짐작하고도 남는다.

이 예고에 앞서 하나님은 파라오의 태도를 '내 앞에 겸비하지 않다'고 진단하셨다.(메아느타 레아노트) 여기에는 거절하다, 달가워하지 않다는 뜻을 가진 말(마엔)과 아나 동사의 단순재귀형(Niph) + 전치사(르)가 쓰였다. 아나란 말이 이런 형식으로 쓰일 때에는 '스스로를 괴롭히다'는 뜻이다.

하나님 앞에 겸손하지 않은 것은 결국 자기 자신을 괴롭히는 결과를 가져온다. 사람이 자신 앞에서 겸비할 때 하나님은 이렇게 반응하셨다:

아합이 내 앞에서 겸비함을 네가 보느냐 그가 내 앞에서 겸비하므로 내가 재앙을 저의 시대에는 내리지 아니하고 그 아들의 시대에야 그의 집에 재앙을 내리리라(왕상 21:29)

내 이름으로 일컫는 내 백성이 그들의 악한 길에서 떠나 스스로 낮추고 기도하여 내 얼굴을 찾으면 내가 하늘에서 듣고 그들의 죄를 사하고 그들의 땅을 고칠지라(대하 7:14)

하나님은 피조물이 자신 앞에서 겸비하기를 원하신다. 파라오도 그리하기를 바라시지만, 그가 언제 이리 될지 아직 미지수다(아드 마타이 = 언제까지?). 한편 여기서 '어느 때까지(언제까지)'라 한 것은 하나님께서 참고 기다리시는 데에도 한계가 있다는 점을 암시한다. 하나님은 그 때까지만(때가 차기까지만) 심판을 보류하시는 것이다. 여기서는 일단 하루의 말미가 주어졌다: '만일 네가 진실로 내 백성 내보내기를 거절한다면, 보라, 내가 내일 네 영토 안으로 메뚜기를 가져 오리라.'(4절 직역)

그 메뚜기 떼가 가져올 피해가 5~6절에 구체적으로 적시되었다. 우박 표적에 이어 이번 것도 이집트 역사상 유례를 찾아보기 힘들 정도로 극심하리라는 것이다.(출 9:18; 10:6) 이 말을 들은 파라오의 신하들 가운데 일부가 기겁을 하였다. 그들은 메뚜기 표적이 시작되기도 전에 파라오에게 적극 동조하던 태도를 바꾸어 자기 의견을 개진하였다.(10:7)

그들도 '어느 때까지'(아드 마타이)란 말을 써 가며 파라오에게 동조하는 것에도 한계가 있다고 밝혔다. 더구나 그들은 '(아직도) 진정 이집트가 망한 줄을 모르시나이까'(키 오브다 미츠라임)라고 말하면서 지금까지 시행된 8가지 표적으로도 이미 이집트가 많이 망가졌다는 사실을 인정하였다. 이것이 이전의 표적 이야기와 다른 점이다. 거듭되는 표적과 그에 따른 후과(後果) 앞에 관료 조직과 왕권 사이의 단단한 결합에 틈이 생기기 시작한 것이다.

그들은 모세와 아론을 불러 파라오에게 데려갔다. 이것은 지금까지 없던 일이다. 모세가 자신을 찾아와 여호와를 경배하기 위하여 이스라엘 자손이 광야로 가게 허락해달라고 요청한 이래(출 5:1) 처음으로 파라오는 타의에 따라 협상을 시작하였다. 그는 이전보다 구체적으로 협상을 하였다: '가서 너희의 하나님 여호와를 섬기러 갈 자는 누구 누구냐?'(10:8)

'누구 누구냐'라며 의문사를 두 번이나 되풀이 쓰는 것은 이스라엘 자손의 대표 몇몇 사람을 염두에 둔 것일까? 수혜(협상) 대상자를 몇몇으로 한정지으려는 기득권자의 이런 태도는 오늘날에도 비일비재하다. 이미 모세는 광야로 나갈 사람이 이스라엘 자손 전체라는 점을 여러 차례 강조하였다.(출 5:1; 7:16; 8:1, 20, 27; 9:1, 13) 그런데도 이렇게 묻는 것은 파라오가 그동안 모세의 말을 귓등으로도 듣지 않았거나 모세와 협상하는 척하며 기만하려는 술책일 것이다.

그러자 모세도 구체적으로 대답하였다: '그리고 모세가 말하였다. '우리 젊은이들과 우리 노인들이 가고 우리 아들들과 우리 딸들과 우리 양 떼와 우리 소떼가 가겠나이다…'(10:9 직역) 전체를 강조하느라 모세는 매 대상자에게 '우리'라는 접미어를 붙여 되풀이 사용하였다. 이에 파라오는 노발대발하였다.(10:10): '보라 그것이 너희에게는 나쁜 것이니라.'(직역: 보라, 너희 얼굴 앞에 악이 있다; 개역: 너희 경영이 악하니라; 공개: 허튼 수작은 부리지 마'; 표준: 어림도 없다! 너희가 지금, 속으로 악한 음모를 꾸미고 있음이 분명하다!) 한마디로 말해 '악한 것이 너희 얼굴에 다 쓰여 있다'는 뜻이다.

그는 이스라엘 자손 중에 남정네(각 가정의 가장?)만 광야로 가 여호와께 예배드리라고 권하였다. 이것만 해도 파라오가 크게 양보한 것임에 틀림이 없지만 이는 하나님의 말씀(계획 = 총체적인 그리고 완전한 출애굽)에 어긋나는 일이었다. 이리하여 협상은 결렬되었다. 이제 메뚜기가 이집트 전역에 전무후무한 엄청난 피해를 가져왔다.(14~15절) 15절은 메뚜기 떼가 얼마나 대단한 지를 묘사하였다.

… 메뚜기가 온 땅을 덮어 땅이 어둡게 되었으며 …

이는 5절에 "메뚜기가 지면을 덮어서 사람이 땅을 볼 수 없을 것이라" 한 말씀이 구체적으로 실현된 것이다. 나중에 예언자 요엘도 자기 시대의 불신 앙을 보며 이와 비슷한 현상을 예고하였다:

"곧 어둡고 캄캄한 날이요 짙은 구름이 덮인 날이라 새벽빛이 산꼭대기에 덮인 것과 같으니 이는 많고 강한 백성이 이르렀음이라 이와 같은 것이 옛날에도 없었고 이후에도 대대에 없으리로다"(욜 2:2)

파라오는 모세와 아론을 급히 불러들여 말하였다: '내가 너희의 하나님 여호와와 너희에게 죄를 지었다. 자 이제 나의 죄를 이번 한 번만 (제발) 용서하고 너희의 하나님 여호와께 구하여 이 죽음만은 내게서 떠나게 하라.' (10:16~17) 죽음까지 언급할 정도로 심각한 일이 벌어지자 그는 모세와 아론에게 바짝 엎드렸다.

하나님은 파라오와 이집트를 위한 모세의 기도에 응답하셨다. 하나님께서는 서풍을 강하게 불게 하셔서 메뚜기 떼가 홍해 바다로 밀려나 빠져 죽게 하셨다. 이는 장차 파라오의 군대가 그 바다에 빠져 죽게 될 것을 미리 보여주는 사건일까? 이렇게 숨통이 트이자 파라오는 약속을 저버리며 또다시 자신의 마음을 완악하게 하였다. 이로써 제 입으로 스스로 '죄를 지었다'고 인정한 말이 진심이 아니라 당장의 소나기만 피하고 보자는 꼼수였음이 드러났다.(출 9:27 참조)

① 공허한 고백

파라오는 출 9:27; 10:16에서 제 입으로 자기 죄를 인정하였다. 그런데도 이것이 그의 마음가짐이나 태도를 바꾸는데 아무런 작용도 하지 않았다. 그는 또다시 변덕을 부렸다. 특히 17절에서 그는 '이번만!'이라고 하였다. 이 말을 듣고는 진심이 들어 있다고 받아들이기에 충분한 어법이다. 나중에 밝혀졌듯이 그의 이런 말은 그 순간만 모면해보려는 임기응변에 지나지 않았다.

우리는 파라오가 하는 입에 발린 말을 씁쓸한 기분으로 바라보게 된다. 하나님을 두려워하지 않고 그 순간 사람에게만 듣기 좋게 말하여 은근슬쩍 넘어가려는 태도는 회개가 아니다. 이런 뜻에서 회개는 사람에게 하는 것이 아니라 하나님께 하는 것이다.

회개란 이미 일어난 일에 대한 자신의 책임을 통감하고 돌이키는 자세이다. 다시 말해 자신의 허물과 과오를 인정하는 말 그 자체보다는 그 말에 실려 있는 그 마음과 영혼의 무게가 중요하다. 탈무드에는 '회개하는 자가 서 있는 땅은 가장 위대한 랍비가 서 있는 땅보다 중요하다'는 말이 있다. 삭개오가 칭찬받는 이유도 여기에 있다.(눅 19:5~10 참조)

② 권력층의 균열

표적(이집트인의 입장에서는 재앙)이 이어질수록 이집트인 가운데 여호와의 능력을 두려워하는 이들이 생겼다. 우박 표적이 예고되었을 때 파라오의 신하들 가운데 일부가 자신의 가축을 미리 단도리한 것이 그 징조이다. 이제 메뚜기 표적이 예고되자 그들 가운데 일부(?)가 노골적으로 파라오에게 이의를 제기하였다.

> 어느 때까지 이 사람이 우리의 함정이 되리이까 그 사람들을 보내어 그들의 하나님 여호와를 섬기게 하소서 왕은 아직도 애굽이 망한 줄을 알지 못하시나이까(출 10:7)

이것은 출애굽을 하려는 이스라엘 자손에게는 청신호였다. 이는 하나님께서 하신 일이다. 이스라엘 자손의 힘으로는 절대로 할 수 없는 일이었다.

③ 치러야 할 대가

15절에는 메뚜기로 인한 피해상황이 기록되었다: '푸른 것은 남지 않았더라.' 이 한 마디만으로도 이집트 논밭의 풍경이 한 폭의 그림처럼 그려진다. 그 피해가 어떠했는가를 충분히 짐작하고도 남는다. 푸른 것은 생명의 색깔이요 희망의 상징인데 희망이 남지 않았던 것이다. 사실 메뚜기 떼가 한 번 쓸고 지나간 자리는 곡식이며 초목이 완전히 초토화된다.

> 팥중이가 남긴 것을 메뚜기가 먹고 메뚜기가 남긴 것을 느치가 먹고 느치가 남긴 것을 황충이 먹었도다(욜 1:4)

성경은 이것이 자연현상이 아니라고 한다. 이것은 하나님의 심판이었다. 아홉 번째 표적은 하나님의 말씀을 번번이 거역한 대가가 얼마나 큰가를 보여준다.

④ 거절할 수 없는 중보기도

하나님께서 내리시는 표적들 앞에 파라오는 속수무책이었다. 그는 이미 세 차례(개구리 표적 출 8:8, 파리 표적 출 8:28, 우박 표적 출 9:28)나 모세에게 중보기도를 부탁하였다. 그때마다 모세는 그의 요청을 받아들여 중보기도를 드렸으며 하나님은 이에 선하게 응답하셨다. 메뚜기 표적을 당하자 그는 다시 한 번 모세에게 애걸하였다.

16 바로가 모세와 아론을 급히 불러 이르되 내가 너희의 하나님 여호와와 너희에게 죄를 지었으니 17 바라건대 이번만 나의 죄를 용서하고 너희의 하나님 여호와께 구하여 이 죽음만은 내게서 떠나게 하라(출 10:16~17)

이에 모세는 다시 여호와 하나님께 파라오와 이집트 백성을 위해 기도를 드렸다.(18절) 이 기도를 들으신 하나님은 서풍을 강하게 불게 하시어 그 메뚜기 떼를 하나도 남김없이 홍해에 빠지게 하셨다.

모세는 번번이 약속을 번복하는 파라오가 중보기도를 요청하는데도 뿌리치지 않았다. 그를 위해서도 여호와께 간절히 기도드렸다. 역시 하나님의 사람답다. 하나님의 사람의 상대방이 어떤 사람이든 그가 중보기도를 요청할 때에는 반드시 응해야 한다는 것을 모세는 우리에게 가르쳐 준다. 기도는 사람을 보아가며 드리는 것이 아니라는 말이다.

36

온 땅에 흑암이 깔리다

(⑩ 출 10:21~29)

21 여호와께서 모세에게 이르시되 하늘을 향하여 네 손을 내밀어 애굽 땅 위에 흑
   암이 있게 하라 곧 더듬을 만한 흑암이리라

22 모세가 하늘을 향하여 손을 내밀매 캄캄한 흑암이 삼 일 동안 애굽 온 땅에
   있어서

23 그 동안은 사람들이 서로 볼 수 없으며 자기 처소에서 일어나는 자가 없으되
   온 이스라엘 자손들이 거주하는 곳에는 빛이 있었더라

24 바로가 모세를 불러서 이르되 너희는 가서 여호와를 섬기되 너희의 양과 소는
   머물러 두고 너희 어린 것들은 너희와 함께 갈지니라

25 모세가 이르되 왕이라도 우리 하나님 여호와께 드릴 제사와 번제물을 우리에
   게 주어야 하겠고

26 우리의 가축도 우리와 함께 가고 한 마리도 남길 수 없으니 이는 우리가 그 중
   에서 가져다가 우리 하나님 여호와를 섬길 것임이며 또 우리가 거기에 이르기
   까지는 어떤 것으로 여호와를 섬길는지 알지 못함이니이다 하나

27 여호와께서 바로의 마음을 완악하게 하셨으므로 그들 보내기를 기뻐하지 아
   니하고

28 바로가 모세에게 이르되 너는 나를 떠나가고 스스로 삼가 다시 내 얼굴을 보
   지 말라 네가 내 얼굴을 보는 날에는 죽으리라

29 모세가 이르되 당신이 말씀하신 대로 내가 다시는 당신의 얼굴을 보지 아니

이것은 이집트 땅에 밤낮없이 밤의 어둠이 깔리는 이야기이다. 파라오의 거듭된 변덕 탓인지 이 표적은 아무 예고 없이 막 바로 일어났다. 하나님의 말씀대로 모세가 하늘을 향해 그의 손을 내밀자(네테 야데카 알 핫샤마임) 이스라엘 자손이 사는 고센 지역만 빼놓고 사흘 동안 밤낮없이 이집트 전국을 어둠이 뒤덮었다.

성경에 '…을 향해 손을 펼치다'는 말(나타 야드 알 …)은 흔히 하나님의 심판을 가리킨다. 예언자 이사야는 남왕국 유다의 죄를 열거하면서 저주를 선언하였다. 그리고 그 저주 선언 말미에 하나님의 심판을 선언하는 것을 '…을 향하여 그의 손을 펴다'로 표현하였다.(사 5:25) 예언자 에스겔도 여호와께서 그의 손을 이스라엘 가문 위에 펴서 그들이 사는 온 땅 곧 광야에서부터 디블라까지 황량하고 황폐하게 할 것이라고 말씀을 전하였다.(겔 6:14)

이 표현은 외국인(외국)의 심판을 묘사할 때에도 쓰였다. 그 대부분은 이집트를 징계하는 문맥에서 그리고 신명기 3:24에서는 동부 요르단의 여러 민족에게 보이신 하나님의 심판과 관련하여 사용되었다. 출 10:21절에는 어둠이란 낱말(호셰크)이 두 번 거푸 쓰였다. 마치 창조 이전에 어둠이 온 땅을 뒤덮었듯이(창 1:2) 이집트인이 사는 곳은 온통 캄캄해졌다.

사람들이 서로 알아보지 못하고 제자리에서 움직일 수도 없을 정도로 그 어둠이 짙었다. 여기 '더듬을 만한 흑암'이란 말(붸야메쉬 호셰크 ← 마샤쉬)은 이삭이 에서인지 야곱인지를 확인하고자 더듬거리며 만질 때에 쓰였다.(창 27:12, 21~22) 여기서도 이것은 (직역: 그러면 그것이 …을 더듬거리게 할 것이다) 마치 눈먼 소경이 길을 갈 때 더듬거리며 가듯이 이집트 사람들을 그리 되게 만들었다.

어둠을 가리키는 대표적인 두 가지 낱말(호세크 아펠라)이 칠흑 같은 어둠인 것을 강조하였다.(22절) 같은 혹은 비슷한 낱말을 되풀이 써서 그 의미를 강화시키는 용법이다.(욜 2:2; 습 1:15; 신 28:29 참조) 이렇게 어두운 상태에서는 사람이 자기 형제를 전혀 볼 수 없었다(로 라우 이쉬 에트 아카우)고 하였다.(23절)

'그러나 모든 이스라엘 자손의 거주지 안에는 빛이 있었다.(출 10:23b) 모기, 파리, 가축의 괴질, 우박 등에 이어 이 흑암에서도 이스라엘 자손은 전혀 피해를 입지 않았다. 태양이 그 빛을 잃었다는 점에서 사람들 중에는 이를 이집트의 우두머리 신인 태양신(레 또는 아몬 레)의 신성이 사라진 사건이라고 보기도 한다.

어둠을 상징하는 뱀(아포피스 Apophis)이 태양을 거듭 공격하기 때문에 밤과 낮이 되풀이된다고 이집트인들이 믿었다는 사실에 착안하는 사람도 있다. 곧 사흘 동안이나 어둠이 계속된 것은 아포피스가 태양신에게 승리하여, 이 세상에 혼돈과 악마의 세력이 자리 잡았다는 공포심을 불러일으킨다는 것이다. 태양을 좌우하시는 분은 여호와이시다. 여호수아(수 10:12~14), 히스기야 왕(왕하 20:1~12)의 경우 예수님이 십자가에 달려 계실 때(짙은 어둠 마 27:45 참조) 등에도 이런 사실이 밝히 나와 있다.

이 표적에 놀란 파라오는 모세와 아론에게 보다 나은 조건을 제시하며 협상을 벌였다: '너희는 가서 여호와를 섬기되 다만 너희의 양과 소는 머물게 하고 또한 너희 어린 것들은 너희와 함께 갈지니라.'(10:24) 모세가 이를 거절하자 그는 협박을 하며 모세를 내쫓았다: '너는 나를 떠나가고 스스로 삼가 다시 내 얼굴을 보지 말라 (정녕) 네가 내 얼굴을 보는 날에는 죽으리라.'(10:28) 이로써 열한 번째 표적이 일어나기 전 마지막 협상은 결렬되었다. 파라오는 자신에게 주어진 마지막 기회를 살리지 못하고 만 것이다.

하나님은 지금까지 여러 차례에 걸쳐 파라오가 자신의 마음을 부드럽게 할 기회를 주셨다. 모세의 기도로(출 8:8, 28; 9:28; 10:17) 이집트 술사들의 고백으로 자신의 측근들의 조언으로 그리고 무엇보다도 그 자신이 협상에 나서지 않을 수 없게 하심으로 그에게 기회를 허락하셨다. 그런 기회들을 그는 번번이 내던져 버리고 말았다. 주어지는 표적과 관련하여 파라오가 보인 태도를 정리하면 다음과 같다.(M. Greenberg, Understanding Exodus, 2013. 143쪽):

표적	파라오의 반응	이스라엘 자손
1. 지팡이가 뱀으로	흔들리지 않음	
2. 강물이 핏빛으로	흔들리지 않음	
3. 개구리	중보기도 요청, 조건 없이 내보낸다 약속	
4. 모기	흔들리지 않음	피해 없음
5. 파리	중보기도 요청, 내보낼 조건제시	피해 없음
6. 가축의 질병	흔들리지 않음	피해 없음
7. 괴질(피부병)	흔들리지 않음	
8. 우박	죄책고백, 중보기도, 조건 없이 내보낸다 약속	피해 없음
9. 메뚜기	사전 협상, 중보기도, 내보낼 조건제시	
10. 흑암	제시한 조건을 거절하면 재협상 없다 위협	피해 없음
11. 맏이의 죽음	주체하지 못할 슬픔과 비탄, 내쫓듯 서둘러 보냄	피해 없음

열한 가지 표적과 출애굽 이후 홍해 바다에 이르는 과정을 살펴보면, 협상에 나서는 파라오의 기본태도는 어떻게 해서든지 이스라엘 자손을 이집트 땅에 계속 붙잡아두는 데 목표를 두고 있다.

① 더듬거리는 인생, 밝은 빛 안에 사는 인생

하나님께서 이집트에 내리신 흑암의 표적은 하나님 안에 있는 인생과 그렇지 못한 인생의 차이를 아주 뚜렷하게 보여주었다.

우리 인생은 때때로 캄캄절벽을 만난다. 이런 일 앞에 사람들은 어떻게 반응하는가? 스스로 자멸하는가? 길이요 진리요 생명이신 예수님, 광명한 새벽길이신 예수님과 더욱 굳게 손잡는 기회로 만드는가?

> 35 예수께서 이르시되 아직 잠시 동안 빛이 너희 중에 있으니 빛이 있을 동안에 다녀 어둠에 붙잡히지 않게 하라 어둠에 다니는 자는 그 가는 곳을 알지 못하느니라 36 너희에게 아직 빛이 있을 동안에 빛을 믿으라 그리하면 빛의 아들이 되리라 … 46 나는 빛으로 세상에 왔나니 무릇 나를 믿는 자로 어둠에 거하지 않게 하려 함이로라 (요 12:35~36, 46)

② 믿을 수 없는 사람의 마음

하나님과 이스라엘 자손을 향한 파라오의 마음은 여러 차례 변덕을 부렸다. 그는 자기 입으로 말한 약속조차 번번이 깨뜨렸다. 그 때마다 이스라엘 자손은 물론 이집트인들도 괴로움을 당하였다.

> 만물보다 거짓되고 심히 부패한 것은 마음이라 누가 능히 이를 알리요마는 (렘 17:9)

이런 뜻에서 우리 모두에게 마음수련이 필요하다. 동시에 그 효과를 크게 기대하지 말아야 한다. 마음은 경건 훈련의 대상일 뿐이다. 그 이상으로 마음을 믿었다가는 큰 코를 다치기 십상이다. 우리 믿음은 오직 하나님 한 분을 향할 뿐이다.

③ 분별력

자신에게 찾아오는 재난(시련, 어리석은 실수 등)을 자기 발전(성숙)의 동력으로 만드는 사람이 있는가 하면 더 큰 파괴와 좌절로 이어가는 사람이 있다. 파라오는 후자에 속하는 사람이다. 하나님은 그에게 가장 큰 표적(장자의 죽음)을 피할 길을 10차례나 주셨다. 이 경고와 권면을 위해 하나님은 모세와 아론을 쓰셨을 뿐만 아니라 파라오의 측근들(이집트의 술사들 신하들)을 사용하셨다.

물론 그에게는 영적인 신호를 깨달을 분별력도 의지도 없었다. 깨닫지도 못하고 분별하지도 못하는 이 무지함이 그 자신과 그가 다스리는 나라에 치명적인 해가 되었다. 이런 뜻에서 결정권을 가진 지도자의 분별력은 한 나라와 그 국민이 사느냐 죽느냐 판가름하는 갈림길이 되는 것이다.

혹 피리나 거문고와 같이 생명 없는 것이 소리를 낼 때에 그 음의 분별을 나타내지 아니하면 피리 부는 것인지 거문고 타는 것인지 어찌 알게 되리요(고전 14:7)

너는 진리의 말씀을 옳게 분별하며 부끄러울 것이 없는 일꾼으로 인정된 자로 자신을 하나님 앞에 드리기를 힘쓰라(딤후 2:15)

④ 사람은 모두 다 하나님의 피조물

인간 세상에는 계급·계층이 존재한다. '왕에겐 부끄러움도 잘못도 없다'는 말에는 노블레스 오블리주가 적용될 틈이 없다. 조선 시대에도 양반과 상민이 다투면 아무리 양반에게 잘못이 있더라도 상민이 그 벌을 받았다. 오늘 우리 시대에도 모양과 내용과 비중은 다르지만 아직 위와 같은 불평등이 존재한다. 교과서는 만민이 법 앞에서 평등하다고 가르친다. 현실도 그러한가? 별로다. 몇몇 검찰 및 판사의 행태는 그렇지 않을 때가 많다. 오늘날 대다수 국민이 그들의 결정이나 판결을 공정하다고 받아들이지 않는 경우가 많다.

오늘날 교회 안에도 위와 같은 오류가 있다. 직분을 계급처럼 여기는 성도도 없지 않다. 봉사직을 행세 또는 과시의 수단으로 삼는 사람도 있다. 하나님은 성경을 통해 거듭 모든 사람은 하나님 앞에서 동등하다는 사실을 보여주셨다. 우리가 교황무오설을 황당무계하게 여기는 이유가 바로 여기에 있다. 왕(파라오)이든 히브리 노예든 하나님 앞에서는 평등하다. 어느 누구나 지위고하를 막론하고 하나님의 섭리와 목적에 어긋나면 죄를 짓는 것이다. 그리고 하나님 뜻에 합당하게 행하면 어느 누구나 하나님을 기쁘시게 하는 것이다.

주 앞에서 낮추라 그리하면 주께서 너희를 높이시리라 (약 4:10)

37
최후통첩

(출 11:1~10)

1 여호와께서 모세에게 이르시기를 내가 이제 한 가지 재앙을 바로와 애굽에 내린 후에야 그가 너희를 여기서 내보내리라 그가 너희를 내보낼 때에는 여기서 반드시 다 쫓아내리니

2 백성에게 말하여 사람들에게 각기 이웃들에게 은금 패물을 구하게 하라 하시더니

3 여호와께서 그 백성으로 애굽 사람의 은혜를 받게 하셨고 또 그 사람 모세는 애굽 땅에 있는 바로의 신하와 백성의 눈에 아주 위대하게 보였더라

4 모세가 바로에게 이르되 여호와께서 이와 같이 말씀하시기를 밤중에 내가 애굽 가운데로 들어가리니

5 애굽 땅에 있는 모든 처음 난 것은 왕위에 앉아 있는 바로의 장자로부터 맷돌 뒤에 있는 몸종의 장자와 모든 가축의 처음 난 것까지 죽으리니

6 애굽 온 땅에 전무후무한 큰 부르짖음이 있으리라

7 그러나 이스라엘 자손에게는 사람에게나 짐승에게나 개 한 마리도 그 혀를 움직이지 아니하리니 여호와께서 애굽 사람과 이스라엘 사이를 구별하는 줄을 너희가 알리라 하셨나니

8 왕의 이 모든 신하가 내게 내려와 내게 절하며 이르기를 너와 너를 따르는 온 백성은 나가라 한 후에야 내가 나가리라 하고 심히 노하여 바로에게서 나오니라

9 여호와께서 모세에게 이르시기를 바로가 너희의 말을 듣지 아니하리라 그러므

이것은 하나님께서 파라오에게 내리시는 최후통첩이다. 파라오와 이집트가 하나님의 심판을 받을 수밖에 없게 행동해 왔던 것이다. 출애굽기 11:1~13:16에는 11번째 표적, 유월절, 그리고 무교절에 관한 이야기들이 나와 있다. 이제 이스라엘 자손의 출애굽은 파라오의 결심이나 자비로운 배려에 좌우될 일이 아니었다. 하나님께서 출애굽의 피해를 최소화하기 위해 파라오의 결단을 오랫동안 기다리셨다. 어느 시점에 이르자 하나님은 기다림 대신에 행동을 시작하셨다.

그리하여 11번째 표적이 일어나게 되었다. 처음에 일어났던 표적에는 경고의 의미가 담겨 있었다. 나중에 그것은 파라오 측근의 힘을 무력화시키며 하나님의 권세와 능력을 보여주는 데로 발전하였다. 이제 그것은 이집트 전 지역 국민 전체에게 미치는 재앙이 되었다. 단순히 피해를 끼치는 데 그치지 않고 죽음에 이르게 하는 엄청난 것이었다. 마지막이란 말에 걸맞게 아주 강력하였으며 그 충격파도 가장 컸다. 그 내용은 다음과 같다.(백철현 356)

11:1~10 유월절을 예고함(경고함)

12:1~14 유월절 규례

12:15~20 무교절 규례

12:21~27a 유월절 규례

12:27b~28 유월절 시행

12:29~42 열한 번째 표적 및 출애굽

12:43~49 유월절 규례

12:50~51 유월절 시행 및 출애굽

13:1~16 무교절 및 초태생 규례

위에서 알 수 있듯이 출 11~13장의 관심은 더 이상 출애굽 그 자체가 아니다. 그보다는 그를 바탕으로 한 유월절 및 무교절에 관한 규례와 그 시행에 있다.(백철현, 출애굽기. 357쪽)

하나님은 열한 번째 표적에 대해 전례 없이 자세하게 예고하셨다. 이것은 출 11:1~10에 자세히 나와 있다: 곧 i)모세에게 주신 하나님의 말씀(1~3절) ii)모세가 파라오에게 전한 예고(경고 4~8절) iii)하나님께서 모세에게 주신 마지막 말씀(9절)과 이 문단의 결론(10절) 등으로 되어 있다.(송병현 206; Schneider & W. Oswald 237 참조)

출 11:1에는 '오드 네가 에하드 아비'(직역: = 내가 또 한 가지 재앙을 오게 하리니[닥치게 하리니] 아비 ← 보의 히필 미완료형) 라는 표현이 나온다. 재앙이란 말(네가)은 출애굽기 가운데 여기에만 유일하게 쓰였다. 그리고 이 말에는 앞서 열 가지 표적을 언급할 때와는 달리 에하드 (= 하나, 유일무이)란 낱말이 쓰였다.(창 22:2 참조)

이 '에하드'는 앞에서 이미 언급한 것과 같은 내용을 전달할 때에도(창 40:5; 욥 31:15), 그것과 전혀 다른 매우 인상적인 것을 표시할 때에도(겔 7:5) 쓰인다. 여기서는 이번에 일어날 표적이 이전의 그것들과 성격과 차원이 다른 유일무이한 것, 특별하다는 사실을 예고하는 뜻으로 쓰인 것 같다.

재앙이란 말(네가)을 칠십인역에서 플레게라 옮겼다. 이 말은 재앙, 질병, 위해(危害)란 뜻이다. 그 뿌리는 나가(= 만지다, 건드리다)이다. 이것은 창

12:17; 32:25[26], 32[33]에 나온다.(구약성경에 약 100번) 천사(여호와?)가 자신과 씨름하던 야곱의 엉덩이뼈를 건드렸다. 이로써 그의 고관절(?)이 어긋났다는데서 그 용례를 찾을 수 있다. 이 말의 주체(주어)는 거의 대부분 하나님(혹은 신적인 존재)이며, 하나님이 내리시는 벌(천벌?)을 나타낼 때 쓰이곤 하였다.(창 12:17; 삼하 7:14; 왕상 8:37~38; 시 38:12 등) 레위기 13~14장에는 이 말이 61번이나 쓰였다. 이는 (악성) 피부병을 가리켰다.(疫病)

하나님은 파라오가 이스라엘 백성을 쫓아내듯이 몰아내리라고 모세에게 말씀하셨다.(출 11:1b) 이제까지는 그것을 가리켜 (내)보내다(샬라흐)란 말이 쓰였다. 이제는 그것이 '쫓아내다, 몰아내다'는 말(까라쉬)로 대체되었다. 그것도 부정사(Inf. abs)와 정동사형으로 두 번 연거푸 쓰인 것도 모자라 '완전히'란 뜻의 부사(칼라)까지 덧붙였다. 이는 이집트 사람들이 받은 커다란 충격을 보여준다. 그들은 마지막 표적으로 말미암아 망연자실하고 겁에 질리고 또 이스라엘 자손에게 질렸을 것이다. 한시바삐 그들이 이집트를 떠나야 이 표적(재앙)이 끝나려나하고 생각하였으리라.

다른 한편 이것은 이제까지의 예상을 완전히 뒤엎는 것이다. 그동안 모세는 이스라엘 자손이 광야에서 여호와께 예배를 드리고 나서 이집트로 다시 되돌아 올 것이라는 뉘앙스로 파라오에게 말해왔다. 물론 출 11:1b의 말씀은 전혀 새로운 것이 아니다. 사실 하나님은 이미 출 6:1과 10:11에서 까라쉬란 말로 출애굽을 예고하셨다. 일찍이 히브리인을 학대하는 이집트인을 죽인 모세도 광야로 쫓겨났었다.(출 2:17)

이런 모습은 하나님의 법궤를 빼앗아 다곤 신전의 신상 곁에 두었던 블레셋 사람들을 떠올리게 한다. 그때 여호와께서 다곤 신상을 쳐서 여호와의 궤 앞에서 엎드리게 하셨다. 또 독한 종기의 재앙으로 아스돗과 그 주변지역을 치셨다. 그러자 블레셋 사람들은 크게 당황하여 하나님의 궤를 이스라엘 사람의 진영으로 돌려보냈던 것이다. 하나님의 궤가 블레셋 진영에 머무는 동안 계속 재앙이 일어나는 바람에 그들이 마지못해 또는 질려서 그것을 이스라엘 진영으로 돌려보냈다. 이스라엘 백성으로 말미암아 이집트에 여호와의 표적이 점점 더 강력하게 일어나자 파라오가 그들을 쫓아내듯이 내보냈던 것이다.

페르시아 벨사살 왕이 귀족 천 명을 불러들여 큰 잔치를 벌였다.(다니엘서 5장) 이 자리에서 그는 예루살렘성전에서 느부갓네살 왕이 빼앗아 온 금은 그릇을 가져오게 하여 자신이 베풀 잔치용 그릇과 잔으로 쓰게 하였다. 그들이 이것으로 술을 마시고 금, 은, 구리, 쇠, 나무, 돌로 만든 우상들을 찬양하였다. 그때 갑자기 사람의 손가락이 나타나 벽에 글씨를 썼다. 이에 벨사살 왕의 낯은 흙빛으로 변하였다. 간이 오그라들고 넓적다리 마디가 녹는 듯하였다. 바빌론의 술사와 박수들이 불려와 그 글자를 풀이하려 하였으나 능히 하지 못하였다. 이에 다니엘이 불려와서 '메네 메네 데겔 우바르신'이란 글자를 풀이하니 그 뜻은 이러하였다:

26 메네는 하나님이 이미 왕의 나라의 시대를 세워서 그것을 끝나게 하셨다 함이요 27 데겔은 왕을 저울에 달아 보니 부족함이 보였다 함이요 28 베레스는 왕의 나라가 나뉘어서 메대와 바사 사람에게 준 바 되었다 함이니이다(단 5:26~28)

이 말씀대로 그 날 밤 벨사살이 암살을 당하고 메대 사람 다리오가 나라를 차지하였다.(단 5:31)

이런 사실을 강조하려고 출 11:1에는 '예샬라흐 에트켐 밋제 케샬르호'(= 그가 너희를 내보내리라. 여기에서 그가 내보낼 때), '칼라 까레쉬 예가레쉬 에트켐 밋제'(= 완전히 그가 너희를 쫓아내듯이[정녕, 기필코] 내쫓을 것이니라)등 같은 말을 반복하는(미완료형 정동사 + 부정사 절대형) 구문이 두 번이나 되풀이 사용되었다.

이는 '반드시 … 하겠다'는 뜻으로 주체(하나님)의 의지를 강력하게 드러내는 방법이다. 이것이 확실하다는 것을 강조하는 또 다른 표현법이 2절에도 나왔다: '땁베르-나 뻬오즈네 하암.'(직역 = 자 이제 이 백성의 귀에 말하라)

출애굽하는 이스라엘 백성이 이집트 백성에게서 보화를 받는 것은 출 3:21~22; 11:2~3; 12:35~36에 언급되었다.(시 105:37 참조) 출 11:2~3에 하나님께서 이스라엘 백성의 귀에 들려주라(땁베르-나 뻬오즈네 하암 = 그 백성의 두 귀에 분명히 말하라)는 말씀의 내용은 '샤알' 동사로 표현되었다. 이 말은 물질을 달라는 청구 정보를 얻으려는 물음 기도드리는 자의 탄원(간구) 등 여러 가지 의미로 쓰인다. KJV는 이를 borrow(빌리다)로 번역하였다. 출 22:13; 왕하 4:3; 6:5에서 이것은 잠시 쓰다가 되돌려준다는 의미로 쓰였다. 우리말 개역개정을 비롯하여 번역본 중 많은 것은 '구하다(요청하다 ask)'로 옮겼다. 삿 8:24; 삼상 1:27에서 이것은 되돌려줄 의사가 없이 요청하는 (구하는) 때에 쓰였다.

이 낱말은 이렇게 다양한 뉘앙스를 담고 있다. 주어진 문맥에 따라 그 뜻을 세심하게 찾아낼 수밖에 없는 것이다. 여기서는 '청구하다'(request)는 의미가 더 어울릴 것이다. 삿 8:24에는 기드온이 미디안과 싸워 이긴 다음에 이스라엘 백성에게 그들이 약탈한 귀고리를 달라고 청구하는 내용이 나온다.

이는 구걸이나 간청이 아니라, i)그동안 이집트에서 고생을 많이 하였으니 이제는 당연히 보상을 받을 권리가 있는 것처럼 또는 ii)승리자에게 주어지는 상처럼 당당하게 받으라는 것이다. 이런 이야기들에 나타나는 하나님의 계획은 이스라엘 자손이 도망자의 모습이 아니라 마치 전투에서 승리한 자들과 같은 모습으로 이집트를 떠나는 것이었다.(Childs, 176~177 참조)

11:3a을 직역하면 다음과 같다: '그리고 여호와께서 그 백성에 대한 호의가(호감이) 이집트 사람들의 두 눈에 있게 하셨다.' 누군가에게 호감을 갖게 하는 것은 창 39:21; 출 3:21; 12:36에도 나온다. 이를테면 요셉이 보디발의 아내에게 참소당하여 감옥에 갇혔을 때였다. 하나님께서 그를 지키는 간수장에게 요셉에 대해 호감을 갖도록 만드셨다. 그 간수장은 그 감옥 안의 모든 죄수를 요셉의 손에 맡겼던 것이다.

11:3b에는 '더 나아가 그 사람 모세가 이집트 땅에서 파라오 신하들의 두 눈과 그 백성의 두 눈에 매우 위대하였다'라고 하였다. 지금까지 이집트 사람들은 이스라엘 자손을 핍박과 이용 대상으로만 보아왔다. 모세와 아론이 하나님의 보내심을 받아 전하는 말에 귀를 막고 행하는 일을 무시하였다. 여러 가지 표적을 겪고 나서야 이제 비로소 그들을 대하는 마음과 태도가 달라졌다. 그들은 모세를 아주 크게(위대한 인물로) 우러러보게 되었다. 몇몇 성경번역(특히 NIV, 개역개정)은 이 문장을 수동문으로 옮겼다.(was highly regarded) 모세를 위대하게 받아들인 그 백성은 누구일까? 이집트인들이다. 그들이 보기에 그러하였다는 것이다. 이는 모세가 위대하냐 아니냐에 상관없이 이집트인의 눈에 그렇게 보였다는 뜻이다.

히브리 성경이나 다른 성경번역(KJV RSV ESV)은 모세가 굉장히 위대한 인물이었다(was a very great)라고 번역하였다. 뒤엣것에 따르면, 모세는 이집트인이 자신을 어떻게 바라보든 관계없이 위대한 사람이었는데 이집트인은 이제야 그의 참모습을 보았다는 뜻이다. 이것은 모두가 다 하나님께서 하시는 일이다. 표적을 일으키신 하나님께서 이집트 백성의 시각과 태도를 교정해놓으셨다. 이로써 출 7:1의 말씀(내가 너를 바로에게 신이 되게 하리라)이 실현되었다.

하나님은 열한 번째 표적을 예고하셨다.(11:4) 이 부분은 나중에 예언자들이 하나님의 말씀을 직접화법으로 전할 때 즐겨 썼던 코 아마르 여호와(= 여호와께서 이렇게 말씀하신다/ 말씀하셨다)란 문구로 시작되었다. 그 내용은 '내(= 여호와)가 이집트의 한복판을 통과하리라.(직역)'이다.

여기서 '통과하다, 나가다'는 말(야차)은 출애굽에 사용되는 단골 용어 셋 가운데 하나인데 개역개정 성경에는 '들어가다'로 옮겨졌다. 우리말처럼 들어가다는 뜻이 되려면 동사 '보'가 쓰여야 하는데 여기에는 그보다 훨씬 더 적극적이고도 강력한 표현이 쓰인 것이다.(출 11:8에 같은 동사가 두 번 쓰임)

5절은 '보좌에 앉은 바로 왕의 장자로부터 두 맷돌 뒤에 있는 몸종의 장자에 이르기까지'라는 표현으로 이집트 땅(나라) 안의 모든 사람이 다 이 표적에 해당될 것임을 강조하고 있다. 여기에 쓰인 뻬코르란 말은 i)첫 번째 자녀(맏이) 또는 동물의 만배 ii)식물의 첫 열매 iii)가장 뛰어난 것 등을 가리킨다. 이 낱말에는 성의 구별이 들어 있지 않다. 우가릿 말(bkr)에서 이것은 아들에게 뿐만 아니라 딸에게도 쓰인다.(HAL)

만일 이것을 '장자'라고 옮긴다면(개역개정, NIV first son) 딸만 둔 이집트 가정은 이 표적에서 제외되는 것이다. 이는 여호와의 계획과 다른 것이므로 '맏이(공개 firstborn), 처음 난 것(표준)'이라 하는 것이 좋을 것이다.(Dozeman, Stuart) '파라오의 맏이부터 몸종의 맏이까지'란 말은 이집트 국민 전체가 다 해당된다는 뜻이다.(merism)

가축이란 말(뻬헤마)은 넓게는 짐승 전체를 가리키고 좁게는 집가축을 가리키는데, 여기서는 어떤 의미인지 정확히 알 수 없다. 이는 재산의 피해뿐만 아니라 i)사람이나 동물이 다 하나님의 표적 안에 포함됨으로써 하나님 심판의 엄정성을 나타내는 것이며 ii)이집트에서 각종 동물이 신으로 숭배되었으므로 우상의 무기력함을 보여주는 것이다.

이집트 전역에 내린 이 열한 번째 표적은 무엇보다도 우선 이스라엘 자손을 출애굽시키려는 하나님의 의지가 강력하게 표현된 것이다. 더 나아가 우주만물과 나라(민족)의 주인은 오직 하나님뿐임을 알리는 사건이었다. 이런 사실을 적시하려고 출 11:5~6에는 전체(모두)를 가리키는 말(콜)이 세 번이나 되풀이 등장하였다.

6절의 이집트 '온'나라(땅)에 임할 '큰'부르짖음도 이 표적의 심각성을 더해준다. 전에는 이스라엘 자손이 강제 노동과 억압으로 하나님께 부르짖었다.(출 3:7) 이제는 이집트 백성이 크게 울부짖게 될 것이다.(시 107:6, 28 참조) (큰) 부르짖음(개역개정, 표준, 공개: 큰 곡성)이라 한 말(차아크)은 사람이 자기 스스로 해결할 수 없을 정도로 엄청난 고통(시련)에 절규하는 것을 가리키는 말이다. 장자(맏배)의 이 죽음은 우박 흑암에 이어 이집트 역사상 전무후무한 세 번째 사건이 될 것이다.(출 11:6)

성경은 5절에 이어 7절에서도 '민 … 아드'(= 사람으로부터 … 그리고 짐승에게까지)의 화법을 사용하여 이집트에 엄청난 표적이 임하리라고 예고하였다. 이집트인과 그 소유물에 이렇게 철저히 해당되는 피해가 이스라엘 자손에게는 전혀 미치지 않았다. 이스라엘 자손이 사는 지역에서는 개들도 그 낌새를 알아채지 못할 만큼 아주 조용히 넘어간다는 것이다: 개도 그 혀를 움직이지 않는다는 말(로 예혜라츠 켈레브 레쇼노)은 후각과 청각이 유난히 발달하여 조그마한 소리나 변화에 민감한 짐승인 개조차 모르고(짖지 않고) 지나갈 만큼 이스라엘 자손에게는 고요와 평화가 깃들어 있었다는 뜻이다.

파리 표적(출 8:22), 가축의 질병 표적(출 9:4), 우박 표적(출 9:26), 흑암 표적(출 11:23) 등에서 이미 하나님은 이집트인과 이스라엘 자손 사이를 구별하셨는데 이번에는 더욱 더 세심하게 배려하셨다. 하나님께서 일으키신 표적들 중에 이런 구별(구분)은 그 자체가 또 다른 표적이었다.(출 8:23; 9:4 참조)

모세와 아론은 이 표적이 일어난 후에 파라오와 그 백성이 보여줄 반응까지 미리 예고하였다.(출 11:8) 여기서 모세는 '나에게'라는 표현을 두 차례나 쓰면서(엘라이, 리) 이집트에서 지고의 존재인 파라오와 그 신하들이 직접 자신을 찾아와 절까지 할 것을 강조하였다.(출 7:1; 11:3 참조) 그리고 모세와 아론은 심히 노하여 파라오에게서 물러나왔다. '심히 노하다'는 말(뻬호리 아프)은 열을 내다, 불이 붙다는 말(하라)에서 온 호리(신 29:23; 사 7:4)와 성내다, 화내다는 뜻의 아네프에서 유래하였다. 이것이 합쳐져 화가 머리끝까지 나서 어찌할 줄 모르는 상태를 묘사하는 것이다.(창 39:19; 신 9:19; 합 3:8)

RSV는 분노로 얼굴이 뜨거워져(in hot anger; NIV - hot with anger)로, LB는 분노로 얼굴이 붉어져(red faced with anger)로 옮겨 더욱 생생하게 표현하였다. 그동안 모세가 여러 차례 파라오를 대면하였지만 이렇게 분노를 터뜨린 것은 이번이 처음이다. 이는 개인적인 감정이라기보다는 그가 끝까지 완악하게 고집을 피움으로 인해 생겨날 수많은 희생에 대한 분노라 할 것이다. 하나님은 파라오의 마음을 돌이키려고 여러 차례 기회를 주셨다.(Hamilton, 174)

1. 모세가 드리는 기도에 응답하심으로 (출 8:8[4], 28[24]; 9:28; 10:17)

2. 파라오의 마술사들의 입을 통하여 (출 8:19[15])

3. 파라오가 부분적으로 순종하게 하심으로 (출 8:8[4], 25~28[21~24]; 10:24)

4. 파라오가 부분적으로 회개하게 하심으로 (출 9:27; 10:16)

5. 파라오에게 10차례나 기회를 계속 부여하심으로

6. 파라오의 측근 신하들의 말을 통하여 (출 10:7)

7. 몇몇 표적에서 이스라엘 자손이 피해를 당하지 않게 구별하심으로.

출 11:9이다:

개역개정	표준새번역
여호와께서 모세에게 이르시기를 바로가 너희의 말을 듣지 아니하리라 그러므로 내가 애굽 땅에서 나의 기적을 더하리라 하셨고	주께서 모세에게 말씀하셨다. "바로가 너희의 말을 듣지 않을 것이다. 이것은 내가 아직도 더 많은 이적을 이집트 땅에서 나타내 보여야 하기 때문이다."

이런 번역의 차이는 출 11:9b에 나오는 '르마안'을 어떻게 해석하느냐에서 생겼다. 개역개정과 공동번역개정은 이를 '그러므로'란 뜻의 접속사로 보았다. 이에 따르면 모세가 전한 하나님의 말씀을 듣지 않기 때문에 하나님께서 이적을 더 일으키신다는 의미이다.

르마안의 뿌리를 동사 아나 (= 대답하다, 응답하다)로 보면 그 뜻이 달라진다. 그러면 이는 '…을 위하여, …에 부합하여'라는 뜻의 전치사구가 된다. 이리 보면 르마안은 앞 문장의 결과라기보다는 그 뒤에 나오는 동사 라바(= 많다, 늘다)의 전치사 연계형과 어우러져 원인이나 목적을 나타낸다.(표준새번역, ELB) '그리고 여호와께서 모세에게 말씀하셨다. 파라오가 너희 말을 듣지 않을 것이다. (이는) 이집트 땅에 내 이적들(모페트)을 많게 하기 위함이니라.'(직역) 이런 뜻으로 보면, 9절은 10절과도 자연스럽게 이어진다. 물론 여기서 더한다(많게 한다)는 말은 단순히 숫자를 늘린다는 의미가 아니라 이적의 내용을 더욱 심화시킨다(확대시킨다)는 뜻이다. 출 11:10이다:

모세와 아론이 이 모든 기적을 바로 앞에서 행하였으나 여호와께서 바로의 마음을 완악하게 하셨으므로 그가 이스라엘 자손을 그 나라에서 보내지 아니하였더라

이로써 하나님과 이스라엘 자손에 대한 파라오의 태도는 열한 번째 표적의 파장이 엄청날 것을 예고하기 전이나 후에나 아무런 차이가 없게 되었다. 이런 상태를 가리켜 성경은 여호와께서 바로의 마음을 완악하게 하셨다고 표현하였다. 출 9:12; 10:1, 20, 27에 나오는 이런 표현은 우리를 당혹스럽게 만든다. 얼핏 보기에 이것은 불의한 자를 심판하시는 하나님의 정의에 대한 우리의 관념에 낭패감을 안겨준다.

이에 앞서 출 11:9에 주목할 필요가 있다. 비록 그것이 여호와 하나님의 말씀일지라도 파라오가 그것도 받아들이지 않을 것을 하나님은 이미 알고 계셨다. 그렇다면 그런 파라오에게 남겨진 길은 단 하나뿐이다. 철저한 몰락 그것 밖에 다른 대안이 없는 것이다. 물론 때때로 내버려두는(방치하는) 모습으로 하나님의 심판이 나타나기도 한다:

내가 너희를 먹이지 아니하리라 죽는 자는 죽는 대로, 망하는 자는 망하는 대로, 나머지는 서로 살을 먹는 대로 두리라(슥 11:9)

또한 그들이 마음에 하나님 두기를 싫어하매 하나님께서 그들을 그 상실한 마음대로 내버려두사 합당하지 못한 일을 하게 하셨으니(롬 1:28; 참조 1:24, 26)

출애굽기에서 하나님의 심판은 적극적인 활동으로 표현되었다. 심판하는 방법으로 방치나 적극적인 개입이냐를 판단하고 결정할 권한은 우리에게가 아니라 오직 하나님 한 분에게만 있을 뿐이다. 여기서 우리는 휴머니스트의 단순한 당혹감과 낭패감을 넘어서서 정의와 해방이 실현되는 과정에 개입하시는 하나님을 만나는 것이다.

사실 세상의 불의와 부패는 부드러운 권면 또는 단순히 때를 기다리는 방치로 제거되지 않을 때도 있다. 파라오와 이집트의 현실이 바로 그런 경우이다. 인간과 역사의 해방을 이루는 과정이 출애굽기 7~12장에는 매우 공격적인 모습으로 기록되었다. 물론 이는 창조적인 부정이요, 창조적인 파괴였다.

진정한 평화와 정의를 세우시려는 하나님의 계획은 때로는 이집트(외국) 때로는 하나님의 백성인 유다(혹은 이스라엘)에게 적용되었다. 이를테면 이사야가 예언자로 부름받는 장면을 보도하는 이사야서 6장이다. 그는 거룩하신 하나님을 체험하면서 자신의 부정한 입술과 심령이 용서를 받으며 스랍이 가져다가 자신의 입술에 대 준 숯불로 정화되었다. 이런 그에게 하나님께서 맡기신 사명의 내용이 참 이상하다:

9 가서 이 백성에게 이르기를 너희가 듣기는 들어도 깨닫지 못할 것이요 보기는 보아도 알지 못하리라 하여 10 이 백성의 마음을 둔하게 하며 그들의 귀가 막히고 그들의 눈이 감기게 하라 염려하건대 그들이 눈으로 보고 귀로 듣고 마음으로 깨닫고 다시 돌아와 고침을 받을까 하노라(사 6:9~10)

예언자 이사야는 자신의 사역이 거절당할 곳으로 가라는 사명을 받았다. 그런 사람들이 사는 곳으로 가 그들이 얼마나 완악한지를 드러내라는 것이다. 그들의 태도가 하나님의 징계를 면할 수 없는 것임을 밝히 보여주라는 것이다.(die Verstockungsaufgabe) 하나님의 계획은 파라오의 마음처럼 딱딱하게 굳어진 그들의 마음과 태도에 매우 참혹한 징계를 내리는 것이었다:

11 내가 이르되 주여 어느 때까지니이까 하였더니 주께서 대답하시되 성읍들은 황폐하여 주민이 없으며 가옥들에는 사람이 없고 이 토지는 황폐하게 되며 12 여호와께서 사람들을 멀리 옮기셔서 이 땅 가운데에 황폐한 곳이 많을 때까지니

라(사 6:11~12).

물론 하나님의 심판은 항상 심판으로만 끝나지 않았다. 그것은 새로운 시작을 위한 중단(폐지)이었다. 하나님은 심판을 내리시는 와중에도 남는 사람(그루터기)을 예비하셨다:

13 그 중에 십분의 일이 아직 남아 있을지라도 이것도 황폐하게 될 것이나 밤나무와 상수리나무가 베임을 당하여도 그 그루터기는 남아 있는 것 같이 거룩한 씨가 이 땅의 그루터기니라 하시더라(사 6:13)

마지막까지 '남은 자'인 그들은 거룩한 씨(씨앗)가 되어 새 역사를 만들며 믿음과 사랑과 소망의 공동체를 새롭게 만드시는 하나님에게 쓰임을 받았다. 여기서 돌이킬 수 없을 정도로 완악해진 자들을 향한 하나님의 심판은 남은 자를 정화시켜서 하나님 목적에 알맞게 쓰임 받을 그릇으로 만드는 과정이었다. 만일 완악할 대로 완악해진 자들을 향한 심판이 없다면 인류 역사를 이끄시는 하나님의 계획도 중단되고 말 것이다.

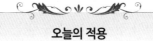

오늘의 적용

① 하나님의 구원은 반드시 때가 있다

출애굽기 11장에는 구원받을 때(기회)를 놓치는 파라오와 이집트 백성이 나온다. 하나님은 무려 10번의 기회를 주셨다. 안타깝게도 파라오는 하나님께서 주신 이 은총의 기회를 제 발로 차 버렸다. 그 결과가 11장 이하에 열한 번째 표적으로 나타났다.

4 혹 네가 하나님의 인자하심이 너를 인도하여 회개하게 하심을 알지 못하여 그의 인자하심과 용납하심과 길이 참으심이 풍성함을 멸시하느냐 5 다만 네 고집과 회개하지 아니한 마음을 따라 진노의 날 곧 하나님의 의로우신 심판이 나타나는 그 날에 임할 진노를 네게 쌓는도다(롬 2:4~5)

그들은 전에 노아의 날 방주를 준비할 동안 하나님이 오래 참고 기다리실 때에 복종하지 아니하던 자들이라 방주에서 물로 말미암아 구원을 얻은 자가 몇 명뿐이니 겨우 여덟 명이라(벧전 3:20)

② 자기 백성을 위한 은혜를 예비하신 하나님

이집트에 내려진 표적은 본디 이스라엘 자손에게 해방과 구원을 주시려는 하나님의 마음에서 비롯되었다. 그 구원이 한 번에 그치거나 당장의 문제만 해결해 주는 것이 아닌 것은 분명하다. 그 구원에는 유월절 은혜로 시작하여 광야에서의 보호, 젖과 꿀이 흐르는 땅 가나안 정착, 자자손손 하나님과 동행하는 것까지 포함되었다.

3 우리 주 예수 그리스도의 아버지 하나님을 찬송하리로다 그의 많으신 긍휼대로 예수 그리스도를 죽은 자 가운데서 부활하게 하심으로 말미암아 우리를 거듭나게 하사 산 소망이 있게 하시며 4 썩지 않고 더럽지 않고 쇠하지 아니하는 유업을 잇게 하시나니 곧 너희를 위하여 하늘에 간직하신 것이라 5 너희는 말세에 나타내기로 예비하신 구원을 얻기 위하여 믿음으로 말미암아 하나님의 능력으로 보호하심을 받았느니라(벧전 1:3~5)

③ 하나님 심판의 두 얼굴

출 11:4~7은 하나님께서 심판하시는 날에 이집트에는 전무후무하게 슬퍼할 일이 생기겠지만 이스라엘 자손이 사는 데에는 개도 알아채지 못할 정도로 평안하리라고 하였다. 이처럼 하나님의 임재(하나님의 심판)는 사람과 사안에 따라 전혀 다른 결과로 나타날 수 있다.

7 참고 선을 행하여 영광과 존귀와 썩지 아니함을 구하는 자에게는 영생으로 하시고 8 오직 당을 지어 진리를 따르지 아니하고 불의를 따르는 자에게는 진노와 분노로 하시리라(롬 2:7~8)

6 너희로 환난을 받게 하는 자들에게는 환난으로 갚으시고 7 환난을 받는 너희에게는 우리와 함께 안식으로 갚으시는 것이 하나님의 공의시니 주 예수께서 자기의 능력의 천사들과 함께 하늘로부터 불꽃 가운데에 나타나실 때에 8 하나님을 모르는 자들과 우리 주 예수의 복음에 복종하지 않는 자들에게 형벌을 내리시리니 9 이런 자들은 주의 얼굴과 그의 힘의 영광을 떠나 영원한 멸망의 형벌을 받으리로다(살후 1:6~9)

심판과 구원 활동은 같은 장소 같은 시각에 동시에 진행되기도 하는 것이다.

④ 파라오 앞에서도 당당한 모세

파라오는 그 당시 이집트뿐만 아니라 그 주변 나라와 민족들까지 쥐락펴락하는 인물이었다. 그 권력은 나는 새도 떨어뜨릴 정도였다. 이런 파라오도 모세 앞에서는 화만 낼 뿐 모세를 어쩌지 못하였다. 모세도 지지 않고 자기 할 말을 다하였다. 마지막엔 모세도 그에게 자신의 분노를 격렬하게 폭발시켰다.

어떻게 이런 일이 가능한가? 모세의 배후에 여호와 하나님이 계셨다는 사실 말고는 이 일을 설명할 길이 없다.

무릇 하나님께로부터 난 자마다 세상을 이기느니라 세상을 이기는 승리는 이것이니 우리의 믿음이니라(요일 5:4)

오늘을 사는 우리는 어떤가? 파라오의 새끼발가락에도 미치지 못하는 세상 사람과 세상 물결 앞에 비굴해질 때가 많지는 않은지?

⑤ 장애물이 크기에 체험할 은혜도 그 만큼 크다

출 11:9에는 이스라엘 자손과 파라오를 대하는 하나님의 방법이 나와 있다. 곧 파라오가 모세와 아론을 통해 전해지는 하나님 말씀에 마음과 귀를 막아버리기에 하나님은 전보다 더 놀라운 표적을 일으키신다는 것이다. 이 표적이 파라오와 이집트에게는 재앙으로, 이스라엘 자손에게는 은혜로 다가올 것은 분명하다.

성도에게는 속물이나 세속적인 풍조로 인하여 실망하기보다는 끝까지 하나님과 가까이하는 것이 필요하다. 하나님께서 기뻐하실 일을 하다가 장애물을 만나거든 하나님께서 이루실 일에 기대와 소망을 품고 그 자리에 굳게 서는 것이 필요하다.

무슨 일에든지 대적하는 자들 때문에 두려워하지 아니하는 이 일을 듣고자 함이라 이것이 그들에게는 멸망의 증거요 너희에게는 구원의 증거니 이는 하나님께로부터 난 것이라(빌 1:28)

이집트와 파라오라는 거대한 장애물이 있었기에 이스라엘 자손은 출애굽이라는 엄청난 은혜를 체험하였다. 이것이 또한 출애굽기를 통해 우리가 배우는 영적 지혜이다.

⑥ 하나님이 하시는 일을 받아들이는 태도

파라오는 하나님께서 보여주시는 표적(신호)에 둔감하고 무딘 것일까? 아니면 자기 욕심이 너무 커서 그것을 받아들이지 못하는 것일까?

옛사람들은 '… 에 씌었다, … 에 홀렸다'라는 말을 썼다. 아마 파라오가 그런 것 같다. 세상적인 자기 욕구가 너무나 강한 나머지 자기는 손톱만큼도 손해를 보지 않으려는 방어벽을 아주 튼튼히 세운 나머지 더 큰 피해가 자신에게 미치는 낌새를 눈치채지 못하였을지도 모른다.

이런 일은 우리의 생활 현실이나 교회 안과 가정과 세상에서 적잖이 나타나는 현상이다.

너희 가운데 전파된 하나님의 아들 예수 그리스도는 예하고 아니라 함이

되지 아니하셨으니 그에게는 예만 되었느니라(고후 1:19)

⑦ 협박당할 때 더욱 빛나는 용기

처음 파라오와 대면하여 냉대를 당한 채 뜻을 이루지 못하였을 때, 그 후폭풍으로 더 큰 고생을 하는 동족들에게 따가운 눈총을 받을 때 모세와 아론은 맥도 힘도 다 빠져 있었다. 그래도 지금처럼 '죽이겠다'는 협박을 받지는 않았다. 그들은 그 때보다 한층 더 강한 위협 아래 놓였다. 그런데도 그들은 '죽느냐 사느냐 그것이 문제로다' 라며 고민하는 햄릿과 같이 나약하지 않았다. 지금 그들은 파라오의 위세나 협박 앞에서도 전혀 굽히지 않았다. 이는 하나님께서 일으키시는 표적을 직접 체험하며 믿음이 더

욱 더 깊어진 탓이리라.

40 그들이 옳게 여겨 사도들을 불러들여 채찍질하며 예수의 이름으로 말하
는 것을 금하고 놓으니 41 사도들은 그 이름을 위하여 능욕 받는 일에 합당
한 자로 여기심을 기뻐하면서 공회 앞을 떠나니라 (행 5:40~41)

깊은 믿음은 표적 그 자체가 아니라 그 표적 속에서 역사하시는 하나님
을 깨달아가는 사람에게 주어진다. 이런 뜻에서 예수님은 표적을 탐하는
사람들에게 이렇게 말씀하셨다;

38 그 때에 서기관과 바리새인 중 몇 사람이 말하되 선생님이여 우리에게
표적 보여주시기를 원하나이다 39 예수께서 대답하여 이르시되 악하고 음
란한 세대가 표적을 구하나 선지자 요나의 표적 밖에는 보일 표적이 없느
니라(마 12:38~39; 참조 16:4; 눅 11:29~30)

38
새로 주어진 달력 - 유월절

(출 12:1~14)

1 여호와께서 애굽 땅에서 모세와 아론에게 일러 말씀하시되

2 이 달을 너희에게 달의 시작 곧 해의 첫 달이 되게 하고

3 너희는 이스라엘 온 회중에게 말하여 이르라 이 달 열흘에 너희 각자가 어린양을 취할지니 각 가족대로 그 식구를 위하여 어린양을 취하되

4 그 어린양에 대하여 식구가 너무 적으면 그 집의 이웃과 함께 사람 수를 따라서 하나를 취하며 각 사람이 먹을 수 있는 분량에 따라서 너희 어린양을 계산할 것이며

5 너희 어린양은 흠 없고 일 년 된 수컷으로 하되 양이나 염소 중에서 취하고

6 이 달 열나흗날까지 간직하였다가 해 질 때에 이스라엘 회중이 그 양을 잡고

7 그 피를 양을 먹을 집 좌우 문설주와 인방에 바르고

8 그 밤에 그 고기를 불에 구워 무교병과 쓴 나물과 아울러 먹되

9 날것으로나 물에 삶아서 먹지 말고 머리와 다리와 내장을 다 불에 구워 먹고

10 아침까지 남겨두지 말며 아침까지 남은 것은 곧 불사르라

11 너희는 그것을 이렇게 먹을지니 허리에 띠를 띠고 발에 신을 신고 손에 지팡이를 잡고 급히 먹으라 이것이 여호와의 유월절이니라

12 내가 그 밤에 애굽 땅에 두루 다니며 사람이나 짐승을 막론하고 애굽 땅에 있는 모든 처음 난 것을 다 치고 애굽의 모든 신을 내가 심판하리라 나는 여호와라

13 내가 애굽 땅을 칠 때에 그 피가 너희가 사는 집에 있어서 너희를 위하여 표

적이 될지라 내가 피를 볼 때에 너희를 넘어가리니 재앙이 너희에게 내려 멸
하지 아니하리라
14 너희는 이 날을 기념하여 여호와의 절기를 삼아 영원한 규례로 대대로 지킬
지니라

이것은 여호와 하나님께서 이스라엘 민족에게 고유한 달력을 주시는 이
야기이다. 출애굽기 12장은 크게 다섯 부분으로 이루어져 있다:

① 유월절(1~14절),

② 무교절(15~20절),

③ 유월절에 관한 말씀의 전달과 순종(21~28절),

④ 열한 번째 표적(29~42절),

⑤ 유월절에 관한 명령 열 가지(43~51절).

이 가운데 출 12:1~14는 하나님께서 모세에게 명령을 내리는 형식으로
되어 있다. 여기서 하나님은 처음으로 특정한 날과 달을 말씀하셨다. 본문
은 '그리고 여호와가 모세에게 그리고 아론에게 말씀하셨다, 이집트 땅에서
다음과 같이.(출 12:1 직역)라고 시작되었다. '모세에게 그리고 아론에게'라 하
며 전치사 '엘'이 두 번 되풀이 쓰였다.(출 6:13; 7:8; 9:8 참조)

하나님께서 이렇게 강조해 말씀하신 곳은 이집트 땅이다. 이런 사실을 밝
히지 않아도 독자가 이미 다 알고 있다. 그런데도 이렇게 한 것은 아마 이집
트 땅에서 이미 유월절과 무교절 등을 말씀하셨다는 사실을 확실히 밝힘으
로 그 유래를 분명히 하려는 뜻으로 보인다.

명사문장으로 된 2절은 이스라엘에 생긴 기념일(새로운 달력)에 관해 상반 절과 하반 절에서 두 차례 전해준다. 파라오의 계획과 일정에 따라 강제 노 역에 시달리는 이들에게 달력과 날자는 아무런 의미가 없었을 것이다. 하나 님께서 정하신 기념일이나 날자와 연도(창 1:14)가 이들에게는 적용되지 않 았던 것이다. 파라오나 이집트 국민에게는 기념일이나 특별한 날이 중요하 겠지만 히브리 노예에게는 그런 날을 기억하는 것조차 사치였을 것이다.

하나님께서 이렇게 말씀하시자 사정이 달라졌다. 이제는 이들에게도 고 유한 달력과 날자가 생긴 것이다. 이는 이스라엘 자손에게 새로운 시대가 열린다는 뜻이다. 하나님은 출애굽을 기점으로 한 해의 시작을 정하라고 하 셨다.(출 12:1) 곧 출애굽 사건이 일어난 달이 이스라엘 민족에게는 새해 첫 달(정월)인 것이다.

이는 출애굽 사건이 이스라엘 자손 대대로 미치는 영향력이 매우 크다는 사실을 말해준다. 마치 예수님 탄생을 기하여 기원 전(주전 BC)과 기원 후(주 후 AD)로 나뉘듯이 출애굽이 시작된 이 달(하코데쉬 핫제)이 묵은 해와 새해를 나누는 기준이 된 것이다. '이 달이 너희에게 달들의 머리(시작)이다'(2절) 라 는 것은 순서로 볼 때 첫 번째라는 뜻이다. 그리고 모든 달 가운데 가장 중 요하다는 의미이다.(최승정, 탈출기 I, 284)

그 당시 달력으로 이 시기가 7월이요, 오늘날 달력으로는 3~4월이다. 출 애굽 이후 가나안식 달력에 따라 그 이름이 아빕 월(출 13:4; 23:15)이었다가 바빌론 포로 이후에 페르시아의 영향 아래 니산 월(출 34:18; 신 16:1; 느 2:1; 에 3:7)로 바뀌었다. 한편 출 12:2에는 '너희에게'(라켐) 란 인칭대명사가 두 번 연거푸 쓰였다.(개역개정은 한번만 옮김) 여기서 주목할 표현은 로쉬 코다쉼(← μœdesh)이다. 개역개정(달의 시작 곧 해의 첫 달) 표준(한 해의 첫째 달) 공개(한 해 의 첫 달) 천새(첫째 달, 한 해를 시작하는 달) 등 우리말 성경은 로쉬를 시작(출발점)

이란 뜻으로 옮겼다. 물론 이것도 틀리지 않는다. 이런 해석은 이 말에 담긴 뜻, 곧 모든 달 중에서 가장 높고 가장 우선하는 달이란 뉘앙스를 살려내지 못한 단점이 있다. 곧 해방 원년(元年)이 시작된 이 달은 일 년 중 가장 중요한 달이란 뜻이다.(Uzschneider, Exodus 1~15, 247)

바빌론 포로 이전에 이스라엘은 첫째 달, 둘째 달 … 식으로 쓰거나 고유한 이름을 붙인 달력을 사용하였다. 그 이름들 중에는 가나안의 달력과 일치하거나 비슷한 것이 많았다. 예를 들면 다음과 같다:

아빕(= 첫째 달) 출 13:4; 23:15; 34:18; 신 16:1

지우(= 둘째 달) 왕상 6:1, 37

에타님(= 여섯째 달) 왕상 8:2

불(= 여덟째 달) 왕상 6:38

바벨론 포로기 이전에 히브리 성경은 일 년 12달 중 위의 네 가지만 언급하였다. 그 가운데 아빕 달은 항상 코데쉬와 함께 쓰였다. 에스라, 느헤미야, 에스더, 스가랴서에 비추어 볼 때 이스라엘은 바빌론 포로 뒤에 바빌론-페르시아식 이름을 지닌 달력을 썼던 것 같다.(H. A. Mertens, Hanbuch der Bibelkunde, 1984, 762~763; 송병현 214; 최승정 338~340)

달력	종교	가나안 식	페르시아 식	오늘날	농사력	날씨	비고
7	1	아빕 (아브브)	Nisan	3~4월	보리 추수	늦은비 (우기) Malqosh	14일 유월절 21일 첫 추수절
8	2	지우	Iyyar	4~5월	추수		14 작은 유월절
9	3	아필(?)	Sivan	5~6월	밀, 포도나무	건조기	6일 오순절
10	4		Tamuz	6~7월	첫 포도		
11	5		Ab	7~8월	포도, 무화과, 올리브		9일 성전 파괴
12	6	에타님	Elul	8~9월	포도주		
1	7		Tishiri	9~10월	밭갈이		1일 신년, 10일 속죄일, 15~21 초막절
2	8	불	Marches-van	10~11월	씨앗 파종	이른비 (우기) Yoreh	
3	9		Kislev	11~12월			25 수전절
4	10		Tebet	12~1월	봄철 성장		
5	11		Shebat	1~2월	겨울 무화과		
6	12	기불	Adar	2~3월	아마 추수		13~14일 부림절
			Adar Sheni	윤 달			

너희는 이스라엘 온 회중에게 말하여 이르라 이 달 열흘에 너희 각자가 어린양을 잡을지니 각 가족대로 그 식구를 위하여 어린양을 취하되 그 어린양에 대하여 식구가 너무 적으면 자신과 가장 가까운 이웃집과 함께 사람 수를 따라서 하나를 잡고 각 사람이 먹을 수 있는 분량에 따라서 너희 어린양을 계산할 것이며

(출 12:3~4)

출 12:3에 이스라엘 민족을 가리키는 말로 이스라엘 자손 대신에 '이스라엘 온 회중(콜 아다트 이스라엘)'이란 표현을 사용하였다. 여기서 회중을 가리키는 말은 '에다'이다.(출 12:3, 6, 47) 이것은 이제까지 쓰이지 않았던 새로운 낱말이다. 이는 이스라엘 자손이 가족(부족)에서 민족으로 발전한 것을 가리키기는 한편 하나님과 밀접한 관계 안에 있는 민족임을 나타낸다.

6절에 회중이라 번역되는 이 낱말에는 에다와 카할(콜 케할 아다트 이스라엘)이 함께 나왔다. 이는 이스라엘 온 회중 가운데 하나님 말씀에 따라 양을 잡으러 나온 백성(사람들)을 가리키는 말이다. 여기에 콜(kœl)이란 부사가 붙은 것은 하나님께서 이스라엘 온 회중이 다 하나님 말씀에 순종하여 양을 잡으라는 뜻이 표출된 것이다. 이 카할이 칠십인역 성경에는 교회를 가리키는 에클레시아로 번역되었다.

이 행사가 어떤 이유로 그 달 열흘부터 시작되는지는 분명하지 않다. 이와 직접 관련이 없는 다른 예를 들자면 여호수아와 그 일행이 요단강을 건넌 때가 아빕 월 10일이었다.(수 4:19)

어린양(세)은 5절에서 언급되듯이 유월절 식탁에 오르는 것이다. (LXX은 프로바톤으로 옮김) 이것은 일년생 수컷으로 흠이 없는 것이라야 한다. 흠이 없다는 말(타밈)은 단순히 결점이 없다는 소극적인 뜻보다는 온전한, 완성된, 고상한 등 적극적인 의미가 들어 있는 말이다.(히 9:14; 벧전 1:19)

취하다란 말(라카흐)도 여기서는 선택(선별)한다는 말맛으로 보인다. 사도 요한(요 1:29)과 사도 바울(고전 5:7)은 예수님의 희생을 유월절에 바치는 양에 비유하였는데, 성경은 이 양을 여러 곳에서 조금씩 다른 뉘앙스로 언급하였다.

… 마치 도수장으로 끌려가는 어린양(세)과 털 깎는 자 앞에서 잠잠한 양 같이 그의 입을 열지 아니하였도다(사 53:7)

나는 끌려서 도살당하러 가는 순한 어린양(케베스 LXX 아르니온) 과 같으므로 그들이 나를 해하려고 꾀하기를 …(렘 11:19)

… 네 생물과 이십사 장로들이 그 어린양(아르니온) 앞에 엎드려 각각 거문고와 향이 가득한 금 대접을 가졌으니 이 향은 성도의 기도들이라(계 5:8)

이 양을 이스라엘 회중은 4일 동안(10~14일) 잘 간수해야 한다.(6절) 이는 어린양을 데리고 있으면서 먹이만 주는 정도가 아니라 하나님께 바칠 것이므로 최대한 정성껏 보살피라는 말이다. 특별한 분이신 여호와께 특별한 날에 특별히 바쳐야 할 예물이므로 처음부터 끝까지 특별한 마음으로 돌보아야 하는 것이다.

이스라엘 회중은 그 양을 잡아서 그 피에서 (일부를) 취하여야 한다. 그것을 그들은 양들을 잡아먹는 그 집의 좌우 문기둥들과 문 위의 가로 횡대에 발라야 한다.(7절) 이는 그 집 대문에 표시를 해놓는 것이다. 대문은 그 집 자체를 가리키는 상징이었다.(제유법. 출 20:10; 신 5:14; 12:7 등 참조) 그 출입구에 그 피를 바르는 행위는 곧 그 집 전체에 그리하는 것을 상징하는 것이다.

출 12:8에서 하나님은 '그 밤에 그 고기를 불에 구워 무교병과 쓴 나물과 아울러 먹되 … (직역: 그리고 그들은 이날 밤에 그 고기를 불에 구워 먹어야 할 것이다. 그리고 무교병과 함께 쓴 나물을 먹어야 하리라)'라고 말씀하셨다. 요즈음 사회에서는 잘 쓰지 않는 말인 무교병(맛초트)은 발효되지 않은 떡, 누룩이 들어가지 않는 떡이다. 쌀가루(또는 밀가루)에 누룩을 넣고 반죽하여 짧게는 2~6일 비교적 따뜻한 곳에 놓아두면 그 반죽이 발효된다.

이렇게 제대로 반죽된 떡(빵)이라야 제 맛이 난다. 이렇게 되기까지 걸리는 시간을 생략하고 발효가 되지 않은 채 떡을 만들어 먹는 것은 그만큼 시간이 촉박하다는 뜻이다. 하나님께 드리는 예배에도 누룩 없는 떡을 바치는 경우가 있다.(출 28:13; 레 2:11; 6:14~18) 이럴 경우에는 흠 없는 예물을 드리라는 뜻이다. 성경에서 누룩은 종종 죄를 상징하기 때문이다.(고전 5:6~8) 신명기는 무교병을 가리켜 고난의 떡이라 부르기도 하였다.(신 16:3)

이것을 먹을 때 쓴 나물도 같이 먹었다. 이는 쓴맛이란 말(마로르)에서 나왔다. 대부분의 학자들은 이는 이스라엘 자손이 이집트에서 겪었던 쓴맛 나는 생활을 회상하는 것으로 해석하였다. 더 나아가 이것과 무교병은 그들이 겪은 쓰라린 생활, 고난에 찬 삶을 가리키는 표시라는 것이다. 물론 일리가 있지만 성경에는 이런 설명이나 해석이 나와 있지 않다. 나중에 그들은 광야 마라 지역에서 쓴 샘물을 보고 불평하였다.(출 15:22~26)

특히 고기는 삶거나 날로 먹지 말고 불에 구워 먹어야 하였다. 9절을 직역하면 '너희는 고기 중 어느 것도 일절 날것으로 또는 물에 삶아서 먹지 말아야 할지니라. 오히려 그 머리를 그 양 다리와 그 내장을 불에 구워(하리라)'이다. 여기 개역개정이 생략한 키 임은 부정어와 어우러져 '…하지 말고(않고), 오히려 … 하다'는 뜻이다. 10절에도 그 내용이 이어진다. 밤부터 아침까지 할 일에 대해 하나님께서 말씀하시는 형식으로 되어 있는 출 12:8~10은 다음과 같이 짜여 있다.(Dozeman, 267)

가. 밤 시간 (먹는 시간)

나. 하나님의 지시 - 무교병을 쓴 나물과 함께 먹을 것

다. 금지 - 날것 또는 삶은 것으로 먹지 말 것

나. 하나님의 지시 - 머리, 다리, 내장 등 모든 부위를 다 구울 것

가. 아침 시간(뒤처리하는 시간)

출 12:10에는 그 음식을 아침까지 남겨놓지 말라는 말씀이 나온다. 이것은 제사장 임직 예식(출 29:34), 화목제(레 17:15)에 바쳐진 제물에도 그대로 적용되었다. 서원제나 자원제의 제물의 경우에는 하루 더 그 기간이 연장되었을 뿐이다.(레 7:16~18) 흔히 광야의 식탁이라 부르는 만나도 그 다음날 아침이 되기 전에 다 먹어야만 하였다. (출 16:19~20, 23~24)

얼핏 이해하기 힘든 이 규정의 의미를 여러 가지로 볼 수 있다. 그것들 가운데 하나는 하나님께 바쳐진 예물은 서로 공유해야 한다는 것이다. 누군가가 그것을 독차지하고 쟁여놓고 먹기보다는 그 다음날 아침까지 하나도 남지 않도록 주변 사람들과 같이 먹어야 한다, 남겨두면 하나님께 죄를 짓는 것이기에. 그러니 이웃 및 나그네와 함께 나누어 먹는 것이 말씀에 순종도 하고 인심도 얻는 길이었다. 하나님은 이런 강제 조항을 통해서 오히려 공생과 친교의 길을 열어 놓으셨다.

하나님은 이 음식을 먹는 자세에 대해서 특별히 언급하셨다.(베카카 토클루 오토 = 그리고 다음과 같이 너희는 그것을 먹어야 하리라) 허리띠를 두르고 신발을 신고 지팡이를 손에 잡은 채 그 음식을 먹으라고 하셨다(11절). (허리띠를) 띠다는 말(하가르)도 수동분사형으로 나오는 등 모두 동사 없는 문장(명사문장)이다. 곧 음식 먹는 자세를 언급한 것 전체가 명사문장이다. 그 뉘앙스를 살려 이 부분을 직역하면 다음과 같다.

너희 허리 양쪽이 묶여진 채로
너희 신발들이 너희 두 발에 있는 채로
그리고 너희 지팡이가 너희 손에 있는 채로

이처럼 식사와 복장에 관한 언급이 매우 눈에 띈다. 특히 그 끝이 2인칭 복수 소유격어미, 켐(모트네켐), 임(하구림), 켐(나알레켐), 켐(뻬라글레켐), 켐(오르막 켈켐), 켐(뻬드예켐)으로 끝나면서 묘한 공명음을 내고 있다. 이로써 음식을 먹는 도중에라도 언제든지 길을 떠날 수 있게 준비한 것을 생생하게 표현하였다. 사도 바울도 복음의 가르침대로 살기 위해 만반의 준비 태세로 있으라고 성도에게 권면하였다.(엡 6:13~17)

13 그러므로 하나님의 전신 갑주를 취하라 이는 악한 날에 너희가 능히 대적하고 모든 일을 행한 후에 서기 위함이라 14 그런즉 서서 진리로 너희 허리띠를 띠고 의의 호심경을 붙이고 15 평안의 복음이 준비한 것으로 신을 신고 16 모든 것 위에 믿음의 방패를 가지고 이로써 능히 악한 자의 모든 불화살을 소멸하고 17 구원의 투구와 성령의 검 곧 하나님의 말씀을 가지라

만일 11절 마지막 부분 '그것이 여호와의 유월절(페사흐) 이니라'에서 전치사 (르)의 의미를 살려 직역한다면 '그것이 여호와를 위한 유월절이니라'로 된다. 신앙생활에서는 여호와를 위한 것이 곧 자기 자신을 위한 것이며, 자기 자신을 소중히 여기는 사람이 진심으로 여호와를 섬긴다는 점에서 이 본문은 어떻게 해석하든 문제가 없다.

이런 유월절 행사는 광야에서(민 9장) 가나안 진입 뒤(수 5:10) 히스기야 왕의 개혁 시절(대하 30장) 요시야 왕 시대(대하 35장) 바빌론 포로 이후(스 6:19) 등에 거행되었다. 예수님도 잡히시기 전날 밤 최후의 만찬을 이 절기에 맞추어 하셨다. 물론 여기 나오는 i)열흘째 되는 날 어린양을 잡는 것 ii)그 피를 문설주에 바르는 것 iii)급하게 먹는 것 등은 첫 번째 유월절에만 지켜졌다.(신 16:1~8)

12~14절에 이 유월절의 내용이 더 자세히 나와 있다. 하나님의 선택을

받은 사람에게는 여호와를 만나는 것이 복이다.(시 11:7; 22:24; 119:135; 143:7; 고전 13:12; 계 22:4~5) 그리고 하나님을 거역하는 사람이 여호와를 만나는 것은 그 사람에게 재앙이다.(출 3:6; 33:20, 23; 시 51:9 참조) 이런 뜻에서 여호와께서 파라오를 비롯한 이집트인에게 나타나신 일이 그들에게 크나큰 재앙이 되었다.

그 내용이 12절에 나와 있다. 곧 여호와께서 사람이든 짐승(가축)이든 그 나라 안에서 있는 처음 난 것들을 하나도 빠짐없이 진멸하신다는 것이다. 12~13절의 '치다'란 말(나카)은 구약성경에 500여 번 나오고 그 대부분이 히필형으로 쓰였다(480번). 이것은 기본적으로 때리는 것을 가리킨다.(출 2:11, 13; 신 25:11; 느 13:25; 아 6:7 등) 그리고 이보다 더 많은 경우 일부러 혹은 의식하지 못하면서 상대방을 죽이는 것을 뜻한다.(신 2:23; 수 10:26; 삼하 17:35; 욜 4:7 등) 대부분의 성경은 이 낱말을 치다로 옮겼고 몇몇 성경은 죽이다로 번역하였다.(LB, EIN, ELB 등) 12절과 아주 비슷하게 언급된 출 11:5에는 죽이다는 낱말(메트)이 쓰였다.

이에 더하여 여호와는 이집트의 모든 신을 다 심판하실 것이다.(출 12:12b) 이렇게 사람으로부터 시작하여 가축까지, 그리고 각종 우상까지 여호와의 심판에 포함되었다. 성경은 여러 곳에서 여호와를 모든 우상에 대한 심판자로 묘사하였다(민 33:4; 시 89:6; 95:3; 97:7, 9; 렘 46:25; 미 4:1 등)라고 끝을 맺는다. 하나님은 자비와 긍휼의 하나님이신 동시에 심판과 징벌의 하나님이심을 보여준다. 이를 분명히 하시려고 12절은 그 마지막을 '나는 여호와라'(아니 여호와)로 맺는다. 이는 앞의 내용을 보증하는 일종의 도장(사인)이다.

13절에는 양의 피를 문설주에 바르는 이유가 나와 있다.(그리고 그 피가 너희의 집에 대한 너희를 위한 표적이 되리라. 그리고 내가 그 피를 볼 것이다. 그리고 너희 위로 넘어가리라. 그리고 너희에게 멸망을 향한 재앙이 없을 것이다. 내가 이집트 땅에서 너희를 칠

때.) 성경은 이를 표적(오트)이라 부른다. 이것은 여호와께서 이집트에 내리는 멸망을 향한 재앙(네게프 레마쉬키트)으로부터 이스라엘 자손을 지켜주는 표시인 것이다. 그리고 여호와와 그분의 뜻 및 능력을 알려주는 통로이다. 무지개(창 9장), 할례(창 17장) 등이 그러하듯이.

이 사건을 이스라엘 민족은 대대로 기념하며 지켜야 하는 것이다.(14절): '그리고 이 날은 너희에게(너희를 위한) 기념일이 되리라.' 기념일이란 말(직카론)은 기억하다, 생각하다는 말에서 왔다. 하나님께서 노아와 그 가족을 기억하시자 그 때부터 물이 빠지기 시작하였다.(창 8:1) 하나님께서 이스라엘 자손의 탄원을 듣고 아브라함과 맺은 언약을 기억하시자 출애굽이 시작되었다.(출 2:24) 자신의 몸이 병들어 시한부 인생이 되자 히스기야 왕은 하나님께서 자신과 자신의 행위를 기억해 주시기를 기도드렸다.(왕하 20:3)

기억. 이것은 유월절의 핵심이다. 하나님은 이 날을 명절(여호와의 절기 또는 여호와를 위한 절기 출 13:6; 32:5; 레 23:41; 민 29:12)로 경축하라고 하셨다: '그리고 너희는 그것을 너희 세대 대대의 영원한 규칙으로 (삼아) 여호와의 절기로 경축하라.'(11b-c 직역) 여기 나오는 절기란 말(카그)과 지키다, 경축하다는 말(카가그)은 이스라엘 민족의 특별한 절기와 관련이 있다.(출 12:14; 13:6; 32:5; 레 23:41; 민 29:12; 나 2:1)

구약성경에 61번 나오는 카그는 이스라엘 중요 절기에 연관되어 있다. 그것은 초막절(수장절)에 20번, 유월절(또는 무교절)에 11번 칠칠절에 1번 쓰였으며 그 밖에도 이런 절기들과 직간접적으로 관련하여 사용되었다. 이 말의 동사형 카가그도 구약성경에 16번 나온다. 이는 일반적으로 보호하다, 보전하다는 뜻으로 쓰이는 샤마르와는 사뭇 다른 의미이다.(출 23:15이하에선 이 말이 샤마르와 함께 쓰였다) 아람어와 고대 남부 아랍어에서 이것은 순례를 하다, 순례길에 오르다는 뜻이다. 유대-아람어 및 사마리아 방언에서는 축제를 즐기다는 의미이다. (GB 322~323; HAL 278~279) 그 대부분이 유월절(무교절), 초막절(수장절), 칠칠절에 연관되어 있다. 이것이 개역개정에는 지킨다는 뜻으로 옮겨졌다. 이 낱말은 (절기를) 지키다, (명절을) 쇠다, (축전을) 경축하다, 둥글게 돌며 춤추다, 뜀뛰며 놀다 등의 뜻으로 쓰인다. 삼상 30:16은 이것을 춤추다로 옮겼다.

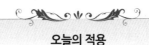

오늘의 적용

① 주님의 손 안에서 뛰어넘으리라 (유월절)

하나님은 이집트 땅에 두루 다니시며 몸소 열한 번째 표적을 시행하신다고 하셨다. 이는 파라오에게 이미 열 가지 표적을 보여주었으나 그에 합당한 반응을 보이지 않는데 대한 심판이었다. 하나님과 그 말씀에 머무는 자에게 하나님이 찾아오심은 은총이요 구원이다.(시 11:7; 22:24; 119:135; 눅 1:26~28; 고전 13:12; 계 51:9 참조). 그리고 하나님을 떠났거나 그분 말씀을 등진 사람이 하나님을 만나는 것은 심판이요 재앙이다.(시 3:6; 33:20, 23; 시 51:9 참조)

하나님의 선택받은 이스라엘 자손이 열한 번째 표적의 피해를 당하지 않고 그냥 넘어간 것은 순전히 하나님 은총이다, 출애굽기 처음부터 이제까지 그들이 하나님 마음에 쏙 들 만한 어떤 신실하고 선한 행동을 보인 것이 나와 있지 않다는 점에서. 교회는 그 유월절을 기념하여 축제를 한다.(유대교는 학가다 축제, 천주교회는 파스카 축제)

믿음의 사람은 자신과 눈에 보이는 것과 세상을 뛰어넘는다, 주님의 손 안에서. 자신이 하기 싫은 것도 하고 싶은 것도, 할 수 있는 것도 할 수 없는 것도 모두 다 하나님의 손 안에서(말씀과 믿음을 기준으로) 판단하고 결정하는 것이다. 이리할 때 출애굽 시대의 유월절은 오늘 우리에게도 생생하게 살아난다.

② 자기만의 기념일

사람마다 각각 자기 나름의 기념일이 있다. 이를테면 생일, 결혼기념일, 칠순, 팔순 등. 그 사회나 나라 및 민족에게도 그런 것이 있다.(국경일 등)

일 년에 생일이 두 번인 사람을 본 적이 있다. 하나는 그가 태어난 날이다. 다른 하나가 생겨난 유래는 이렇다. 그는 장항에서 군산으로 강을 건너는 배를 타고 중학교를 다녔다. 어느 날 그 배에 사고가 났다. 그 날 사람이 많이 죽었다. 그 배를 타고 가던 그도 죽을뻔 하였지만 무사히 살아났다. 이 일을 잊지 못하는 그는 그 날을 자기 생일로 삼았다. 태어난 날인 첫번째 생일을 그는 가족과 함께 조촐하게 치른다. 다시 살아난 날인 두 번째 생일을 그는 목사님을 초청하여 가정예배로 드린다.

자기 인생에서 중요한 어떤 계기를 그는 자신만의 기념일로 해마다 기억하며 거룩하게 보내는 것이다. 이 기억과 믿음이 그에게 건전하고 건강하게 사는 원동력이 되었다.

③ 분수령

예수님이 태어나시자 세계 역사가 달라졌다. 이를 기준으로 주전(BC = before Christ)과 주후(AD = after Christ)로 시대가 나뉘었다.

출애굽도 이스라엘 민족에게 매우 중요한 분수령이다. 노예로 사느냐 곧 자기가 세상에 굴복당하며 자신의 인생을 가꾸지 못하느냐 자유인으로 사느냐, 다시 말해 자기가 세상에 대해 자신의 인생을 소중하게 가꾸며 사느냐를 판가름하는 분수령이다. 출애굽 사건은 이스라엘 민족 전체 그리고 민족 구성원 각자의 인생에 분수령이 되었다. 이것은 그들에게 해방 원년(元年)인 것이다.

개인 그리고 공동체가 자신이 은혜 받은 때 구원받은 때를 기억하고 기념하는 일은 매우 중요하다. 자기 인생에 분수령이 되었던 그 일이 비록 평생에 단 한 번 밖에 일어나지 않았더라도 영혼과 마음과 생활에 두고두고 활력소가 되고 마르지 않는 샘물이 되는 것이기에.

④ 어린양이신 그리스도

세례 요한은 예수님은 하나님의 어린양이라고 소개하였다.(요 1:29) 그의 이런 소개는 아마 출애굽기 12장에서 받은 영감이었으리라.

예수님은 유월절 어린양이다. 예수 그리스도는 나의 죄를 짊어지고 피를 흘리신 영원한 제물이 되셨다. 하나님은 십자가를 통해 우리 죄를 어린양인 예수님에게 전가시키셨다. 세상을 이처럼 사랑하사 독생자를 보내신 하늘 아버지의 뜻에 따라 예수님은 내 죄를 짊어지고 십자가에 죽으셨다. 이 예수님의 피를 심령에 받아들이면, 우리 인생을 지배하고 이끌어가던 죄와 사망 권세가 무너진다.(찬송가 252장 나의 죄를 씻기는 예수의 피 밖에 없네 …)

이것은 그 피에 어떤 주술적인 힘이 들어 있어서가 아니다. 이는 우리를 사랑하사 우리를 위해 십자가를 지신 예수님을 온 맘으로 받아들일 뿐만 아니라, 그 복음을 온 몸으로 살아내고자 하는 사람에게 성령님께서 온유하고 겸손하게 끈기 있고 강력하게 만들어 주시기에 가능해지는 것이다.

> 너희가 알거니와 너희 조상이 물려 준 헛된 행실에서 대속함을 받은 것은 은이나 금 같이 없어질 것으로 된 것이 아니요 오직 흠 없고 점 없는 어린양 같은 그리스도의 보배로운 피로 된 것이니라(벧전 1:18~19)
>
> … 죽임을 당하신 어린양은 능력과 부와 지혜와 힘과 존귀와 영광과 찬송을 받으시기에 합당하도다 …(계 5:12)

⑤ 흠과 티가 없는 예물

하나님께 바치는 예물에는 반드시 경건한 정성과 거룩한 성별이 필요하다. 이런 것을 가리켜 흠과 티가 없다고 한다. 자신의 땀과 노력이 들어갔을 뿐만 아니라 깨끗한 방법으로 취득하여 드리는 예물이 흠과 티가 없는 예물이라고 우리는 생각한다.

기독교인도 그 사회의 관행을 거스를 수 없을 때가 적지 않다. 그리고 때에 따라 좋지 않은 방법으로 물질을 손에 넣는 경우도 있다. 이런 것을 자기 합리화로 악용하면 곤란하다. 그러면서도 실제 생활을 하다 보면 그럴 수밖에 없는 처지와 형편에 처하는 사람도 있는 것이다. 그것을 예물로 바치면 아니 되는가? 참으로 대답하기 어려운 물음이다.

20여 년 전 이야기이다. 어느 날 어떤 학교 선생님이 돈봉투 하나를 가져와 '목사님, 이 돈은 더러운 돈입니다. 깨끗하게 써 주십시오'라고 말하였다. 사연을 물으니 학부모에게 받은 촌지란다. 자신이 가르치는 반의 학부모에게 받지 않기가 어려워 받았다고 했다. 선생님들 가운데 그런 것을 받는 사람들이 있는데 자기 혼자 거절하기가 어려웠다고 하였다. 필자는 그 봉투를 받아서 울산에서 환경운동을 하는 어떤 단체에 기부하였다.

이런 뜻에서 생각해보면 흠과 티가 없는 예물이란 어느 정도는 바치는 사람의 마음가짐과 자세에 달렸다고 할 수 있다.

41 예수께서 헌금함을 대하여 앉으사 무리가 어떻게 헌금함에 돈 넣는가를 보실새 여러 부자는 많이 넣는데 42 한 가난한 과부는 와서 두 렙돈 곧 한 고드란트를 넣는지라 43 예수께서 제자들을 불러다가 이르시되 내가 진실로 너희에게 이르노니 이 가난한 과부는 헌금함에 넣는 모든 사람보다 많이 넣었도다 44 그들은 다 그 풍족한 중에서 넣었거니와 이 과부는 그 가난한 중에서 자기의 모든 소유 곧 생활비 전부를 넣었느니라 하시니라(막 12:41~44)

⑥ 문지방엔 피를 바르지 않았다

문틀은 네 부분으로 이루어진다. 상인방 문설주(2개) 그리고 문지방이다. 문지방은 집이나 방을 드나들 때 발 아래 놓이는 부분이다. 우리 조상들은 문을 지날 때 문지방을 밟지 않았다.(밟지 말라고 가르쳤다) 그런데도 오래된 집이나 사람들이 자주 드나드는 곳에 가 보면 문지방이 많이 닳아 있다. 그만큼 사람의 발이 그곳을 건드렸다는 뜻이다.

유월절 어린양의 피는 생명을 구하는 고귀한 피이다. 하나님의 은총이 선민에게 특별하게 작용하는 것을 보여주는 표식이다. 이 표지를 발로 밟을 수는 없다. 이에 하나님은 양의 피를 문에 바르게 하실 때 문지방에는 그리하지 말라고 하셨다. 이를 비유하자면 하나님의 말씀(약속)과 사랑(은총)을 짓밟지 말라는 뜻이다.

이 말씀대로 행하는 자를 향해 하나님은 "피를 보고 넘어가리라"고 말씀하셨다. '얼마나 착한지 또는 얼마나 열심히 노력하는지'가 기준이 아니다. 오직 피만 보고 지나쳐 간다는 것이다.

이것이 하나님께서 선택하신 방법이었다. 문설주에 바른 그 피가 그 집 안에 있는 사람을 구원하는 것이 하나님의 방법이었다는 말이다. 우리의 구원도 오직 그리스도이신 예수님이 십자가에서 흘리신 그 피로써만 주어진다.

예수께서 이르시되 내가 곧 길이요 진리요 생명이니 나로 말미암지 않고는 아버지께로 올 자가 없느니라(요 14:6)

⑦ 구원의 피

이집트 온 땅에 맏이가 죽음을 당할 때 이스라엘 자손에게는 그 소름끼치는 재앙이 임하지 않았다. 이 죽음을 피하는 수단은 어린양의 피였다. 이

스라엘은 이 일을 자자손손 기념하며 유월절
잔치를 크게 벌이었다. 이 구원은 그들의 의
롭거나 건전한 것과는 아무 상관이 없었다.
다만 그 집 문설주에 어린양의 피가 발라져
있느냐 아니냐가 그 기준이었다.

예수님은 로마 병정들의 채찍에 맞아 피
를 흘리셨다. 십자가에 달리심으로 피를 흘
리셨다. 그리고 로마 병정들이 창으로 그의
허리를 찌름으로 피를 흘리셨다. 죄도 허물

크라나흐 – Christus am Kreuz (1552–
1555, Stadt Kirche Weimar)

도 없으신 하나님의 독생자가 고난당하시며 세 차례 흘리신 이 피를 가리
켜 우리는 보혈의 피라고 부른다.

여러분은 자기를 위하여 또는 온 양 떼를 위하여 삼가라 성령이 그들 가운
데 여러분을 감독자로 삼고 하나님이 자기 피로 사신 교회를 보살피게 하
셨느니라(행 20:28)

19 … 우리가 예수의 피를 힘입어 성소에 들어갈 담력을 얻었나니 20 그 길
은 우리를 위하여 휘장 가운데로 열어 놓으신 새로운 살 길이요 휘장은 곧
그의 육체니라(히 10:19~20)

죄와 허물로 죽을 수밖에 없는 우리가 구원을 받은 것은 오로지 예수님
의 십자가 보혈의 공로이다. 그런 뜻에서 기독교는 자기 스스로의 힘으로
자신을 구원하는 자력 구원의 종교가 아니다. 그보다는 오히려 자기 자신의
밖으로부터 오는 타력 구원을 믿는 종교이다. 이것이 매우 소극적인 태도로
보일지도 모른다. 특히 자기 수양과 마음 수련을 통해 인간이 점점 더 완벽

한 경지에 도달할 수 있다고 믿는 인본주의자들이 보기에 그렇다는 말이다.

이런 뜻에서 각 사람은 지난날 자신의 모습을 정직하게 되돌아볼 필요가 있다. 하지 말아야 할 것을 알면서도 행하였던 것, 꼭 해야 할 것을 알면서도 기피하였던 일, 누구에게나 칭찬과 인정을 받을 만한 일을 하면서도 순수하고 깨끗하지 못하였던 그 마음 등 인간은 결코 완전할 수도 없을 뿐만 아니라 자기 힘으로 완벽해질 수 없는 존재이다. 오직 하나님의 은총과 사랑만이 불완전한 우리를 그나마 조금이라도 더 진실하고 선한 경지로 향하게 만들 수 있을 뿐이다. 말씀에 다가서려고 노력할 때에만 우리는 우리 자신을 넘어설 수 있다.

> 이제는 전에 멀리 있던 너희가 그리스도 예수 안에서 그리스도의 피로 가까워졌느니라(엡 2:13)

⑧ 가족과 함께 밥을

이집트에서 보내는 마지막 시간 이때 그들이 할 일은 온 가족이 다 같이 음식을 나누어 먹는 것이었다. 그리고 이웃과도 함께. 이런 것이 당연한 것 같아도 결코 그렇지 않다.

요즈음 사회가 점점 다원화되고 복잡해지면서 가족 없이 사는 사람도 늘었다. 그리고 가족이 있으면서도 같은 시간 같은 자리에서 식사하기가 어려워졌다. 한 집에 살면서 밥조차 같이 먹을 마음 혹은 시간이 없는 것이다. '하루 한끼라도 같이 먹자'며 일부러 이른 아침에 식사를 하는 등 나름 노력하는 가정도 있다. 공광규 시인은 '얼굴 반찬'이란 시에서 '모두 밥을 사료처럼 퍼 넣고 직장으로 학교로 동창회로 나간 것입니다. 밥상머리에 얼굴 반찬이 없으니 인생에 재미라는 영양가가 없습니다.'라고 하였다.

39
누룩 없는 떡을 먹기 - 무교절

(無酵節 출 12:15~20)

15 너희는 이레 동안 무교병을 먹을지니 그 첫날에 누룩을 너희 집에서 제하라 무릇 첫날부터 일곱째 날까지 유교병을 먹는 자는 이스라엘에서 끊어지리라

16 너희에게 첫날에도 성회요 일곱째 날에도 성회가 되리니 너희는 이 두 날에는 아무 일도 하지 말고 각자의 먹을 것만 갖출 것이니라

17 너희는 무교절을 지키라 이 날에 내가 너희 군대를 애굽 땅에서 인도하여 내었음이니라 그러므로 너희가 영원한 규례로 삼아 대대로 이 날을 지킬지니라

18 첫째 달 그 달 열나흗날 저녁부터 이십일일 저녁까지 너희는 무교병을 먹을 것이요

19 이레 동안은 누룩이 너희 집에서 발견되지 아니하도록 하라 무릇 유교물을 먹는 자는 타국인이든지 본국에서 난 자든지를 막론하고 이스라엘 회중에서 끊어지리니

20 너희는 아무 유교물이든지 먹지 말고 너희 모든 유하는 곳에서 무교병을 먹을지니라

이것은 무교절에 관한 말씀이다. 무교절은 누룩을 넣지 않고(발효시키지 않고) 만든 떡(빵)을 먹는 절기이다. 이 여호와의 절기는 유월절에서 시작하여 7일 동안 진행된다. 그 기간은 아빕 월(니산 월) 14일부터 같은 달 21일까지이다. 아빕이란 말은 보리의 풋이삭이란 뜻이다. 어떤 학자들은 이것이 햇

보리를 수확하면서 한 해 동안 악귀의 방해를 받지 않고 소출이 잘 되도록 비는 농경민의 풍습에서 왔다고 주장하기도 한다.

본문은 내용으로 보면 출 12:1~14에 이어지는 여호와의 말씀이다. 유월절과 무교절은 다 출애굽, 곧 하나의 구원사건의 한 부분으로 받아들여졌다.(김이곤 125):

> 너희는 무교절을 지키라 이 날에 내가 너희 군대를 애굽 땅에서 인도하여 내었음이니라 …(출 12:17; 12:51 참조)

> 이는 여호와께서 강하신 손으로 너를 애굽에서 인도하여 내셨음이니(출 13:9; 13:16 참조)

이 절기들은 여호와를 아는 것과 출애굽을 선물로 주신 여호와의 표적을 기억하는 것을 목적으로 지정되었다. 이에 따라 성경에는 유월절을 기념하라 (출 12:14, 17, 24, 42)는 명령과 그것을 후손에게 가르치라(출 12:26~27; 13:8~10, 14~16)는 말씀이 거듭 주어졌다. 출 12:15~20은 무교절을 지키라(17절)는 말씀을 중심으로 전후반복의 형식으로 되어 있다. 이 구절에는 지키다는 말(샤마르)이 두 차례 되풀이 쓰였다:

가. 너희는 이레 동안 무교병을 먹을지니(15a)

나. 그 첫날에 누룩을 너희 집에서 제하라(15b)

다. 무릇 … 유교병을 먹는 자는 이스라엘에서 끊어지리라(15c)

라. 너희에게 첫날 … 일곱째 날 … 이 두 날에 아무것도 하지 말고…(16)

마. 너희는 무교절을 지키라 … 너희가 대대로 지킬지니라(17절)

가 첫째 달 열나흗날 저녁부터 … 이십일일 저녁까지… 무교병을 (18)

나 이레 동안은 누룩이 너희 집에서 발견되지 않게 하라 (19a)

다 무릇 유교병을 먹는 자는 … 이스라엘 회중에서 끊어지리니 (19b)

라 너희는 … 먹지 말고, 너희 모든 유하는 곳에서 무교병을 먹을지니라 (20)

개역개정은 15절에서 '반드시, 틀림없이, 확실히'(아크)란 부사를 빼놓았다. (표준새번역과 공개: 말끔히) 이를 직역하자면 '… 그 첫날에 너희는 아예(반드시) 너희 집에서 누룩을 없애라.' 그리하여 누룩이 들지 않은 음식(無酵餅 = 무효병)을 먹으라는 것이다.(한자 酵를 요즈음에는 효라고 읽는데 우리말 성경이 개역개정으로 되기 이전의 한글판 개역성서가 편찬될 당시에는 흔히 교라고 읽혀졌다. 이래서 무효병이 아닌 무교병이라 한 것이다) 이것은 의무 사항이지 선택 사항이 아니다. 무교절과 관련된 무교병을 언급한 곳은 12장 8, 12, 18, 39절과 신 16:3, 8 등 여러 군데이다:

유교병을 그것과 함께 먹지 말고 이레 동안은 무교병 곧 고난의 떡을 그것과 함께 먹으라 이는 네가 애굽 땅에서 급히 나왔음이니 이같이 행하여 네 평생에 항상 네가 애굽 땅에서 나온 날을 기억할 것이니라(신 16:3)

너는 엿새 동안은 무교병을 먹고 일곱째 날에 네 하나님 여호와 앞에 성회로 모이고 일하지 말지니라(신 6:8)

누룩 없는 빵은 이스라엘 자손에게 낯설지 않다. 아브라함의 조카 롯은 소돔과 고모라에 찾아온 낯선 손님들(하나님의 천사들)을 맞아들여 급히 빵을 만들었다. 그것은 누룩으로 반죽이 부풀어 오르지 않은 채 구운 것이었

다.(창 19:3)

기드온이 여호와의 천사에게 내놓은 빵(삿 6:19~22) 엔도르의 무당이 변장을 하고 찾아온 사울 임금에게 내놓은 빵(삼상 28:24) 등이 다 그런 것이었다. 이렇듯이 누룩 없는 빵은 숙성시킬 시간이 없을 때 급히 구워내는 것이었다. 다른 한편 이것은 여호와께 봉헌하는 예배에도 쓰였다.(출 29:2, 23; 레 2:5, 7, 12; 8:2, 26) 그리고 길손을 따스하게 접대하는 수단이었다.

누룩은 보통 밀로 만들지만 때로는 보리, 옥수수, 콩 등의 곡물 또는 밀기울, 쌀겨 등을 물에 불린 다음에 쪄서 누룩곰팡이를 번식시킨 발효덩어리이다. 누룩 그 자체를 먹을 수는 없지만 우리는 그 안에 들어있는 여러 성분(효소)의 작용을 이용하여 술, 엿, 간장, 된장, 떡 등 여러 가지 식료품을 만들 수 있다.

유대인은 효소의 이 분해 및 발효작용을 물질이 썩는 것으로 이해하였다. 누룩은 부패하고 더러운 것을 상징하게 된 것이다. 이에 따라 하나님을 찬양하고 하나님과 인간 사이의 거룩한 친밀도를 드높이는 통로인 제물에 누룩을 넣지 않았던 것이다:

너는 네 제물의 피를 유교병과 함께 드리지 말며 내 절기 제물의 기름을 아침까
지 남겨두지 말지니라(출 23:18; 참조 레 2:11; 6:9~10)

이 경우 무교병은 신앙의 순수성과 절제하는 생활을 가리키는 것이다. 다만 레위인에게 돌아가는 일부 제물(떡)에는 누룩을 넣는 것도 허용하였다.(레 6:9~10; 23:17~20)

이 무교절(무교병)에 담긴 뜻을 설명하는 학설이 여러 가지가 있으나 크게 세 가지만 언급하겠다. (이하의 내용은 http://en.wikipedia.org/wiki/Matzo를 참

조하라)

① **역사적 의미**: 이는 역사적 사건에 기초한 기념일이다. 유월절은 이집트에서 이스라엘 자손이 하나님 은총으로 해방된 일을 대대로 기리는 것이다. 그날 파라오의 마음이 또 변덕을 부리기 전에 서둘러 나와야만 하였다. 이에 그들은 누룩이 효력을 발휘하기까지 기다렸다가 빵을 찔 수 없었다. 최대한 빨리 비상식량을 준비해야만 하였기에.(출 12:39) 무교병은 이런 역사적 사실 아래 유래된 것이다.

② **상징적 의미**: 무교병은 한편으로 구속과 해방을 다른 한편으로 가난한 자의 식량(lechem oni)을 상징하는 음식이었다. 이는 비천했던 과거를 기억하는 것이요, 노예생활이 얼마나 비참한 지를 잊지 않게 만드는 수단이었다. 신명기는 이것을 가리켜 고난의 떡이라 부르기도 하였다.(16:3) 더 나아가 발효(부풀어 오름)는 타락과 남 앞에서 우쭐대는 교만을 상징하였다. 그러므로 누룩이 들지 않은 빵을 먹는 것은 인간성에 대한 교훈인 동시에 자유하게 하시는 하나님 은총에 자신이 포함된 것을 감사하는 의미가 동시에 있다.

③ **유월절과 관련된 의미**: 유월절과 무교절은 서로 맞물려 있다. 무교병은 성전 파괴 이전에 유월절에 바치는 전통적인 예물이었다. 이스라엘 민족은 그것을 잊지 않기 위해 세데르 의식을 거행하며 무교병을 세 번 먹었다. 이때 먹는 무교병은 평소보다 배부르게 먹었던 유월절 예물을 회상하는 것이었다.

무교병을 먹을 때 마지막 조각을 가리켜 애피코만(afikoman)이라 한다.(= 에피코모스) 바빌론 탈무드는 이것이 그리스어에서 유래하여 식사의 마지막 순서인 후식(dessert)에 해당한다고 본다. 예루살렘 탈무드는 이것이 에피

코미온(epikomion)에서 유래하여 식사가 다 끝난 후 간식에 해당된다고 보았다.

어떤 유대인 가정은 이 무교병 조각을 감추어 놓고 자녀들이 그것을 찾아오면 그에 대해 상을 주었다. 또 어떤 가정은 아이들이 그것을 훔치게 만든다. 이것은 장차 있을 구원을 상징하는 것으로 사용되었다.

유월절에 하는 이 세데르 행사는 구원의 상징으로 오랫동안 전수되었다. 이때에 엘리야를 위해 문을 열어 놓았으며 '내년에는 예루살렘에서'라 말하며 문을 닫았다. 무교병은 이 행사에서 가장 오래된 상징물이었다.

16절을 직역하면 '그리고 첫째 날에도 거룩한 모임이 있을 것이요, 일곱 번째 날에도 너희에게 거룩한 모임(미크라 코데쉬 = 성회)이 있을 것이다.'로 된다.

모임이란 말(미크라)은 부르다(카라)의 명사형이다. 안식일 또는 매월 첫날 예배로 모이는 것이나 중요한 범국민적인 종교 행사(회개운동, 언약체결 및 재확인)를 가리키는 말이다. 그러기에 이것은 단순한 모임이 아니라 거룩한 모임인 것이다.

이런 날에는 일체의 노동이 금지되었다. 이는 특별한 날을 특별하게 지켜야 한다는 뜻이다. 지난날 역사를 회상하며 하나님의 은총을 기리는 행사를 그 어떤 이유로도 소홀히 해서는 아니 되기 때문이다. 은혜 받은 날에는 은혜 받은 자(또는 은혜 받을 자)답게 처신하라는 말이다. 본문은 이런 날에 노동을 하는 자는 어느 누구든 이스라엘 회중에서 끊어져야 한다(= 제명? 사형?)는 것을 두 차례나 강조하였다.(15, 19절)

17절 '무교절을 지키라'는 말씀이 이 단락의 핵심이다. 14절에는 지키라는 말이 카가그로 여기서는 샤마르가 쓰였다. 14절에 이어 여기서도 영원한 규례라는 말(쿡카트 올람)이 나온다. 이는 무교절 행사가 일회로 그치는 것이 아니라 이스라엘 민족이 자손대대로 보전하며 지켜야 한다는 점을 강조하는 것이다. 이런 뜻에서 17절 말씀은 이 단락의 핵심이자 주제이다. 이 말씀 앞뒤로 이 절기와 관련된 사항이 구체적으로 반복되는 것만 보아도 이런 사실을 알 수 있다.

무교절이란 말은 발효되지 않은 떡(빵)이란 말(맛차)의 복수형 마촛트를 번역한 것이다. 이 절기를 지키는 이유를 여호와는 이렇게 말씀하셨다: '바로 이 날의 뼈에(뻬에쳄 하이욤 핫제 = 바로 그 날에 창 7:13; 17:23, 26 참조) 내가 너희 군대를 이집트 땅에서 인도하여 내었기(호체티 ← 야챠) 때문이다.' 여기에 이스라엘 자손을 가리켜 군대(체바오트)라 부른 것이 특이하다. 지금까지 우리는 이스라엘 자손을 가리켜 히브리인 회중 등으로 부르는 것을 보아왔다. 여기서 새로운 용어(체바오트)가 등장한 것이다.

이 무교절은 해마다 되풀이 되어야만 하는 연례행사였다. 14절 유월절에 관한 말씀에서 '이 날을 기념하여'라고 한 것이 여기에도 그대로 적용되는 것이다. 물론 여기서 말하는 기념(기억)은 단순한 사고 작용을 가리키지 않는다. 그것은 재생, 재활용을 뜻한다. 곧 하나님께서 주신 구속과 구원의 은총을 개인과 공동체는 해마다 곱씹으며, 자기 자신의 생활에 적용시키라는 것이다.(Childs, Memory and Tradition in Israel)

15절에 이어 18절은 무교절 기간이 꽉 찬 7일인 것을 보여준다. (아빕 월 = 니산 월 십사 일 저녁부터 이십일 일 저녁까지) 우선 무교절 기간에 대한 말씀은 다음과 같다:

첫째 달 그 달 열나흗날 저녁부터 이십일일 저녁까지 너희는 무교병을 먹을 것이요(출 12:18)

5 첫째 달 열나흗날 저녁은 여호와의 유월절이요 6 이 달 열닷샛날은 여호와의

무교절이니 이레 동안 너희는 무교병을 먹을 것이요(레 23:5~6; 참조 스 6:19~22; 겔 45:21)

이렇게 하는 이유는 구원받은 지난날의 은총을 기억하는 한편 그 감격을 오늘날 되살림으로써 구원받은 자(은혜를 입은 자)답게 살자는 데 있다. 성경에서 누룩은 긍정적으로 쓰일 때도 있고 부정적으로 쓰일 때도 있다. 특히 누룩의 특성은 아주 빠르게 발효되는 데 있다. 이에 착상하여 누룩은 종종 죄(죄성)가 빠르게 퍼지는 것과 그로부터 생겨나는 부패를 상징하였다.(마 16:6, 12; 고전 5:8 참조) 바리새인과 사두개인의 누룩(마 16:6, 11) 및 바리새인의 누룩과 헤롯의 누룩이란 말도 부정적으로 쓰인 예이다.(막 8:15) 누가복음은 겉치레로 하는 행위를 누룩에 비유하기도 하였다.(눅 12:1) 긍정적으로 쓰인 경우는 예수님이 하나님 나라를 비유할 때 드신 밀가루 세 말 속에 넣은 누룩 이야기이다.(마 13:33; 눅 13:20~21)

19절 내용은 15절의 그것과 비슷하다. 여기에는 유교병이란 말(마크메체트)이 15절의 유교병(카메츠)과 다른 용어로 쓰였으며 (누룩이) 발견되지 않게 하라(로 임마체 ← 마챠 = 눈에 띄지 않게 하라)는 표현이 15절의 없애라는 말 대신에 쓰였다. 마크메체트란 단순히 누룩이 든 음식이라기보다는 누룩으로 부풀어진 음식이란 점에서 카메츠와 약간의 차이가 있다. 그리고 이방인(게르)과 본토민(에즈라흐)이란 표현이 쓰여 15절보다 사람의 범위를 더 구체적으로 나타내었다.(최승정 303) 이 절기가 거행될 곳은 '너희 유하는 모든 곳'이다.(20절) 이로써 무교절에 관련된 시간과 사람 및 공간의 범위가 확정되었다.

무교절의 내용은 출애굽 당시의 긴박한 상황을 상기하는 누룩과 이집트 종살이의 고되고 힘든 시절을 회상하는 쓴 나물이다. 이는 해방과 구원을 기념하는 유월절과 한 짝을 이루며 이스라엘 자손에게 과거와 현재와 미래를 동시에 바라보게 하는 동기를 부여하였던 것이다.

오늘의 적용

① 쓴 나물 쓴 떡 – 인생의 맛이 쓸 때

달면 삼키고 쓰면 뱉는다(감탄고토 ᄇ呑苦吐) 라는 말이 있다. 그 처신이 새털처럼 가벼운 사람을 가리키는 말이다. 아마 이는 약삭빠르거나 이해타산에 밝은 사람이 자신의 이익만 쫓아가는 처신을 풍자한 말일 것이다.

성경은 여러 곳에 쓴 감정, 쓴 마음, 쓴 일을 믿음과 소망에 기초하여 넘어선 사람들을 소개한다.(특히 히 11장) 세상의 뜨거운 맛 쓴맛을 보며 딱딱하게 마른 떡(빵)을 먹어야 하는 처지에서도 그들은 하나님을 바라며 소망의 끈을 놓지 않았다. 요셉에서부터 시작하여 다니엘에 이르기까지 성경에, 그리고 2천여 년 교회 역사에는 그 숫자를 이루 다 헤아리기 어려울 정도로 이런 사람이 많다. 하나님께서는 그들에게 최후의 승리를 선물로 안겨주셨다.

② 좋은 약은 입에 쓰다

사람이 즐겨 먹는 것들 가운데 쑥, 씀바귀, 민들레, 오갈피 등 쓴 나물이 있다. 대체로 이것은 떨어진 입맛을 돋울 뿐만 아니라 건강에 좋은 식품이다. 좋은 약은 입에 쓰고 좋은 말은 귀에 거슬린다고 한다.

대부분의 학자들은 여기 나오는 쓴 나물을 이집트에서 고생하는 시절을 회상하는 통로라고 보았다. 이 쓴 나물을 먹는 시기는 유월절(무교절, 양력으로는 3~4월)이다. 혹시 이것은 새 봄을 맞아 떨어진 식욕을 북돋아 주려는 것은 아닐까? 그리하여 다가오는 더위를 이겨낼 체력을 가꾸게 하려는 배려는 아닐까? 물론 성경에는 이런 설명이 전혀 나오지 않는다.

③ 뜻을 널리널리 펴라

성경에는 누룩이 긍정적 그리고 부정적 의미로 쓰였다. 신약성경에서 이것은 대부분 부정적인 뜻으로 사용되었다. 구약성경에는 누룩이 타락이나 부패를 상징하는 의미로 쓰인 경우가 없다. 이런 해석이 등장한 것은 아마 후기 유대교였으리라. 이를테면 랍비 알렉산드리가 주전 3세기에 쓴 기도문이다: '우주를 다스리시는 주님, 저희가 주님의 뜻을 온전히 채워드리고자 갈망하는 것을 잘 아시리라 믿나이다. 하오나 저희가 그렇게 하는 것을 방해하는 것들은 무엇이옵니까? 저 오래된 가루 속의 누룩들이 …' 이런 전통에서 예수님은 사람 안에서 악한 행위를 하도록 끊임없이 꼬드기는 충동요인을 누룩이라 표현하셨다:

삼가 바리새인과 사두개인들의 누룩을 주의하라(마 16:6; 참조 막 8:15; 눅 12:1)

성경은 '7 너희는 누룩 없는 자인데 새 덩어리가 되기 위하여 묵은 누룩을 내버리라 우리의 유월절 양 곧 그리스도께서 희생되셨느니라 8 이러므로 우리가 명절을 지키되 묵은 누룩으로도 말고 악하고 악의에 찬 누룩으로도 말고 누룩이 없이 오직 순전함과 진실함의 떡으로 하자'(고전 5:7~8; 참조 갈 5:9) 고 권면하였다. 이는 그리스도인이 죄와 짝지어 사는 대신에 하나님과 그분 말씀을 가까이 하며 성결하게 살라는 뜻이다.

이제 긍정적인 예를 살펴보자. 우선 소극적인 의미이다. 곧 출애굽한 공동체는 출애굽 당시의 기억을 되살리고 기념하는 수단으로 누룩이 들지 않은 떡(빵)을 먹었다. 둘째로 적극적인 의미이다. 어떤 신앙(긍정적인 사상이나 활동)이 한 사람, 한 그룹을 초월하여 커다란 활력을 얻어 널리 퍼져가는 것을 가리킨다.

또 비유로 말씀하시되 천국은 마치 여자가 가루 서 말 속에 갖다 넣어 전부 부풀게 한 누룩과 같으니라(마 13:33 = 눅 13:21)

④ 기다림을 넘어서 준비로

8·15 전후의 우리 역사를 되돌아보자. 1945년 8월 15일 광복절을 맞으며 가장 후회한 사람은 누구일까? 아마 일제 식민지 통치 기간 내내 굴복하지 않고 지내다가 그보다 1~2년 전에 친일활동을 한 사람들일 것이다. 그들은 30년 넘게 고생고생하며 참아오다가 불과 1~2년을 넘기지 못하고 친일 활동의 막차를 탔다. 그 결과 우리 민족 역사에 부끄러운 이름을 남겼다.

신앙적 의미로 볼 때 유월절과 무교절은 고생을 끝까지 견뎌내자는 것이다. 세상에 대해 네가 이기나 내가 이기나 한 번 붙어보자는 것이다, 비록 그 날이 몇 달 서너 해 또는 몇 년이 걸릴지 모르지만 반드시 오고야 말 것이기에. 이런 뜻에서 유월절과 무교절은 이집트에서 겪은 고역이 아니라 하나님께서 이루어주신 은총 곧 구원과 해방에 강조점을 두고 있다. 그것은 이집트인에게는 악몽과 재앙의 날, 이스라엘 자손에게는 구원과 해방을 준비하는 날이었다. 이 정신은 나중에 예언자들의 입술을 통해 여호와의 날로 선포되었다.

비록 그 날과 그 시를 모르지만 성경은 하나님의 날이 어느 날 갑자기 도둑같이 임할 것이라 하였다.(살전 5:2,4; 벧후 3:10; 계 3:3; 16:15; 마 24:43 = 눅 12:39) 이럴 때 평소에 준비하고 대비해오던 사람도 놀라기 마련인데 하물며 방심하고 방관하던 사람은 더 말할 나위도 없다.

⑤ 오늘 해방과 구속을 실현하라

유월절에 관한 말씀은 대대로 '이 날을 기념하여'라는 말씀으로 마무리되었다. 이 원리가 예언자에게 또 예수님에게까지 이어졌다: '이를 행하여 나를 기념하라.'(눅 22:19) 물론 여기서 기억(기념)이란 말은 단순하지 않다. 그것은 지난날 일어났던 사건을 잊지 않는 것일 뿐만 아니라 더 나아가 그 속에 들어 있는 신앙의 원리 생활의 원리를 구체적으로 되살려내며 생활로 이어가는 일이다.

23 … 주 예수께서 잡히시던 밤에 떡을 가지사 24 축사하시고 떼어 이르시되 이것은 너희를 위하는 내 몸이니 이것을 행하여 나를 기념하라 하시고 25 식후에 또한 그와 같이 잔을 가지시고 이르시되 이 잔은 내 피로 세운 새 언약이니 이것을 행하여 마실 때마다 나를 기념하라 하셨으니 26 너희가 이 떡을 먹으며 이 잔을 마실 때마다 주의 죽으심을 그가 오실 때까지 전하는 것이니라(고전 11;23~26)

지난날의 은혜를 기억하면서 주어진 현실 생활에 아직 실현되지 않은 그 구원과 해방의 은총을 오늘 이 자리에서 미리 앞당겨 느껴보자는 것이다. 그 기분으로 오늘의 고난을 견뎌내며 내일의 승리를 꿈꾸자는 것이다.

40
유월절 또는 과월절

(peschach = passover, 逾越節 = 過越節 출 12:21~28)

21 모세가 이스라엘 모든 장로를 불러서 그들에게 이르되 너희는 나가서 너희의 가족대로 어린양을 택하여 유월절 양으로 잡고

22 우슬초 묶음을 가져다가 그릇에 담은 피에 적셔서 그 피를 문 인방과 좌우 설주에 뿌리고 아침까지 한 사람도 자기 집 문 밖에 나가지 말라

23 여호와께서 애굽 사람들에게 재앙을 내리려고 지나가실 때에 문 인방과 좌우 문설주의 피를 보시면 여호와께서 그 문을 넘으시고 멸하는 자에게 너희 집에 들어가서 너희를 치지 못하게 하실 것임이니라

24 너희는 이 일을 규례로 삼아 너희와 너희 자손이 영원히 지킬 것이니

25 너희는 여호와께서 허락하신 대로 너희에게 주시는 땅에 이를 때에 이 예식을 지킬 것이라

26 이 후에 너희의 자녀가 묻기를 이 예식이 무슨 뜻이냐 하거든

27 너희는 이르기를 이는 여호와의 유월절 제사라 여호와께서 애굽 사람에게 재앙을 내리실 때에 애굽에 있는 이스라엘 자손의 집을 넘으사 우리의 집을 구원하셨느니라 하라 하매 백성이 머리 숙여 경배하니라

28 이스라엘 자손이 물러가서 그대로 행하되 여호와께서 모세와 아론에게 명령하신 대로 행하니라

여기에는 유월절 의식을 치르는 이야기가 나온다. 그 내용은 모세가 유

월절과 무교절에 관련하여 하나님에게서 받은 말씀(출 12:1~20)을 이스라엘에게 전달하는 것이다. 여호와께서 모세(와 아론)에게 주시는 말씀은 늘 이스라엘 장로에게, 그리고 백성에게 차례로 전달되었다.(21절) 성경은 유월절과 무교절을 따로 따로 떼어 설명하기도 하고, 동시에 같이 언급하기도 한다. 별다른 설명 없이 이 둘을 연결시켜 언급하기도 하였다.(출 13:8; 23:15; 34:18)

출애굽기 12:21~7, 13:1~16의 이야기는 의식적으로 만든 틀에 따라 전개되었다.(프레다임 221)

	유월절 12:21~27	무교절 13:3~10	초태생 13:11~16
가나안 땅에 이를 때에 …	12:25	13:5	13:11
조상들에게 주신 약속	12:25	13:5	13:11
너희 자녀가 묻기를 …	12:26	13:8	13:14
이집트에서의 하나님의 행동	12:27	13:3, 9	13:14, 16
표징 (기호)	12:13 참조	13:9	13:16
이 예식을 지켜라	12:25	13:5	
영원히 지켜라	12;24(14)	13:10(12:17)	
희생제사	12:27		13:15
여호와를 위한 (여호와께 바치는)	12:27	13:6	13:12

출 12:21~28의 내용은 출 12:1~20과 비교할 때 특징이 두 가지 있다. i) 하나님께서 주신 말씀에 비해 그 길이가 놀라울 정도로 짧다는 점이다. 먹는다는 말(아칼)이 출 12:1~20에는 13번 나오는데 여기에는 한 번도 쓰이지 않았다. 모세는 유월절이나 무교절 그 자체보다는 어린양의 피와 그 효능에 역점을 두고 말씀을 전달하였다. ii)대대로 기념할 영원한 규례라는 말

씀은 가나안에 정착한 세대에게 구체적으로 적용되었다. 이는 물음과 대답의 형식으로 되어 있다.(26~27절)

출 12:3, 5에는 양(염소)이란 말로 세가 쓰였는데, 여기서는 가축으로 바치는 희생제물을 그냥 페사흐(빠스카)라고 하였다. 유월절이란 말은 아람어로 '파스카' 그리스 말로는 '빠스카'이다. 이는 히브리어 '페사크'를 음역한 것이다.

그 동사 파사흐는 '(한 쪽 발로) 뛰다(뛰어넘다), 건너가다, 넘어가다, 지나다 면해주다'란 뜻이다.(출 12:13. 23. 27) 이는 이집트에 속한 사람과 동물의 맏이를 모두 치실(죽이실) 때 하나님께서 이스라엘 자손이 사는 집, 곧 어린양의 피를 문설주와 문상인방에 바른 집을 건너뛰신 것에 유래한다. 그때 그들은 해를 당하지 않았을 뿐만 아니라 마침내 종살이에서 해방되었던 것이다.

22절의 중심 낱말은 우슬초와 양의 피이다. 우슬초란 식물은 출 12:1~20에 나오지 않았던 것이다.(레 14:4, 6, 49, 52; 민 19:6, 18; 왕상 4:33; 시 51:9 참조) 이를 본디 다른 식물인 히솝(hissop)이라 옮기는 것은 칠십인역의 영향이다. 이것에 희생제물(어린양)의 피를 묻혀 문설주와 문상인방에 바르면 하나님의 표적을 시행하는 자가 들어오지 않으리라고 하나님이 일러주셨다. 성경에 12차례 나오는 이 식물은 요 19:29을 빼놓고는 모두 다 예배와 직간접으로 관계되어 있다.

여기서 피는 그 집이 이스라엘 자손의 집임을 알려주는 도구이지 그 자체에 어떤 주술적인 능력이 들어 있는 것이 아니다. 피가 표적의 도구로 사용된 이유는 피가 생명의 본체를 이루는 활력 또는 생명력으로 받아들여지는 까닭이다.(창 9:4; 레 17:11, 14; 신 12:23; 시 72:14) 피를 문설주에 바른 것으로 그 집에는 하나님께서 구별하신 사람이 살고 있는 표시가 되었고 그로 말미암아 그 거주자의 생명이 보존되었다.

하나님께서 유월절 의식을 치르는 동안에 이스라엘 자손은 아무도 문밖으로 나가지 말라는 명령을 받았다.(출 12:22) 이는 아마 이 일을 집행하라고 하나님께서 보내신 자에게 해코지를 당하지 않게 하려는 뜻으로 풀이되었다. 이때야말로 히브리 노예들이 그동안 당한 설움을 풀 절호의 기회라는 것이다. 1차세계대전 시기에 반전운동을 하였던 랍비 아론 사무엘 타메렛 (Aaron Samuel Tameret of Mileitchitz)은 이 부분을 보복금지로 해석하였다.(성서와함께 179)

하나님은 주먹 쓰는 것을 원하지 않으셨다. 하나님은 이스라엘 자손에게 주먹을 쥐게 하기보다는 그런 때에도 주먹을 펴기(손을 들어, 손을 펴서)를 원하셨던 것이다. '아침까지 한 사람도 자기 집 문 밖에 나가지 말라'는 말씀을 통해 하나님은 '너희가 이집트인에게 복수하기를 단념한다면, 복수의 재앙 곧 멸하는 자의 손길이 너희에게 미치지 않을 것이다'라고 분명히 밝히신 것이다. 비록 조금은 지나치다는 생각이 들기는 하지만 이것은 전혀 나쁘지 않은 풀이이다.

또 다르게 해석할 수도 있다. 곧 출애굽은 오직 하나님 혼자 이루시고 이스라엘 자손에게 선물로 주신 것이다. 특히 가장 결정적인 순간에 하나님은 이스라엘 사람 그 누구도 이 일에 개입시키지 않으셨다. 모세와 아론을 내세운 10가지 표적이 결정적인 완성을 이루지 못하고 있을 때, 하나님은 천사(?)를 보내시어 이 일을 직접 수행하셨다.

이것을 어떻게 보아야 할 것인가? 한 가지 분명한 것은 이스라엘의 그 누구도(심지어 모세와 아론마저도) 이 해방의 역사를 판가름하는 결정적 사건에서 자기 스스로를 하나님의 대리자로 자처할 수 없게 되었다는 점이다.

우리는 인류 역사에서 수없이 보아왔다. 해방을 위해 투쟁하던 전사들이 자신의 목표를 이룬 다음에 곧바로 또 다른 모양의 억압자로 변모하는 모습을. 해방과 구원이 하나님의 선물이었다는 철저한 신앙고백이 없다면, 남보다 탁월한 자신의 투신과 전술에 의한 것이라고 생각한다면 사람은 누구나 이렇게 변질될 위험 앞에 서 있다.

모세가 백성에게 전달하는 형식으로 되어 있는 23절 말씀은 여호와께서 모세에게 직접 주시는 말씀 형식인 13절보다 훨씬 더 자세하다. 특히 하나님의 나타나심이 이스라엘 자손을 보전(보호)하는 것이란 뜻이 강조되었다. 더 나아가 여호와의 말씀대로 따르지 않는 자에게는 이유여하를 막론하고 이집트인과 똑같은 벌을 받게 된다는 것이다. 이집트인의 만배냐 이스라엘 자손의 만배냐의 차이는 오직 한 가지 양의 피가 그 문에 발라져 있느냐 아니냐에 따라 판가름 났다.(Hamiltom 189~190) 출 12:23은 파사흐(페사흐의 동사형)란 낱말의 의미를 밝혀준다.

여호와께서 애굽 사람들에게 재앙을 내리려고 지나가실(아바르) 때에 문 인방과 좌우 문설주의 피를 보시면 여호와께서 그 문을 넘으시고(파사흐) 멸하는 자에게 너희 집에 들어가서 너희를 치지 못하게 하실 것임이니라

이 구절을 잘 살펴보면 넘어가다는 말(파사흐)은 건드리지(해치지) 않고 그냥 넘어가다, 보호하다 또는 지켜주다는 어감으로 다가온다.(Hamilton, Handbook on the Pentateuch, 218~219) 여호와는 이집트 전 지역에 만이를 치는 사자를 보내셨다. 그런 분이 어린양의 피가 문설주에 발라져 있는 집에는 그 사자가 들어가지 못하도록 몸소 지켜주신다(막아주신다)는 것이다.

14, 17절의 영원한 규례라는 말 대신에 24절에는 '… 너와 너의 아들들을 위한 규례로 영원까지' 라고 되어 있다.(출 12:14, 17; 28:43; 29:9; 30:21; 레 3:17; 16:29; 23:14, 21, 31, 41; 24:3, 9 등 참조) 형용사(수식어)였던 것이 시간을 나타내

는 부사로 쓰인 것일 뿐 그 의미는 크게 다르지 않다.

자녀들이 물었다 (26절): '이 제사가 어르신들에게 무엇(무슨 뜻)입니까?'

27a는 이 물음에 주는 대답이다.(출 13:14~16; 신 6:20~25; 수 4:6~7, 21~22 참조) 우선 27절에는 '집'이란 말(빠이트)이 두 차례 나온다. 이것은 개개인의 집을 가리키기도 하지만 성경에서는 가족과 가문 및 그에 딸린 사람과 소유물 전체를 의미하기도 한다. 더 나아가 하나님의 집은 성전을, 다윗의 집은 다윗의 왕조를 뜻하는 등 매우 폭넓게 쓰였다. 여기서 빠이트는 이스라엘 자손의 공동체 또는 민족을 가리키는 말이다.

네가 생존하는 날 동안에 그 일들이 네 마음에서 떠나지 않도록 조심하라 너는
그 일들을 네 아들들과 네 손자들에게 알게 하라(신 4:9b)

이는 하나님께서 유월절과 무교절을 자손 대대로 기념하여 가르치라고 말씀하신 것에 따른 것이다. 이는 메뚜기 표적에서 일부 소개된 것처럼(출 10:2), 대를 이어가는 신앙의 중요성을 반영하고 있다. 곧 유월절의 의미를 깨닫고 이를 창조적으로 되살려내 오늘과 내일의 교훈과 밑거름으로 삼으라는 뜻이다.

시대가 흐름에 따라 유대인은 희생제물을 송아지로 대체하였으며 그 피를 문설주에 바르는 의식을 생략하였다. 그 대신 유월절과 무교절의 의미를 묻고 대답하는 의식(하가다)과 유월절 식사(세데르)가 점점 더 중요하게 되었다. 이 식사에는 세 가지 음식이 나온다: 어린양의 고기 무교병(무교병 matzah, matzot) 쓴 나물. 하나님께서 이런 것들을 먹게 하신 이유는 이스라엘 백성이 구원을 받는 과정에 고난이 있었음을 상기시키려는 것이다.

세데르

유월절은 출애굽을 기념하는 절기이다. 이 기간에 나누는 세데르 식사는 참여하는 사람들에게 출애굽을 자신의 영적인 사건으로 되살리는 계기를 마련하는 것이다.

이때 가장은 흔히 흰색 예복(kittel)을 입고 포도주 잔을 놓고 축복하는 것(Qiddush)과 함께 그날을 축성함으로써 의식을 시작한다. 모두 합해서 4잔의 포도주(arba' kosot)를 일정한 간격을 두고 마신다. 사람들이 손을 다 씻은 다음 참석자에게 식초나 소금물에 담근 셀러리와 익히지 않은 야채(karpas)를 나누어준다. 그 다음 유월절 양을 상징하는 짐승의 정강이뼈와 완전히 익힌 달걀을 세데르 접시에서 옮긴다. 그동안 모두가 기도문을 암송한다. 2번째 포도주를 따른 뒤 그 자리에서 가장 나이 어린 아이가 이 의식에 관해 4가지 사항을 질문한다. i)"왜 오늘 밤은 다른 날 밤과 달라요? 다른 날 밤에는 누룩있는 빵을 먹든 누룩없는 빵을 먹든 상관없는데, 왜 오늘 밤에는 누룩없는 빵만 먹어야 해요? ii)다른 날 밤에는 아무 나물이나 먹어도 되는데, 왜 오늘 밤에는 쓴 나물만 먹어요? iii)다른 날 밤에는 나물을 한 번도 물에 담그지 않아도 되는데, 왜 오늘 밤에는 반드시 2번씩이나 담그어야 해요? iv)다른 날 밤에는 앉아서 먹든 기대고 먹든 상관이 없는데 오늘 밤에는 왜 기대고 먹어요?" 이 질문에 모든 사람이 한 목소리로 준비된 대답을 암송하는데 그 내용은 세데르 축제를 영적으로 해석하는 것이다.

참석자들은 다시 손을 씻고 누룩 없는 빵(matza)과 으깬 과일과 포도주를 섞은 액체에 담근 쓴 나물(maror)을 모두 먹는데, 이는 자유와 영적 진보가 고난과 희생에 대한 보상임을 의미한다. 그 뒤에 실제로 식사를 한다. 모든 사람이 식사를 마치고 감사기도를 암송한 후, 하나님께 감사하는 마음을 표현하기 위해 3번째로 포도주를 붓는다. 의식이 끝나갈 무렵 참석자들은 한 목소리로 찬양의 시편(할렐, 전에는 일부분만 읽었음)을 암송하고 하나님의 사랑의 섭리에 대해 경의를 표하기 위해 4번째로 포도주를 붓는다. 어떤 사람들은 미래의 세데르 때에 나타날 메시아의 전조가 될 엘리야를 기리는 의미로 5번째로 포도주를 붓는다(마시지는 않음). 식사가 끝나면 흔히 민요를 부른다.

(참조: http://en.wikipedia.org/wiki/Passover)

사도 바울은 고후 1:7에서 '너희를 위한 우리의 소망이 견고함은 너희가 고난에 참여하는 자가 된 것 같이 위로에도 그러할 줄을 앎이라'고 말씀하였다. 사도 베드로는 벧전 4:12~14에서 '12 사랑하는 자들아 너희를 연단하려고 오는 불 시험을 이상한 일 당하는 것 같이 이상히 여기지 말고 13 오히려 너희가 그리스도의 고난에 참여하는 것으로 즐거워하라 이는 그의 영광을 나타내실 때에 너희로 즐거워하고 기뻐하게 하려 함이라 14 너희가 그리스도의 이름으로 치욕을 당하면 복 있는 자로다 영광의 영 곧 하나님의 영이 너희 위에 계심이라'고 권고하였다. 그렇다. 그리스도인은 이 땅에 사는 동안 쓴 나물을 먹을 때처럼 인생의 쓴맛을 경험하게 되어있다. 그때 잘 참고 견뎌내야 할 뿐만 아니라 더 나아가 이를 기뻐하는 여유가 있어야 한다.

오늘날 유월절의 의미가 무엇일까? 그것은 그리스도 안에 있는 사람은 새로운 피조물이 되었다는 뜻이다. 그러므로 우리는 오늘 새로운 존재인 것을 감사하며 성결한 모습으로 그리스도의 고난에 참여함을 기뻐하며 살아야 한다.

유월절 식사에는 기도와 전승의 내용을 암송하는 의식도 포함되어 있다. 아슈케나지 회당에서는 안식일에 예배의 한 순서로 다섯 두루마리(메길로트) 가운데 아가서를 낭독하였다. 이 절기는 유대 역사에서 가장 큰 사건을 회상하며 큰 즐거움을 누리는 축제였지만 엄격하게 식사법을 지켜야 하고 절기의 시작과 끝에는 특별한 규정에 따라서 노동을 제한하였다.

유대교가 '하가다'라고 부르는 이 행사는 율법에 따라 결정된 예식 규범 및 결정에 따라 엄격히 시행되었다. 그에 따르면 니산 월 10일부터 식사 때 먹을 어린양을 골라 세데르라 불리는 유월절 식사를 니산 월 14일 밤에 먹는다.

이 식사 자리에서 유대인 가정 어른은 아들 가운데 한 명이 지명하여 '왜 오늘 밤은 다른 밤과 구별되는가'라고 물었다. 그리고 이집트로부터 해방된 이야기와 로마 지배에서 해방되어야 함을 기도 형식으로 대답하는 말을 들었다. 이윽고 식사가 끝날 때 거기 모인 사람들은 '내년 (유월절은) 예루살렘에서'라고 말하였다. 이로써 유대인은 유월절이 이집트로부터의 해방이라는 과거를 기념할 뿐만 아니라 앞으로 도래할 메시아를 향해 품은 희망이 실현되기를 기원하였다.

27a에 나오는 여호와의 유월절 제사라는 표현(= 직역: 이 유월절 제사는 바로 그런 것 곧 여호와를 위한 제사이다.)은 구약성경에서 이곳에만 나왔다.(신 16:2 참조) 제사를 가리키는 말(자바흐)에는 짐승을 도살한다는 뜻이 들어 있다. 이는 피의 제사를 가리키는 것이다. 레위기 32장에 기록된 화목제에도 이 낱말이 쓰였다. 사실 유월절 제사는 화목제의 일종이었다. 이것은 제사와 공동식사가 함께 어우러진 것이다.

두말할 것도 없이 유월절은 모세나 아론의 착안이 아니라 여호와 하나님께서 주신 선물이다. 이 선물에 대한 반응이 출 12:27b~28에 소개되었다. 그 내용은 두 가지이다. i)머리숙여 경배하였다. ii)여호와께서 말씀하신 그대로 따랐다.(수행형식, execution formula)

27b에 머리 숙이다(공개, 표준: 엎드리다)는 말(카다드)에는 몸을 앞으로 굽히며 절한다는 뜻과 무릎을 꿇는다는 뜻 두 가지가 다 들어 있다. 이 말은 아브라함의 늙은 종이 기도응답을 받았을 때(창 24:26) 하나님께서 이스라엘 백성을 구원하시려고 모세를 보내셨다는 사실을 인정하고 받아들일 때(출 4:31), 사울 임금이 이미 죽은 선지자 사무엘의 영혼을 보았을 때(삼상 28:14) 등에서 보인 반응을 나타내는 표현으로 사용되었다.

그에 이어지는 경배하다는 말(카와)에도 경배하며 찬양하다는 뜻과 허리를 완전히 굽히다(온전히 복종하다)는 뜻 등 두 가지가 다 들어 있다.

28절에 '… 행하였다'는 표현이 두 차례 되풀이 나온다. 이는 주어진 말씀에 충실하게 따른 것을 강조하는 표현법이다. 이런 것은 '정확하게'라는 부사를 덧붙인 것으로 보는 것이 좋다: '그리고 이스라엘 자손은 되돌아갔다. 그리고 정확하게 행하였다. 여호와께서 모세와 아론에게 명령하신 그대로.'(직역)

학자들은 이를 흔히 수행형식(execution formula)이라 불렀다.(Blenkinsopp 275~277; Hamilton 190~191) 이 형식은 창세기-민수기에 여러 차례 나왔다. 그 형식은 대체로 다음과 같다: i)모세(또는 다른 이)가 여호와께서 명령하신 대로 행하였다 ii)이스라엘 사람이 여호와께서 모세에게 명령하신 대로 행하였다.

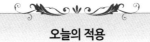

오늘의 적용

① 거룩한 예배, 거룩한 생활

이 세상에는 인간해방을 목표로 하는 운동이나 사상이 참으로 많다. 그 방법(길)과 근거도 가지각색이다. 반드시 기독교가 아니라도 그 목표에 도달하려는 종교가 많다. 그렇다면 기독교가 말하는 인간해방의 특징은 무엇인가? 기독교의 인간해방(역사해방)에는 반드시 하나님께 드리는 예배가 포함되어 있다. 거기에는 하나님 말씀에 합당하게 살아가는 태도 곧 거룩한 생활이 반드시 포함되어 있다. 이것이 성경적인 인간해방의 특징이다.

이로써 개인이든 집단이든 인간해방의 목표에 도달한 다음이라도 기독교는 해방의 이데올로기가 현상유지의 이데올로기로 둔갑하지 않는 힘을 얻는다. 이 목표에 도달하게 인도하신 하나님의 은총을 계속해서 되새김으로써 거기에 참여한 사람만의 잔치 그들만의 잔치로 끝나지 않는 것이다. 우리 주변에는 자신이 옛날에 하였던 활동을 자랑하면서도 오늘은 그렇게 살면서 이루고자 하였던 그 때의 정신을 멀리 떨어뜨려 놓거나 망가뜨리며 사는 이들도 있다.

오경에는 하나님께서 계명을 주실 때 너희 조상들이 이집트에서 종노릇하던 시절을 기억하라는 말씀을 덧붙이곤 하셨다. 그들은 인간해방 역사해방의 원동력이 하나님이셨음을 늘 되풀이 기억하고 회상하며 기념하였다. 하나님께 예배를 드리면서 그들은 역사적인 해방의 경험을 역사의 열매로 개인적인 구원의 경험을 성령의 열매로 끊임없이 이어가고자 하였던 것이다.

출애굽기에 따르면(25~40장) 출애굽한 해방공동체의 목표는 예배공동체로 세워지는 것이었다. 그렇다. 사람이나 공동체는 해방(구원) 이전이나 이후에나 한결같이 예배드리는 공동체가 되어야 한다. 이럴 때에야 비로소 집단이기주의를 뛰어넘어 한결같은 마음으로 해방공동체(구원공동체)로 살아갈 수 있다.

② 이집트 생활로 되돌아가지 말라

이스라엘에게 이집트는 억압과 구속과 노예의 자리였다. 이곳에서 그들은 여유 있게 떡을 만들어 먹을 수 없었다. 그 떡은 제 맛을 낼 정도로 숙성시키지 못한 것이었다. 그것은 고난의 떡이었다:

유교병을 그것과 함께 먹지 말고 이레 동안은 무교병 곧 고난의 떡을 그것과 함께 먹으라 이는 네가 애굽 땅에서 급히 나왔음이니 이같이 행하여 네 평생에 항상 네가 애굽 땅에서 나온 날을 기억할 것이니라(신 16:3)

이런 의미에서 신명기는 이스라엘에서 왕이 된 자가 해야 할 일들 가운데 하나로 '그 백성을 이집트로 돌아가게 하지 말 것'을 말씀하였다. 하나님께서 모세를 불러 '내 백성이 애굽에서 괴로움 받음을 내가 확실히 보고 그 탄식하는 소리를 듣고 그들을 구원하려고 내려왔노니 이제 내가 너를 애굽으로 보내리라'(행 7:34)고 말씀하셨다.

이스라엘은 그 옛날 자기 조상들이 이런 고난과 시련을 겪으면서도 하나님의 가르침에 따라 자식을 한결같은 사랑으로 양육한 덕분에 만들어진 민족이요 나라이다. 이를 잊지 않고 기억하는 후손은 자기 조상들이 먹었던 것과 같은 음식을 일부러 찾아 먹으며 그 은덕을 기렸다. 물론 여기서 말씀하는 이집트는 단순히 국가(지리와 영토)만 가리키는 것이 아니다. 그것은 그 나라의 정신세계(가치관과 신앙) 문화와 풍습 등을 모두 다 내포하는 말이다, 건전(건강)하지 못하였던 옛사람이란 뜻도 함께.

6 우리가 알거니와 우리의 옛 사람이 예수와 함께 십자가에 못 박힌 것은 죄의 몸이 죽어 다시는 우리가 죄에게 종노릇 하지 아니하려 함이니 7 이는 죽은 자가 죄에서 벗어나 의롭다 하심을 얻었음이라(롬 6:6~7)

21 진리가 예수 안에 있는 것 같이 너희가 참으로 그에게서 듣고 또한 그 안에서 가르침을 받았을진대 22 너희는 유혹의 욕심을 따라 썩어져 가는 구습을 따르는 옛 사람을 벗어 버리고 23 오직 너희의 심령이 새롭게 되어 24 하나님을 따라 의와 진리의 거룩함으로 지으심을 받은 새 사람을 입으라(엡 4:21~24)

③ 대를 이어 전해주는 이야기

식구들이 모여 조상의 묘소에 벌초(금초)를 할 때마다 어른들은 말한다.

'이것이 앞으로 언제까지 이어질 수 있을까?' 이 물음에는 이미 부정적인 대답이 들어 있다. 자기 대에는 관습과 전통에 따라 그 일이 어찌 어찌 계속되지만 자녀들에게는 자신의 묘소조차 믿고 맡길 수 없다는 자괴감과 함께. 여기서 우리는 묻는다. 이런 말을 하는 바로 그 사람 자신은 조상의 묘소 돌보는 일에 어떤 의미를 느끼느냐라고. 더 나아가 생각해 보자. 우리의 자녀들은 얼마나 중요한 일을 하길래(얼마나 바쁘길래) 자기 조부모(부모) 묘소 하나 돌볼 여유도 없는 것일까?

그리고 생각해보니 이것은 시간의 문제도 일의 문제도 아니다. 인생에서 중요한 것이 무엇인지를 판단하는 가치관의 문제이다. 그 사람 마음에 이 일이 어느 정도의 비중을 차지하고 있느냐는 문제이다. 달리 생각해 보면 이것은 자녀에게가 아니라 이런 물음을 던지는 당사자 자신에게 문제가 있다.

신앙의 문제도 이와 다르지 않다. 조부모(부모) 세대는 예배에 열심히 참석한다. 매 주일예배에 거의 빠지지 않는다. 그 시간에 그분의 후손(자녀)은 어디서 무엇을 하고 있을까? 그들은 예배보다 더 중요하고 더 본질적인 일을 하며 주일 오전 시간을 보내고 있을까? 부모는 그들에게 자신의 영혼에 관계된 것보다 더 중요한 무엇을 그들에게 가르쳐왔는가?

하나님은 이스라엘에게 유월절을 기념(기억)하여 예배(잔치)를 드리라고 하면서 반드시 자녀들을 그 자리에 동석하게 하라고 하셨다. 음식을 함께 나누며 조상들이 만난 하나님을 만나도록 안내하게 하셨다.

이는 예배드림과 함께 인생에서 가장 중요한 것을 마음에 늘 반추하며 살려 나가게 하시려는 뜻이었다.

41

피조물에 대한 하나님의 통치권 선언

(⑪ 출 12:29~36)

29 밤중에 여호와께서 애굽 땅에서 모든 처음 난 것 곧 왕위에 앉은 바로의 장자로부터 옥에 갇힌 사람의 장자까지와 가축의 처음 난 것을 다 치시매

30 그 밤에 바로와 그 모든 신하와 모든 애굽 사람이 일어나고 애굽에 큰 부르짖음이 있었으니 이는 그 나라에 죽임을 당하지 아니한 집이 하나도 없었음이었더라

31 밤에 바로가 모세와 아론을 불러서 이르되 너희와 이스라엘 자손은 일어나 내 백성 가운데에서 떠나 너희의 말대로 가서 여호와를 섬기며

32 너희가 말한 대로 너희 양과 너희 소도 몰아가고 나를 위하여 축복하라 하며

33 애굽 사람들은 말하기를 우리가 다 죽은 자가 되도다 하고 그 백성을 재촉하여 그 땅에서 속히 내보내려 하므로

34 그 백성이 발교되지 못한 반죽 담은 그릇을 옷에 싸서 어깨에 메니라

35 이스라엘 자손이 모세의 말대로 하여 애굽 사람에게 은금 패물과 의복을 구하매

36 여호와께서 애굽 사람들에게 이스라엘 백성에게 은혜를 입히게 하사 그들이 구하는 대로 주게 하시므로 그들이 애굽 사람의 물품을 취하였더라

여기서부터 출애굽기는 이스라엘 민족의 해방을 다룬다. 이야기가 이전과는 전혀 다르게 진행되기 시작하였다. 출 12:28~29은 그 앞의 내용과 그

다음에 전개될 내용을 집약하여 기록하였다. 이는 하나님께서 이스라엘 자손을 구원하시려고 얼마나 세심하고 철두철미하게 준비하시는 지를 보여준다. 그 구원의 도구는 역시 피(희생양의 피)였다. 기념비적인 이 구원사건을 기억(기념)하는 수단은 어린양의 피와 함께 성결한 생활이었다. 이 부분은 크게 i)이집트인에 대한 하나님의 심판(29~30절) ii)이집트에서 탈출(31~39절) iii)이 구원사건에 대한 역사 기록의 요약(40~42절) 등이다.

하나님은 드디어 열한 번째 표적을 시행하셨다. 그것도 모세 및 아론을 통해서가 아니라 몸소. 여호와께서는 이집트의 맏이·맏배가 모두 죽임을 당해야 파라오의 굳어진 마음이 깨어질 것을 이미 예상(예고)하셨다.(출 4:22~23; 11:4~6) 출 11:4에서 이미 예고하신 그대로이다.

··· 여호와께서 이와 같이 말씀하시기를 밤중에 내가 애굽 가운데로 들어가리니 (출 11:4).

이것은 우리가 상상하거나 이해할 수 없는 방식으로 진행되었다. 앞서 10가지 표적에도 그런 측면이 있었다. 여기 열한 번째 표적이야말로 상상을 초월하는 사건이었다. 그 밤에 이집트 전국에서 곡성이 터졌다.

출 11:5의 예고편에는 이집트 땅에서 처음 난 것 모두 곧 파라오와 몸종과 짐승의 처음 난 것이 그 대상이었다. 여기에는 그 대상이 파라오와 간힌 자와 가축의 처음 난 것으로 언급되었는데 그 내용에는 차이가 없다. 이 일은 이집트 안에서 큰 부르짖음(출 11:6; 12:30)을 유발하였다. 이에 대해 히브리 낱말 체아카가 쓰였다. 전에 이집트인은 억압과 학대로 이스라엘 자손에게서 부르짖음(출 3:7, 9)이 생겨나게 하였다. 나중에 하나님은 이스라엘 민족 안에서 약한 자의 부르짖음이 들리지 않게 하라고 말씀하셨다.(출 22:22~23 참조)

정와의해 하충의빙(井蛙疑海 夏蟲疑氷)

우물 안의 개구리는 바다를 의심하고 여름 벌레는 얼음을 의심한다. 이것은 보는 것이 제한되어 있기 때문이다. 세상에서 군자라 일컬어지는 이들 역시 조금 이상하다 싶은 자연의 현상이나 변화에 대해서 듣기라도 하면 갑자기 손을 내젓는다. 그리고 말하기를 '세상에 … 그럴 리가?' 한다.

이것은 그 안에 없는 것이 없는 천지의 위대함을 모르기 때문이다. 지금 자기 소견으로 이해가 되지 않는다 하여 그것을 황당무계하게 여기며 무시한다면 이 얼마나 옹졸한가!

옛날 위(魏) 문제(文帝) 조비(曹丕)가 《전론(典論)》을 지을 때 처음에는 화완포(火浣布 = 불에 타지 않는 직물이데 석면포 石綿布를 가리킨다)가 없다고 생각하였다. 나중에 그는 잘못을 깨닫고 바로잡았다. 그처럼 박학다식한 인물에게도 그런 실수가 있었는데 하물며 다른 사람들이야 말해 무엇 하겠는가?

성인께서 많이 들으려 하시며《논어(論語)》〈술이(述而)편〉알지 못하면서 함부로 행하는 짓을 나는 하지 않는다. 많이 듣고서 좋은 점을 가려 따르며 많이 보고서 기억한다면 원래 알던 사람 그 다음은 될 것이다.] 의심스러운 것을 그대로 놔 둔 채 전하기를 귀하게 여긴 것은 아마도 이 때문일 것이다.《춘추(春秋)》를 지을 때 공자는 진상이 확실하게 밝혀진 사건에 대해서는 분명히 기록하고 의심스럽거나 확인이 안 된 경우에는 의문사항으로 남겨두었다.] … 장유,《계곡집(谿谷集) 2권》〈만필(漫筆)〉

맏이·맏배에 대한 존중은 동서고금에 널리 퍼져 있는 풍습이다. 성경에서 보자면 이 세상에서 이스라엘은 하나님의 맏이이다.(출 4:22 … 이스라엘은 내 아들 내 장자라) 이런 뜻에서 하나님의 맏이를 괴롭히고 억압한 이집트인을 하나님은 그들 자신의 맏이를 처형하심으로 심판하셨다.

이스라엘은 여호와를 위한 성물 곧 그의 소산 중 첫 열매이니 그를 삼키는 자면 모두 벌을 받아 재앙이 그들에게 닥치리라 여호와의 말씀이니라(렘 2:3)

가장 놀랍고도 결정적인 열한 번째 표적은 다른 것들에 비해 아주 집약적으로 표현되었다.(29절) 그 일은 한밤중에 일어났다.(29~31절에 세 번 나옴) 이것은 아침까지 기다릴 여유가 전혀 없을 정도로 긴급하였다는 뜻과 함께 열 번째 표적인 흑암과 연결된다. 이집트는 곡성과 죽음이 자자한 곳으로 변하였다.

이는 수차례에 걸친 경고와 표적에도 아랑곳하지 않고 사람을 비인간화시키는 강제 노동 유아학살 억압정책을 고집하는 파라오가 자초한 것이었다. 어느 한쪽이 평화공존을 거부하고 모든 것을 독차지하려고 상대방을 천대하고 무시하며 죽음으로 몰아가는 정책이 결국 자기 자신에게도 죽음을 가져온 것이다.

이제 '다시 한 번 자신 앞에 나타나면 죽여버리겠다'고 모세와 아론을 위협하던(출 10:28) 그는 모세와 아론을 한밤중에 자기 스스로 불러들였다. 31절은 '그리고 그가 모세와 아론을 밤에 불러들였다'라며 불러들인 주체가 파라오인 것을 꼬집어 말하지는 않았다. 그렇더라도 우리는 여기서 말하는 '그'가 파라오인 것을 쉽게 짐작할 수 있다. 그는 말하였다:

31절: 일어나라(쿰), 나가라(야차르), 가라(할라크), 섬겨라(아바르)
32절: (가축들을) 가져라, 취하라(라카흐), 가라(할라크), 축복하라(바라크)

이렇게 명령형이 여섯 차례나 되풀이 나오는 것은 파라오가 그만큼 충격을 받았다는 뜻이리라. 그는 출 10:24에서 자신이 한 말을 번복하였다. 그리고 여호와(모세)의 요구를 아무 조건 없이 받아들였다.(31절: 케담베르켐 = 너희가 말한 그대로; 32절: 카아쉐르 떱빠룻템 = 너희의 말 그대로) 그리고 자신을 위하여 복을 빌어달라(출 12:32)고 통사정 하였다. 백성에게 신 또는 신적존재로 추앙받던 그의 모습은 온 데 간 데 없이 사라졌다.(김이곤 130)

이집트인들도 이스라엘 자손이 더 이상 자기들 곁에 있다가는 또 무슨 일을 당할지 몰라 두려웠는지 어서 떠나 달라고 재촉하며 이스라엘 자손이 달라는 것은 무엇이든지 다 내어주었다.(출 12:33, 36) 33절에는 강하다는 뜻을 지닌 말(카자크)이 여성형 단수로 나와 있다.(출 10:7 참조) 그 주어는 이집트(미츠라임 = 이집트인들)이다. 본디 파라오의 마음이 완고해진 것에 쓰이던 이 말이 여기서는 재촉하다, 추진하다, 강요하다는 뜻으로 쓰였다.(삼하 24:4; 왕하 4:8)

이스라엘 자손은 모세가 일러준 대로(출 11:2) 이집트인에게 금은붙이와 옷가지 등을 달라고 청구하였다. 이 행위가 이집트인을 일시적으로 속이려고 빌려 달라한 것일까, 다시는 돌아오지 않을 것이므로 그냥 달라고 한 것일까? 아니면 하나님께서 그들로 하여금 이집트인의 환심을 사게 하셔서 이집트인 스스로 내어주게 하신 것일까? 또는 이스라엘 자손이 이집트인의 것을 털은(약탈한; 개역개정은 취하다로 옮김) 것일까?(출 11:3, 36) 어떤 이들은 이것을 이스라엘이 승리자의 모습으로 나가게 하시려는 하나님 계획으로 풀이하기도 하고, 최후의 복수라든가 그동안 무보수 강제 노동에 대한 대가(신 15:13~15 참조) 등 서로 다르게 풀이하였다.

후기 유대교 전승은 이것을 다른 각도에서 풀이한다. 곧 여기서 피엘형 나찰은 매우 다양한 뜻을 지닌 말이다(다의어): 구출하다, 벗기다, 빼앗다(약탈하다) 등. 유대인 랍비들은 이 낱말이 '…을 위험이나 곤고한 상황으로부터 끄집어내다, 구하다'는 뜻으로 가장 많이 쓰이는 것에 주목하였다.(이를테면 겔 14:14 비록 노아, 다니엘, 욥, 이 세 사람이 거기에 있을지라도 그들은 자기의 공의로 자기의 생명만 건지리라)

그들은 이스라엘 자손이 이집트인들에게 물품을 요구함으로써 결국 이집트인을 구해주는 결과가 되었다고 말하였다. 이제 이스라엘 자손은 그들과 헤어지는 마당에 자신들이 받아야 할 정당한 대가를 받았다. 그 결과 그들 마음의 빚을 덜어주었다. 더 나아가 이스라엘 자손은 그들과 대등한 위치(자유인)에 서게 되었다. 이때 받은 금은붙이와 기타 물품은 나중에 성막을 세우는데 요긴하게 쓰였다. 이로써 이집트인들도 무의식적으로 여호와의 성막을 세우는 데 일조하였다는 것이다. 외경 지혜서 18:2~3이다:

2 또 전에 학대를 받았으면서도 지금 자기들에게 해를 끼치지 않음을 고맙게 여기면서 그들과 사이가 좋지 않았던 것에 대하여 용서를 청하였습니다. 3 당신께서는 그들에게 암흑 대신에 타오르는 불기둥을 전혀 모르는 여행길의 인도자로, 영광스러운 이주 길의 해롭지 않은 태양으로 주셨습니다.

오늘의 적용

① 목적이 있는 아픔

지금까지 사는 동안 가장 힘들고 아팠던 경험이 무엇이었는지 몇몇 친구들에게 물어보았다. 그들은 전쟁, 이혼, 수술, 사랑하는 사람의 죽음 등으로 대답하였다. 어떤 여성은 '우리 첫 아이의 출생인데 병원에서 12시간 동안 겪은 길고 힘든 진통이었다.'라고 하였다. 그녀는 그 때를 되돌아보며

'그 고통은 큰 목적을 가진 것이었기에'기쁨으로 받아들인다고 말하였다.

예수님은 십자가에 달리시기 바로 직전에 그를 따르는 자들에게 엄청난 고통과 슬픔의 시간이 있을 것이라고 말씀하셨다. 주님은 그들이 앞으로 겪게 될 일을 해산하는 한 여인의 괴로움이 아기가 태어난 후 기쁨으로 바뀌는 것과 비교하며 말씀하셨다.(요 16:20~21)

(예수께서 이르시되) 내가 다시 너희를 보리니 너희 마음이 기쁠 것이요 너희

기쁨을 빼앗을 자가 없으리라(요 16:22)

인생길에 시련과 슬픔은 누구에게나 찾아온다. 예수님은 '그 앞에 있는 기쁨을 위하여 십자가를 참으사 부끄러움을 개의치 아니하시더니'(히 12:2) 라는 말씀 그대로 주님을 향해 마음을 여는 모든 사람들을 구원하셨다. 인간에게 자신과의 친교 및 교제의 길을 열어주시려는 하나님의 목적이 주님의 고통스런 희생으로 달성되었다.

예수님 안에서 시련이나 슬픔의 목적을 찾는 사람은 자신이 당한 고통을 거뜬하게 이겨낼 수 있다.

② 언약의 피, 구원의 피

하나님은 이스라엘 자손에게 전무후무한 구원을 베푸셨다. 어린양의 피를 문설주와 문상인방에 바르는 단순한 행위로 구원의 은혜가 그들에게 주어졌다. '어린양과 그 피'를 도구로 이루어진 이 유월절은 전례가 없는 매우 특별한 것이었다.

어린양의 피가 문에 발라진 집에는 여호와의 심판이 미치지 않았다. 그냥 지나간 이것은 '보호하다, 지키다'라는 뜻이다. 오늘날에도 그러하다. 예수 그리스도께서 십자가에서 흘리신 피는 오늘의 우리를 보호하는 표지

인 동시에 구원의 상징인 것이다. 찬송가 268장이다.(주의 보혈 능력있도다)

죄에서 자유를 얻게 함은 보혈의 능력 주의 보혈

시험을 이기고 승리하니 참 놀라운 능력이로다

주의 보혈 능력 있도다 주의 피를 나는 믿으오

주의 보혈 그 어린양의 매우 귀중한 피로다

③ 다음 세대를 책임지는 공동체

유월절은 자자손손 지켜야 할 규례였다.(26~27절) 신앙과 관련하여 영원한 규례라는 표현이 적지 아니 나온다. 이를 통해 하나님의 은총과 구원을 대대로 기념하며 하나님의 품 안에 머물게 하자는 것이다.

주의 말씀의 강령은 진리이오니 주의 의로운 모든 규례들은 영원하리이다(시 119:160)

교육부와 전국 시·도 교육청에 따르면 2000년 402만 명이던 초등학교 학생수는 올해 268만 명으로 33.3%(134만 명)나 감소했다. 이처럼 학생수가 급감하면서 전교 학생수 60명 이하인 초등학교가 1228곳(분교 제외)에 달해 전국 전체 초등학교(5998개)의 20.5%를 점하고 있다. '미니 초교'는 종래 면 단위, 도서벽지 등 지방 농산어촌에 집중됐으나 최근 인구가 빠져나간 도시 구도심 공동화 지역에서도 증가하는 추세다.(세계일보 16-07-11 http://www.munhwa.com/news/view.html?no=2016071101071227102002)

이에 따라 교회학교도 위기를 겪고 있다. 우리 사회의 저출산과 인구 고령화의 여파를 교회도 같이 겪고 있는 것이다. 더구나 일부 교회와 종교인의 비신앙적인 행태로 인해 젊은 층을 비롯한 여러 사람들이 교회에 등을 돌리는 것도 그 이유 중에 하나이다.

성경은 신앙의 대물림을 매우 중요하게 가르친다. 그 본뜻은 단순히 신앙을 가르치는(주입하는) 것이라기보다는 신앙적 품성에 따른 부모(교회 어른)의 생활이 다음 세대에게 감동 감화를 주자는 것이다. 이것은 예수님을 그리스도로 믿지 않는 사람에게 전도할 때에도 똑같이 적용되어야 할 것이다. 이로써 작게는 한 사람이, 크게는 나라와 민족과 사회가 생명과 인간성을 가볍게 여기는 풍조에 물들지 않게 하는 원동력이 된다.

④ 경배와 복종
이것이 신앙생활의 요체이다. 출애굽기 4:31이다.

신에게 엎드려 경배드리기(루브르 박물관)

백성이 믿으며 여호와께서 이스라엘 자손을 찾으시고 그들의 고난을 살피셨다 함을 듣고 머리 숙여 경배하였더라

머리 숙여 경배하는 내용이 출 12:27~28에도 잘 나타나 있다. 경배하다는 말(솨카)은 엎드리다를 기본 뜻으로 한다. 성도의 생활은 하나님을 경배하는 것으로 시작하고 끝난다. 달리 표현하자면 하나님을 자기 생활의 중심으로 모시는 것이다.

1 그러므로 형제들아 내가 하나님의 모든 자비하심으로 너희를 권하노니 너희 몸을 하나님이 기뻐하시는 거룩한 산 제물로 드리라 이는 너희가 드

릴 영적 예배니라 2 너희는 이 세대를 본받지 말고 오직 마음을 새롭게 함

으로 변화를 받아 하나님의 선하시고 기뻐하시고 온전하신 뜻이 무엇인지

분별하도록 하라(롬 12:1~2)

⑤ 의도하지 않은 도움

사람이 살다보면 전혀 의도하지 않고 행한 것이 자신에게, 혹은 누군가
에게 도움이 되는 경우가 종종 있다. 자신은 평범하게 한 행동이었는데, 그
것이 상대방에게는 평생 잊지 못할 은혜로 기억되기도 한다.

이스라엘 자손이 출애굽할 때 그 이웃에 사는 이집트인들이 은금 패물
과 옷가지를 선물로 주었다. 그때 이스라엘 자손은 광야 그 거친 곳에서 하
루하루 먹을 것을 걱정하며 살았다. 이렇게 생존의 문제에 직면한 이들에
게 은금 패물이 무슨 소용이 있겠는가?

한참 뒤에 가서야 이런 것들이 참 요긴하게 쓰였다. 곧 이때 받은 은과
금은 나중에 이스라엘이 시내 산에서 성막(법궤)을 만들 때 중요 재료가 되
었다. 그 거룩한 법궤에 이집트 물품이 사용되었다. 이것은 한편으로 이스
라엘 자손의 신앙생활을 도운 것이요, 다른 한편으로 보면 이집트인에게도
하나님의 구원역사에 동참하는 일인 것이다.

십자가를 지고 골고다 언덕을 오르시는 예수님을 도와 그 십자가를 진
구레네 시몬도 그런 경우이다. 그도 강제로 끌려나와 뜻하지 않게 십자가
를 졌지만 그것으로 예수님의 짐과 고통을 덜어 드렸으며 그 이름이 후세
에 길이 알려졌다.(막 15:21)

42

출애굽

(출 12:37~42)

37 이스라엘 자손이 라암셋을 떠나서 숙곳에 이르니 유아 외에 보행하는 장정이 육십만 가량이요

38 수많은 잡족과 양과 소와 심히 많은 가축이 그들과 함께하였으며

39 그들이 애굽으로부터 가지고 나온 발교되지 못한 반죽으로 무교병을 구웠으니 이는 그들이 애굽에서 쫓겨나므로 지체할 수 없었음이며 아무 양식도 준비하지 못하였음이었더라

40 이스라엘 자손이 애굽에 거주한 지 사백삼십 년이라

41 사백삼십 년이 끝나는 그 날에 여호와의 군대가 다 애굽 땅에서 나왔은즉

42 이 밤은 그들을 애굽 땅에서 인도하여 내심으로 말미암아 여호와 앞에 지킬 것이니 이는 여호와의 밤이라 이스라엘 자손이 다 대대로 지킬 것이니라

이것은 역사에 길이 남을 사건인 출애굽에 관한 보도이다. 하나님께서 예고하신 11번째 표적이 시행된 후 출애굽 하는 이스라엘 자손의 이야기가 이어졌다. 그들은 라암셋을 떠나 숙곳으로 향하였다. 이것이 광야 여정의 첫발을 내딛은 사건이었다. 출 12:40~42가 이 단락의 배경이다.

숙곳의 뿌리가 되는 말(사카크)은 덮다는 뜻이다. 숙곳은 천막이란 말(수카)의 복수형이다. 구약성경에서 이 말은 여기처럼 지명이거나 또는 초막절이란 절기를 나타내기도 한다.(레 23:42~43; 신 16:13~17 등)

떠나다는 말은 당겨서 뽑다, 천막을 거둔다는 뜻이다.(민 10:2) 이는 이동을 위해 천막의 말뚝을 뽑아내는 동작을 연상시킨다.(삿 16:3) 이것은 길을 떠날 때 가장 먼저 하는 일이었다. 이에 그 뜻이 '여행하다, 길을 떠나다'로 확장되었다.(신 1:7; 2:24) 이 말은 목적지를 정해 두고 지금의 거주지를 떠나는 것을 가리키는 것이다.(창 25:16; 46:1) 이제 이스라엘 민족은 숙곳으로 향하여 길을 떠났는데, 그곳은 마지막 목적지인 가나안을 향한 여정에서 첫 번째로 거쳐 가야 할 목적지이다.

출애굽기의 표적 이야기는 성경의 다른 곳에 다음과 같이 비슷한 내용으로 나온다.(S. Trevisanato. 김회권 옮김, 《이집트 10가지 재앙의 비밀》, 새물결플러스. 2005. 143쪽)

출 7:14~13:16	시 78:43~51	시 105:27~36	신 28:23~42
핏빛으로 물든 강물과 물고기의 죽음 (7:14~25)	독을 품고 붉게 변한 강물 (78:43~44)	핏빛으로 물든 강물과 물고기의 죽음 (105:29)	하늘이 청동색으로 변하고 먼지가 비처럼 내림 (28:23~24)
개구리 떼 (8:1~15)	개구리 떼 (78:45)	개구리 떼 (105:30)	
이 떼 (8:12~16)	이 떼 (78:45)	이 떼 (105:31)	
파리 떼 (8:20~32)		파리 떼 (105:31)	
가축의 죽음 (9:1~7)	천둥번개를 동반한 폭풍이 가축을 죽이고 포도나무와 무화과나무를 손상시킴 (78:47~48)	번갯불이 포도나무와 무화과 나무를 손상시킴 (105:32~33)	벌레들이 포도나무를 먹고, 올리브나무에 수확이 없음 (28:39~40)
피부병 (9:8~12)			피부병 (독종 28:27, 35)
우박 (9:13~35)	우박 (78:48)	우박 (105:32~33)	
메뚜기 떼 (10:1~20)	메뚜기와 황충 (시 78:49)	메뚜기와 황충 (105:34~35)	메뚜기 떼 (28:38, 42)
흑암 (10:21~29)	맹렬한 노여움과 진노와 분노와 고난 (78:49)	흑암 (105:27~28)	볼 수 없는 상황 (28:28~29)

맏이의 죽음 (11:1~13:16)	장자의 죽음 (78:50~51)	장자의 죽음 (105:36)	장자의 죽음 (시 135:8~9; 136:10~11)

430년 만에 이렇게 이집트를 떠나 가나안으로 출발한 이스라엘 자손의 숫자가 엄청났다. 장정이 육십만이나 되었다.(민 11:21 참조) 가히 파라오가 두려워할 숫자가 아닌가!(출 1:10) 여기서 1000에 해당되는 엘레프를 어떻게 번역해야 할까?

성경에서 이 말은 i)숫자 1000(출 18:21; 민 10:36; 31:4, 5; 수 7:3; 삼상 23:23) ii)가축의 떼, 무리(cattle, herd 신 7:13; 28:4, 18, 51) iii)지파, 씨족(clans 수 22:14; 삿 6:15; 삼상 10:19; 사 60:22; 미 5:2) iv)분파(divisions 민 1:16) v)가족, 가문(수 22:21, 30) vi)황소 (oxen 사 30:24; 시 8:7) vii)부족(tribes 민 10:4) viii)부대의 단위(삿 18:11, 16, 17; 삼상 13:15; 14:2; 27:2; 30:9; 삼하 15:18) 등 다양한 의미로 쓰였다.(Stuart 316~317; Hamilton 194 참조)

장정들이란 말(게바림)은 강하다, 이기다는 뜻을 지닌 동사(까바르)에서 나왔다. 이 말은 아담, 에노쉬처럼 사람을 가리킬 때 흔히 쓰이는 용어가 아니다. 이것은 혈기왕성한 남성의 강함과 능력을 표현하는 말이다. 이런 사실을 나타내느라 본문에는 '걷는 걸음'이란 말(라글리 = 보병?)이 특별히 덧붙여졌다.

38절의 첫 부분에 나오는 '그리고 또한 수많은 잡족과…'에서 '에레브 라브'라는 말을 느 13:3은 '섞인 무리'라고 옮겼다. 렘 50:37에서 이것은 바빌론 포로로 혼합된 종족을 가리키고 렘 25:20과 겔 30:5에서는 이방인 출신 용병을 의미하였다. 레 24:10~16에도 이스라엘 자손의 여성과 이집트 남성이 결혼하여 낳은 어떤 사람이 나온다. 이 본문과 출 3:22(자기 집에 거류하는 여인)에 착안하여 어떤 학자는 그들이 이스라엘인과 이집트인 사이에서 태어난 자녀라고 주장하기도 하였다.

이 낱말 두 개는 자음 r-b, b-r로 되어 있다. 그래서 쉬테른베르크(Stern-berg)는 서로 비슷한 문자 reb-rab 두 개가 모인 것이라고 보았다: eber 또는 ibri. 그는 이를 언어놀이(word play)으로 보았다. 이에 해당되는 것을 민수기는 아삽수프로 썼다. 이는 모으다(모이다), 수집하다, 제거하다 등의 뜻으로 고대 근동에서 널리 쓰이던 말이다. 이것은 모으다, 제거하다는 뜻을 지닌 아사프의 명사형이다.

민수기는 이것을 이스라엘 주변에서 그 안으로 들어 온 사람들을 나타내는 말로 썼던 것이다. 아마도 사라의 몸종이던 하갈은 이런 부류의 사람으로 성경에 나오는 첫 인물일 것이다.(Hamilton 195) 룻 또한 그런 사람이다.

개역개정이 그들을 외국인 또는 이국인이라 하지 않고 잡족이란 말로 옮긴 것이 조금 맘에 걸린다. 여기서 말하는 핵심은 출애굽 공동체가 단순히 이스라엘 자손만으로 구성되지 않았다는 사실을 전하는 것이다. 거기에 여러 종족(민족?)이 합세하였다.

이는 하나님께서 이미 '땅의 모든 족속이 너로 말미암아 복을 얻을 것이라'(창 12:3)고 말씀하신 것처럼 출애굽한 이스라엘은 혈연공동체라기보다는 언약(신앙)의 공동체라고 볼 만한 단서가 된다. 룻의 고백이 이런 신앙공동체의 모범답안이 될 수 있으리라.(룻 1:16~17)

16 … 어머니께서 가시는 곳에 나도 가고 어머니께서 머무시는 곳에서 나도 머물겠나이다 어머니의 백성이 나의 백성이 되고 어머니의 하나님이 나의 하나님이 되시리니 17 어머니께서 죽으시는 곳에서 나도 죽어 거기 묻힐 것이라 …

이스라엘 자손은 쫓겨나듯이 서둘러 이집트에서 나왔다.(39절, 출 6:1; 11:1

참조) '그리고 그들은 반죽을 구웠다.' 이는 이집트에서부터 가지고 나온 무교병 곧 발효되지 못한 반죽이었다. 여기서 누룩은 랍비문서나 신약성경이 누룩에 대해 부패라는 신학적 의미를 부여했던 것과 사뭇 다른 의미이다.(김이곤 132)

출애굽할 때 그들은 시간을 지체하며 머뭇거릴 수가 없었다. 또한 그들은 자신들을 위하여 아무런 양식도 준비하지 못하였다. 충분히 발효시킬 경황없이 가지고 나온 이 무교병을 가리켜 성경은 고난의 떡이라고도 부른다.(신 16:3)

40절에는 이스라엘 자손이 이집트에 머문 기간을 430년이라고 하였다.(창 15:16 참조) '그리고 이는 이스라엘 자손의 거주함이다. 곧 그들은 이집트에 430년 동안 살았다.'(직역) 430년의 범위나 의미에 대해서 여러 학자들이 의견을 내었다. 그들은 나름대로 각각 판단의 근거를 제시하였다. 그 중 어느 것도 다른 사람들 모두가 받아들일 만한 설득력은 없다.

41절은 출 12:17과 조화를 이룬다. 다만 거기서 군대(체바오트)라고 하였던 것이 여기서는 '여호와의 모든 군대'라고 한 것만 다를 뿐이다.(군대라는 용어는 여기 말고도 출 6:26; 7:4; 12:17, 50에 나온다) 그들을 이렇게 부른 것은 아마 i) 파라오와 이집트 백성에게서 승리를 거둔 하나님의 선택받은 백성이라는 뜻과 함께 ii)광야에서 이스라엘 자손은 각 지파대로 마치 군대의 진영을 편성하듯 하여 진영을 이루고 행진하였기 때문일지도 모른다.(민 1:52 참조)

만일 이들을 군대라고 부른다면, 그 지휘관(사령관)은 누구일까? 두말할 것도 없이 사령관은 여호와 하나님이다. 군대가 사령관의 지휘에 따르듯이 이제 이스라엘은 여호와의 말씀에 따라 움직이는 백성이 된 것이다. 41b의 '봐예히 뻬에쳄 핫요옴 핫제'에서 에쳄은 뼈(핵심)를 가리킨다. 그러므로 이것은 '그리고 바로 그 뼈대의 날(낮)이 되었다'라고 옮겨야 할 것이다.(창 7:3;

24:10 참조) 출애굽기는 출애굽한 날짜를 430년 전 야곱(이스라엘)이 이집트로 온 바로 그 날이라는 점을 이런 식으로 강조하였다.

42b는 앞선 '봐예히 뻬에쳄 핫요옴 핫제'에 대칭되는 표현으로 후 하라 일라 핫제 라여호와 (= 이는 여호와를 위한 바로 그 밤이었다)란 표현을 사용하였 다.(전체직역: 그 밤은 이러하였다. 곧 그들을 이집트에서 이끌어내시려는 여호와를 위해 지새 는 그 밤이었다. 그날 밤은 이러하였다. 곧 모든 이스라엘 자손과 그 후대 모두에게도 밤샘하는 밤이 되었다.)

이는 낮도 밤도 다 여호와께 속한 것이라는 뜻이다. 그 날 여호와는 주무 시지도 졸지도 않고 이스라엘 자손을 보호하셨다.(시 121:4 참조) 그 밤은 깨 어있는 밤이자 보호하는 밤이었다. 이로써 하나님께 속한 의인에게는 완전 한 구원(해방)이, 여호와의 뜻을 저버리고 거역하는 자들에겐 완벽한 심판이 이루어지는 것이다.

여호와를 위한 이 낮 또는 밤은 후대에 가서 여호와의 날로 언급되었 다.(욜 1:11; 습 1:14~17; 슥 1:12~14 등) 또한 유월절의 밤으로도 불리웠다.(Noth, 78) 이런 뜻에서 여호와의 날(여호와의 낮, 여호와의 밤)을 믿음과 소망과 사랑 으로 맞이하는 사람은 행복하다.

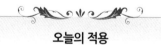

오늘의 적용

① 남을 울부짖게 하더니

출 3:7, 9에서 이스라엘 백성은 이집트인의 학대에 견디다 못해 부르짖 었다. 한편으로 이것은 자신의 신세와 처지를 한탄하는 것이고, 다른 한편 으로 하나님을 향한 적극적인 하소연이었으리라.

이제는 오히려 이집트인이 '우리가 다 죽은 자가 되도다'(출 12:33)고 부르짖었다. 파라오는 자기 스스로 신으로 행세하였을 뿐만 아니라 백성에게도 그리 추앙받던 인물이었다. 그는 모세와 아론이 하나님 말씀을 전할 때에도 귓등으로도 듣지 않았다. 오히려 그들에게 자기 앞에 다시 나타나면 죽으리라고 협박하였다. 그러던 그가 이제는 스스로 그들을 불러들였다. 그리고 '나를 위하여 축복하라'고 애걸하였다.(출 12:32)

이렇게 처지가 완전히 뒤바뀐 이유는 단 하나다. 여호와 하나님이 그 주인공이시다. 약한 자의 부르짖음을 외면하지 않으시는 하나님, 그분이 바로 인생 역전의 주인공이시다.

② 바로 그날 바로 그 밤

41~42절에 '여호와의 밤'이란 표현이 쓰였다. 이는 이스라엘 자손이 이집트에서 나오는 바로 그 날을 가리키는 동시에 이집트 백성에게 임한 심판을 가리키는 말이다.

이스라엘 자손의 출애굽을 가리켜 성경은 여호와의 군대가 이집트에서 나온 것으로 묘사하였다. 비록 그들이 무기를 들고 맞서지는 않았더라도 학대와 수모 속에서 그들은 여호와 하나님께 호소하는 등 영적인 싸움을 계속해왔던 것이다. 그들의 영적인 전투에 하나님께서 응답하셨다. 출애굽한 날이 바로 그 응답의 날이었다.

우리 인생에는 '바로 그 날 바로 그 밤'이 있다, 우리를 넘어뜨리고 엎어지게 하던 일들이 한 순간에 물러가고 새 날 새 아침이 오는 그 순간인.

그들이 어린양과 더불어 싸우려니와 어린양은 만주의 주시요 만왕의 왕이시므로 그들을 이기실 터이요 또 그와 함께 있는 자들 곧 부르심을 받고 택하심을 받은 진실한 자들도 이기리로다(계 17:14)

416

하나님께서 성도를 위하여 오늘도 '바로 그 날 바로 그 밤'을 준비하고 계신다.

③ 여호와의 군대

성경에는 하나님의 백성을 비유하는 표현이 여러 가지 쓰였다. 소금과 빛 양 그리스도의 몸 …. 그 가운데 하나가 여호와의 군대이다. 찬송가 351장(믿는 사람들은 주의 군사니)이다.

1. 믿는 사람들은 주의 군사니 앞서가신 주를

   따라 갑시다 우리 대장 예수 기를 들고서 접전하는 곳에 가신 것 보라
2. 원수 마귀 모두 쫓겨 가기는 예수이름 들고

   겁이 남이라 우리 찬송 듣고 지옥 떨리니 형제들아 주를 찬송합시다
3. 세상나라들은 멸망당하나 예수 교회 영영

   왕성하리라 마귀 권세 감히 해치 못함은 주가 모든 교회 지키심이라
4. 백성들아 와서 함께 모여서 우리 모두 함께

   개가 부르세 영원토록 영광 권세 찬송을 우리 임금 주께 돌려보내세

[후렴]

믿는 사람들은 주의 군사니 앞서가신 주를 따라갑시다 아멘

그렇다. 우리는 여호와의 군대이다. 군대에 속한 군사는 지휘관(여호와)의 말씀을 온전히 받아들여 그대로 적용한다. 여호와의 명령(말씀)에 죽고 여호와의 명령(말씀)에 산다.

④ 주님의 날에 어떻게 주님을 만날까?

출애굽기에는 여호와께서 놀라운 능력을 발휘하시는 날(여호와의 날, 주님

의 날)에 은혜를 체험하는 사람들과 심판을 당하는 사람들이 나온다. 우리 각 사람이 가슴에 손을 얹고 생각해 보자. 나의 신앙생활 나의 사회생활 나의 인간관계가 어떠한지를.

찬송가 162장(신랑되신 예수께서)이다.

1. 신랑되신 예수께서 다시 오실 때 밝은 등불 들고 나갈 준비 됐느냐
   그날 밤 그날 밤에 주님 맞을 등불이 준비 됐느냐
2. 주를 나와 맞으라는 소리 들릴 때 기뻐하며 주를 맞이할 수 있느냐
   그날 밤 그날 밤에 주님 맞을 등불이 준비됐느냐
3. 항상 깨어 기도하며 거룩한 기름 준비 하지 않고 주를 맞지 못하리
   그날 밤 그날 밤에 주님 맞을 등불이 준비 됐느냐
4. 그날 밤에 영화로운 혼인 자리에 기뻐하며 할렐루야 찬송부르리
   그날 밤 그날 밤에 주님 맞을 등불이 준비 됐느냐

[후렴]
그날 밤 그날 밤에 에비하고 예비하라 우리 신랑 예수 오실 때
밝은 등불 손에 들고 기쁨으로 주를 맞겠네

비록 완전하지는 못하겠지만 우리가 주님의 날을 사모하는 심정으로 지내고 있는가를 스스로 자문자답해 보는 것이다. 이 과정을 되풀이 되풀이함으로써 우리는 '너희는 믿음으로 말미암아 구원을 받으리라(의인은 믿음으로 말미암아 살리라)'는 말씀이 실현되는 자리에 들어서는 것이다.

43
유월절

(출 12:43~51)

43 여호와께서 모세와 아론에게 이르시되 유월절 규례는 이러하니라 이방 사람
은 먹지 못할 것이나

44 각 사람이 돈으로 산 종은 할례를 받은 후에 먹을 것이며

45 거류인과 타국 품꾼은 먹지 못하리라

46 한 집에서 먹되 그 고기를 조금도 집 밖으로 내지 말고 뼈도 꺾지 말지며

47 이스라엘 회중이 다 이것을 지킬지니라

48 너희와 함께 거류하는 타국인이 여호와의 유월절을 지키고자 하거든 그 모든
남자는 할례를 받은 후에야 가까이 하여 지킬지니 곧 그는 본토인과 같이 될
것이나 할례 받지 못한 자는 먹지 못할 것이니라

49 본토인에게나 너희 중에 거류하는 이방인에게 이 법이 동일하니라 하셨으므로

50 온 이스라엘 자손이 이와 같이 행하되 여호와께서 모세와 아론에게 명령하신
대로 행하였으며

51 바로 그 날에 여호와께서 이스라엘 자손을 그 무리대로 애굽 땅에서 인도하
여 내셨더라

이것은 하나님께서 모세와 아론에게 일러주신 유월절 규례이다. 유월절
표적은 이스라엘 민족에게 선택과 구원을 보여주는 영원한 상징이 되었다.
그것을 직접 체험한 세대에게는 물론 자손만대에게 기념할 만한 가치가 충

분한 은총이었다. 출 12장은 다음과 같이 짜여 있다. _(백철현, 356)

12;1~14: 유월절 규례

12;15~20: 무교절 규례

12:21~27a: 유월절 규례

12:27b~28: 유월절 시행에 대한 역사적 서술

12:29~42: 열한 번째 표적 및 출애굽에 대한 역사적 서술

12;43~49: 유월절 규례

12:50~51: 유월절 시행 및 출애굽에 대한 역사적 서술

출 11~13장을 통틀어 볼 때, 열한 번째 표적이나 출애굽 그 자체보다는 유월절이나 무교절 규례에 대한 언급이 훨씬 더 많다. 이는 이스라엘 민족의 뿌리 체험인 출애굽 사건 및 그와 관련된 사항을 대대로 이어 기념(기억)할 뿐 아니라, 늘(해마다) 그것을 현재화시키라는 뜻이다.

출 12:43~51절은 가나안 정착 이후의 상황을 생각하게 한다. 이 부분에서 여호와는 유월절 규례 (혹카트 합파사흐)를 다시 한 번 말씀하셨다. 여기에는 유월절 절기 그 자체보다는 그때 나누는 음식에 관한 규정이 들어 있다.

43b의 주어 '콜-벤-네카르'(= 이방 땅의 모든 아들 = 외국인들)는 아마 출애굽 당시보다는 그 이후 시대 유월절을 지키던 때의 상황을 묘사한 듯하다. 우리말 개역개정에 빠져 있으나 43절에는 '콜'(모두, 누구나 다)이 들어 있다. '콜 뺀-케카르'(= 이방인의 자손은 누구나 다). 혈통으로 볼 때 그들은 이스라엘 자손이 아닌 사람을 가리킨다. 그들은 절대적으로 유월절 식사에 참여할 수 없다는 것이다.

여기서 말하는 이방인이란 자기 스스로 여호와와 아무 관련이 없는 듯이

사는 사람들을 가리킨다. 그 절의 마지막 구절 요칼 뽀(= 그들은 그것으로 [그것을] 먹지 말지니라)는 유월절 음식을 암시하고 있다.(46절 참조)

먹는다는 말(아칼)은 출 12:1~20에 13번 나왔다. 21~27b에는 그것이 나오지 않았다가 이 단락에 다시 등장하였다. 다섯 구절에 5번이나. 이것은 무엇을 어떻게 어디서 언제 먹느냐가 아니라 누가 먹느냐에 강조점이 있다. 곧 누가 이 식사에 참여할 수 있는지 없는지가 이 단락의 주요 관심사이다. 참여 여부와 관련하여 네 부류의 사람이 여기 나왔다:

i) 외국인(직역: 모든 이방인의 아들들 43절)

ii) 단기 혹은 장기 체류 중인 외국인(45절)

iii) 타국 품군(45절)

iv) 국적(출신)에 관계없이 할례자냐 무할례자냐(48절)

44절은 돈으로 산 종과 할례 받은 종에 관한 말씀이다. 이는 출애굽 당시의 상황이 아닌 듯하다. 여기서 종은 주인의 보호를 받아야 할 사람, 곧 가족 중에 하나처럼 묘사되었다. 물론 이들은 할례를 받아야만 유월절 음식을 먹을 수 있었다.

45절은 거류민과 타국 품군(머슴?)에 대해 언급하였다. 거류민(토샤브)은 아마 i) 이스라엘에 사는 고용된 외국인이거나 ii) 이스라엘에서 사는 자유시민(외국인)을 의미할 것이다.

일찍이 아브라함은 자신의 아내 사라의 매장지를 헷사람에게서 샀다. 이때 그는 스스로를 가리켜 '나그네이자 거류하는 자'(게르-토샤브)라 불렀다. 타국 품군(사키르)은 이스라엘 사람에게 고용된 머슴을 가리킨다. 이런 경우 보통은 체류기간이 그리 길지 않았다. 그런 이유로 그들은 유월절 음식을 먹는 자리에 함께 있을 수 없었다. 물론 이들 가운데 할례를 받은 사람은 이스라엘 공동체 안에 포함되는 동시에 유월절 예식에 참여하는 것이 허용되었다.

유월절 음식은 반드시 같은(한) 집 안에서 먹어야만 하였다.(46절) 그것을 집안으로부터 밖으로 가지고 나가 먹지 말아야 하였다. 양의 뼈를 꺾지 말아야 할 것은 물론이었다.(민 9:12; 요 19:36 참조)

여기 '한 집에서'란 말(뻬바이트 에카드)에서 에카드는 그 용법이 매우 다양하다. 이것은 관사로 쓰였을 뿐만 아니라 형용사, 명사, 부사, 지시대명사 등으로 쓰였다. 히브리 말에는 정관사만 있고 부정관사는 없다. 불특정 사물이나 하나(단수)를 가리키고자 할 때 정관사를 붙이지 않으면 그대로 단수가 되는 것이다. 그리고 에카드가 붙으면 그것은 유일한 독특한 첫 번째 일치된 것 등을 강조하는 것이다.(창 1:9; 2:24; 11:1; 22:1 참조)

> 4 몸이 하나요 성령도 한 분이시니 이와 같이 너희가 부르심의 한 소망 안에서 부르심을 받았느니라 5 주도 한 분이시요 믿음도 하나요 세례도 하나요 6 하나님도 한 분이시니 곧 만유의 아버지시라 만유 위에 계시고 만유를 통일하시고 만유 가운데 계시도다(엡 4:4~6)

유월절 의식을 이렇게 진행하는 까닭을 우리는 충분히 알지 못한다, 다만 그렇게 해야 할 이유와 목적이 분명 있으리라고 생각할 뿐. 그냥 생각나는 것을 하나 들어보면 다음과 같다.

이 유월절 의식은 매우 특별하고도 엄숙하게 거행되었다. 이스라엘 민족은 그 음식을 아무 곳에서나 아무 하고나 먹을 수 없을 만큼 거룩하게 성별하였다. 아무 곳에서나 먹지 않는 것은 그 자체로 이미 의식과 음식을 존중하는 뜻이 들어 있다. 앞서 언급한 사람들 중에 그 음식을 먹을 수 없는 사람들이 있었다. 만일 그들도 배가 고픈데 자신에게는 나누어주지 않고 유대인끼리만 나누어 먹는 것을 눈으로 보게 된다면, 더구나 소풍 나오듯이 밖으로 가지고 나와 유대인끼리 즐기는 것을 보게 된다면 좋을 것이 하나도 없을 것이다.

하나님께서는 이스라엘 온 회중(콜-아다트 이스라엘)이 이 규례를 다 같이 지키라고 말씀하셨다. (47절) 곧 이스라엘 민족 구성원이 된 표식들 중에 하나는 유월절 규례를 준수하느냐 여부에 있다는 것이다. 48절은 할례를 받지 못한 자는 누구든지(콜-아렐) 유월절 음식을 (또는 이스라엘 회중에 끼어) 먹지 못한다 (로-요칼 뽀)는 사실을 다시 한 번 강조하였다. 거류하는 타국인이란 말(야구르 … 께르)은 혈통이 같지 않은 사람들을 가리킨다. 곧 이방인이다. 이들은 앞서 나왔던 토샤브(거류민)보다는 더 깊게(친밀하게?) 받아들여진 사람이다. 이들은 아마 일시적인 거류민이 아니라 정착하여 오랫동안 사는 사람들일 것이다.

이 구절에는 말(= 할례받다, 할례를 시행하다)의 수동 명령형이 쓰였다. 이를 직역하면 다음과 같다: "그리고 외국인이 너희와 함께 살고 또 여호와를 위하여 유월절을 지키고자 하거든 그 자신을 위하여 할례가 행해지게 하라. 모든 남성은 그 후에야 그것을 지키려고 가까이 나아오리라. 그리고 그는 그 땅의 토박이처럼 되는 것이다. 할례를 받지 않은 사람은 누구든지 그것을 (그 안에서, 그 때에) 먹지 못하리라."

이로써 하나님은 이스라엘인에게나 그들 중에 사는 외국인에게나 동일한 법(토라 에카트)이 적용되게 하신 것이다.(49절) 성경에서 토라는 다양한 의미로 매우 폭넓게 쓰였다. 그것은 i)하나님의 말씀 ii)하나님 말씀을 기록한 책 iii)선지자를 통해 주어진 하나님의 계시(예언) iv)인간이 지켜야 할 법규와 규칙 v)피조물인 인간의 도리 vi)인생을 위한 교훈 등을 의미하였다. 여기서 토라는 유월절 규례를 가리키는 말이다. 이는 외국인이라도 일정한 자격을 갖추면 곧 할례를 받으면 이스라엘인과 동등하게 출애굽 공동체에 속한다는 내용을 담고 있다.(레 16:29; 17:8~15; 18:26; 민 9:14; 15:16, 29; 35:15 참조) 이리하여 이스라엘 안에 사는 외국인 중에는 신앙공동체에 온전히 속한 사람과 그렇지 못한 사람이 공존하였다.

이스라엘 자손은 유월절 규례에 관한 하나님의 말씀에 그대로 따랐다. 출 12:28과 이곳의 차이는 이스라엘 자손 앞에 '모두 다'(콜)라는 수식어가 붙은 것뿐이다. 51절 말씀은 출 12:41과 거의 일치한다. 이 구절의 첫 부분 '그리고 이러하였다, 바로 똑같은 그날에'(봐예이 뻬어쳄 핫욤 핫제)라는 말은 이스라엘 자손이 여호와의 말씀 그대로 실행한 그 날을 가리킨다. 곧 50절에서 이스라엘 자손이 여호와의 말씀 그대로 행한 것에 상응하여 하나님께서도 약속하신 그것을 즉각 행하셨다는 것이다. 곧 말씀에 순종하는 자에게 하나님은 이미 약속하신 그것을 곧바로 그리고 그대로 행하시는 분이다. 여기에도 출 12:17처럼 챠바(알-치브오탐 = 그들의 부대 단위로, 그들의 무리 별로)란 말이 쓰였다.

오늘의 적용

① 씨족(부족, 민족)의 벽을 뛰어넘는 신앙공동체

37 마침내 이스라엘 자손이 라암셋을 떠나서 숙곳으로 갔는데, 딸린 아이들 외에, 장정만 해도 육십만 가량이 되었다. 38 그 밖에도 다른 여러 민족

들이 많이 그들을 따라 나섰고, 양과 소 등 수많은 집짐승 떼가 그들을 따랐다.(출 12:37~38 새번역)

출애굽하는 이스라엘 안에는 히브리 족속이 아닌 다른 민족들도 끼어 있었다. 출애굽 공동체는 이들도 품에 껴안았다. 그들도 가나안 땅에 정착하는 이스라엘 해방공동체에 포함되었다. 이는 출애굽이 오로지 여호와 하나님이 베풀어 주신 긍휼과 자비라는 사실과 더불어 이 세상 어느 민족 어느 누구도 그 은총을 혼자 독차지할 수는 없다는 사실을 일깨워 준다.(사 56:3, 6 참조)

예수 그리스도를 통해 우리에게 주어진 구원의 기쁜 소식도 이와 같다. 신앙공동체는 '너희가 거저 받았으니 거저 주어라.'(마 10:8) 말씀하신 그리스도의 명령 따라서 자신이 받은 은혜와 축복을 이웃과 더불어 나누는 공동체이다. 그 은혜와 축복조차 특권으로 여기고 끼리끼리만 어울리는 공동체는 결코 해방 받은 공동체가 아니다. 이는 하나님께서 주인인 공동체가 아니라 인간과 인간적인 생각에 좌우되고, 자기들만 주인행세를 하는 폐쇄적인 집단인 것이다. 이렇게 닫힌 공동체는 결코 해방공동체가 될 수 없다.

진정한 해방과 구원은 그리스도께서 자신을 온전히 비우면서도 가장 충만한 기쁨을 안고 사신 것을 본받는 것이다. 그리고 자신을 죽기까지 낮추면서도 가장 충만한 인생을 사신 것을 본받는 데서 완성된다. 스스로 낮추고 이웃을 섬기며, 그리스도의 이름으로 서로가 서로에게 마음 문을 열어놓는가에 따라서 그것이 진정한 그리스도의 공동체인가 아닌가가 판가름 나는 것이다.

② 말씀하신 그대로

이스라엘 자손은 여호와께서 자신들에게 말씀하신 그대로 행하였다. 이는 각 사람에게는 물론 자신이 속한 공동체의 주인이 하나님이라는 사실을 온전히 인정하고 받아들이는 것이다. 여기서 하나님께서 말씀하신 그대로 지켰다는 그 내용은 유월절 규례를 준수하는 것이었다. 그 안에는 할례가 포함되어 있다. 48절의 '할례 받지 못한 사람은 누구든지'를 원어 그대로 옮기면 '할례 받지 않은 사람은 모두 다'이다. 그들은 유월절 식사에 참여하지 못한다고 되어 있다. 물론 이 '모두 다'에는 이스라엘 자손도 포함되는 것이다.

오늘날 우리에게 할례의식은 없다. 그렇다면 할례에 관한 이 말씀을 우리에게 어떻게 적용해야 할까?

유다인과 예루살렘 주민들아 너희는 스스로 할례를 행하여 너희 마음 가죽을 베고 나 여호와께 속하라 그리하지 아니하면 너희 악행으로 말미암아 나의 분노가 불 같이 일어나 사르리니 그것을 끌 자가 없으리라(렘 4:4; 참조 렘 9:26)

28 무릇 표면적 유대인이 유대인이 아니요 표면적 육신의 할례가 할례가 아니니라 29 오직 이면적 유대인이 유대인이며 할례는 마음에 할지니 영에 있고 율법 조문에 있지 아니한 것이라 그 칭찬이 사람에게서가 아니요 다만 하나님에게서니라(롬 2:28~29)

할례나 무할례가 아무것도 아니로되 오직 새로 지으심을 받는 것만이 중요하니라(갈 6:15)

11 또 그 안에서 너희가 손으로 하지 아니한 할례를 받았으니 곧 육의 몸을 벗는 것이요 그리스도의 할례니라 12 너희가 세례로 그리스도와 함께 장사

되고 또 죽은 자들 가운데서 그를 일으키신 하나님의 역사를 믿음으로 말

미암아 그 안에서 함께 일으키심을 받았느니라(골 2:11~12)

이 말씀들은 세례의식을 거쳤다는 것 자체의 의미뿐만 아니라 하나님

말씀을 자신의 생각과 몸과 활동으로 살아내는 것이 더 중요하다는 사실

을 가르친다.

③ 약속하신 그대로

이스라엘 자손이 하나님께서 말씀하신 것을 그대로 시행하자 하나님은

바로 그날에 자신이 약속하신 것을 이루어주셨다. 하나님은 약속의 하나님

이신 동시에 약속대로 하실 능력이 있는 분이시다.(롬 4:21 참조)

너희에게 인내가 필요함은 너희가 하나님의 뜻을 행한 후에 약속하신 것을

받기 위함이라(히 10:36)

믿음으로 사라 자신도 나이가 많아 단산하였으나 잉태할 수 있는 힘을 얻

었으니 이는 약속하신 이를 미쁘신 줄 알았음이라(히 11:11)

이는 하나님의 은혜를 체험하고자 하는 자는 누구든지 하나님 말씀대

로 살려는 의지를 가지고 있어야 한다는 뜻이다. 물론 사람이기에 이 의지

그대로 실천하지 못할 경우가 있기도 하겠지만 최소한 그 마음과 생각과

행동은 그 방향으로 향해야 하는 것이다.

④ 전무후무한 일을 체험한 민족

하나님께서 이스라엘 자손에게 베푸신 출애굽 사건은 전무후무한 은총

이었다. 이 전례를 찾아볼 수 없는 은혜 체험을 그들은 유월절과 무교절 의식을 통해 자자손손 이어나갔다.(민 9장, 수 5장, 왕하 23장 참조)

이 기억(기념)은 틀림없이 그들에게 힘과 소망이 되고 아무리 힘든 경우에도 은혜의 보좌로 나아가는 용기를 주었을 것이다. 이런 역사적으로 경험된 이 은혜는 대대로 이어져야만 하는 것이다.(26절) 부모와 자식이 나누는 대화 형식으로 이어나가는 출애굽의 역사는 성경 여러 곳에 언급되었다.(출 13:14~16; 신 6:20~25; 수 4:6~7, 21~22) 이것은 부모가 자녀에게 반드시 가르쳐야 할 자식 교육의 핵심이기도 하였다.(신 4:9b; 6:7; 11:19 참조)

우리가 인생을 살아오면서 겪은 일들 가운데 전무후무한 일, 평생 기억에서 지워지지 않고 남아 있을 일을 어떻게 긍정적으로 살려나갈까?

⑤ 꺾이지 않은 양의 뼈

성경 시편에는 뼈에 관한 언급이 그리 많지 않다.(시 31:11; 32:3; 34:21; 51:10; 53:6) 뼈가 약해지거나 손상되는 것은 생명이 위태로운 상황 또는 멸망을 상징하였다. 에스겔서 37장 1~14절에는 이스라엘 자손이 뼈를 매개체로 자신의 존재를 회복하는 이야기가 나왔다.

출애굽 당시 하나님은 희생양의 뼈를 하나도 꺾지 말라고 하셨다. '한 집에서 먹되 그 고기를 조금도 집 밖으로 내지 말고 뼈도 꺾지 말지며…'(출 12:46) 성경은 그것이 어린양이신 예수님의 죽으심을 예언한 것이라고 말씀하였다.

예수께 이르러서는 이미 죽으신 것을 보고 다리를 꺾지 아니하고 그 중 한 군인이 창으로 옆구리를 찌르니 곧 피와 물이 나오더라 … 이 일이 일어난 것은 그 뼈가 하나도 꺾이지 아니하리라 한 성경을 응하게 하려 함이라(요 19:33, 34, 36).

사람들은 잔인한 행동을 말할 때 뼈까지 으스러뜨렸다거나 원한에 사무쳐 뼈까지 불태우며 복수하였다거나 뼈까지 갈아먹는다고 표현하곤 한다. 만일 이 뼈가 그 사람의 존재(형체)를 유지하게 하는 외형적인 틀 또는 형상이라 한다면 그 사람의 존엄성을 위해 마지막까지 지켜주어야 할 중요한 요소라 할 것이다.

44

무교절

(출 13:1~10)

1 여호와께서 모세에게 일러 이르시되

2 이스라엘 자손 중에서 사람이나 짐승을 막론하고 태에서 처음 난 모든 것은 다 거룩히 구별하여 내게 돌리라 이는 내 것이니라 하시니라

3 모세가 백성에게 이르되 너희는 애굽 곧 종 되었던 집에서 나온 그 날을 기념하여 유교병을 먹지 말라 여호와께서 그 손의 권능으로 너희를 그 곳에서 인도해 내셨음이니라

4 아빕 월 이 날에 너희가 나왔으니

5 여호와께서 너를 인도하여 가나안 사람과 헷 사람과 아모리 사람과 히위 사람과 여부스 사람의 땅 곧 네게 주시려고 네 조상들에게 맹세하신 바 젖과 꿀이 흐르는 땅에 이르게 하시거든 너는 이 달에 이 예식을 지켜

6 이레 동안 무교병을 먹고 일곱째 날에는 여호와께 절기를 지키라

7 이레 동안에는 무교병을 먹고 유교병을 네게 보이지 아니하게 하며 네 땅에서 누룩을 네게 보이지 아니하게 하라

8 너는 그 날에 네 아들에게 보여 이르기를 이 예식은 내가 애굽에서 나올 때에 여호와께서 나를 위하여 행하신 일로 말미암음이라 하고

9 이것으로 네 손의 기호와 네 미간의 표를 삼고 여호와의 율법이 네 입에 있게 하라 이는 여호와께서 강하신 손으로 너를 애굽에서 인도하여 내셨음이니

10 해마다 절기가 되면 이 규례를 지킬지니라

이것은 무교절과 그를 지킬 것에 관한 말씀이다. 여호와께서 모태에서 처음으로 태어난 모든 것 곧 초태생이 자신에게 속하였다고 모세를 통해 말씀하셨다.(1~2절) 그 다음에 무교절에 관해(출 13:3~10), 그리고 다시 초태생을 구별하라고 말씀하셨다.(출 13:11~16)

초태생이란 말(뻬코르)은 첫 번째 생산물 첫 번째 자식(창 25:13)이라는 뜻이다. 이것은 만배로 정해지다는 뜻의 아카드 말과 우가릿 말(BKR)에서 그리고 아람어와 에디오피아 말 bakara(= 일찍 일어나다)에서 유래하였다. 그 기본 뜻은 '일찍이 있다'이다.(ThWAT I 643~650, GB 149, HAL 125) 2절에는 이와 함께 만배(뻬테르)란 말도 함께 쓰였다. 이것은 해소하다, 해결하다는 뜻의 아카드 말 파타루 이디오피아 말 만들다, 창조하다에서 유래한 파타르에서 나왔다. 그 기본 뜻은 자유롭게 하다, 열다, 피하다, 꿰뚫다, 나누다, 해소하다 등이다.(GB 1048~1049)

출애굽기는 유월절이 … (이집트)로부터의 구원이라면 본문은 … 을(거룩한 구별을) 향한 구원을 보여준다. 이를 지리나 생활 영역으로 표현하자면 이집트에서 벗어나는 구원이자 가나안에 들어가기 위한 구원인 것이다.

말씀과 관련하여 1절에는 아마르(말하다)와 따바르(말하다)란 낱말 두 개가 나란히 나온다. 앞의 것은 말하는 내용에, 뒤의 것은 말하는 행위 자체 또는 행위의 주체에 더 관심이 있지만, 종종 이런 구별 없이 쓰이기도 한다. 2절에는 거룩하게 하다, 성별하다는 말 카다쉬와 '… 안에서, 중에서'란 전치사 뻬(3x)가 여기에 독특하게 쓰였다. 이로써 사람이든 동물이든 성별된 것은 모두 다 하나님께 속하게 되었다. 2절을 직역하면 다음과 같다:

나를 위해 (내게) 거룩하게 하여라, 모든 초태생(만이)을.
이스라엘 자손들 중에서 자궁에서 처음 난 모든 것을.

431

사람이든 동물이든 그것은 다 내 것이다.

3절에서 모세는 백성에게 '바로 이 날을 기억(기념) 하게 하기 위하여' 말문을 열었다. 바로 이 날이란 이스라엘 자손이 이집트로부터, 그 집으로부터 나온 날을 의미하였다.(분리 혹은 이탈을 가리키는 전치사 민min이 두 번 쓰임) 여기서 기억(기념)이란 말은 단순히 과거를 잊지 않는다는 뜻이 아니다. 그것은 과거에 대한 그 기억을 출발점으로 하여 현재와 미래를 향해 긍정적인 결단과 행동하는 것을 포함하는 말이다.

여기서 이 말은 명령형 대신에 부정사 절대형(Inf. abs.)으로 쓰였다.(출 20:8~10 안식일 규정에도 이와같이 쓰였다) 이는 그 낱말의 기본적인 뜻을 강조하는 동시에 기억에 포함되는 모든 것을 가리키는 것이다. 우리는 이런 형태를 강조된 명령형으로 풀이할 수 있다.(emphatic imperative, GK§ 346 .bb)

키(ki) 이하를 목적절로 해석하자면, '기억하라 … 그리고 여호와가 손의 강력함으로 너희를 그곳에서 나오게 하셨음을 …' 다른 곳에서는 강력한 손으로(뻬야드 카자카)라는 표현이 쓰인 반면에(출 3:19; 6:1; 13:9), 여기에는 손의 강력함으로(손의 강력함을 통하여) 라는 표현이 나온 것이다.(출 13:3, 14, 16)

이스라엘 자손이 출애굽한 때는 아빕 월이었다.(4절) 이것은 나중에 니산월이라 불리웠다. 아빕은 갓 돋아난 보리 이삭을 가리키는 말이다. 유대 달력으로 이것은 1월이며, 태양력으로 3~4월에 해당되었다.

이 말은 보리라는 뜻으로도 쓰였다. 그 뿌리 엡은 신선한, 초록이란 뜻이다. 마치 겨울을 이겨낸 보리가 새봄을 맞아 새싹을 트듯이 하나님께서는 히브리민족에게 억압과 흑암의 세력을 뒤로하고 하나님 약속의 세계로 발걸음을 내딛게 하신 것이다.

5절은 출 12:43~51이 가나안 정착 후에 지켜야 할 유월절 규례와 상응하게 무교절 규례를 말씀하였다. 3절에는 애굽을 가리키는 용어로 야차(히필형)가 쓰였고, 여기에는 뽀(히필형)가 나왔다.

하나님께서 이스라엘 자손에게 주실 땅은 젖과 꿀이 흐르는 곳이다.(에레츠 자바트 할라브 우데바쉬) 이 표현은 가나안 땅의 풍요로움을 나타내는 것이다.(출 3:8; 민 13:27; 신 26:9; 수 5:6; 렘 11:5; 32:22; 겔 20:6; 참조 신 26:9, 15; 31:20)

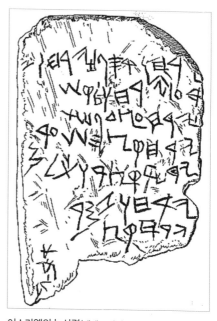

이스라엘의 농사력(게제르 달력, 주전 10세기)

무교절이란 말(칵 함마츠)에서 '칵'은 축제일(또는 경축일)을 가리킨다. 함마츠는 누룩 없는 떡이다. 그러므로 무교절이란 누룩 없는 떡의 축제일이다.

이 절기의 기간은 7일이다.(6절) 이스라엘 민족은 이 기간 동안 누룩을 없애고 누룩 없는 음식을 먹었다. 첫 번째 날과 마지막 날에 성회로 모이고 그 일주일 동안 아무런 노동도 하지 않았다. '누룩 없는 떡(무교절 떡)이 이레 동안 먹히리라.'(7절 직역) 누룩이 든 떡을 절대 보이게 하지 말라는 명령이 출 12:15, 19에 이어 이 구절에 두 번 계속 주어지는 것은 이것이 그만큼 중요하다는 뜻이다. 유교병이 눈에 띄지 말아야 할 곳으로 출 12:19에는 집안이, 여기에는 '네 땅'(뻬콜-께불레카 = 너의 온 영역에서; 너희가 사는 영토 안에서 - 공개)이 각각 언급되었다.

이 무교절을 지켜야만 하는 이유는 무엇인가? 출 12:17이 그 대답이다:

433

너희는 무교절을 지키라 이 날에 내가 너희 군대를 애굽 땅에서 인도하여 내었
음이니라 그러므로 너희가 영원한 규례로 삼아 대대로 이 날을 지킬지니라

이 절기의 핵심은 기억(기념)이다. 오늘 식탁에서 무교병을 먹으며 자기
조상들이 출애굽 당시 먹었던 무교병을 기억하라는 것이다. 자기 조상이 이
집트에서 430년 동안 종노릇하였던 일을 잊지 말라는 것이다. 무교병을 먹
으며 하나님께서 자신의 조상들(민족)을 친히 구원해 내셨던 것을 기념하라
는 것이다.

흔히 사람은 망각의 동물이라고 말한다. 때로는 그것이 유익할 때도 있
다. 사별의 아픔 실연의 고통 마음의 상처는 망각을 통해서 극복되기도 한
다. 요즘같은 정보의 홍수 시대에는 불필요한 정보들을 부지런히 잊어야 유
익한 정보를 간직할 수 있다.

망각은 지난날의 과오를 오늘도 여전히 되풀이 하게 만드는 병이기도 하
다. 잊지 말아야 할 것을 잊음으로써 되풀이하지 말아야 할 것을 또 다시 하
게 되고 해악을 고스란히 앉아서 당할 수도 있다.

8절은 무교병과 토라가 자손에게 자세히 설명되어야 한다고 하였다. 여
기 '보여 이르기를'이란 말(나가드 히필형 + 레모르)은 (눈앞에 보여주듯이)설명하
라, 해석하라는 뜻이다. 이 나가드의 히필형에서 나중에 학가다라는 말이
나왔다. 학가다는 규칙이나 지식보다는 교훈이 담긴 가르침을 말하였다. 이
것이 유월절과 관련하여 쓰일 때에는 부모가 자녀와 나누는 질의 응답식의
대화를 가리키기도 하였다.(출 12:26~27 참조)

8절 뒷부분(빠아부르 제 아사 여호와 리 뻬체티 밈츠라임) 은 그 자체로는 이해하
기가 쉽지 않은 문장이다.(70인역 참조:)

이것 때문에[이를 위하여] 여호와께서 나를 위해 [내게] 행하셨다, 내가 이집트에서 나올 때.(직역)

이것이란 말은 아마 누룩 없는 떡을 먹는 무교절을 가리킬 것이다. 그렇다면 9절은 8절의 내용을 더 심화시키는 내용이다. 여기서 하나님은 출애굽 당시 주신 유월절 및 무교절 규례와 토라를 잊지 말고 반드시 기억하며 실천할 것을 언급하셨다. 그것은 손의 기호와 미간의 표를 위한 것이다. 여기서 기호란 낱말(오트)은 표적, 증거란 뜻으로 널리 쓰이는 말이다.

이에 따라 유대인은 오늘날에도 천이나 가죽에 말씀을 쓴 다음 손에 매거나 이마에 두르고 다닌다. 이를 경문(經文) 또는 성구갑(聖句匣)이라 한다. 거기 새겨지는 말씀은 대체로 출 13:3~10, 11~16; 신 6:4~9; 11:13~21 등 네 가지 가운데 하나였다.

이로써 유대인은 9절의 말씀을 문자 그대로 지키고 있다. 물론 이것이 문자 그대로 실행하라고 주신 말씀이기보다는 마음에 깊이 새겨(신 6:6) 영원히 잊지 말라는 뜻이라 할 것이다.

상징 그림으로 표현된 일년(이즈르엘의 베트 알파 시나고그, 주후 6세기 모자이크) http://upload.wikimedia.org/wikipedia/commons/b/b2/Beit_Alpha.jpg

3 인자와 진리가 네게서 떠나지 말게 하고 그것을 네 목에 매며 네 마음판에 새기라 4 그리하면 네가 하나님과 사람 앞에서 은총과 귀중히 여김을 받으리라(잠 3:3~4)

이런 의미는 그 다음 구절 '여호와의 율법[토라]이 네 입에 있게 하라'(직역: 여호와의 토라가 네 입에 있게 하기 위하여)라는 말씀에서도 밝혀졌다.(시 1:1~2 참조) 물론 이 구절은 개역개정의 번역처럼 명령형이 아니라 당위성을 나타내는 것(3인칭 미완료형)으로 되어있다. 더 나아가 토라가 그 입에 있다는 말은 그 가르침과 교훈대로 행하며 산다는 뜻이다. 예수님은 이 말씀의 본래 정신을 망각한 채 습관적으로 이렇게 하고 다니는 사람을 혹독하게 책망하셨다.(마 23:5)

10절은 무교병에 대한 규례를 지키라는 것을 다시 한 번 강조하였다. 흔히 해마다라고 번역되는 말(미야밈 야미마)은 사실 날이면 날마다 곧 '늘'이란 뜻으로 보아도 되는데, 여기서는 유월절 및 무교절과 관련하여 언급되었으므로 '해마다'로 풀이하는 편이 더 나을 것이다.

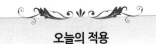

오늘의 적용

① 마른 떡, 쓴 나물

상구작질(爽口作疾)이란 말이 있다. 입에 좋은 음식을 많이 먹으면 병이 생긴다는 뜻이다. 이것은 송나라 때 진록(陳錄)이 엮은 '선유문(善誘文)'에 나온다. (입에 맞는 음식을 너무 많이 먹으면 병이 된다. 爽口味多須作疾). 공자가어(孔子家語)에는 '좋은 약은 입에 쓰지만 병을 다스리기에 좋다'(良藥苦口利於病)는 말이 있다.

출애굽하는(한) 이스라엘 자손이 먹는 누룩이 들지 않은 마른 떡과 쓴 나물은 아마 별로 맛이 없었을 것이다. 그것은 그들의 입맛이나 신체보다는 정신과 영혼을 건강하게 가꾸는 양식이었다. 이는 단순히 출애굽 이전의 고통스러운 현실이나 출애굽 당시의 긴박한 상황만 기억하게 하는 것이 아니다. 오히려 그것은 하나님께서 주신 은혜로운 선물(출애굽)을 기억(기념)하며 그것을 지금의 현실에 적용하자는 것이다.

② 말씀을 품고 사는 사람

하나님께서는 출애굽 사건과 그 말씀을 네 손의 기호로, 네 미간의 표로 삼으라고 말씀하셨다. 이것은 언제 어느 곳에서나 하나님의 말씀과 함께 있으며, 그 말씀을 따라 살겠다는 표식이다. 그리고 여호와의 말씀을 항상 입에 달고 산다는 뜻이다.(9절: 여호와의 율법이 네 입에 있게 하라) 그런데 미간에 붙인 표는 자기 자신에게는 보이지 않는다. 그러므로 이것은 타인에게 자신이 하나님의 사람임을 나타내라는 뜻이다. 그럼으로써 타인 앞에서 하나님의 사람답게 처신하라는 것이다.

이 율법책을 네 입에서 떠나지 말게 하며 주야로 그것을 묵상하여 그 안에 기록된 대로 다 지켜 행하라 그리하면 네 길이 평탄하게 될 것이며 네가 형통하리라(수 1:8)

(복 있는 사람은) 오직 여호와의 율법을 즐거워하여 그의 율법을 주야로 묵상하는도다(시 1:2)

③ 받은 은총을 정기적으로 기념하라

사람은 망각의 동물이다. 망각에도 긍정적인 면과 부정적인 면이 있다. 지난날의 긍정적인 경험을 잊는 것은 망각을 부정적으로 사용하는 것이다. 이런 것을 가리켜 사람들은 흔히 '원수는 돌에 새기고 은혜는 물에 새긴다'고 말한다. 성경은 그 반대로 하라고 가르친다. 사실 상처와 깨어진 인생경험을 잊는 것은 자기 자신의 인생에 긍정적인 효과를 낳는다.

성경은 출애굽(특히 유월절)의 경험을 해마다 기념하라 하였다. 이는 이스라엘 자손 개개인 및 그 민족에게 뿌리 체험과 같은 것이다. 이것은 그들이 힘들고 어려울 때, 주어진 환경과 상황이 캄캄절벽일 때에도 하나님을 신뢰하며 소망과 용기를 잃지 않는 원동력이 된다. 받은 은총 또는 이미 경험한 은총을 기념하는 일은 이래서 유익하고 좋은 것이다.

오경에서 강조하는 기억의 내용은 무엇인가? i)하나님께서 이스라엘을 구원하셨다. ii)이스라엘은 애굽 땅에서 종노릇하면서 살았었다. iii) 하나님께서 놀라운 역사를 일으켜 이스라엘을 구별·구원하셨다. iv)거친 광야에서 생활할 때에도 하나님께서 함께하시며 은혜주셨다. 마시고 먹고 입히셨다. v)젖과 꿀이 흐르는 가나안 땅에 들어가 정착하며 살게 하셨다.

이것은 한마디로 줄이면 이스라엘은 하나님과 하나님 은혜를 기억해야 하는 것이다.

④ 목적과 목표를 재확인하는 축제

해방은 목적과 목표를 분명히 한 다음에 실현되어야 하는 것이다. 막연하게 굴레에서 벗어나는 것 그 자체가 목적(목표)이라면 사람은 이내 또 다른 모습의 속박을 당하기 십상이다. 어쩌면 전보다 더 나쁜 굴레가 기다리고 있을지도 모른다.

43 더러운 귀신이 사람에게서 나갔을 때에 물 없는 곳으로 다니며 쉬기를 구하되 쉴 곳을 얻지 못하고 44 이에 이르되 내가 나온 내 집으로 돌아가리라 하고 와 보니 그 집이 비고 청소되고 수리되었거늘 45 이에 가서 저보다 더 악한 귀신 일곱을 데리고 들어가서 거하니 그 사람의 나중 형편이 전보다 더욱 심하게 되느니라 이 악한 세대가 또한 이렇게 되리라(마 12:43~45; 눅 11:24~26)

유월절과 무교절을 기념하며 하나님께서 선물로 주신 출애굽 사건을 기억하는 데에는 바로 이런 뜻이 있다. 곧 하나님 선물에 대한 놀라움과 함께 그 선물을 제대로 간직하고 제대로 물려주자는 것이다.

45

태에서 처음 태어난 것 - 초태생

(출 13:11~16)

11 여호와께서 너와 네 조상에게 맹세하신 대로 너를 가나안 사람의 땅에 인도하
시고 그 땅을 네게 주시거든

12 너는 태에서 처음 난 모든 것과 네게 있는 가축의 태에서 처음 난 것을 다 구
별하여 여호와께 돌리라 수컷은 여호와의 것이니라

13 나귀의 첫 새끼는 다 어린양으로 대속할 것이요 그렇게 하지 아니하려면 그 목
을 꺾을 것이며 네 아들 중 처음 난 모든 자는 대속할지니라

14 후일에 네 아들이 네게 묻기를 이것이 어찌 됨이냐 하거든 너는 그에게 이르
기를 여호와께서 그 손의 권능으로 우리를 애굽에서 곧 종이 되었던 집에서
인도하여 내실새

15 그 때에 바로가 완악하여 우리를 보내지 아니하매 여호와께서 애굽 나라 가운
데 처음 난 모든 것은 사람의 장자로부터 가축의 처음 난 것까지 다 죽이셨으
므로 태에서 처음 난 모든 수컷들은 내가 여호와께 제사를 드려서 내 아들 중
에 모든 처음 난 자를 다 대속하리니

16 이것이 네 손의 기호와 네 미간의 표가 되리라 이는 여호와께서 그 손의 권능
으로 우리를 애굽에서 인도하여 내셨음이니라 할지니라

이것은 아버지가 자녀에게 반드시 가르쳐야 할 것이 무엇인지에 관한 것
이다.

출애굽기 13:3~10과 11~16은 i)여호와의 강력한 손(손의 권능 3, 9, 14, 16절) ii)후손에게 자세히 말해주기(8, 14절) iii)손의 기호 및 미간의 표(9, 16절) 등으로 긴밀히 연결되어 있다. 11절 이하에는 무교병에서 만배로 관심이 옮겨 갔다. 이것은 출 13:2절에 이어지는 것이다. 11절은 이하의 규칙이 가나안 정착 이후에 지켜져야 한다고 하였다. 여기에는 하나님께서 가나안을 선물로 주신다는 사실이 강조되었다. 곧 주는(나탄) 주체는 여호와라는 것이다.

1 그는 허물과 죄로 죽었던 너희를 살리셨도다 ⋯ 9 우리는 그가 만드신 바라 그리스도 예수 안에서 선한 일을 위하여 지으심을 받은 자니 이 일은 하나님이 전에 예비하사 우리로 그 가운데서 행하게 하려 하심이니라(엡 2:1, 9)

출 13:2에는 거룩하게 하다란 말(카다쉬)이 12절에는 넘겨주다란 말(아바르)이 만배와 관련하여 사용되었다. '아바르'란 말은 본디 지나가다는 뜻인데, 히필형일 때에는 넘겨준다는 뜻이다. 이는 소속, 소유권이 바뀐다는 의미이다. 짐승의 수컷(원문에는 수컷들)이라 한 것은 수컷으로 암수 모두를 대신하던 그 시절의 관습에 따른 것이다. 이스라엘 백성의 수를 헤아릴 때에도 그러하였다.(민 1:2; 마 14:21 참조) 이는 짐승의 수컷만 바치라는 것이 아니라 암수 불문하고 초태생을 바치라는 뜻이다.

13절은 나귀 대신에 양을 바치라는 명령이 나왔다. 이것은 매우 특이한 것이다. 아마 나귀는 제물로 드릴 수 없는 부정한 짐승이지만, 모든 동물의 만배를 여호와께 드려야한다는 원칙을 이런 식으로 지켰을지도 모른다. (M. Noth, Exodus. 19888. 80쪽) 곧 토끼나 돼지처럼 부정한 짐승인 것이 금방 드러나지는 않지만 그것은 굽이 갈라지지 않았으며 되새김질을 하지 않기에 하나님께 제물로 드리지 못할 짐승이었던 것이다.(레 11:1이하; 신 14;4 이하 참

조) 이런 짐승은 다른 것으로 대신하여야만 하였다.(레 27:27; 민 18:15 참조)

13절에는 대속하다, 구속하다는 말(파다)이 두 번 연속 나왔다. 13절에서 이것은 나귀를 희생제물로 하는 대신에 양으로 하라는 뜻이었다. 그것은 완료형과 미완료형으로 표현되었다. 이는 두 가지 행위의 시간적인 차이를 나타내는 것이 아니다. 그것은 첫 번째 행위가 가져오는 구체적인 결과, 곧 나귀 대신 양을 바침으로써 결국 인간의 죄가 대신 속해진다는 것이다. 8절에 이어 14~16절에는 이런 의식이 과거에 대한 회상으로 끝나는 것이 아니라 미래를 향한 현재화여야 한다고 강조하였다. 이것이 자자손손에게 기념과 교육으로 활용될 때 하나님의 백성인 이스라엘의 정체성이 뚜렷해졌다.

여기 나오는 아들과 아버지의 대화는 출애굽 사건의 핵심을 요약한 것이다. 그 핵심은 15절에 두 가지로 나와 있다. 첫째로 이스라엘 자손이 이집트에서 완고한 파라오에게 고통을 당할 때 하나님께 부르짖었다. 그러자 하나님께서 파라오에게 여러 차례 경고하였다. 그런데도 그가 완고한 마음을 바꾸지 않자 하나님께서 그 땅의 모든 맏이를 죽이시면서까지 이스라엘 자손을 구원하셨다(출애굽 시키셨다)는 것이다.

여기 완고하다는 말(카샤)의 주체가 파라오로 나왔다.(출 4:23 참조) 9절에 이어 16절에도 손의 기호(오트 = 표징)와 미간의 표(토타포트)란 말이 나왔다. 뒤엣것은 9절(직카론)과 다른 낱말로 쓰였다. 이것은 아마 머리장식품과 관련된 것이리라. (신 6:8; 11:18) 사울도 머리와 손에 그런 것을 하고 있었다. 이에 대해 타르굼은 여기 나오는 낱말(토타포트)을 사용하였다.(삼하 1:10 참조)

이 문단은 하나님 은총으로 주어진 구속행위를 중심으로 아주 짜임새가 있다. 첫째로 무교병을 먹는 것이다. 이는 출애굽할 당시 이집트의 거주지에서 보낸 마지막 순간의 긴박한 상황을 상기시키는 것이다. 이것을 이스라엘 자손은 거룩하게 지켜야 하는 것이다.

둘째로 첫아들을 하나님께 바치는 것이다. 이는 하나님께서 이집트에서 이스라엘 자손을 구원하실 때 이집트의 모든 맏이를 치신 반면에 이스라엘 자손의 모든 맏이를 살려주셨음을 기억하는 것이다. 이로써 출애굽의 첫 세대가 받은 구원을 기념하는 것이다. 이 구원과 선택의 은총을 이스라엘 자손은 대대로 기념하며 자신의 시대에 적용시켜야 한다.

오늘의 적용

① 타자를 위한 존재 (희생)

출 13:13에 따르면 양은 나귀를 대신하여 희생제물이 되었다. 그 양은 인간이 지은 죄를 대신 뒤집어쓰고 제물로 되는 것이다. 예수님의 십자가 고난과 희생도 타자를 위한 것이었다. 오늘날 우리는 아무리 그리스도를 본받는다 하더라도 이런 경지까지 이를 수가 없다. 심지어 그리스도의 사람으로 부름 받아 그 성직을 담당하는 자들 역시 연약한 피조물이기 때문에 그러하다.

현실이 그렇더라도 마음과 그 지향마저 위와 같은 것을 포기하거나 멀리해서는 곤란하다. 사람이 목적과 의미를 잃어버리면 자신이 행할 수 있는 것들 가운데 최소한 것마저도 하지 않게 되기 때문이다. 내가 하는 것이 아니라 내 안에 계신 성령께서 이루신다는 믿음으로 타자를 향해 나아가는 믿음이 되어야 하리라.

② 찬양받으시기에 합당하신 하나님

이스라엘 자손을 이집트에서 구원하신 사건은 자손만대가 기뻐하며 기념할 일이었다. 이스라엘은 자신들이 잘난 민족이라고 자랑하지 않았다. 오히려 그 반대였다. 성경에는 너희가 애굽의 노예 시절을 기억하라는 말씀이 자주 나온다. 흔히 사람들은 수치스러운 과거를 자녀에게 감추려고 한다. 그런 역사와 사실을 숨기다 못해 족보를 날조하기도 한다. 이에 비해 이스라엘은 자기 조상 곧 자신들의 부끄러운 역사를 거듭 상기하며 자녀들에게 알려주었다. 이것은 하나님으로부터 받은 은혜가 소중하고 자유가 귀한 것임을 일깨우기 위한 것이었다.

사도 바울은 이 신앙을 자기 시대에 이렇게 적용하였다.

19 너희 몸은 너희가 하나님께로부터 받은 바 너희 가운데 계신 성령의 전인 줄을 알지 못하느냐 너희는 너희 자신의 것이 아니라 20 값으로 산 것이 되었으니 그런즉 너희 몸으로 하나님께 영광을 돌리라 (고전 6:19~20)

이것은 오늘 영적인 이스라엘 사람인 우리에게도 해당된다. 오늘이 있기까지 이 모양 저 모양으로 동행하신 하나님, 앞으로 이 목숨 다하기까지 동행하실 하나님, 영원무궁토록 인생과 함께하시는 하나님은 찬양과 영광을 받으시기에 합당하신 분이다.

③ 맏배 (첫열매)인 예수님

예수님은 요셉-마리아에게 첫째 아들(초태생)이었다. (마 1:25; 눅 2:7) 그분은 율법의 규례에 따라 하나님께 봉헌되었다. (눅 2:22~23) 성경은 예수님을 가리켜 '… 의 첫 열매'라고 불렀다.

하나님이 미리 아신 자들을 또한 그 아들의 형상을 본받게 하기 위하여 미리 정하셨으니 이는 그로 많은 형제 중에서 맏아들이 되게 하려 하심이니

라(롬 8:29)

그러나 이제 그리스도께서 죽은 자 가운데서 다시 살아 나사 잠자는 자들의 첫 열매가 되셨도다(고전 15:20)

15 그는 보이지 아니하는 하나님의 형상이시요 모든 피조물보다 먼저 나신 이시니 … 18 그는 몸인 교회의 머리시라 그가 근본이시요 죽은 자들 가운데서 먼저 나신 이시니 이는 친히 만물의 으뜸이 되려 하심이요(골 1:15, 18)

그가 그 피조물 중에 우리로 한 첫 열매가 되게 하시려고 자기의 뜻을 따라 진리의 말씀으로 우리를 낳으셨느니라(약 1:18)
또 충성된 증인으로 죽은 자들 가운데에서 먼저 나시고 땅의 임금들의 머리가 되신 예수 그리스도로 말미암아(계 1:5)

46

출애굽이여, 오늘 또 다시 ….

라이트(G. W. Wright)와 그를 따르는 학자들은 출애굽 사건을 가리켜 하나님의 위대한 구원 행위(magnalia dei)라고 부른다. 이것이 일어난 경위를 살펴보면 다음과 같다.

선택받은 백성들이 요셉의 죽음 이후 400여 년 이집트에서 지내는 동안 하나님은 침묵하는 듯 보였지만 그들을 늘 주시하고 계셨다. 이제 이집트 파라오의 억압이 더는 눈 뜨고 볼 수 없는 지경에 이르자, 이스라엘과 이집트 모두에게 하나님은 살아계시는 분이며 전능하신 분임을 보여주실 때가 왔다. 모세가 이스라엘 백성을 광야로 데리고 나가 조상들의 하나님께 예물을 드리며 경배하겠다고 말하였을 때(출 5:1), "여호와가 누구이기에 내가 그의 목소리를 듣고 이스라엘을 보내겠느냐 나는 여호와를 알지 못하니 이스라엘을 보내지 아니하리라."(출 5:2)라며 파라오는 큰소리를 탕탕 쳤다. 더구나 파라오의 그 거절은 말로 끝나지 않았다. 그날부터 그는 히브리 노예들을 더욱 혹사시켰다. 그가 공사 현장감독에게 내린 명령은 다음과 같다:

7 너희는 백성에게 다시는 벽돌에 쓸 짚을 전과 같이 주지 말고 그들이 가서 스스로 짚을 줍게 하라 8 또 그들이 전에 만든 벽돌 수효대로 그들에게 만들게 하고 감하지 말라 그들이 게으르므로 소리 질러 이르기를 우리가 가서 우리 하나님께 제사를 드리자 하나니 9 그 사람들의 노동을 무겁게 함으로 수고롭게 하여 그들로 거짓말을 듣지 않게 하라(출 5:7~9).

사태가 이렇게 되자 혹을 떼려다 혹 하나를 더 붙인 격이 된 히브리 사람들은 모세와 아론을 원망하였다:

너희가 우리를 바로의 눈과 그의 신하의 눈에 미운 것이 되게 하고 그들의 손에 칼을 주어 우리를 죽이게 하는도다(출 5:21)

이에 모세는 하나님께 이렇게 하소연하였다:

22 주여 어찌하여 이 백성이 학대를 당하게 하셨나이까 어찌하여 나를 보내셨나이까 23 내가 바로에게 들어가서 주의 이름으로 말한 후로부터 그가 이 백성을 더 학대하며 주께서도 주의 백성을 구원하지 아니하시나이다(출 5:2~23)

말이 좋아 해방이요 해방을 향한 위대한 결단 대장정이라고 말하지만, 이는 다 앞선 사람들이 이룩한 결실을 따먹고 사는 후대 사람들이 붙인 말이다. 그 당대 사람들은 그것 때문에 온갖 고초와 박해, 심지어 죽음까지도 불사해야만 하였다. 아무리 대의명분이 그럴듯하더라도 그 당대 사람들이 쉽게 따르거나 동조하기를 기대하는 것은 아예 꿈도 꾸지 않는 편이 더 좋았다. 그러나 그 어떤 방해나 어려움에도 하나님의 계획과 히브리 노예들이 꿈꾸는 해방을 향한 열망을 꺾지 않는 소수의 사람들이 있었다. 하나님은 말씀하셨다:

이제 내가 바로에게 하는 일을 네가 보리라 강한 손으로 말미암아 바로가 그들을 보내리라 강한 손으로 말미암아 바로가 그들을 그의 땅에서 쫓아내리라(출 6:1)

이 말씀대로 하나님은 자신이 '여호와임을 알리는'(출 6:7; 7:5, 17; 8:6, 10, 22; 9:14, 29; 10:2; 11:7; 14:4, 18) 표적 열한 가지를 차례로 일으키셨다.(우리말 성경으로 출 7:8~12:51) 곧 이런 표적들은 '나는 여호와를 알지 못하니'(출 5:2) 라고 말하는 파라오에 대해서 여호와께서 자신을 알리려는 의도로 시작된 것이다. 이런 뜻에서 표적은 단순한 심판이 아니었다. 히브리 민족을 승리 자로 이집트 바로 왕을 패배자로 만드는 데 목적이 있는 것도 아니었다. 그 보다는 오히려 히브리 민족과 이집트 사람들이 다 같이 여호와를 아는 지 식에 이르며, 여호와를 섬기는 거룩한 백성을 탄생시키는 것이 하나님께서 표적들을 내리신 목적이었다. 그리고 여호와를 여호와로 바르게 아는 것은 곧 그분의 권위와 주권을 인정하고 받아들인다는 말이요 그분께 순종하며 그분을 섬기는 것이다. 이런 뜻에서 표적 사건은 교육 과정이었다.

사도 바울은 하나님의 긍휼과 선택(선별)을 언급하면서 로마서 9:17에서 출애굽기 9:16절을 인용하였다:

내가 너(= 파라오)를 세웠음(헤에마드테카 ← 아마드)은 나의 능력을 네게 보이고 내 이름이 온 천하에 전파되게 하려 하였음이니라(출 9:16)

성경이 바로에게 이르시되 내가 이 일을 위하여 너를 세웠으니(엑스에게이로) 곧 너로 말미암아 내 능력을 보이고 내 이름이 온 땅에 전파되게 하려 함이라 하셨 으니(롬 9:17)

출애굽기에서 '아마드'(= 내가 너를 멸망시키지 않았다, 내가 너를 살려놓았다)란 말 은 본디 '내가 너를 살려 놓았으니'라는 뜻이다. 출애굽기 9:16의 아마드를 우리말 성경은 킹제임스 번역과 같이 '세워놓다'라고 옮겼다. 이 말은 본디

'태어나다, 지음을 받다'는 뜻이 아니라 '멸망시키지 않았다, 살아있게 해주었다'는 뜻이다. 다시 말해 파라오가 살아있는 것 자체가 하나님의 긍휼이요, 은총이다.

이런 말로 시작하여 사도 바울은 히브리인을 향해 파라오가 완악하게 된 것과 유대인이 예수님을 그리스도로 영접하지 않음으로 완악하게 된 것을 대조시켰다(롬 11:7~25). 더 나아가 하나님이 파라오를 완악하게 하신 결과 히브리 민족은 하나님을 알게 되었고 구원을 받았다. 그리고 하나님이 이스라엘을 완악하게 하신 결과 외국인들에게 복음이 전파되고, 예수님을 그리스도로 영접하는 자마다 하나님 나라에 들어가게 되었다. 그렇다면 완악해진 유대인은 어떻게 될까? 사도 바울은 이를 자세히 설명하는 대신에 다음과 같은 말씀으로 그 미래를 암시해주었다:

26 그리하여 온 이스라엘이 구원을 받으리라 기록된 바 구원자가 시온에서 오사 야곱에게서 경건하지 않은 것을 돌이키시겠고 27 내가 그들의 죄를 없이 할 때에 그들에게 이루어질 내 언약이 이것이라 함과 같으니라(롬 11:26~27)

파라오가 완강하면 완강할수록, 표적의 강도는 더욱 강력해졌다. 처음에는 귀찮고 번거롭기는 하지만 크게 해가 되지 않은 표적으로 시작하더니, 그 피해가 점차 동식물에 확대되어가다가, 급기야는 목숨을 잃는 표적으로 발전하였다. 유대의 미드라쉬는 이 부분을 놓고 이스라엘 인구의 증가를 막으려던 파라오가 이스라엘의 인구 증가를 막기는커녕 오히려 자기 백성이 줄어들게 하였다고 설명한다.

어떤 학자들은 이 열한 가지 표적을 이집트 사람들이 섬기는 특별한 신(우상)을 겨냥한 것이라고 본다(특히 종교사학파). 예를 들어 나일 강물이 핏빛으로 변한 것은 나일 강의 수호신을, 파리 표적은 이집트인들이 섬기는 하트콕을, 가축에게 내려진 표적은 그들이 섬기는 황소 신 아피스를, 그리고 흑암 표적은 이집트의 태양신 라를 각각 대적하였다는 것이다. 이것들은 일리 있는 주장이다. 물론 본문이 적용되는 범주를 위와 같이 종교적 영역으로만 제한할 필요는 전혀 없다. 어쨌거나 표적이 여러 차례 거듭되자 파라오도 조금씩 자신의 잘못을 깨닫기 시작하였다:

이번은 내가 범죄하였노라 여호와는 의로우시고 나와 나의 백성은 악하도다 여호와께 구하여 이 우렛소리와 우박을 그만 그치게 하라 내가 너희를 보내리니 너희가 다시는 머물지 아니하리라(출 9:27~28)

이 깨달음과 약속이 실천으로 금방 이어지지 않았다. 그는 '화장실에 들어갈 때 생각이 다르고 나올 때 생각이 또 다르다'는 말처럼, 이 표적이 사라지자 다시 완강해지고 말았다. 모세와 아론을 통해 일으키시는 하나님의 능력 있는 활동 앞에, 특히 '이의 표적'이 일어났을 때 이집트의 마술사들은 두 손 두 발 다 들고 '(이는) 직접 신이 하는 일이다'(출 8:15 공동번역)라고 자인하였다. 이로써 왕의 정책 결정과 행동 방향을 조언하는 지혜자들이 더 이상 파라오를 보호하지 못하게 되었다. 그것이 그에게 적지 않은 타격이 되었으리라. 그런데 이번에는 이집트 관료 조직 중에도 균열이 생기며 파라오의 지지기반이 흔들리기 시작하였다. 그 신하들이 파라오에게 다음과 같이 건의하였다:

어느 때까지 이 사람이 우리의 함정이 되리이까 그 사람들을 보내어 그들의 하나님 여호와를 섬기게 하소서 왕은 아직도 이집트가 망한 줄을 알지 못하시나이까(출 10:7)

물론 몇몇 표적은 이집트 사람에게만 임한 것이 아니다. 그것들 가운데 몇몇은 이스라엘에게도 그 피해를 끼쳤다. 위 표에서 보듯이 이 열 가지 가운데 4~6, 8, 10~11번째를 빼놓고는 이스라엘 민족이 표적에서 면제되었다는 기록이 없다. 이는 그들도 이집트 사람과 함께 이 표적을 겪었다는 이야기다. 이런 표적들이 닥칠 때 이스라엘은 모세와 아론을 원망하곤 하였다. 이는 이 세상의 죄와 악의 유혹은 하나님의 역사 앞에 서서히 그리고 갑자기 무너질 수밖에 없다는 사실을 말해주는 것이다. 그리고 얼마나 집요하게 성도의 정신을 좀먹으며 넘어뜨리는가를 알려준다.

이와 동시에 표적(고난)은 인간을 하나님의 인도 아래 무릎을 꿇을 수밖에 없도록 서서히 변화시켜 나갔다. 가벼운 시련이 앞에 있을 때 자신의 한계와 피조물임을 자각하는 사람과 표적이 거듭되어도 완강하게 저항하는 사람 사이에는 건널 수 없는 강이 가로놓인다는 것이다. 다시 말해 하나님을 향한 이 굴복과 순종이 빠르면 빠를수록 표적은 은혜-축복으로 바뀌는 것이다. 그것이 늦으면 늦을수록 그 운명은 엎친 데 덮친 격(설상가상 雪上加霜)이 된다. 신명기 2:30이다:

헤스본 왕 시혼이 우리가 통과하기를 허락하지 아니하였으니 이는 네 하나님 여호와께서 그를 네 손에 넘기시려고 그의 성품을 완강하게 하셨고 그의 마음을 완고하게 하셨음이 오늘날과 같으니라

인간의 힘으로 도저히 막아내거나 감당하지 못할 표적이 인간과 세계를 압도할 때가 있다. 그럴 때마다 사람은 이 표적의 원인이 어디에 있을까 하는 것을 곰곰이 살펴보아야 한다. 동서고금을 막론하고 사람들은 천재지변이 사람과 아무런 관련 없이 우연히 저절로 일어난다고 생각하지 않았다.

그런 일을 겪을 때마다 하나님(하늘)의 노여움을 살 수밖에 없는 과오, 표적의 씨앗을 뿌리며 살아왔던 지난날의 허물을 회개하곤 하였다.

우리는 이집트를 휩쓴 표적도 여호와 하나님을 바로 알아가는 과정이라는 사실을 이와 같은 맥락에서 읽을 수 있다. 이집트 땅에서 태어나면서 죽을 때까지 아니 자식에게까지 그 노예 신분을 물려주어야 하는 사람들의 탄식과 아우성은 하나님의 긍휼과 자비를 촉발시켰다. 그곳에서 인간 이하의 대우에 신음하며 풀려날 기약도 없이 사는 히브리 노예들이 있다는 사실 자체가 이미 표적의 씨를 품고 있다.

이것이 어찌 그 옛날 모세 시대에만 통하는 이야기이겠는가? 오늘날에는 노예가 없다고 말할 수 있는가? 물론 그 시대와 똑같은 모습의 노예는 없다. 그렇더라도 돈의 노예처럼 된 사람들, 권력에 집착하는 사람들, 성이나 술 약품에 중독된 이들, 이데올로기와 시대 풍조의 노예, 지식과 경험의 노예, 습관과 버릇에 고착된 이들, 인터넷이나 스마트폰의 노예 등 그 항목을 일일이 나열할 수 없을 만큼 노예들의 모습은 중독이란 이름으로 현대 사회에 널려 있다. 인간이 자신에게 주어진 하나님의 형상을 믿음과 사랑과 소망의 정신에 따라 빛내며 갈고 닦지 못한 채 이 세상에 속한 그 무엇인가에 얽매여 살아간다면 그것이 바로 노예생활이다.

성경은 이 걷잡을 수 없는 노예화의 물결, 인간을 노예로 만들어가는 이 세상 곳곳에 도사린 유혹과 시험에서 벗어나는 길이 하나 있다고 우리에게 교훈하고 있다. 곧 '오직 여호와 하나님께만' 무릎을 꿇는 것이 바로 그것이다. 하나님의 종이라는 믿음이 굳건하면 굳건할수록 세상과 세상 풍조 앞에 더 당당하고 더 바르게 설 수 있기 때문이다.

'주 너의 하나님께 경배하고 다만 그를 섬기라.'(마 4:10) 주님의 본보기를 따르는 사람은 세상 풍조와 다른 사고방식으로 신앙생활을 할 뿐만 아니라,

하나님 나라와 그의 의 이외의 그 어떤 것에도 사로잡히거나 굴복하기를 거부한다. 이런 뜻에서 모세 시대의 출애굽은 시간과 공간을 초월하여 우리가 모두 인격적으로, 사회적으로 체험해야 할 사건이다.

"논어는 다 읽고 나도 아무 일이 없는 사람도 있고, 읽고 난 뒤에 그 가운데 한두 구절을 얻어 기뻐하는 사람도 있으며, 읽고 난 뒤에 좋아할 줄 아는 사람도 있고, 읽고 난 뒤에 자기도 모르게 손이 춤추고 발이 춤추는 사람이 있다"(程伊川,《二程遺書》, 권 19). 만일 여기서 논어 대신에 '성경'이란 말을 넣고 읽어도 그 뜻이 그대로 통한다. 곧 i)아무런 감흥도 못 느끼고 반응할 것도 없는 '무지(無知)'의 상태, ii)한두 구절 마음에 쏙 드는 구절만 받아들이는 단계, 곧 초보적인 '앎'(지지 知之)의 상태, iii)그 전체를 다 좋아하며 성경 말씀과 교감을 이루는 '좋아함'(호지 好之)의 상태, 그리고 iv)말씀을 대하기만 해도 저절로 춤이 추어지는, 성경에 흠뻑 젖어들어 도취하는 '즐거워함'(낙지 樂之)의 상태가 그것이다.

출애굽기는 이스라엘 자손이 출애굽과 거기에 이어지는 유월절 및 무교절로 하나님 은총을 기념(기억)하는 공동체일 뿐만 아니라 광야 생활을 거치면서 언약과 예배공동체로 발전해 가는 과정을 보여주는 책이다.(19~40장 참조)

오늘의 적용

① 이왕 하나님 말씀을 마음판에 새기려면

탈무드는 우리에게 이 출애굽 사건을 다음과 같은 자세로 받아들이라고 권고하였다:

어떤 사람이 반신불수가 된 랍비를 찾아와 교훈이 될 만한 이야기를 하나 들려 달라고 간청하였다. 그 랍비는 유명한 바알셈의 제자였다. 무슨 이야기를 들려주든지 듣는 사람에게 도움이 되어야 한다고 믿는 그 랍비는 찾아온 사람에게 어떤 이야기를 듣고 싶으냐고 물었다. 그 사람은 '선생님의 스승에 관해 말해주십시오.'라 대답하였다.

그러자 이 랍비는 자기 스승이 좋은 교훈을 가르치다가 신명 나는 일이 있으면 말로만이 아니라 손짓 발짓 다 해가며 실감 나게 가르쳤다고 말하였다. 예를 들어 출애굽 사건을 이야기할 때면 랍비 바알셈은 마치 자기가 미리암의 북소리와 춤 앞에 서 있던 것처럼 덩실덩실 춤을 추었다는 것이다. 그러면서 자기 스승을 흉내 낸다고 껑충껑충 뛰기도 하고, 덩실덩실 춤을 추며 그 모양을 따라하였다. 그 랍비는 자기 이야기에 너무 몰두한 나머지 자기가 반신불수라는 사실도 까마득히 잊어버리고 그 자리에서 벌떡 일어나 자기 스승이 했던 행동을 흉내내다가 순식간에 반신불수에서 깨끗이 나았다는 이야기가 있다.

이왕에 하나님 역사를 이야기하려면 바로 이렇게 하라고 탈무드는 권하는 것이다.

② 생산적인 기념, 창조적인 기억

하나님은 이스라엘 민족이 자자손손 대대로 출애굽의 역사를 기념하고 기억하라고 말씀하셨다. 그것을 위한 의식(儀式)을 마련해 주셨다. 그래서 오늘날에도 이스라엘은 그들의 해방을 기억하는 유월절을 지키고 있다. 예수님의 이야기에도 많이 나오는 유월절이 바로 이것이다.

이집트 곧 노예로 있었던 집으로부터 나온 날을 기억하는 것은 무슨 유익이 있는가?

이스라엘 백성에게 출애굽(Exodus)은 그들이 경험한 각가지 일들 중에서 가장 근본적이고 중요한 원체험이다. 과거나 지금이나 이스라엘이라는 공동체는 그 경험으로 인해 존재하게 되었다. 출애굽이 없었다면 오늘의 이스라엘은 없었을 것이다.

예수님도 자신을 따르는 제자들에게 기억하고 지켜야 하는 예식을 물려주었다. 그것이 주의 만찬이다. 예수님의 삶과 죽음과 부활을 기억하기 위해서 오늘날 우리는 "주의 만찬"(성만찬) 예식을 거행한다. 이것은 예수님의 살과 피를 취하듯이 어떤 것을 먹고 마시든지 이 땅에 생명의 밥으로 오신 예수님을 기억하라는 것이다. 날마다 밥 먹듯이 항상 예수님의 삶을 기억하고 따르라는 것이다. 유월절과 예수님의 이야기에서 가장 중요한 것은 기억(기념)이다. 그 기억은 자신의 존재 의미를 오늘 현재로 만들어가는 작업이다.

이는 또한 미래의 희망을 품는 작업이다. 세상풍파는 쉬지 않고 불어오더라도 세상에 속한 사람이 아니라 하나님께 속한 사람인 우리에게는 희망이 있다. 자기 존재의 뿌리와 소속을 창조적으로 기억하고 생산적으로 기념하는 일이 매우 중요하다. 기억되지 않는 사건은 이미 죽은 사건이다. 그러므로 역사의 반대는 신화가 아니라 망각이다.

하나님과의 관계에서 체험한 일들, 말씀과 가까이 하면서 경험한 일들을 기념(기억)하되 생산적으로 창조적으로 활용하는 사람은 복이 있다.

③ 노예와 자유인

하나님은 자유의 하나님이요 자유를 주시는 분이다. 출애굽을 통하여 하나님은 인간 사회와 역사에 자유를 주셨다.

예수 그리스도는 십자가에서의 죽음과 부활을 통해 죄악으로부터의 자유 죽음으로부터의 자유를 주셨다. 복음은 자유의 복음이다. 복음을 자기 자신에게 적용하며 사는 사람은 생각과 의식 기억과 경험 관계와 대면으로부터 자유로워진다.

31 … 너희가 내 말에 거하면 참으로 내 제자가 되고 32 진리를 알지니 진리가 너희를 자유롭게 하리라(요 8:31~32)

예수님과 그 말씀을 주인으로 삼은 사도 바울도 이렇게 고백하였다.

모든 것이 내게 가하나 다 유익한 것이 아니요 모든 것이 내게 가하나 내가 무엇에든지 얽매이지 아니하리라(고전 6:12).

현대인 대부분은 노예이면서도 자유인 행세를 하고 있다.

이러므로 우리에게 구름 같이 둘러싼 허다한 증인들이 있으니 모든 무거운 것과 얽매이기 쉬운 죄를 벗어 버리고 인내로써 우리 앞에 당한 경주를 하며(히 12:1)

하나님을 믿는 믿음 안에서 우리 몸과 마음과 영혼을 얽어매는 세속적인 것으로부터 벗어날 때 비로소 우리는 자유인이 되는 것이다. 그리고 한 걸음 더 나아가 자원하여 누군가를 섬기며 기꺼이 선한 사역에 힘쓰는 노예로 살 때 보다 성숙한 자유인이 되는 것이다.

47

구름기둥과 불기둥

(출 13:17~22)

17 바로가 백성을 보낸 후에 블레셋 사람의 땅의 길은 가까울지라도 하나님이 그
들을 그 길로 인도하지 아니하셨으니 이는 하나님이 말씀하시기를 이 백성이
전쟁을 하게 되면 마음을 돌이켜 애굽으로 돌아갈까 하셨음이라

18 그러므로 하나님이 홍해의 광야 길로 돌려 백성을 인도하시매 이스라엘 자손
이 애굽 땅에서 대열을 지어 나올 때에

19 모세가 요셉의 유골을 가졌으니 이는 요셉이 이스라엘 자손으로 단단히 맹세
하게 하여 이르기를 하나님이 반드시 너희를 찾아오시리니 너희는 내 유골을
여기서 가지고 나가라 하였음이더라

20 그들이 숙곳을 떠나서 광야 끝 에담에 장막을 치니

21 여호와께서 그들 앞에서 가시며 낮에는 구름 기둥으로 그들의 길을 인도하시
고 밤에는 불기둥을 그들에게 비추사 낮이나 밤이나 진행하게 하시니

22 낮에는 구름 기둥, 밤에는 불기둥이 백성 앞에서 떠나지 아니하니라

이것은 출애굽한 이스라엘 백성을 하나님께서 구름기둥과 불기둥으로
인도하시는 이야기이다.

유월절과 무교절에 대한 교훈이 주어진 뒤 이스라엘 자손에게 이제부
터 새로운 상황이 전개되었다. 그 첫마디는 '그리고 이런 일이 있었다.'(= 봐
예히) 이다. 이제부터는 출애굽 그 자체가 아니라 출애굽 여정에 주요 관심

이 쏠려 있다. 이집트에서 가나안으로 가는 가장 좋은 길은 흔히 왕도(The Kings way)였다. 전체 길이가 1600여 킬로미터에 달하는 이 길은 메소포타미아와 소아시아까지 통하였다. 17절은 이스라엘 자손이 가까운 길로 가지 않고 홍해 바다(얌 수프 = 갈대 바다) 쪽으로 방향을 잡은 이유를 알려주었다. 나일 강 삼각주 지역의 동쪽에서 가나안 남서쪽 평야 지대를 거쳐 그곳에서 가장 큰 도시인 가자를 통해 가나안 중심부로 들어가는 길은 그 당시 상업 및 군사도로로 익숙하게 사용되었다.(Noth, 84; Cassuto, 155~156)

물론 블레셋 쪽으로 지나가는 길에는 한편으로 이집트의 국경수비대가 지키고 있었고, 다른 한편으로 그 지역을 통치하는 도시국가 군대가 지키고 있었을 것이다.(블레셋은 주전 12세기 초에 그곳에 정착하였으며, 아직 그곳에 국가를 형성하거나 다스리지 않았다) 성경은 그 길이 가깝다는 사실을 강조하려고 '그 길은 이러하였다, 곧 가까운 곳이었다.'(키 카로브 후: 명사문장)로 표현하였다.(여유있게 걸으면 두 주 정도)

그들 앞길에는 하나의 장애물(블레셋)을 피하는 대신에 다른 것(홍해 바다)이 가로놓여 있었다. 여기서 우리는 자연히 이스라엘 자손이 이 장벽을 어떻게 극복해낼 것인가에 관심을 갖게 된다.

이스라엘 자손을 가까운(비교적 평탄한?) 길이 아니라 험난한 길로 인도하신 하나님의 목적은 이러하였다: '그 백성이, 전쟁을 볼 때, 스스로 후회하여 이집트로 돌아가지 않도록.'(17b 직역) 여기에는 히브리 동사에서 주요하게 쓰이는 두 낱말이 등장하였다: 나캄과 슈브. 특히 되돌린(슈브 = 돌아가다) 이유를 설명하기 위해 같은 어근에 다른 뜻을 지닌 낱말(나카흐 - 나캄)이 쓰였다.(브로-나카 … 펜 인나켐 = 그리고 그 백성을 인도하지 않으셨다 … 그 백성이 후회하지 않게 하시려고 …).

본문에는 이스라엘 자손이 전쟁을 보고 후회하여 발길을 이집트로 돌리지 않게 하기 위해 가까운 길로 인도하지 않았다고 하였다. 아직 출애굽의 첫 발을 내딛은 단계라 이스라엘 자손이 전쟁을 치를 준비가 전혀 되어 있지 않았다는 사실을 감안하면 이것이 충분히 이해가 된다. 순식간에 목숨이 달아나는 전쟁의 희생자가 되기보다는 비록 고되더라도 목숨만은 부지할 수 있는 노예생활이 더 낫다고 판단할 수 있기 때문이다. 사실 광야 생활 중에 그런 일이 실제로 일어났다. 가나안 정탐꾼 가운데 열 명이 그곳 사정을 보고하자 백성은 다음과 같이 반응하였다:

2 이스라엘 자손이 다 모세와 아론을 원망하며 온 회중이 그들에게 이르되 우리가 애굽 땅에서 죽었거나 이 광야에서 죽었으면 좋았을 것을 3 어찌하여 여호와가 우리를 그 땅으로 인도하여 칼에 쓰러지게 하려 하는가 우리 처자가 사로잡히리니 애굽으로 돌아가는 것이 낫지 아니하랴 4 … 우리가 한 지휘관을 세우고 애굽으로 돌아가자 …(민 14:2~3)

더 나아가 출애굽하여 가나안으로 향하는 이스라엘 자손에게 전쟁만이 가장 큰 방해거리가 아니었다는 점을 생각해 보자. 출애굽기 15장에서 신명기에 이르는 부분을 살펴보면, 가나안으로 향하는 이스라엘 자손의 적은 전쟁보다 훨씬 더 크고 많았다. 다시 말해 17b의 언급은 장애물의 회피를 가리키기보다는 유형무형의 더 많은 방해거리를 만나면서 그것들을 겪어내며 극복하게 하는 훈련이었다고 보아야 할 것이다.

돌다는 말(싸바브) 말이 등장하는 18절은 (이집트로) 되돌아가지 않게 하시려고 (이집트 쪽으로 길을) 되돌리셨다고 하였다.(word play: 브샤부 .. 봐얏쎄브) 이는 이스라엘 자손이 일단 블레셋 방향으로 길을 잡았다가, 다시 길을 이집트 방향으로 일정한 거리만큼 되돌아갔다가 홍해 바다 쪽으로 방향을 틀었다는 사실을 암시하는 것이다. 이집트를 탈출한 이스라엘 자손은 대열(카무쉼— 카마쉬)을 지어 행진하였다. 13:18b에서 이것은 첫 번째 낱말이다. 그만큼 강조하는 표현 양식이다.

질서정연하게 배열한다는 말에서 나와 흔히 부대편성이라 부르는(수 1:14 공개) 이 말은 출 12:17에 이스라엘 자손을 군대라 부른 것과 조화를 이룬다. 그들은 가나안을 향해 올라갔다.(알라) 이 동사는 출애굽을 묘사할 때 흔히 쓰이는 3개 가운데 하나이다. 이 말은 다른 나라(지역)에서 가나안으로 향할 때(창 44:17; 스 2:1), 어느 마을에서 성소를 향해 갈 때(출 34:24) 쓰이곤 하였다. 17~18절에는 출애굽 – 광야 생활 – 약속의 땅으로 향하는 주제가 압축되어 있다.

흔히 홍해 바다로 번역되는 히브리 말 얌-수프(yam-sûf)를 홍해로 읽을 것이냐 갈대바다로 읽을 것이냐를 놓고 불꽃튀는 논쟁이 일어났다.(18절) 이 말은 출애굽기와 민수기 신명기에 12차례 쓰였다.(출 10:19; 13:18; 15:4, 22; 23:31; 민 14:25; 21:4; 33:10~11; 신 1:40; 2:1; 11:4) 바다를 가리키는 앞의 낱말에는 아무 문제가 없다. 그 뒤에 나오는 낱말은 흔히 갈대를 가리키는 말이다. 이에 대한 학자들의 입장은 크게 네 가지로 나뉘어졌다. (Hamilton, 207)

① 히브리 낱말 수프가 이집트 말 투프(투피 = 파피루스)에서 유래하였다는 것이다.
② 수프란 말 자체가 그대로 갈대를 의미한다는 것이다. 출애굽기 2:3, 5에 이 낱말이 나왔다. 이사야서 19:6과 요나서 2:6에도 이 낱말이 쓰였다. 이것은 파피루스 또는 갈대 등 늪지에서 자생하는 수생식물로 묘사되었다.
③ 갈대가 습지와 맑은 물에서만 생장하기에 이것을 홍해라고 옮기는 것은 무리라는 입장이 있다. (갈대가 이런 곳에서만 생장한다는 말은 맞지 않다! 그것은 물이 맑지 않은 강가나 해변가에 많이 있다)
④ 홍해라는 번역은 칠십인역(에루트로아 달라싸) 과 라틴어 불가타(mare rubrum) 번

역에 따랐다는 것이다.

이를 근거로 학자들 중에는 그 위치를 갈대가 많이 자라는 멘짤레(Menza-leh) 호수 또는 발라(Ballah) 호수로 추측하는 이도 있다. 만일 이것이 바다가 아니라 호수라면, 성경의 홍해 바다를 건넌 이야기는 설 자리를 잃는 것이다.

이 밖에도 지금의 홍해 바다는 출애굽한 이스라엘 자손의 진행 방향보다 훨씬 남쪽에 있다는 점도 제기되었다. 이는 주전 1250년경의 토지 지형이 지금과 비슷하다는 전제 아래 주장되는 것이다. 그렇지만 그 당시에는 홍해 바다가 지금보다 훨씬 북서쪽, 앞서 언급한 호수 지대를 포함하여 시나이 반도 서쪽 끝까지 펼쳐져 있었을 가능성도 충분히 있다.(신 1:1; 왕상 9:26 참조)

물론 수프라는 낱말은 파피루스 또는 갈대를 가리키는 것이 틀림없다. 우리는 여기서 한 걸음 더 나아가 이것이 바다라는 말과 결합되었다는 점을 고려해야 할 것이다. 비록 의문점이 완전히 풀리지는 않지만, 이것이 홍해 바다의 어느 지점이라는 것은 의심할 여지가 없다.

출애굽한 이스라엘 자손의 손에는 요셉의 뼈들(에쳄 → 아챠밈 복수형!)이 들려 있었다.(19절) 이는 요셉이 후손들에게 유언하며 맹세까지 하게 한 일에 따른 것이다.(창 50:25 참조) 히브리 본문은 여기서 맹세하다는 말(샤바 히필형)을 두 번 되풀이 사용하였다.(하쉬뻬아으 하쉬뻬아으 = 맹세하게 하고 또 맹세하게 시켰다 = 정녕코 맹세하게 시켰다) 야곱도, 그 아들 요셉도 자신의 몸이 이집트에 묻히기를 원하지 않았다. 그렇지만 긴장이 최고조에 달하였던 그 날 밤 다른 생각을 할 여유가 전혀 없을 듯한 그 순간에도 옛날 그 맹세를 챙긴 것은 매우 이례적인 일이었다. 그 다음 구절에는 '하나님이 반드시(정녕코, 필연코) 너희를 찾아오시리니'에는 파카드란 말이 미완료형과 부정사 절대형으로 나란히 쓰였다. 이 역시 하나님께서 반드시 이스라엘 자손을 찾아오신다는 확신을 표현한 것이다. 이렇게 유골을 수습하여 출애굽한 이스라엘 자손은 나중에 가나안에 정착한 다음 세겜에 고이 안장하였다.(수 24:32 행 7:16; 히 11:22 참조)

이스라엘 자손은 숙곳을 떠나 광야 끝 에담[에탐]에 장막을 쳤다.(20절; 출 12:37; 민 33:5~6 참조) 오늘날 그 위치를 확실하게 아는 사람은 없다. 이 말은 아마 이집트의 지명 비돔(Pithom = 아텀[신]의 집)을 히브리식으로 표기한 것이지도 모른다.(출 1:11 참조; Redford, 142; Hamilton, 208) 출애굽한 이스라엘 백성은 숙곳에 얼마 동안 머물면서 유월절 및 무교절 규례에 관한 하나님 말씀을 들은 뒤 새로운 야영지로 향해 떠난 것이다. 학자들에 따르면 숙곳에서 에담까지 걸어서 하룻길이라 한다. 그리고 광야란 낱말에 정관사가 붙어 있다.(함미드빠르 = 그 광야) 이는 에담이 숙곳 지방의 끝에 있는 마을이란 뜻이다. 여기 나오는 '…을 떠나 …에 장막을 치니'라는 것은 이스라엘 자손의 광야 생활을 묘사할 때 자주 등장하는 정형(定型)이다.

21절에는 출애굽 이후 이스라엘 자손의 광야 생활을 특징짓는 표징이 등장하였다. 그것은 i)하나님께서 그들 앞에서 가셨다는 것과 ii)구름기둥(아무드 아난) 및 불기둥(아무드 에쉬)이다. '가다'라는 말이 두 번 나오는데, 우선 분사형(홀레크 ← 할라크)으로 쓰였다. 이는 일회적인 것이 아니라 지속적으로 그리되었다는 뜻이다. 그렇다. 하나님은 언제나 이스라엘 민족의 앞에서 그들을 이끌어 가셨다.

길을 여는 자가 그들 앞에 올라가고 그들은 길을 열어 성문에 이르러서는 그리로 나갈 것이며 그들의 왕이 앞서 가며 여호와께서는 선두로 가시리라(미 2:13)

이를 나타내는 낱말로 나카가 다시 쓰였다.

8 내가 여호와를 항상 내 앞에 모심이여 … 11 주께서 생명의 길을 내게 보이시리니 주의 앞에는 충만한 기쁨이 있고 …(시 16:8, 11)

일찍이 모세는 호렙 산에서 불타고 난 다음에도 사라지지 않는 불꽃, 떨기나무 불꽃 속에서 하나님을 만났다. 이제 이스라엘 백성도 사라지지 않는 불꽃 곧 불기둥을 경험하게 되었다.

본디 구름(아난)과 불(에쉬)은 매우 평범한 것이다. 하나님은 그것을 특별한 모양으로 비범한 목적에 사용하셨다. 구름기둥과 불기둥이 그것이다. 그것은 그냥 자연현상이 아니었다. 이는 하나님께서 이스라엘 자손을 위해 특별히 만들어낸 것이었다. 이것은 i)이스라엘 자손이 밤이나 낮이나 가나안을 향해 걷도록 돕는 수단이었다. 민수기에 이것은 ii)출발과 정지의 신호로 활용되었다.(민 9:17~22) 여기에 두 번째 나오는 걷다(가다)는 말은 부정사 연계형으로 (랄레케트) '… 걷게 하기 위하여(걸을 수 있도록)'란 의미를 내포하고 있는 것이다. iii)하나님의 보호와 인도를 나타내는 이것은 이스라엘 자손의 광야 생활 내내 동행하였다.(출 40:36, 38; 민 10:34; 14:14; 신 1:33; 느 9:12, 19 참조) 이것은 iv)하나님의 계시와 임재(임마누엘)의 상징이었다.(출 34:5~7) 더 나아가 이것은 v)하나님의 영광을 나타내는 표지이기도 하였다. 이것은 또한 vi)하나님과 모세가 의사를 소통하는 통로였다.(출 33:9~11) 모세가 하나님을 처음 만날 때(출 3:2~6) 불의 모양으로 하나님의 사자가 나타났다. 그것은 열과 빛이 있으나, 소멸시키지 않는(태워버리지 않는) 불이었다. 이제 이집트를 떠나는 이스라엘 자손에게 나타난 불(불기둥)도 그와 같았다.

① 세상에 쉬운 일은 없다

방어벽을 든든히 세운 도시국가의 군사력을 피하는 대신에 이스라엘 자손은 홍해 바다라는 장애물을 만났다. 한 가지 장애물(위험)을 피하려 다른 것을 선택하면 거기에는 또 다른 장애물(위험)이 도사리고 있는 것이 인생길이다. 다시 말해 어떤 일이든 이루고자 하는 일에 어려움이나 난관이 있는 것은 너무나도 당연한 것이다. 속담에 '왕도(王道)는 없다'는 말이 그것이다. 누구든지 목적(목표)에 도달하려면 거쳐야(극복해야) 할 과정을 다 통과해야만 하는 것이다. 문제 해결(극복)의 관건은 이런 현실을 어떻게 받아들이고, 어떻게 반응하느냐에 달려 있다.

출애굽한 이스라엘이 가는 길도 이와 다르지 않았다. 하나님께서는 두 갈래 길 가운데 하나를 선택하게 하셨다. 이쪽 길에 있는 장애물이 저쪽 길에는 없었다. 저쪽 길에 있는 장애물은 이쪽 길에는 없었다. 여기서 우리는 배운다, 인생길을 가는 데에는 장애물이 있느냐, 조금이라도 더 쉬운 길이냐 보다 훨씬 더 중요한 것이 있다는 사실을. 다시 말해 내가 선택하여 걷는 인생길 바로 그곳에 하나님도 동행하시느냐는 물음이다. 만일 그 대답이 '예'라면 걱정할 것이 없다. 그 길에 도사린 장애물쯤은 어디까지나 여호와 하나님 손 안에 있는 것에 불과하다.

② 요셉의 뼈

이스라엘 자손의 손에는 이상한 것이 들려 있었다. 그것은 이미 2~3백 년 전에 죽은 요셉의 뼈들을 추린 보따리였다. 이것은 요셉의 유언을 따른 것이었다. 빵을 구울 시간이 없어 누룩이 들지 않은 빵을 들고 나올 만큼 아주 긴박했던 그 시간인데도 그들은 이것을 챙겼다. 그렇다면 이것은 그들에게 매우 깊은 뜻이 들어 있는 것이 분명하다.

요셉이 가장 괴롭고 고통스러웠던 순간에도 하나님을 신뢰하던 그 믿음, 가장 억울하고 분할 수밖에 없었을 그 순간에도 하나님의 섭리를 신뢰하였던 그 믿음, 눈앞이 캄캄하여 한 치 앞도 가늠할 수 없었던 가장 절망스러운 순간에도 하나님을 신뢰하던 그 믿음을 본받고자 함이 아니었을까? 그리고 비교적 형통할 때에나 가장 형통할 때에나 하나님 앞에 겸손하고 신앙을 지켰던 그 믿음을 끝까지 뒤따르고자 함이었으리라.

③ 그리스도의 군사인 우리

출애굽 당시 이스라엘 자손은 떡에 누룩을 넣어 발효시킬 시간조차 없을 정도로 상황이 긴박하게 돌아갔다. 그런데도 이들은 너나할 것 없이 이리 저리 우르르 몰려다니는 군중의 모습으로 출발하지 않았다. 마치 잘 훈련된 병사들처럼 대오를 갖추고 질서정연하게 움직였다.

3 너는 그리스도 예수의 좋은 병사로 나와 함께 고난을 받으라 4 병사로 복무하는 자는 자기 생활에 얽매이는 자가 하나도 없나니 이는 병사로 모집한 자를 기쁘게 하려 함이라(딤후 2:3~4)

바쁘게 긴장감있게 돌아가는 세상 현실이 하나님 나라를 향해 나아가는 우리의 대오를 흩어놓거나, 우리의 마음을 산산조각내는 경우가 적지 않다.

④ 앞서서 가시니

하나님은 출애굽하는 이스라엘 자손의 맨 앞에서 그들을 인도하셨다.

선한 목자이신 하나님은 오늘도 성도 각 사람과 교회(신앙공동체), 나라와 민족들, 피조물 전체와 역사를 이끄시고 섭리하시는 분이다.

갈릴리에서 예루살렘으로 향할 때 예수님은 제자들 앞서서 가셨다.

> 예루살렘으로 올라가는 길에 예수께서 그들 앞에 서서 가시는데 그들이 놀라고 따르는 자들은 두려워하더라(막 10:32; 눅 19:28 참조)

주님은 백성 보다 앞서서 길을 가시는 분이다. 백성이 그 길에 대해 좋아하느냐 두려워하느냐는 그분에게 문제가 아니다. 오직 백성을 구원하시려는 거룩한 뜻에 따라 가야 할 길을 선택하고 앞장서시는 분이다. 찬송가 128장은 '오 영원한 내 주 예수 앞서서 가시니 이날의 주의 승리는 영원무궁하리'라고 시작된다. 하나님보다 앞서고자 하는 것은 신앙생활에서는 물론 일상생활에서도 매우 위험한 것이다.

⑤ 구름기둥과 불기둥

이것은 하나님의 보호와 인도에 주목하게 하는 표지였다. 광야 생활 중에 이스라엘 자손은 여러 가지 위험과 시련과 궁핍에 시달렸다. 이럴 때 사람은 자칫 자기 상황에 매몰되기가 쉽다. 이런 그들에게 하나님은 밤이고 낮이고 쉽게 볼 수 있는 표지를 만들어놓으셨다. 그것은 한편으로는 하나님은 임마누엘 하나님이라는 표시요, 다른 한편으로는 이스라엘 자손의 마음을 든든하게 잡아주는 것이었다.

> 믿음의 주요 또 온전하게 하시는 이인 예수를 바라보자(히 12:2)

⑥ 하나님이 쓰시니 …

이 세상 어떤 사람이든 시간이든 물질이든 현상이든 누가 어떻게 쓰느냐에 따라 그 내용과 질이 달라진다. 하나님께서 이런 것들을 쓰시면 그것들은 순식간에 특별해진다. 그것이 평범한 것이든 비범한 것이든 하나님의 손 안에서 사용될 때에는 다 특별한 모습으로 변모된다. 구름과 불, 그리고 그것으로 만들어낸 현상도 그러하다. 구름과 불은 흔히 볼 수 있는 것이다. 그 흔한 것을 가지고 하나님은 자신의 임재와 동행의 표지로 삼으신 것이다. 아니 흔한 것이기에 오히려 언제 어디서나 가까이 볼 수 있으니, 그것을 동행 및 출발정지의 신호로 삼은 것은 진정 탁월한 선택인 것이다.

구름기둥 (클라우스 브링크만)

구름기둥이 찬란하게
광야를 가로질러 나를 앞으로 끌어가나이다.
내가 가는 곳에, 내가 머무는 곳에
주여, 나와 나의 것을 주님께서 취하소서
내가 주님의 은혜를 신뢰할 수 있도록
이것이 나를 목적지로 안내할 것입니다.
내 영혼이 짧게 머무는 그곳에서
주님에게 영원한 찬송을 드리리이다.

---

⑦ 그늘로 보호하시니 …

이것은 우선 열기에서 보호하심을 가리킨다. 광야(사막?) 지대의 낮은 유난히 뜨겁다. 뜨겁게 내리쬐는 태양을 피할 그늘도 거의 없다. 사람은 쉽게 더위에 지친다. (욘 4:4~8 참조) 뿐만 아니라 더위를 먹거나 일사병 등 생활과 생명에 치명적인 영향을 받을 수 있다. 이러한 때에 하나님께서 구름기둥의 모양으로 이스라엘 자손에게 나타나셨다.

8 나를 눈동자 같이 지키시고 주의 날개 그늘 아래에 감추사 9 내 앞에서 나를 압제하는 악인들과 나의 목숨을 노리는 원수들에게서 벗어나게 하소서(시 17:8~9)

하나님이여 주의 인자하심이 어찌 그리 보배로우신지요 사람들이 주의 날개 그늘 아래에 피하나이다(시 36:7)

내 영혼이 주께로 피하되 주의 날개 그늘 아래에서 이 재앙들이 지나기까지 피하리이다(시 57:1)

5 여호와는 너를 지키시는 이시라 여호와께서 네 오른쪽에서 네 그늘이 되시나니 6 낮의 해가 너를 상하게 하지 아니하며 …(시 121:5~6)

주는 … 폭풍 중의 피난처시며 폭양을 피하는 그늘이 되셨사오니(사 25:4)

⑧ 따스하게 보호하시니 …

이것은 우선 냉기에서 보호하심을 가리킨다. 광야(사막?) 지대의 밤은 유난히 춥다. 낮의 뜨거움과 정반대이다. 이러한 때에 하나님은 불(온기, 따스함)로 다가오셨다. 복음성가 '부르신 곳에서'이다.

따스한 성령님 마음으로 보네
내 몸을 감싸며 주어지는 평안함

만족함을 느끼네

따스한 성령님 마음으로 보네

내 몸을 감싸며 주어지는 평안함

그 사랑을 느끼네

부르신 곳에서 나는 예배하네

어떤 상황에도 나는 예배하네

부르신 곳에서 나는 예배하네

어떤 상황에도 나는 예배하네

사랑과 진리의(사랑과 진리의)

한줄기 빛보네(빛보네)

내 몸을 감싸며 주어지는 평안함

그 사랑을 느끼네

부르신 곳에서 나는 예배하네

어떤 상황에도 나는 예배하네

부르신 곳에서 나는 예배하네 …

⑨ 두 가지 길

출 13:17~18에는 출애굽한 이스라엘 백성이 가나안으로 가는 두 가지 길이 나온다. 그 둘 가운데 하나님께서 가까운 길을 버려두고 먼 길로 백성들을 인도하셨다.

노란 숲 속에 두 갈래 길 나 있어

난 둘 다 가지 못하고

하나의 길만 걷는 것 아쉬워

수풀 속으로 굽어 사라지는 길 하나

멀리 멀리 한참 서서 바라보았지.

그리고 나서 똑같이 아름답지만

풀 우거지고 인적 적어

아마도 더 끌렸던 다른 길 택하였지 ···.(로버트 프로스트, 가지 않은 길)

　가나안으로 가는 길들 가운데 하나는 지중해를 끼고 가는 지름길이다. 이를 흔히 블레셋 사람의 땅의 길이라 부른다. 그 길은 비교적 평탄하다. 곳곳에 오아시스도 있다. 마실 물과 먹을 음식을 구하기가 그리 어렵지 않다. 그 많은 인원이 함께 가더라도 이 길을 따라 갈 경우 2~3 주안에 가나안 땅에 도착할 수 있다.

　또 다른 길은 홍해를 건너 광야로 지나는 길이다. 멀고 험한 길이다. 물과 식량을 구하기도 어렵다. 하나님께서 이 힘든 길로 이스라엘 민족을 인도하셨다. 이미 40여년 동안 광야에서 생활하여 그 길이 얼마나 험한지를 잘 아는 모세는 하나님의 인도하심에 군소리 없이 따랐다.

13 좁은 문으로 들어가라 멸망으로 인도하는 문은 크고 그 길이 넓어 그리로 들어가는 자가 많고 14 생명으로 인도하는 문은 좁고 길이 협착하여 찾는 자가 적음이라(마 7:13~14)

48
인간의 비인간화

(출 14:1~9)

1 여호와께서 모세에게 말씀하여 이르시되

2 이스라엘 자손에게 명령하여 돌이켜 바다와 믹돌 사이의 비하히롯 앞 곧 바알스본 맞은편 바닷가에 장막을 치게 하라

3 바로가 이스라엘 자손에 대하여 말하기를 그들이 그 땅에서 멀리 떠나 광야에 갇힌 바 되었다 하리라

4 내가 바로의 마음을 완악하게 한즉 바로가 그들의 뒤를 따르리니 내가 그와 그의 온 군대로 말미암아 영광을 얻어 애굽 사람들이 나를 여호와인 줄 알게 하리라 하시매 무리가 그대로 행하니라

5 그 백성이 도망한 사실이 애굽 왕에게 알려지매 바로와 그의 신하들이 그 백성에 대하여 마음이 변하여 이르되 우리가 어찌 이같이 하여 이스라엘을 우리를 섬김에서 놓아 보내었는가 하고

6 바로가 곧 그의 병거를 갖추고 그의 백성을 데리고 갈새

7 선발된 병거 육백 대와 애굽의 모든 병거를 동원하니 지휘관들이 다 거느렸더라

8 여호와께서 애굽 왕 바로의 마음을 완악하게 하셨으므로 그가 이스라엘 자손의 뒤를 따르니 이스라엘 자손이 담대히(높은 손으로) 나갔음이라

9 애굽 사람들과 바로의 말들, 병거들과 그 마병과 그 군대가 그들의 뒤를 따라 바알스본 맞은편 비하히롯 곁 해변 그들이 장막 친 데에 미치니라

이것은 이스라엘 민족을 내 보낸 파라오가 후회하며 추격해 오는 이야기이다.

출 14:1은 출 13:1과 아주 똑같다. '말하다'는 말이 두 번 되풀이 나오는 이 구절들은 하나님께서 매우 중요한 것을 말씀하시리라는 기대를 갖게 한다. 그분의 말씀을 따라 출애굽한 이스라엘 자손이 가던 길을 돌이켜 이집트 쪽을 향하였다.(출 13:18) 그들에게 하나님께서 말씀을 주신 곳은 에담이다.(출 13:20). 우리는 이곳이 어디인지 잘 모른다. 출 14:1에는 세 곳(믹돌, 바알스본, 비하히롯)의 지명이 자세히 설명되었는데, 그 곳들의 위치와 관련하여 믹돌에 대해서만 어렴풋이 알 수 있을 뿐이다.(렘 44:1; 46:14 참조) 물론 그 장소가 어디인지를 아는 것도 필요하겠지만, 그보다는 이렇게 자세히 소개하는 이유가 훨씬 더 중요하다.(J. Durham, Exodus [WBC 3], 328 참조) 한편으로 그것은 그 장소가 널리 알려지지 않은 곳일 수도 있고, 다른 한편으로 출애굽과 홍해 바다 이야기의 역사성을 강조하는 것이리라. 이렇게 가던 길을 돌이켜 해변가 비하히롯에 장막을 쳤다. 이 말은 아카드어 pi-hiriti에서 따온 것이다. 그 뜻은 수로(운하)의 시작이다. 이로 미루어 보건대 그것은 아마 오늘날 수에즈 운하 근처 어디쯤으로 보인다.

이스라엘 자손은 가나안을 향해 가다가 되돌아와 바닷가에 진을 쳤다. 이와 관련하여 2절에는 장막을 치다는 말(카나)이 두 차례나 거듭 쓰였다. 이것은 출애굽한 이스라엘 자손이 세 번째로 장막을 친 것이다.(숙곳 12:37, 39; 에담 13:20 참조) 파라오 눈에는 그들이 마치 길을 잃고 헤매는 것 곧 광야가 그들을 가두어 놓은 것처럼 보였을 것이다.(3절 직역: 그러자 파라오가 이스라엘 자손에 관해 말하였다: '그들이 그 땅 안에서 자기끼리 방황하고 있다. 그 광야가 그들을 가두어 놓았다) 마치 그들이 오갈 데 없이 광야에 갇힌 것처럼 보였다는 것이다. 그의 말처럼 이스라엘 자손은 실제로 양옆에는 산, 앞에는 바다, 뒤에는 사막 등 진퇴양난의 위치에 진을 쳤다.

어떤 사람이 다른 사람을 향해 하는 말은 대체로 그 상대방에게보다는 자기 자신에게 더 많이 해당되는 말이다. 그 말의 뿌리를 파고 들어가 보면 말하는 사람 자신의 사고방식(세계관)이 그 바탕에 깔려 있다. 그래서인지 자기 주변의 사람이나 일을 바라보며 하는 그 사람의 말이 결국 자기 자신의 선택과 그에 따른 결과로 되돌아오곤 한다. 이스라엘 자손이 광야에 갇혔다고 생각하고 말한 파라오가 그 자신이 (홍해 바다에) 갇히고 만 일도 그렇다. 11가지 표적을 직접 경험한 뒤에도 그는 여전히 자신의 이해타산과 생각의 틀에 완전히 갇혀 있었다.

아마 그의 눈에는 이스라엘 자손이 독안에 든 쥐로 보였을 것이다. 이에 그들을 그냥 내버려두어 가게 하고 싶지 않은, 곧 이스라엘 자손을 다시 잡아들여 노예로 부려먹으려는 완악한 생각이 그 가슴에서 불같이 이글거렸을 것이다. 비둘기는 하늘을 날아도 콩밭을 잊지 못한다는 말처럼 그는 노예를 부려먹는 잇점에 대한 미련을 버리지 못하였던 것이다. 이것이 파라오에게 이스라엘 자손을 추격하게 만드는 동기가 되었다.(또 다른 동기는 5절에 나온다)

하나님은 파라오의 이런 마음을 아시고 그의 파라오의 마음은 한 번 더 완악하게 하셨다.(4절; 출 9:12, 35; 10:20, 27; 11:10 참조) '그리고 내가 그의 마음을 완악하게 하였다'(출 12:4a 직역)는 말은 11가지 표적들로도 아직 먹통인 그를 보시고 하나님께서 새로운 계획을 세우셨다는 뜻이다.

하나님께서 이렇게 하신 목적이 4절에는 두 가지로 언급되었다: i)하나님께서 파라오와 그 군대를 통해 영광 받으심(여호와의 존귀하심이 만천하에 드러남) ii)이집트인들이 여호와를 알게 됨. 특히 영광스럽다는 말(카베드)이 니팔형으로 쓰였는데(베익카브다) 그 뜻은 '그리고 내가 스스로를 영광스럽게 하련

473

다'이다. 하나님의 영광이 여기서는 능력의 발휘(군사적 행동)로 표현되었다. 하나님의 전능하신 이 능력은 '여호와가 누구냐'(며 하나님을 무시하며(출 5:2 참조) 가지각색의 우상을 숭배하는 파라오와 그 백성에게 여호와만이 유일하신 하나님이심을 밝히 드러내 주었다.

하나님은 이로써 이집트인들에게 두 번 다시 하나님의 백성을 넘보지 않게 만들려 하셨다. 사람들은 성경에서 배운 이 전술과 전략 곧 아군의 모습을 적군에게 일부러 노출시키는 고도의 기법을 예나 지금이나 즐겨 답습하고 있다. 한편 파라오의 이런 계획을 알지 못하는 이스라엘 자손은 하나님의 말씀 그대로 행하였다.(봐아아수 켄 출 14:4c)

그 어떤 사람이나 환경도 하나님께서 하시는 일을 가로막을 수 없다. 하나님은 이스라엘 자손에게 길을 돌이켜 가되 이집트로 되돌아가지 말고 바다 근처 어느 광야(국경선 근처)로 가게 하셨다. 이는 파라오가 일으킬 군사행동을 충분히 고려하신 결정이었다.

파라오는 이스라엘 자손이 이집트를 떠난 사실을 보고받았다. 이에 그 마음이 바뀌었다. 이것이 그가 이스라엘 자손을 추격하기로 결정하는 두 번째 동기이다. 여기서 그의 심경 변화를 나타내는 말(하파크 h 'fak)은 아카드 말에선 머리 위에 얹어놓다, 내던지다, 우기릿어와 페키니아어에선 뒤집다, 와해시키다, 아람어에선 뒤집다, 망가뜨리다, 아랍어에선 부패하다, 거짓말하다 등으로 쓰였다. 이는 주로 생각과 말에 관련되어 있다. 이것이 본문처럼 심장(마음)과 함께 쓰이면, 가슴 속에 들어있던 결단이 바뀌는 것을 의미하였다.(애 1:20; 호 11:8 참조) 특히 감정의 요동 및 급격한 변화를 가리키곤 하였다.(ThWAT I, 456)

마음이 바뀐 그는 신하들과 함께 '우리가 이것을 어찌 행하였느냐? 진정 우리를 섬기는 이스라엘을 우리가 쫓아내었다는 것인가?'라고 말하였다.(5

절 직역; 개역개정은 '놓아 보내었는가'로 옮김) 아마 크게 화를 내며 버럭 소리를 질렀을지도 모른다. 이스라엘 자손이 도망하였다고 여긴 것은 아마 표적들과 얽힌 전후 사정을 모르는 이들 특히 밤중에 급히 나간 이스라엘 자손을 본 사람들이 이렇게 생각했을 수도 있다. 또는 갑자기 노예를 상실하고 막막해하는 이들의 의사가 반영되었을 것이다.

이 보고를 받은 파라오와 그 신하들은 자신들이 그들을 쫓아내었다고 말하였다.(살라흐의 강의형) 이는 하지 말아야 할 일을 하였다는 뜻이다. 그것은 자신들의 경제적 이익이 그들을 노예로 부리는 일과 직접 얽혀 있기 때문이다. 그래서 파라오가 가라고 풀어 준 일을 놓고 쫓아내었다는 부정적인 말로 자신들의 감정과 기분을 표현하였다. 이에 파라오는 막강한 군대를 동원시켰다.(6절) 자신도 이 일에 직접 뛰어 들었다. 아마 그들은 이집트에서 최정예부대였을 것이다. 욕심(완악함)이 그를 열한 가지 표적으로 겪었던 시련을 까마득히 잊게 하였고 더 나아가 그로 인해 겪는 백성의 고통에 아랑곳하지 않게 만든 것이었다.

출 14:5~6은 이스라엘 자손도 '백성'(암)으로, 이집트인도 '백성'으로 불렀다.(이제부터는 '쁘네 이스라엘'(= 이스라엘 자손)이란 표현도 '이스라엘 백성'이란 말로 옮길 것이다. 이 말 역시도 다양한 말맛을 지녔으므로 정확한 어감은 문맥에 따라 정해져야 할 것이다.) 출애굽기에서는 처음이다. 이는 이스라엘 자손과 이집트인이 서로 상대가 될 만한 세력임을 보여주는 것이다. 한낱 노예였던 이스라엘 자손의 위치가 이 정도로까지 격상된 것이다. 이는 하나님 은혜로 말미암아 된 일이다.

7절 이하에는 마음이 완악해진 파라오가 펼치는 행동이 낱낱이 기록되었다. 그것은 파라오 군대의 질적 수준과 체계적인 지휘 계통을 설명하는 것으로 시작되었다. 이에 따르면 선택된(탁월한, 우수한) 병거부대는 파라오의 명령에 직접 따르도록 하였고, 큰 병거부대에는 각각의 지휘관을 배치하였다. 이와 관련하여 출14~15장에는 '모든 병거'(kol-rekeb) 란 말이 14회, '모든 기병(마병)'(kol-sûs)이 12회 쓰였다. 이는 아무런 방어수단 없이 이집트를 떠난 이스라엘 자손과는 아주 대조적인 것이었다.(J. Durham, Exodus 336)

유다 왕 르호보암 시절 당시 이집트 왕 시삭은 병거 1200승을 거느리고 예루살렘을 공격하였다.(대하 12:1~5) 이런 기록에 비추어 볼 때 비록 시대는 다르지만 파라오가 병거 600승 정도 동원하는 것은 쉬운 일이었을 것이다. 이렇게 선발된 정예 부대가 이스라엘 자손에게 들이닥칠 것이다. 그러니 그 긴장감이 얼마나 고조되겠는가! 8절은 4절에 이어 '그리고 여호와께서 파라오의 마음을 이렇게 완악하게 만드셨다…'(카자크 피엘형)라고 시작한다.(직역)

파라오가 추격할 것을 전혀 모르는 그들은 담대히(직역: 뻬야드 라마 = 높은 손으로) 나갔다.(야차) 8절에 손을 높이 들었다는 뻬야드 라마의 말의 뜻이 분명하지 않기에 성경마다 조금씩 다른 뉘앙스로 번역하였다.(KJV. ELB: with a high hand = 높은 [든] 손으로, 개역개정: 담대히, 표준. 천새: 당당하게, 공동: 의기양양하게; LÜ die Macht der starken Hand = 강한 손(의 능력 아래); RSV defiantly = 도발적으로; NIV boldly = 담대하게)

그 용례를 보아가며 그 의미를 알아보자. 민 15:30에서 그

오른손을 높이 든 바알신(루브르 박물관)

것은 규칙(율법)을 어기는 행위를 묘사한 것으로 '제멋대로 교만하게 행한다'는 뜻이다. 물론 이것은 출 14:8; 민 33:3에서 이집트에서 출애굽하는 이스라엘 자손의 모습을 서술하며 승리를 의미하였다. 그리고 하나님의 전능하신 행위를 가리킬 때 강한 손과 편 팔(신 4:34; 5:15; 6:15; 7:19; 11:2; 26:8; 시 89:11~14; 136:12; 렘 32:21)로 표현하였다. 이것은 또한 상대방을 무시하거나 제압하려는 몸짓이기도 하다.(시 18:28; 131:1; 잠 6:17; 21:4; 30:13; 사 10:12; 렘 48:29)

이런 것은 본디 고대 근동에서 자주 발견되는 손을 높이 든 신상에서 나왔으리라. 이때 높이 든 손은 전투 태세를 갖춘 모습을 나타내거나, 사람이나 다른 신을 위협하는 몸짓 또는 강력한 힘을 보여주는 것이다.(ThWAT VII, 427쪽)

9절은 '그리고 이집트인들이 그들의 뒤를 쫓아왔다.'(직역)는 말로 시작된다. 이어서 그들이 추격해오는 구체적인 모습을 '그리고 해변의 장막 친 데까지 그들을 따라잡았다, 파라오의 병거들의 모든 말들과 그의 기병들과 군병이 바알스본 앞 비하히롯 곁에'(직역)라고 서술하였다. 아주 긴장되는 순간이 온 것이다. 4절과 8절에 이어 9절에서도 뒤쫓다는 동사(라다프)가 전치사(아하르 = 뒤)와 함께 거듭 쓰이면서 매우 긴박한 상황을 보여주었다. 이런 용법은 창 35:5을 비롯하여 구약성경에 45차례 사용되었다. 아카드 말에서 라다프는 '뒤쫓아 추격하다, 서둘러 …을 하다'는 뜻이다. 이곳에서 그러하듯이 이것은 많은 경우 전투적-공격적인 분위기를 풍기는 말이다. 출애굽기에는 이 낱말이 다섯 번 쓰였다.(출 15:9 등)

출 14:1~9의 중심주제는 파라오의 마음이 다시 완악하여졌다는 데 있다. 그의 이런 태도는 열한 가지 표적으로도 모자라 하나님께서 일으키실 더 큰 표적(홍해 바다 사건)을 잉태하는 것이었다. 자신의 말을 자반 뒤집듯이 그때 그때 뒤집음으로써 파라오는 자신이 얼마나 비인간화된 사람인지를 여실히 보여주었다. 인간의 비인간화는 자기 말에 자기가 책임지지 않는 데서부터 시작된다.

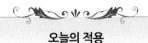

① 하나님의 숨은 뜻

사람의 눈에는 이스라엘 자손이 출애굽하자마자 노선을 바꾼 것은 커다란 실책으로 보일 수 있다. 그렇게 만드신 하나님 또는 그 길로 인도한 모세-아론이 첫출발부터 선택을 바르게 하지 못하였다고 말할 수도 있다. 이것은 쉽게 이해가 가지 않는 선택이었다. 그런데도 이 과정을 '하나님의 은사와 부르심에는 후회하심이 없느니라'(롬 11:29)는 믿음의 눈으로 보면 어떻게 될까? 하나님은 이스라엘 자손을 두고두고 공격하며 괴롭힐 파라오(이집트군대)에게 홍해 바다 사건을 통해 두 번 다시 그런 마음을 먹지 못하게 만들어 놓으셨다. 겉으로 보이는 것과 믿음의 관계를 성경은 이렇게 교훈하였다:

이는 우리가 믿음으로 행하고 보는 것으로 행하지 아니함이로라(고후 5:7; 히 11:1 참조)

홍해 바다의 사건이 지난 뒤 이집트의 파라오는 이스라엘 백성을 쉽게 보지 못하게 되었다. 그 소문을 들은 주변 다른 나라와 왕들도 역시 그랬다. 그들을 광야에 떠도는 오합지졸로 여기며 함부로 대하지 못하였다. 오히려 그 반대였다. 이스라엘 백성이 지나갈 때마다 그들은 두려워하며 떨었다. 홍해 바다 사건은 주변 나라들로 하여금 광야를 방랑하는 하나님의 백성을 쉽게 보지 못하게 만들려는 하나님의 계획이었다.

② 인도하시는 손길에 내어맡기는 자

하나님은 그 누구도 생각하지 못할 길로 이스라엘 민족을 인도하셨다. 심지어 파라오조차 그런 길을 택하리라곤 상상조차 하지 못하였다. 아마 군사 전략가의 눈으로 본다면 이것은 자기 무덤을 자기가 파는 것과 같은 일이었으리라.

하나님의 깊은 속뜻을 알 길 없는 이스라엘 백성은 그 길을 수긍하고 받아들이기가 매우 어려웠을 것이다. 그래도 그들은 군말없이 순종하였다. 하나님의 인도하심에 자신의 운명을 내어맡겼다. 그리고 하나님의 속뜻이 실현되는 날, 그들은 하나님의 영광에 참여하는 자가 되었다. 찬송가 413장이다:

내 평생에 가는 길 순탄하여 늘 잔잔한 강 같든지

큰 풍파로 무섭고 어렵든지 나의 영혼은 늘 편하다

③ 하나님을 가로막을 자 누구냐?

파라오는 다시 하나님의 계획을 가로막으려 하였다. 이를 위해 그는 정예부대를 소집하였다. 변변한 무기도 없이 무장도 하지 않은 이스라엘 민족을 향해 그는 병거 600승과 기병, 보병 등을 동원하였다. 그렇게 하고도 그는 이전 열한 가지 표적이 시행될 때 무기력하였던 것과 똑같이 하나님의 일을 가로막을 수가 없었다.

이런 일은 후대 전설이나 소설의 단골 소재가 되었다. 이를 테면 어떤 사람(영웅)이 하늘의 뜻을 품고 태어났다 하자. 이를 감지한 그 주변 사람들이 그를 제거하려고 갖은 방법을 다 동원하곤 하였다. 그런데도 그 사람은 각종 위기와 위협을 딛고 일어나 결국 하늘의 뜻을 이루고 만다. 동서고금을 막론하고 이런 이야기가 수없이 많다. 이것은 하나님의 정하신 뜻을 아무도 거스를 수 없다는 사실을 증명해주는 것이다.

④ 자충수

오뉴월 화로불도 쬐다 물러나면 서운하다는 말이 있다. 무엇이든 있다가 없어지면 아쉽다는 뜻이다. 하물며 마음껏 부려 먹던 노예들이 사라지니 파라오와 그 백성은 크게 허전하였을 것이다. 자신들이 이스라엘 자손에게 행한 행패와 횡포 비인간적인 대우를 생각하지 못하는 그들은 아쉽고 서운한 감정을 못내 지울 수가 없었을 것이다. 이런 마음이 들리라는 것은 충분히 이해할 수 있다.

문제는 그 다음이다. 섭섭한 마음을 욕심으로 이어갈지 아니면 전후사정을 살펴가며 건전하게 풀지를 결정해야 한다. 이런 경우 어떤 사람은 '사람 욕심은 끝이 없다'는 말이 꼭 들어맞게 행동한다. 욕심이나 상한 감정에 따르다보면 파라오와 같은 무리수를 두게 된다. 그리고 그 부메랑은 고스란히 자기 자신에게 자충수가 되어 돌아온다. 섭섭증이나 서운증에 걸린 상태, 그리고 욕심이 주도하는 상태에서 내리는 결정은 제대로 될 리가 없는 까닭이다. 신앙인은 섭섭증이 찾아올 때마다 그것을 성령님께서 인도하시도록 자신을 낮추는 것부터 시작하는 사람이다.

욕심이 잉태한즉 죄를 낳고 죄가 장성한즉 사망을 낳느니라(약 1:15)

⑤ 인간의 비인간화

파라오와 그 신하들은 히브리 노예를 소유하고 부려먹으려는 욕심을 버리지 않았다. 권력욕 소유욕, 지위상승 욕구에 몰두하는 인간이 얼마나 비인간화되는가? 개인의 심성에서 나오는 것이든 사회제도나 구조에서 나오는 것이든 모든 욕심은 인간을 비인간화시킨다. 이런 것에 신물이 난 담헌(湛軒) 홍대용(洪大容, 1731~1783)은《의산문답》에서 지구 자전설을 풀어 쓰면서 이렇게 말하였다.

> 무릇 지구는 우주에 살아 있다. 흙은 그 피부와 살이고, 물은 그 정액과 피며, 비와 이슬은 그 눈물과 땀이고, 바람과 불은 그 혼백과 혈기다. 그래서 물과 흙이 안에서 빚고 태양빛이 바깥에서 구우며, 원기가 모여서 여러 생물이 무성하게 자라는 것이다. 초목은 지구의 머리카락이고 사람과 짐승은 지구의 벼룩과 이다.

사람과 짐승은 이 지구에서 벼룩과 이라는 말이 섬뜩하다. 그가 활동하던 시대에 비하면 요즘은 지식과 산업이 놀랄 정도로 발달하였다. 그런데 사람이 벼룩이나 이만도 못하게 행동하는 것은 그때나 지금이나 그대로이다. 오늘날에도 이 세상에는 타인이나 자연을 물어뜯고 괴롭히는 무리가 참 많다는 말이다. 출애굽한 이스라엘 자손을 향한 파라오와 그 신하들의 행태도 여기에 속한다.

⑥ 신분의 변화

한낱 노예였던 이스라엘 자손에게도 이집트인을 가리키는 낱말인 백성(암)이라는 용어가 그대로 붙었다.(5~6절 참조) 이는 벽해상전이요, 경천동지할 일이다. 하나님께서 이렇게 만드셨다. 생각하면 할수록 감격스럽지 않을 수가 없었을 것이다.

우리는 예수 그리스도로 말미암아 신분이 변화된 사람이다. '영접하는 자 곧 그 이름을 믿는 자들에게는 하나님의 자녀가 되는 권세를 주셨으니 …'(요 1:12) 우리에게는 하나님의 자녀가 될 자격이 없으나 예수 그리스도를 믿음으로 신분이 변화된 것이다.

11 그러므로 생각하라 너희는 그 때에 육체로는 이방인이요 손으로 육체에 행한 할례를 받은 무리라 칭하는 자들로부터 할례를 받지 않은 무리라 칭함을 받는 자들이라 12 그 때에 너희는 그리스도 밖에 있었고 이스라엘 나라 밖의 사람이라 약속의 언약들에 대하여는 외인이요 세상에서 소망이 없고 하나님도 없는 자이더니 13 이제는 전에 멀리 있던 너희가 그리스도 예수 안에서 그리스도의 피로 가까워졌느니라 … 19 그러므로 이제부터 너희는 외인도 아니요 나그네도 아니요 오직 성도들과 동일한 시민이요 하나님의 권속이라 20 너희는 사도들과 선지자들의 터 위에 세우심을 입은 자라 그리스도 예수께서 친히 모퉁잇돌이 되셨느니라(엡 2:11~13, 19~20)

49

일희일비

(14:10~14)

10 바로가 가까이 올 때에 이스라엘 자손이 눈을 들어 본즉 애굽 사람들이 자기들 뒤에 이른지라 이스라엘 자손이 심히 두려워하여 여호와께 부르짖고

11 그들이 또 모세에게 이르되 애굽에 매장지가 없어서 당신이 우리를 이끌어 내어 이 광야에서 죽게 하느냐 어찌하여 당신이 우리를 애굽에서 이끌어 내어 우리에게 이같이 하느냐

12 우리가 애굽에서 당신에게 이른 말이 이것이 아니냐 이르기를 우리를 내버려 두라 우리가 애굽 사람을 섬길 것이라 하지 아니하더냐 애굽 사람을 섬기는 것이 광야에서 죽는 것보다 낫겠노라

13 모세가 백성에게 이르되 너희는 두려워하지 말고 가만히 서서 여호와께서 오늘 너희를 위하여 행하시는 구원을 보라 너희가 오늘 본 애굽 사람을 영원히 다시 보지 아니하리라

14 여호와께서 너희를 위하여 싸우시리니 너희는 가만히 있을지니라

이것은 파라오의 지휘 아래 이집트 군대가 다가오는 것을 본 이스라엘 백성이 허둥지둥하며 두려워하는 이야기이다.

출애굽한 이스라엘 자손은 두 개의 큰물을 건너야만 하였다: 홍해와 요단강. 이 둘을 중심으로 그들의 생활은 셋으로 분류된다. 홍해를 건너기 전 그들은 이집트 노예였다. 홍해와 요단강 사이에 있을 때, 그들은 나그네(유

히타이트 족을 물리치는 파라오 라므세스 II와 그 군대

랑민)였다. 그리고 요단강을 건넌 다음에 그들은 정착민이었다.(송병현, 232)

5~8절에는 당당한 이스라엘 자손과 바짝 긴장한 파라오 및 이집트인이 뚜렷하게 대조되었다. 이 분위기는 10~14절에서 완전히 역전되었다. 파라오와 그 군대가 다가오자 이스라엘 자손은 두렵다 못해 공황(패닉) 상태에 빠졌다. 그들이 하는 말은 더 이상 여호와의 표적을 체험한 정상적인 신앙인의 그것이 아니었다. 질겁한 그들은 i)하나님께 부르짖었다. (10절) ii)그리고 모세를 원망하였다. (11절) 그 원망 속에는 출애굽 자체에 대한 회의(거부)가 포함되어 있다. (12절) 모세와 하나님 또는 출애굽에 대한 백성의 이러한 태도는 광야 생활 중에도 몇 차례 되풀이 되었다.

이집트 군대가 자신들의 뒤까지 추격해 온 것을 이스라엘 백성이 보았다.(10절) 이 장면에 얼마나 놀랐는지 10절 뒷부분은 '자 보라'(브힌네)란 말로 시작하였다. 그들이 본 것은 그들 뒤에 가까이 접근한 이집트 군대였다. 뒤따라오다는 말(나사)은 본디 행진하다는 뜻인데, 여기서는 적대적으로, 공격적으로 다가왔다는 뜻으로 쓰였다. 이를 본 그들은 두 가지로 반응하였다. 이를 나타내려고 와우접속법(w-consecutive)이 연이어 나왔다: 두려워하였다. 부르짖었다. 하나님은 자기 백성의 부르짖음에 응답하는 분이다. 출애굽도 이스라엘 백성의 부르짖음을 들으신 하나님께서 그들의 조상과 맺은 언약을 기억하심으로 촉발되었다.(출 2:23~24) 이런 뜻에서 이스라엘 백성의 행동이 여기까지 만이었더라면 참 좋을 뻔하였다.

그들은 단순히 부르짖는 데서 한 걸음 더 멀리 나갔다. 모세를 매우 신랄하게 공격한 것이다. 그것은 물음의 형식을 빌려 세 가지로 표현되었다.(11~12절): i)이집트에는 묏자리가 없어 우리를 광야에서 죽게 하려느냐? ii)우리를 이집트에서 나오게 한 결과가 이것이냐? iii)우리가 이집트에 있을 때 당신에게 '우리를 내버려 두라 …'고 말하지 않았느냐? 이 부분 '하로제 핫다바르 아쉐르 떱빠르누 엘레카 미츠라임 …'(= 우리가 이집트에서 당신에게 말하였던 것이 바로 이것이 아닙니까? …)와 그 뒤에 이어지는 내용의 말은 출애굽 이전에 백성이 한 말들 가운데 기록으로 남아 있지 않았다. 그들이 실제로 그렇게 말하였는지, 아니면 이전에 자신들이 생각하였던 것을 지금 목숨이 왔다갔다 하는 상황에서 실제 말한 것처럼 착각하고 있는지는 분명하지 않다.

여기서 그들은 '광야에서 죽게 한다'는 말을 두 번 되풀이 썼다. 이는 그들이 지금 죽음의 공포를 느낀다는 뜻이다. 물론 그들은 파라오의 손길에서 완전히 벗어났다고 안심하였다가 이제 그와 그의 군대를 보고는 도저히 빠져나갈 길이 없다는 절망감에서 그리하였을 것이다. 그리고 파라오와 그 군대만 보았지 하나님의 손길을 보려 하지 않는 데서 비롯되었을 것이다. 이런 물음을 던지는 동안 그들은 여기에 이를 때까지 여호와께서 자기들을 위해 하신 일을 하나도 언급하지 않았다. 다만 그들 눈에 보이는 일과 그들의 생각만 주워섬길 뿐이었다.

특히 세 번째 물음은 열한 가지 표적까지 일으키며 그들을 위해 활동하신 하나님의 은혜를 송두리째 부정하는 것이었다. 주어지는 상황에 따라 순간순간 일희일비하는 인생은 흔들리는 갈대보다 더한 것이 아닐까? 물론 너무나 놀라고 무서워서 그랬으리라 이해를 하지만, 매우 아쉽고 안타까운 대목이 아닐 수 없다. 그들은 하나님의 계획보다는 파라오의 계획을 더 잘 알고 있었던 것이다.(프레다임, 249) 파라오와 그 군대는 코앞에 있는데, 하나님은 멀리 계시는 듯 느꼈던 것이다. 이는 결과적으로 이집트인(출 14:5)과 이스라엘 백성(출 14:11~12), 모두 출애굽 해방 사건에 대해 서로 다른 의미에서 후회를 한 것이다.

이스라엘 백성의 격렬한 반응에 비해 모세는 아주 담담하였다. 그들의 신랄한 비난에도 감정이 상하지 않았다. 오랜 세월 대대로 노예로 살아온 사람들의 사고방식과 심정에 공감한 탓일까? 그는 백성을 향해 비난이나 폄하의 말을 일절 하지 않았다. 그 대신 세 가지 내용을 말하였다: 두려워하지 말라(13절) 그리고 (가만히) 서라고 말하였다. 그리고 (하나님의 구원을) 보라.(14절)

두려워하지 말라는 말씀은 성경에 자주 쓰이는 표현 중에 하나이다.(창 15:1; 26:24; 수 1:9; 8:1; 삿 16:23; 대상 28:20; 사 34:4; 시 23:4; 눅 12:32 등 아주 여러 곳) 이는 사람에게 엄습한 강렬한 두려움이 그 사람의 느낌(생각) 그대로 이루어지지 않을 것이라는 믿음에 기초한 것이다.

> 내 영혼아 네가 어찌하여 낙심하며 어찌하여 내 속에서 불안해하는가 너는 하나님께 소망을 두라 나는 그가 나타나 도우심으로 말미암아 내 하나님을 여전히 찬송하리로다(시 42:11; 43:5)

서라는 말(야차브)은 항상 히트파엘형(재귀용법)으로 쓰인다. 이것은 중기 히브리어에서 확고히 서다, 유대-아람어에서 확신, 아람어에서 꾸준히 지속하다라는 뜻으로 사용되었다. 이 말은 자기가 있어야 할 자리에 서 있는 것(출 2:4; 19:17)과 스스로 자신을 나타내다는 뜻(삼하 17:17)과 (전쟁에) 용감히 나서다(신 7:14), 누군가를 대적(직면)하여 서다(신 7:24; 9:2; 수 1:5; 욥 41:2;), 앞에 나아가다 = (하나님 또는 특정인) 앞에 스스로를 내보이다(출 8:16; 9:13; 수 24:1; 삼상 10:19; 욥 1:6; 2:1; 슥6:5) 등의 뜻이다. 이렇게 보면 이 말은 개역개정의 번역처럼 (가만히 서서) 수동적-소극적 의미가 아니라, 두렵고 떨리는 상황 앞에서 자기 스스로를 굳건히 세우라는 매우 적극적이고 능동적인 행위를 촉구하는 것이다. 다시 말해 두렵고 떨리는 상황에서 마음을 추스르며 하나님의 개입을 기다리고 서(멈추어) 있는 것은 소극적인 행위가 아니라 매우 적극적인 태도라는 것이다.

> 여러분은 늘 깨어 있으십시오. 굳건한 믿음을 가지고 씩씩하고 용감한 사람이 되십시오.(고전 16:13 공개)

이렇게 하는 근거는 하나님을 바라보는 데 있다.(13절에 세 번 되풀이 나온 보라는 말이 31~32절에도 두 번 되풀이 쓰였다) 이스라엘 백성의 이런 불신앙에서 나오는 원망에도 불구하고 하나님은 그들에게 여호와의 구원을 실행하실 것이다. 이에 모세는 '두려워 말라, (가만히, 굳건히) 서라, 그리고 보라'라는 말로 이스라엘 백성이 서야 할 곳에 서고, 보아야할 것을 보게 하기 위해 명령어를 연거푸 사용하였다.

모세는 보다가 보지 않고(파라오와 그 군대), 보지 않다가 바라보는(하나님의 구원하시는 손길) 것이 이스라엘 백성이 앞으로 해야 할 일이라 가르쳐 주었다.(Durham, 337) 이것을 풀어 쓰면 다음과 같은 것이다: '너희나 나나 이 상황에서 할 수 있는 일이 없다. 이 위기를 벗어날 방도는 너희에게도 나에게도 없다. 그러기에 너희는 파라오와 이집트 군대를 바라보며 절망하고 있다. 그렇지만 나는 내가 할 수 있는 것이 전혀 없기에 오히려 하나님을 더욱 주목하여 바라보겠다.' 그러면서 그는 자신의 확신을 이렇게 말하였다: '(왜 냐하면) 너희가 오늘 본 이집트 사람들을 다시는 영원히 결코 또다시 보지 못하리라(못할 것이기 때문이다).'

14절에서 그는 이런 신앙을 명사문장으로 확실하게 고백하였다. '여호와 는 이런 분, 곧 너희를 위하여 싸우시는 분이다. 너희는 이런 자가 되라, 곧 가만히 침묵하는 자로 있어라.'(직역) 하나님께서 이스라엘을 대신하여 싸우 시리라는 이 고백은 이스라엘 역사에서 자주 인용되었다.(신 3:22; 수 23:3) 파 라오와 그 군대를 보며 간담이 서늘해진 백성, 오로지 모세를 원망하는 것 밖에 다른 것을 할 줄 모르는 백성에게 모세는 신앙을 고백하였다. 이 신앙 에 바탕하여 그는 백성에게 잠잠히 있으라 권하였다.

여기서 가만히 있으라는 말(카라쉬)은 움직이지 말고 가만히 있으라는 뜻 이 아니다. 그것은 '말을 하지 않다, 조용히 하다, 움직이지 않고 가만히 있 다'라는 뜻이다. 이것은 아마 11~12절과 같이 두려움과 불안에 사로잡혀 아무거나 되는 대로 말하거나 유익하지 못한 행동을 하지 말라는 것이다. 백성이 불평하든 탄식하든 겁에 질린 말을 하든 전쟁하려는 용기를 북돋는 것이든 그 어떤 말로도 현재 상황에서 달라질 일은 하나도 없다. 그들이 하 는 말은 하나님의 구원 사역 가운데 그 어느 하나도 더하거나 빼지 못할 것 이다. 그러므로 이런저런 말로 헛되이 힘 빼지 말고 하나님의 구원을 기다 리라는 뜻이다.

10 너희는 가만히 있어 내가 하나님 됨을 알지어다 내가 뭇 나라 중에서 높임을 받으리라 내가 세계 중에서 높임을 받으리라 하시도다 11 만군의 여호와께서 우 리와 함께하시니 야곱의 하나님은 우리의 피난처시로다(시 46:10~11)

출 14:10~14의 핵심은 이렇다. 곧 모세는 가장 절박한 순간에 가장 확실한 것을 보는 사람이요, 백성에게도 그리하기를 촉구하는 자였다. 하나님께서 그 백성을 위해 대신 싸우시리라는 것은 하나님 앞에 선 모세의 확고한 신앙이었다.(출 14:25; 15:3)

오늘의 적용

① 사람의 마음은 갈대와 같다.

사람의 마음은 변하기 쉽다. 이스라엘 민족이 기고만장하여(?) 출애굽한 지 얼마 되지 않았다. 여호와께서 파라오를 어떻게 다루시는지 이미 11차례나 경험하였다. 그것으로도 부족하였던가? 언제까지 일희일비(一喜一悲)하며 인생을 살 것인가?

이집트 군대가 뒤에 나타나자마자 그들의 간담은 서늘해졌다. 마치 자신들과 파라오(이집트) 사이에 여호와가 계신 것을 까마득히 잊은 듯.

> 25 밤 사경에 예수께서 바다 위로 걸어서 제자들에게 오시니 26 제자들이 그가 바다 위로 걸어오심을 보고 놀라 유령이라 하며 무서워하여 소리 지르거늘 … 28 베드로가 대답하여 이르되 주여 만일 주님이시거든 나를 명하사 물 위로 오라 하소서 하니 29 오라 하시니 베드로가 배에서 내려 물 위로 걸어서 예수께로 가되 30 바람을 보고 무서워 빠져 가는지라 소리 질러 이르되 주여 나를 구원하소서 하니 31 예수께서 즉시 손을 내밀어 그를 붙잡으시며 이르시되 믿음이 작은 자여 왜 의심하였느냐 하시고(마 14:25~31)

② 한계상황에서 어떻게 반응할까?

이스라엘 백성은 앞에는 홍해 바다, 뒤에는 이집트 군대의 추격에 직면하였다. 이 진퇴양난의 위기에서 이스라엘 백성과 모세의 반응은 전혀 달랐다.(출 14:10~14) 기세등등하게 출애굽한 (8절) 이스라엘 백성은 마치 파라오가 이렇게까지 나올 줄 상상도 못하였던 것처럼 잔뜩 겁에 질려 행동하였다. 이미 11가지 표적을 경험하면서 그가 어떤 존재라는 것을 알고도 남았을 텐데도. 그가 지휘하는 정예부대를 보는 순간 그들은 간장이 녹는 것 같았다.(10절) 심지어 출애굽의 은총마저 부정하였다.(11~12절) 이는 파라오의 존재만 인정하고 여호와의 존재를 무시하는 것과 다르지 않았다.

> … 우리를 치러 오는 이 큰 무리를 우리가 대적할 능력이 없고 어떻게 할 줄도 알지 못하옵고 오직 주만 바라보나이다 (대하 20:12)

예수님은 갈릴리 호수에서 큰 폭풍을 바라보며 두려워 부르짖는 제자들에게 말씀하셨다:

> 37 큰 광풍이 일어나며 물결이 배에 부딪쳐 들어와 배에 가득하게 되었더라 38 예수께서는 고물에서 베개를 베고 주무시더니 제자들이 깨우며 이르되 선생님이여 우리가 죽게 된 것을 돌보지 아니하시나이까 하니 39 예수께서 깨어 바람을 꾸짖으시며 바다더러 이르시되 잠잠하라 고요하라 하시니 바람이 그치고 아주 잔잔하여지더라 40 이에 제자들에게 이르시되 어찌하여 이렇게 무서워하느냐 너희가 어찌 믿음이 없느냐 하시니(막 4:37~40)

③ 위태할 때 어떻게 반응할까?

사람의 연약한 모습 가운데 하나는 누군가를 향해 기분이 나빠질 때나 커다란 시련에 봉착할 때 그 사람과 관련된 지난날의 모든 것을 부정적으로 평가절하하는 것이다. 이럴 때 심지어 좋았던 것이 하나도 (별로) 없었다는 듯이 모든 것을 싸잡아 부정하곤 한다.

출애굽 한(8절) 이스라엘 민족은 파라오가 이렇게까지 나올 줄 몰랐을 것이다. 그가 지휘하는 정예부대를 보는 순간 그들은 간장이 녹는 것 같았다.(10절) 심지어 출애굽의 은총마저 부정하였다.(11~12절) 그들은 하나님의 섭리와 목적을 부정하였다. 그리고 모세와 아론이 죽음을 각오하고 행한 일들의 의미를 모두 다 받아들이지 않았다. 그렇다. 두렵고 불안한 상태에서 사람이 내리는 결정은 항상 자기 자신을 해롭게 한다.

뒤에서 밀려드는 이집트 군대를 바라보는 순간 그들이 하나님께서 지난날 베푸셨던 놀라운 표적들을 기억해냈더라면 그들이 이렇게 반응하였을까?

④ 두려움

위르겐 홀러((Juergen Holler)는 '성공의 비법'에서 두려움의 상대성을 늑대를 만났을 때의 비유로 설명하고 있다. 혼자 숲 속을 걸어가고 있었다. 갑자기 100미터 앞에 굶주린 늑대가 나타났다. 그리고 무섭게 달려들었다. 가슴이 덜컥 내려앉고 등에서 식은땀이 흘러내렸다. 아니 소름이 오싹 끼치며 그 자리에 얼어붙었다. 두려움의 정도를 1부터 10까지 숫자로 표시한다. 이럴 때 두려움의 강도는 10이다.

만약 손에 칼이나 창을 들고 있다면 두려움의 정도는 9정도로 낮아진다. 만약 한 손에 창이 있고, 다른 손에는 횃불까지 있다면 두려움의 정도가 7이나 8정도로 된다. 옆에 동행자가 있고 그 사람 손에도 창과 횃불이 들려 있다면 두려움의 정도는 5나 6정도로 적어진다. 총을 가지고 있다면 두려움의 정도는 4가 될 것이다. 가슴만 덜컥 내려앉고 끝날 것이다. 위험할 때 타고 도망갈 오토바이나 자동차가 옆에 있다면 두려움은 3정도이고 만일 차 안에 있었다면 두려움은 거의 없을 것이다.

하나님이 우리를 보호하여 주실 것이라는 믿음이 우리에게 확실하다면 어떻게 될까? 비록 자신이 도저히 이겨낼 수 없는 강적이 눈앞에 있더라도 마음이 흔들리지 않을 것이다. 이집트 군대가 쫓아와 홍해에 미쳤을 때 모세가 말하였다.

"너희는 두려워 말고 가만히 서서 여호와께서 오늘날 너희를 위하여 행하시는 구원을 보라. 너희가 오늘 본 애굽 사람을 또 다시는 영원히 보지 못하리라. 여호와께서 너희를 위하여 싸우시리니 너희는 가만히 있을지니라"
(출 14:13~14)

하나님이 우리를 지키고 있다는 것을 믿으면 두려움은 여유로움으로 바뀔 것이다.

⑤ 보지 말 것, 있는 그대로 볼 것, 그리고 반드시 보아야만 할 것

견물생심이라 하였다. 보는 것이 그 사람의 마음을 좌우한다는 뜻이다. 절박한 순간에 우리는 무엇을 보는 자인가? 절박한 상황? 도저히 해결할 수 없는 난관? 문제를 다루시는 선한 목자 하나님? 반드시 보아야만 될 것을 보지 못한 이스라엘 백성은 보지 않아도 될 것에 눈길이 쏠렸다. 그리고 그 실체 그대로 제대로 보아야 할 것을 온전하게 보지 못하였다.

모세는 가장 절박한 순간에 가장 확실한 것을 보는 사람이었다. 그의 눈에는 파라오나 그 군대가 아니라 여호와 하나님이 보였다.

1 하나님은 우리의 피난처시요 힘이시니 환난 중에 만날 큰 도움이시라 2

그러므로 땅이 변하든지 산이 흔들려 바다 가운데에 빠지든지 3 바닷물이 솟아나고 뛰놀든지 그것이 넘침으로 산이 흔들릴지라도 우리는 두려워하지 아니하리로다(시 46:1~3)

작은 것에 가려져 큰 것을 보지 못하는 인간의 모습을 다산 정약용은 이렇게 표현하였다: 소산폐대산 원근지부동(小山蔽大山 遠近地不同 = 작은 산이 큰 산을 가리네. 거리의 멀고 가까움이 다르니). 이에 영감을 얻은 시인 이성부는 '작은 산이 큰 산을 가리는 것은 / 살아갈수록 내가 작아져서 / 내 눈도 작은 것으로만 꽉 차기 때문이다 … 오르고 또 올라서 정수리에 서는데 / 아니다 저어기 저 더 높은 산 하나 버티고 있다 / 이렇게 오르는 길 몇번이나 속았는지 / 작은 산들이 차곡차곡 쌓여서 나를 가두고 / 그때마다 나는 옥죄어 눈 바로 뜨지 못한다'(〈작은 산이 큰 산을 가린다〉 중에서) 라고 노래하였다.

⑥ 멀리계신 (?) 하나님

사람은 인생살이 중에 하나님의 계획보다 적대자의 계획이 더 잘 보일 때가 종종 있다. 적대자는 바로 눈앞에 있는데 비해 하나님은 멀리 계신 듯이 느껴지기 때문이다. 사람의 이런 심리 때문에 '법은 멀고 주먹은 가깝다'는 말이 생겼을 것이다. 바로 이럴 때 하나님 말씀이 필요하고 신앙이 우리에게 필요하다. 이럴 때 하나님의 말씀을 붙잡고 의지하지 않으면 사람은 문제를 해결한답시고 오히려 헛다리를 짚거나 악수(惡手)를 두는 것이다.

여호와 하나님은 멀리 계신 듯하고 이집트 군대가 코앞에 들이닥쳤을 때, 백성은 하나님의 계획을 알지 못한 채 파라오의 계획에 마음을 빼앗겼다. 우리는 어떠한가? 하나님이 멀리 계시는 것처럼 보이는 상황에서 의지하지 말아야 할 것을 의지하지는 않는가?

구원자 이스라엘의 하나님이여 진실로 주는 스스로 숨어 계시는 하나님이
시니이다(사 45:15)

26 인류의 모든 족속을 한 혈통으로 만드사 온 땅에 살게 하시고 그들의 연
대를 정하시며 거주의 경계를 한정하셨으니 27 이는 사람으로 혹 하나님을
더듬어 찾아 발견하게 하려 하심이로되 그는 우리 각 사람에게서 멀리 계
시지 아니하도다(행 17:26~27)

50
이렇게 한다 한들 무엇이 달라지랴(?)

(14:15~20)

15 여호와께서 모세에게 이르시되 너는 어찌하여 내게 부르짖느냐 이스라엘 자
  손에게 명령하여 앞으로 나아가게 하고
16 지팡이를 들고 손을 바다 위로 내밀어 그것이 갈라지게 하라 이스라엘 자손이
  바다 가운데서 마른 땅으로 행하리라
17 내가 애굽 사람들의 마음을 완악하게 할 것인즉 그들이 그 뒤를 따라 들어갈
  것이라 내가 바로와 그의 모든 군대와 그의 병거와 마병으로 말미암아 영광
  을 얻으리니
18 내가 바로와 그의 병거와 마병으로 말미암아 영광을 얻을 때에야 애굽 사람들
  이 나를 여호와인 줄 알리라 하시더니
19 이스라엘 진 앞에 가던 하나님의 사자가 그들의 뒤로 옮겨 가매 구름 기둥도
  앞에서 그 뒤로 옮겨
20 애굽 진과 이스라엘 진 사이에 이르러 서니 저쪽에는 구름과 흑암이 있고 이쪽
  에는 밤이 밝으므로 밤새도록 저쪽이 이쪽에 가까이 못하였더라

이것은 홍해 바다 사건을 눈앞에 두고 숨 막히는 상황을 그 내용으로 하
고 있다. 다시 말해서 생명 파괴와 혼돈의 세력으로부터의 구원을 그 내용
으로 하는 것이다. 앞서 살펴보았듯이 모세가 '가만히 서서'라고 말한 것은
그 자리에 멈추어 서라는 말이 아니었다. 그것은 뒤따라 추격하는 파라오

와 그 군대를 의식하던 마음을 하나님께로 이동시키라는 것이었다. 자신에게 부르짖는 백성을 달래는 한편, 모세 자신도 하나님께 부르짖었다.(챠아크) 아마 그의 심정도 절박하였으리라. 이에 하나님께서 모세에게 말씀하셨다: '어찌하여 너는 내게 부르짖느냐? 이스라엘 자손에게 말하라. 그리고 앞으로 나아가게 하라.'(15절)

마음만이 아니라 몸도 하나님을 향해, 곧 그분이 행하실 일을 향해 이동하게 하라고 모세에게 명령하셨다. '이스라엘 백성(쁘네-이스라엘)을 행진하게 하라.'(15절) 앞으로 계속 나가라고 말씀하셨다. 그리고 이스라엘 백성이 앞으로 나갈 방법을 구체적으로 일러 주셨다.(16절) 이것은 명령어 세 개에 나타나 있다: '(지팡이를) 들어라, … (바다 위로 손을) 내밀어라, … (바다를) 갈라지게 하라.' 말하니 간단한 것처럼 들리지만 이 말씀 속에는 사실 기상천외한 내용이 들어 있다. 16절은 맨 앞에 '그리고 너는'이란 말이 나오는 명사문장이다. 이를 직역하면 '그리고 너는 이런 자가 되어라, 곧 지팡이를 드는 자, 그리고 손을 바다로 내미는 자, 그리고 그것으로 바다를 갈라지게 하는 자가 되어라.' 모세가 이런 자로 나서면 이스라엘 백성은 바다가 갈라진 그 사이로 걸어가게 될 것이다.

'지팡이를 든다고 파라오와 그 군대가 추격해오는 이 현실에서 달라질 것이 무엇이 있겠는가?' 이 말씀을 보며 우리에게 떠오르는 생각이 바로 이런 것이다. 그가 손에 든 지팡이는 다른 사람들이 가진 것과 다르지 않은 나무 막대기인데… 그런데도 하나님은 중요한 일이 있을 때마다 지팡이를 들라고 하셨다.

파라오의 군대

16b에는 이스라엘 백성이 지나갈 곳을 가리켜 바다 가운데 마른 땅(뻬토크 아얌 빠얍바샤)이라 하였다. 마른 땅(육지, 뭍)이란 말(얍바샤)은 (메)마르다는 말(아바쉬)에서 나왔다. 우리가 알다시피 강이나 바다에 물이 빠지고 나면 바닥이 질퍽질퍽하다. 밀물 썰물이 오갈 때에도 그렇다. 그런 길을 걷자면 매우 힘이 들 것이다. 하나님은 홍해 바다가 갈라져 나타날 길을 마른 땅(육지)이라고 말씀하셨다. 다시 말해 홍해 바다가 갈라지는 것도 놀랍고도 놀라운 기적인데 그 바닷길이 마른 땅으로 되는 것도 매우 커다란 기적이다.

바닷길로 들어선 이스라엘 백성의 뒤를 따라 이집트 군대가 그리로 들어설 것이다.(17절) 그들이 이렇게 하는 것은 여호와께서 그들 마음을 완악하게 하셨기 때문이다. 이 사실을 강조하느라 17a도 명사문장이다: '그리고 나는 이런 자이다. 나를 보라! 곧 이집트인의 마음을 완악하게 하는 자이다.'(직역) 4절에 이어 여기서도 하나님은 그들 마음을 완악하게 만드셨다. 그 결과 세 가지 일이 일어나게 되었다: i)이집트 군대가 홍해 바다에 빠져 죽음 ii)여호와께서 영광을 받으심 iii)이집트인들이 여호와가 하나님이신 것을 비로소 알게 됨.(17~18절) 이 가운데 여호와가 영광을 받으심이 가장 중요하다. 이는 17~18절에 두 차례 되풀이 언급되었다. 여호와만이 피조물과 군사력을 지배하시는 하나님으로 계시될 것이다. 그리고 이스라엘 백성만이 아니라 다른 나라와 민족도 그것을 인정하고 받아들일 것이다. 이로써 여호와께서 영광을 받으시는 것이다.

하나님이 주어로 등장하는 영광을 받다는 말(카보드 니팔형)은 출 14장에 세 번 쓰였다. 이곳 말고는 이런 표현이 구약성경에 레 10:3; 사 26:15; 겔 28:22; 39:13 등에 나올 뿐이다.(학 1:8 참조) 레위기에서 이것은 아론의 아들 나답과 아비후가 하나님의 심판을 받아 죽는 것과 관련하여 쓰였다. 물론 '여호와의 영광'이란 말(카보드 야웨)은 하나님의 구원을 나타낼 때에도 사

용되었다.(출 16:7, 10)

여호와께서 말씀을 마치자 그분의 사자가 이스라엘 백성의 뒤편으로 가 이집트 군대의 앞에 섰다. 구름기둥도 자연스럽게 움직였다. 그것도 이스라엘 백성 뒤편으로 옮겨가 섰다.(아마드) 이제 그 두 백성은 서로 접근할 수 없게 되었다. 이 방어와 보호가 구름기둥이 뒤로 간 이유였다. 호렙 산 불타는 떨기나무에 나타났던 여호와의 사자가 긴박하고 긴장감 넘치는 이 자리에 다시 등장한 것이다. 그 실체에 대해 여러 가지 해석이 있다. 문자 그대로 천사라 보는 사람도 있고 하나님의 현현 또는 구름 기둥 그 자체로 보는 사람도 있다.(창세기에는 하나님과 하나님의 사자가 명확히 구별되지 않았다. 창 18:2, 22; 19:1 참조) 그 존재가 무엇이든 하나님의 백성은 완벽하게 인도·보호받았다.

이집트 군대의 진영과 이스라엘 진영 사이에 있는 구름기둥을 묘사하는 20a에 대한 해석은 다양하다. 이를 직역하면 '구름과 어둠이 [같이] 있었다. 그러나 그것이 [그가] 밤을 비추었다'이다.

애굽 진과 이스라엘 진 사이에 이르러 서니 저쪽에는 구름과 흑암이 있고 이쪽에는 밤이 밝으므로 밤새도록 저쪽이 이쪽에 가까이 못하였더라(개역개정)

이집트 진과 이스라엘 진 사이를 가로막고 섰다. 그 구름이 이집트 사람들이 있는 쪽은 어둡게 하고, 이스라엘 사람들이 있는 쪽은 환하게 밝혀 주었으므로, 밤새도록 양 쪽이 서로 가까이 갈 수 없었다.(표준)

이집트의 진과 이스라엘의 진 사이에 섰다. 그러자 구름 때문에 캄캄해져서 서로 가까이 가지도 못하고 밤을 새웠다.(공개)

그리하여 그것은 이집트 군대와 이스라엘 군대 사이에 자리 잡게 되었다. 그러자 그 구름이 한쪽은 어둡게 하고, 다른 쪽은 밤을 밝혀 주었다. 그래서 밤새도록 아무도 이쪽에서 저쪽으로 다가갈 수 없었다.(천새)

빛을 비추는 주체가 누구일까? 구름인가? 여호와의 사자(여호와)인가? 대부분의 성경번역은 주체를 구름으로 하거나, 이를 수동문으로 번역하여 주체가 누구인지에 대한 설명을 피하였다. 앞뒤 문맥을 보면 그 주체를 구름으로 보아도 별로 무리가 없다. 문제는 물체인 구름이 그 자체로 혹은 <u>스스로 빛을 낼 수 있는가?</u> 라는 점이다.

구름(기둥)은 본질적으로 보호자 역할을 하였다. 17절처럼 군대(카일)가 아니었다. 그것은 이쪽에서 저쪽으로 접근하지 못하게 막을(20절) 정도로 중요한 역할을 담당하였다. 마치 열 번째 표적(흑암)이 일어날 때 이스라엘 자손이 있는 곳엔 빛이 이집트 백성이 있는 자리엔 어둠이 깔려 있었듯이(10:23 참조) 여기서도 그런 현상이 일어났다.

홍해 바다가 갈라져 만들어진 길, 이것이 이스라엘 백성에게는 구원의 길인 반면에 이집트 군대에게는 죽음의 길이었다. 14절 말씀대로 여호와께서 이스라엘 백성을 위해 친히 싸우신 것이다. 이를 위해 하나님은 각종 피조물을 사용하셨다. 물 바람 구름(기둥) 불(기둥), 밤과 어둠 빛 마른 땅 등등. 하나님은 하나님의 선한 목적에 따라 피조물을 자유자재로 활용하시는 분이다. 그렇다. 자연과 그 현상처럼 보이는 이곳, 실제로는 전대미문의 역사적 사건 속에서 하나님-사람-자연이 혼연일체가 되었다.

① 손을 뻗는다고 될까?

앞에는 홍해 바다 뒤에는 이집트 군대, 진퇴양난의 상황이었다. 이때 모세는 하나님 말씀대로 지팡이를 든 손을 바다 위로 내밀었다. 손을 뻗는다고 될까? 지팡이를 바닷물 위로 내민다고 될까? 이런다고 무엇이 달라질 수 있을까? 모세, 아니 우리 모두의 이런 심정을 아시는지 하나님은 이런 때 일어날 일을 자세히 설명해 주셨다.

우리는 무엇인가를 하다가 문득 '이렇게 한다 한들 무엇이 달라지랴?' 하는 생각에 부딪힐 때가 적지 않다. 주어진 현실 앞에서 무엇이든 해보긴 해봐야 하는데 상황을 반전시킬 자신이 영 없을 때 하는 말이다. 이는 말이든 행동이든 어떤 것을 하더라도 이미 정해진 결론은 달라질 것이 없다는 생각에서 나오는 자포자기의 표현이다.

홍해 바다 앞에서 부르짖는 이스라엘 자손을 보며 우리는 또 하나를 배운다, 곧 우리가 내리는 결론은 우리 자신의 결론일 뿐이라는 사실을.

정말 하나님도 그렇게 생각하실까? 모세에게 '(지팡이를) 들어라, … (바다 위로 손을) 내밀어라, … (바다를) 갈라지게 하라.' 말씀하시는 하나님은 이스라엘 백성의 생각과 전혀 다른 결론을 준비하고 계셨다. 그렇다. 우리 인생의 결론은 우리가 내리는 대로 되는 것이 아니다. 인생의 주인이신 하나님 손에 달려 있다. 우리는 다만 우리 자신의 판단대로가 아니라 하나님께서 기뻐하시는 대로, 하나님께서 목적하시는 대로 행하면 되는 것이다.

② 앞과 뒤, 그리고 좌우편

우리가 드리는 기도 중에 이런 것이 있다:

그리스도께서 우리와 함께
> 우리 앞에
> 우리 속에
> 우리 위에 계시옵소서
오 주여, 주의 구원이 항상 우리와 함께하소서

하나님은 이스라엘 백성의 뒤편으로 구름기둥을 보내셨다. 이것이 눈에 보이는 앞이 아니라 뒤에 자리잡았다고 해서 그들의 뒤통수가 서늘해지지 않았다, 이집트 군대가 그들을 공격하지 못하게 하나님께서 막아주시기에. 나중에 양편으로 갈라져 마른 땅이 된 그 바다 양쪽에는 물로 벽이 되었다. 이로써 군사 작전에서 흔히 쓰이는 측면공격 전략이 먹혀들 수가 없었다. 앞에는 지팡이를 손에 든 모세가 대오를 이끌었다.

구름기둥이 이스라엘 백성 앞에 있는 것이 효과적일 때가 있었고 뒤에 있는 것이 유리할 때가 있었다. 하나님은 필요와 효과에 따라 구름기둥의 위치를 옮기시며 완벽하게 이스라엘 백성을 보호하시며 인도하셨다.

③ 어떤 전화번호

어떤 사람들이 나눈 대화이다.

'나는 어떤 문제가 생겨도 두려워하지 않습니다.'

'그래요? 무슨 이유로?'

'나는 하나님의 전화번호를 늘 가지고 다니니까요?'

'그런 것이 다 있어요? 하나님의 전화번호가 어떻게 되나요?'

'33국에 3번입니다.'

'네에???'

'예레미야 33장 3절: 너는 내게 부르짖으라 내가 네게 응답하겠고 네가 알지 못 하는 크고 비밀한 일을 보이리라.'

홍해 바다 앞에서 하나님은 여호와께 부르짖는 백성에게 크고도 신비한 일을 보여주셨다.

④ 홍해 앞에 가로놓인 강

출 14:1~20에는 홍해 바다 앞에 있는 이스라엘 민족이 등장한다. 그들은 홍해 바다를 건너기 전에 그 앞에 있는 강을 몇 개 건너야만 하였다.

첫째는 순종의 강이다. 출애굽한 이스라엘을 하나님은 사람이 보기에 엉뚱한 곳으로 인도하셨다. 그분은 가나안으로 가던 발걸음을 돌려 '바다와 믹돌 사이의 비하히롯 앞 곧 바알스본 맞은편 바닷가에 장막을 치게 하라'(2절)고 명령하셨다. 이것을 보고 파라오로 하여금 쾌재를 부르게 하셨다. '그들이 그 땅에서 멀리 떠나 광야에 갇힌 바 되었다.'(3절) 그러니 이 명령에 순종하기가 얼마나 어려운 일이겠는가? 그런데도 모세와 이스라엘 백성은 그 말씀을 순순히 따랐다.

둘째는 외부의 적이란 이름을 가진 강이다. 이것은 두말할 것도 없이 파라오와 그 군대의 위용이다. 이스라엘은 그들을 보는 것만으로도 기가 질렸다. 그 불안초초와 공포의 강을 건너야만 하나님 말씀이 귀에 들어올 것이다.

셋째는 내부의 적이라 불려지는 강이다. 이 적의 정체는 동족이요 동류였다. 내부의 적은 지도자 모세에게 원망을 퍼부었다. 현실을 실제보다 더 크게 과장하여 동족을 선동하였다.(11~12절) 사실 신앙공동체에서 이단보다 더 무서운 것은 원불교인이다. 원망하고 불평하는 교인. 격려와 위로가 없는 곳은 항상 살벌하다.

홍해 바다를 건너기 전 이스라엘 민족은 이 세 개의 강을 건넜다. 그리고 나서 하나님의 영광을 직접 체험하였다.

51
신기하고 놀라워

(14:21~31)

21 모세가 바다 위로 손을 내밀매 여호와께서 큰 동풍이 밤새도록 바닷물을 물러가게 하시니 물이 갈라져 바다가 마른 땅이 된지라

22 이스라엘 자손이 바다 가운데를 육지로 걸어가고 물은 그들의 좌우에 벽이 되니

23 애굽 사람들과 바로의 말들, 병거들과 그 마병들이 다 그들의 뒤를 추격하여 바다 가운데로 들어오는지라

24 새벽에 여호와께서 불과 구름 기둥 가운데서 이집트 군대를 보시고 이집트 군대를 어지럽게 하시며

25 그들의 병거 바퀴를 벗겨서 달리기가 어렵게 하시니 이집트 사람들이 이르되 이스라엘 앞에서 우리가 도망하자 여호와가 그들을 위하여 싸워 이집트 사람들을 치는도다

26 여호와께서 모세에게 이르시되 네 손을 바다 위로 내밀어 물이 이집트 사람들과 그들의 병거들과 마병들 위에 다시 흐르게 하라 하시니

27 모세가 곧 손을 바다 위로 내밀매 새벽이 되어 바다의 힘이 회복된지라 이집트 사람들이 물을 거슬러 도망하나 여호와께서 이집트 사람들을 바다 가운데 엎으시니

28 물이 다시 흘러 병거들과 기병들을 덮되 그들의 뒤를 따라 바다에 들어간 바로의 군대를 다 덮으니 하나도 남지 아니하였더라

29 그러나 이스라엘 자손은 바다 가운데를 육지로 행하였고 물이 좌우에 벽이 되
    었더라

30 그 날에 여호와께서 이같이 이스라엘을 이집트 사람의 손에서 구원하시매 이
    스라엘이 바닷가에서 이집트 사람들이 죽어 있는 것을 보았더라

31 이스라엘이 여호와께서 이집트 사람들에게 행하신 그 큰 능력을 보았으므로
    백성이 여호와를 경외하며 여호와와 그의 종 모세를 믿었더라

되었더라

이것은 홍해 바다에서 일어난 사건, 말 그대로 기상천외 전대미문이라 불러야 할 놀라운 일이 일어난 이야기이다. 홍해 바다 사건이 바로 그것이다.

21절에 '큰 동풍'이라 옮겨진 말(뻬루앗흐 카딤 아자)은 강한 동풍을 가리킨다. 여호와의 명령대로(16절) 모세가 바다 위로 지팡이를 든 채로 팔을 뻗자(21절) 하나님은 맹렬한 강풍(동풍)을 밤새도록 불게 하셨다. 하나님께서 홍해 바다를 가르신 도구는 지팡이 또는 모세의 팔이 아니라 동풍이었다. 이 일의 주도권이 완전히 여호와 하나님께 있다는 사실이 14:4, 13~14, 17~18, 30~31에 되풀이 기록되었다.

여기에 창조의 이미지가 사용되었다. i)성령께서 물 위에 운행하였듯이(창 1:2) 모세의 지팡이가 물 위로 작동되었다. ii)하나님께서 물과 뭍을 분리시키셨듯이(창 1:7) 하나님은 모세를 통해 그렇게 분리시키셨다. iii)마른 땅(뭍 육지)을 창조하신 하나님께서(창 1:9) 백성에게 마른 땅을 밟게 하셨다.(브루크너 214) 16, 22, 29에 나오는 마른 땅(하라바)은 흔히 말하는 육지(야바샤)가 아니다.(출 15:19 참조) 이스라엘 백성은 하나님께서 만들어주신 이 마른 땅을 밟고 홍해를 건넜다. 이집트 군대는 이 마른 땅을 믿고 바닷길로 들어섰다가

505

망하였다.

이스라엘 백성이 홍해 바다 사이로 난 길을 지날 때 양쪽 옆에는 물로 벽(코마)이 형성되어 있었다.(22절) 이로써 전쟁의 고전적인 방법인 측면공략의 전술이 여기서는 아예 꿈도 꾸지 못하게 되었다. 이 부분에는 이집트 군대의 규모와 조직에 대해 되풀이 설명되었다.(23, 25, 26, 28절) 이는 이스라엘 백성이 느끼는 긴장감 넘치는 분위기와 위협을 실감나게 보여주는 것이다.

23절에 따르면 애굽 사람들과 바로의 말들, 병거들과 그 마병들이 다 이스라엘 백성을 쫓아 '그 바다 가운데로'(엘 토크 하얌) 들어갔다. 이는 이스라엘 백성이 그리로 들어가는 것을 묘사한 내용과 미묘한 차이가 있다. 22절은 '이스라엘 백성이 바다 가운데 마른 땅으로 들어갔다. 그리고 그 물들이 그들을 위해 그들의 좌우에 벽이 되었다'(직역) 라고 되어 있다. 얼핏 보기에는 똑같아 보이는 길인데 이집트 군대에게는 '마른 땅과 벽'이란 말이 빠져 있는 것이다.

이스라엘 사람은 밤을 오후 6~10시 오후 10시~오전 2시 오전 2시~6시 등 셋으로 나눈다.(차준희 166~7) 이에 따르면 홍해 바다 사건은 오전 2~6시에 일어났을 것이다.(24~25절)

여호와께서는 이집트 군대를 어지럽게 만드셨다.(24절 하맘) 이 말은 교란시키다는 뜻으로 하나님께서 이스라엘의 대적을 치시는 것을 묘사할 때 자주 쓰였다.(삿 4:15; 수 10:10 참조) 그들은 잘 훈련된 막강한 군사력을 믿고 바다로 난 길로 뛰어들었다. 보병만이 아니라 기병(말) 보병(? 병거) 등 모든 군대와 무기가 다. 이때 하나님은 또 다시 명령을 내리셨다.(26절) 그에 따라 순식간에 물이 원래 자리로 되돌아왔다. 그들은 산더미처럼 밀려오는 파도를 만났으며(카라) 하나님은 그들을 흩으셨다.(27절 나아르) 이 나아르는 본디 흔들어 떨어뜨리다(사 33:9)는 뜻이다. 여기 엎어뜨리다로 옮겨진 것을 그 의미를 살려 옮긴다면 던져 버리다란 뜻이리라. 그들은 하나도 남지 않고 다 죽었다. 이는 하나님의 심판에서 남은 자가 된 이스라엘 백성과 극적인 대조를 이루고 있다. 그들에게는 구원의 길, 생명의 길이었던 바로 그곳이 완강한 이집트인에게는 죽음과 소멸의 길이 되었던 것이다.

'여호와께서 너희를 위하여 싸우시리니 너희는 가만히(잠잠히) 있을지니라'(14절)는 말씀은 다른 방도가 없어서 그냥 던진 말이 아니다. 하나님께서 이루실 가장 확실한 길이 있음을 믿고 한 것이다. 그 믿음은 다음과 같이 네 가지로 이루어졌다.(브루크너 217 참조)

 i)구름기둥이 이스라엘 백성의 진영 뒤로 가 이집트 군대의 진영과 분리시켰다.(19~20절)
 ii)하나님은 모세에게 지팡이를 내밀게 하셔서 밤새도록 부는 동풍에 바닷물이 물러가게 하셨다.(21절)
 iii)여호와께서 새벽에(오전 2~6시?) 이집트 사람들을 어지럽게 만드셨다.(24절) 여호와께서 그들 마음을 완강하게 하시자 그들의 판단력은 무뎌졌다.
 iv)하나님은 이집트 군대가 사용하는 병거의 바퀴가 벗겨져 달릴 수 없게 하셨다.(25절) 그들은 제자리로 되돌아온 물결을 거슬러 도망치다가 하나도 남김 없이 다 빠져 죽었다.(27~28절)

출 13:17~14:29에 나오는 이야기 전체가 출 14:30~31에 요약되었다.(Durham 344) 30절의 '보았더라'는 말은 13절의 '보라'고 말씀하신 하나님의 뜻이 실현된 것이다.

출애굽기 14장을 읽으며 사람들은 홍해 바다를 가른 기적의 방법에 주의를 기울였다. 이를테면 이집트 군대의 혼란과 파멸을 위해 여기 등장하는 구름기둥과 불기둥을 무서운 천둥(Cassuto 171~2), 화산 폭발(Robinson, ZAW 51[1933] 171~2), 하나님의 나타나심(Hyatt 154), 시내 산 전승(Kuntz 82~85, 185~187), 현명한 지질 지형의 선택과 이용(Hay, JBL 83[1964] 397~403) 등으로 해석하였다. 이것들은 모두 학자 자신의 상상력에 기초한 것일 뿐이다. 성경에 따른 해석이 아니다. 여기서 중요한 것은 '홍해 바다에서 과연 누가 무슨 일을 일으켰는가'에 대한 대답이다. 다시 말해 이집트로부터 이스라엘 백성은 완전한 구원을 얻었다. 이 사건이 홍해 바다에서 일어났다. 이 일은 여호와 하나님으로 말미암아 시작되고 집행되고 완성되었다. 이것이 13~14장의 결론이다.

출애굽기 1~14장의 이야기는 다음과 같은 점에서 여호수아서와 비슷하게 짜여 있다.(Marc Vervenne, Studies in the Book of Exodus 461)

일어난 일	출 1~14	수 3~5
하나님의 나타나심	3:1~5	5:13~15
건너 뜀	12:1~20	5:10~12
할례	12:40~53	5:2~9
자손의 물음	12:26~2714~16	4:21~24; 4:6~7
물에서의 기적	14:21~28	3:14~16

'바로 그 날에'(빠이욤 하후 bbajjôm hahû) 이루어진 일의 결과가 31절에 나와 있다. 하나님께서 이집트 사람들에게 행하신 큰 능력을 이스라엘 자손이 보았으므로 여호와와 그 종 모세를 믿었다는 것이다. 하나님은 모세 없이도 이적을 베푸실 수 있는 분이다. 그가 지팡이를 바다 위로 내미는 행위를 하지 않아도 얼마든지 홍해 바다를 가를 수 있는 분이다. 그런데도 여호와는

모세를 앞세워 이 큰 일을 행하셨다. 이는 이스라엘 백성에게 모세의 지도력을 인정하게 도우신 것이다.

오늘의 적용

① 보라

출 14:13~14절에는 네 가지 주요한 명령어가 나왔다: 두려워하지 말아라 가만히 서 있으라, 보라 가만히 있으라(잠잠하라). 앞의 세 개는 연이어 나왔다. 명령어가 이렇게 연이어 나올 때 그 강조점은 항상 마지막 것에 있다. 이스라엘 백성에게 명령을 내리시는 하나님의 본뜻은 '보라'에 있다는 말이다. 그렇다면 그들은 무엇을 보아야 하는가? 그 대답이 여기 있다: '바닷가에서 이집트 사람들이 죽어 있는 것을 보았더라.'(출 14:30b)

이 세상에 볼 것이 아주 아주 많다. 눈만 뜨면 산지 사방에 보이는 것이 널려 있다. 어떤 것은 일부러 보려 하지 않아도 보이고 또 어떤 것은 일부러 눈을 씻고 들여다 보아야만 보이는 것도 있다.

이 많고 많은 것들 가운데 우리는 무엇을 보는가? 하나님이 살아계심을, 하나님이 자기 백성을 구원하심을, 하나님이 역사와 사회의 주인이심을 우리는 보는가?

② 처음엔 같은 길, 나중엔 다른 길

이스라엘 백성과 이집트 군대가 바다로 들어서는 길은 같았다. 그것은 홍해 바다 안으로 난 마른 땅이었다. 똑같은 그 길이 한편에겐 구원과 생명의 길, 다른 편에겐 멸망과 죽음의 길이었다.

여기에서 분명히 나타나듯이 인생이 가는 길에는 생명(영생)의 길과 멸망(파괴)의 길이 있다. 현대인의 눈에는 이것이 지나치게 도식화된 듯이 보이겠지만 사실이 그러하다는 것을 부정할 수 없다. 나 자신은 어느 쪽에 더 가까이 있는가?

예수님 말씀이다:

샤롯데 라이흐렌의 아이디어에 따른 넓은 길과 좁은 길 – Paul Beckmann 1866

13 좁은 문으로 들어가라 멸망으로 인도하는 문은 크고 그 길이 넓어 그리로 들어가는 자가 많고 14 생명으로 인도하는 문은 좁고 길이 협착하여 찾는 자가 적음이라(마 7:13~14)

내가 곧 길이요(요 14:6)

③ 지도자를 세워주시는 하나님

홍해 바다 사건은 처음부터 끝까지 여호와 하나님께서 고안하고 주도하신 것이다. 모세가 그 일을 놓고 제안을 하거나 지팡이를 든 손을 바다 위로 뻗지 않았어도 하나님께서 하고자 하시면 얼마든지 일어났을 사건이다.

그런데도 하나님은 이런 일들을 다 모세를 통하여 이루셨다. 이는 모세에게 주신 하나님의 큰 은혜였다. 그리고 눈에 보이는 지도력을 확립함으로써 이스라엘 백성에게 안정감을 주시려는 하나님의 배려였다.

④ 하나님의 특별한 배려

이스라엘 백성이 홍해 바다로 들어갈 때에는 물은 벽이 되었고 땅은 말라있었다. 이렇게 바다를 건너는데 가장 큰 장애물인 물이 보호자의 역할을 하였다. 반면에 이집트 군대가 바다로 들어서자 사정이 완전히 달라졌다. 물은 더 이상 보호 장벽이 아니었다. 그들은 그냥 바다 가운데로 빠져들어갔다. 이스라엘 백성이 그곳으로 향할 때의 상황을 구체적으로 알려주던 물로 된 양쪽의 벽과 마른 땅이란 말이 이집트 군대에게는 빠져 있다.

기독교 교리는 모든 피조물에 주어진 일반 은총과 하나님의 백성에게 주어진 특별 은총을 구별한다. 이 특별 은총 가운데서도 각자의 신앙 체험의 내용과 양상에는 차이가 있기 마련이다. 신앙생활하면서 또 인생살이 가운데 우리는 하나님의 특별하신 은총을 체험한 적이 있었는가? 다른 사람에게서 보지 못하였던 남다른 은혜를 받은 적이 있었는가? 만일 그런 것이 있었다면 그런 것들은 오늘 우리 생활에 어떻게 작용(적용)되고 있는가?

자신이 체험하였던 특별 은총을 하나님 영광의 도구로, 인생의 사명으로 활용하는 사람은 복이 있다.

⑤ 신기하고 놀라워

어린이들이 즐겨 부르는 복음성가 '예수님의 사랑 신기하고 놀라워'(Jesus' Love Is Very Wonderful)이다.

1. 예수님의 사랑 신기하고 놀라워(Jesus' Love Is Very Wonderful)

　예수님의 사랑 신기하고 놀라워(Jesus' Love Is Very Wonderful)

　예수님의 사랑 신기하고 놀라워(Jesus' Love Is Very Wonderful)

　오!!! 크신 사랑(Oh wonderful Love)

2. 하늘 그보다 높고 바다 그 보다 넓고(so high you can't get over it)

511

우주 그 보다 넓은 오 크신 사랑(so low you can't get under it)

하늘 그보다 높고 바다 그 보다 넓고(so wide you can't get round it)

우주 그 보다 넓은 오 크신 사랑(Oh wonderful Love)

홍해 바다에서 이스라엘 백성이 체험한 것을 노래로 표현하라면 이런 것이 되지 않을까?

우리가 측량할 수 없고 상상할 수 없고 재현할 수 없는 우리 자신의 하나님 체험을 어떤 노래로 부를 수 있을까?

⑥ 문제를 다루는 방법

출애굽기 14장 13절에는 하나님의 사람이 자신의 문제에 어떻게 반응하는지를 보여주었다. (Newsome, Exodus 52)

i)두려워하지 말라. 이것은 하나님의 백성이 결정적인 순간에 놓여 있을 때마다 하나님께서 늘 하시는 말씀이다.(사 41:10, 13, 14)

ii)굳건히 서라. 하나님의 백성은 어떤 경우에나 하나님께서 구원하시는 것을 신뢰하여야 한다.

iii)잠잠하라. 이것은 수동적인 침묵이 아니다. 자신이 감당하지 못할 문제를 하나님께 내어맡김이고 불안과 공포에 떠는 대신에 그분의 인도하심을 철저하게 신뢰하는 것이다.

iv)하나님이 행하시는 구원을 보라. 하나님의 백성은 놀라운 기적을 일으키는 사람이 아니다. 그는 하나님께서 하시고자 하는 것이 드러나게 하는 자이다.

v)여호와께서 너희를 위해 싸우시리라. 이스라엘 사람은 이적을 행하지 못한다. 그렇더라도 그 이적의 혜택을 누린다.

52
여호와와 같은 분이 어디에 또 있을까?

(15:1~6)

> 1 이때에 모세와 이스라엘 자손이 이 노래로 여호와께 노래하니 일렀으되 내가
> 여호와를 찬송하리니 그는 높고 영화로우심이요 말과 그 탄 자를 바다에 던지
> 셨음이로다
> 2 여호와는 나의 힘이요 노래시며 나의 구원이시로다 그는 나의 하나님이시니 내
> 가 그를 찬송할 것이요 내 아버지의 하나님이시니 내가 그를 높이리로다
> 3 여호와는 용사시니 여호와는 그의 이름이시로다
> 4 그가 바로의 병거와 그의 군대를 바다에 던지시니 최고의 지휘관들이 홍해에
> 잠겼고
> 5 깊은 물이 그들을 덮으니 그들이 돌처럼 깊음 속에 가라앉았도다
> 6 여호와여 주의 오른손이 권능으로 영광을 나타내시니이다 여호와여 주의 오른
> 손이 원수를 부수시니이다

이스라엘 백성은 홍해 바다를 건넌 뒤 곧바로 하나님을 찬양하는 노래를 부르며 춤을 추었다. 이것이 출애굽기 15장의 내용이다.

프레트하임은 출애굽기 1~15장이 탄원시 곧 개인 또는 공동체가 하나님께서 자신과 함께하신다는 사실에 회의를 느끼면서 짓는 시의 형식에 따른다며 다음과 같이 이 부분을 살펴보았다.(162; Hamilton 225 참조)

i)위기에 대한 서술과 하나님을 향한 부르짖음(1~2장)

ii)하나님의 은혜로우신 개입(3:1~7:7)

iii)하나님께서 놀라운 일을 행하심에 대한 서술(7:8~14:31)

iv)찬양(15:1~21)

이 노래의 형식과 내용에 따라 그 짜임새를 분류하는 여러 가지 방법이 있다. 이것이 여호와에 관한 노래냐,(1~5, 18절에서 여호와는 3인칭) 여호와를 향한 노래냐(6~17절에서 여호와는 2인칭)가 그 하나이다. 학자들은 대체로 출애굽기 15장이 찬송시(찬양시)라는 데 의견을 같이 하고 있다. 몇몇 학자들은 이것을 승리의 노래(승리의 송시)라고 보기도 한다.(Cross, Freedman, Cassuto) 출 15:1~18의 노래를 부르는 사람이 일인칭으로 표현된 것으로 보아 이것은 독창이다.(Noth 98)

출 15:1~6은 출애굽한 이스라엘 백성이 홍해 바다 사건을 겪고 난 뒤 감격에 찬 가슴을 안고 부르는 찬양이다.

출 15장은 이집트의 경험이 찬양 및 광야 여정으로 가는 건널목이다. 출 15:1~21에서 이스라엘 백성은 출애굽의 감격을 춤과 시로 노래하였다. 시 형식으로 된 이 노래들은 구약성경에서 가장 오래 되었을 뿐만 아니라 매우 인상 깊은 것이다.(J. G. Herder 1022) 이것은 모든 시들의 왕관이며 세계의 주인이신 하나님을 심판자요 도움을 베푸시는 분으로 체험한 사람들의 노래인 것이다.(Jabob 428. Utzschneider 332에서 재인용) 이것은 흔히 모세의 노래 또는 바다 (기적)의 노래라고 불려진다.(2~6, 7~11, 12~18절)

이스라엘 백성은 하나님을 향한 믿음을 노래와 춤으로 자연스럽게 표현하였다. 이것은 출 14:26~31을 바탕그림으로 하고 있다. 그 내용은 '그는 높고 영화로우심이요'(1절)로 시작하여 '여호와께서 영원무궁하도록 다스리시도다'(1:18)로 끝났다. 이 두 노래의 주제는 출애굽의 하나님을 찬양하는 것이다. 이는 승리의 당사자는 이스라엘이 아니라 여호와 하나님이심을 분명하게 밝혔다. 그 짜임새를 살펴보면 다음과 같다.(Utzschneider 333)

- 1b~2 찬양을 시작함(여호와를 구원자로 노래하려는 의지를 표현)
- 3~11 하나님은 승리하셨다.

  3~6 파라오의 군대를 홍해 바다 속으로 잠기게 하셨다

  7~11(12) 여호와께서 자신의 적대자들을 물리치셨다
- 12(13)~17 여호와의 인도하심 아래 있는 하나님의 백성

  13 여호와는 자기 백성을 거룩한 처소로 인도하신다

  14~16 그 백성이 길과 민족들이 있는 곳으로 떠났다

  17 하나님은 자기 백성을 자신의 거처(성소)로 끌어들이셨다
- 18 찬양을 마침(하나님이 다스리신다)

출애굽기 15:1~6은 두 부분 곧 감사의 노래(1b~3)와 찬양할 내용 묘사 (4~6)로 이루어진 찬양시 형식이다.

1절의 첫마디는 아즈(= 그때)이다. 시간을 나타내는 이 부사는 가슴 벅찬 감격과 감동을 노래할 때나 역사를 기록할 때 자주 쓰였다.(수 10:12; 삿 5:8, 11, 13; 왕상 8:1) 이는 이스라엘 백성이 홍해 바다 사건을 경험한 바로 그 날 노래와 춤과 시로 하나님을 찬양하였다는 사실을 보여주는 것이다. 그 노래는 '내가 여호와를 향하여 노래하리라'(아쉬라 르야웨) 라는 말로 시작되었다.

동사 아쉬라가 1인칭 남성으로 되어 있기에 약간의 혼동이 올 수도 있다. 그 주어가 '모세와 이스라엘 자손' 곧 복수형이기 때문이다. 주어가 여러 개 나올 때(특히 그것이 집합, 집단일 때) 그 중 맨 앞에 있는 것에 맞추어 동사형이 단수 혹은 복수로 결정되는 것은 히브리어에 흔히 있는 일이다.(창 8:22;

홍해 바다 사건(? 앗시리아 아슈르바니팔의 궁정 벽화, 니느웨)

21:32 등 참조, Hamilton 222)

'노래하리라'로 옮긴 말(šîrâ)은 흔히 자기 권유형(청유형 cohortative)이라 부른다. 1인칭(보통의 경우 복수형)으로 된 이것은 자신의 의지나 결심을 강력하게 표현하는 것이다. 더 나아가 거기 모인 회중에게 찬송에 동참하라는 간접적인 요구이기도 하다. 1~6절에는 여호와란 명칭이 여섯 차례 되풀이 나왔다, 인칭대명사로 표현된 경우를 빼고도(1~21절에 10번) 야(여호와의 단축형)와 엘(엘로헤 = 하나님의 단축형)이란 호칭도 2절에 각각 한 번씩 쓰였다. 이는 이 찬양의 주제가 여호와 하나님께서 하신 일이라는 뜻이다.

1a에서 숨을 고른 다음 바다의 노래를 부르는 이유를 포함하여 그 가사(내용)가 바로 뒤이어 1b부터 나왔다. '이는 (진실로) 그분이 지극히 높으시기 때문이로다. 말과 그 탄자들을 바다에 내던지셨도다.'(직역) 이 노랫말은 홍해 바다에서 보여주신 하나님의 위대한 능력을 아주 간단하면서도 확실하게 요약하였다. 여기서 말은 말안장을 착용한 쌍으로 구성된 말들을 가리킨다. 병거는 말 그대로 타는 도구(← = 몰다, 타다)이다.(4절) 말과 병거란 말은 구약성경에서 하나님과 그 백성을 대적하는 사람들을 가리키곤 하였다.

개역개정에 '높고 영화롭다'는 말은 까아 동사의 부정사 절대형(Inf. abs)과 완료형(AK)으로 나란히 쓰여 그 뜻이 한층 강화되었다.(진실로 그는 영화롭고 또 영화롭도다 LXX 엔독코스 가르 데락시스타이 = 그는 영화롭고도 영화롭도다) 이 말은 일어서다, 성장하다, 승리에 환호하다는 뜻이다. 이는 그림 언어이다. 여호와 하나님께서 이집트 군대 위로 거센 파도처럼 일어나시는 모습을 보여주는. 그리고 그들을 완전히 무기력하게 만드시는 모습도 함께 묘사되었다. 이런 뜻에서 본문은 홍해 바다에 이는 높은 파도와 하나님의 영광스러운 능력을 동시에 교차시켰던 것이다.

2~5절은 이 체험에 바탕 한 신앙고백을 그 내용으로 하였다. 그 핵심은 '(나의) 노래 나의 구원 나의 하나님 나의 아버지의 하나님 … 그리고 전사(戰士)'이다.(2~3a) 이것은 매우 박진감 있는 노래 형식으로 되어 있다. 2b와 3b 소절을 빼고는 모두 다 낱말 3개로 이루어져 있다:

2a 앗지 뷔지므라트 야흐 (나의 강함과 찬양은 여호와)

2b 봐예히-르예수아 (그리고 그 분은 나를 위한 구원자)

2c 제 엘리 뷔아느봬후 (그 분은 나의 하나님 그리고 나 그분을 찬양하리)

2d 엘로헤 아비 봐아로메메네후 (내 아버지의 하나님 그리고 나 그분을 높여드리리)

3a 야웨 이쉬 밀하마 (여호와는 전쟁의 남자)

3b 야웨 쉐모 (여호와는 그의 이름)

강함이라 옮긴 말은 성경에서 두 가지 의미로 쓰이곤 하였다. i)힘(강함) 또는 피난처(창 49:3; 출 15:13; 시 29:11; 68:35) ii)찬양 경배(시 81:2; 98:5; 암 5:23) 2a을 번역할 때 개역개정은 여호와란 이름을(여기서는 축약형인 야흐로 나옴) 맨 앞에 놓았으나 히브리 성경(MT)에는 맨 뒤에 있다.

2b에는 하나님을 나의 하나님, 나의 아버지(조상)의 하나님이라 불렀다. 여기에는 역사의 하나님을 개인적으로 체험하였다는 고백이 들어 있다.(개인화?) 2절 전체에 일인칭 어미가 5번이나 붙어 있다. 이는 하나님과 자신(이

스라엘)의 관계가 매우 돈독하다는 뜻이다. 그리고 하나님을 전적으로 신뢰할 뿐만 아니라 자랑스러워한다는 뜻이다. 마치 어린이가 자신의 부모가 자랑스러울 때 아는 사람들 앞에서 (이분이) 내 아버지야(어머니야) 하며 뿌듯한 가슴으로 자랑하듯이.

더 나아가 하나님과 이스라엘 백성의 만남은 우연이 아니었다. 그것은 역사에 오랫동안 계속 (조상 대대로) 이어 내려온 하나님의 언약에 따른 필연이었다. 출 1~14장에 따르면 하나님은 자신이 주신 약속을 지켜 그대로 실행하셨다. '나의 하나님 조상의 하나님'이란 말에는 역사적으로 그리고 영적으로 수많은 사연이 들어 있는 것이다. 2d에 쓰인 높인다는 말(rûm)에는 찬양의 의미가 포함되어 있다.(시 30:2; 34:4; 99:5, 9 등)

전쟁의 사람(남자 = 이쉬 밀하마)이라 번역된 말은 여호와를 가리키는 별칭이다.(Durham 358) 그분은 전쟁에 참여한 군사 하나와 같은 존재가 아니라 그 전쟁을 처음부터 끝까지 주관하시는 분이라는 뜻이다.(3a) 그분은 구원의 계획에 따라 전쟁을 일으키기도 하고(레 26:25; 신 28:22; 사 1:20 등) 그치게도 하는 분이다.(사 2:4; 호 2:18) 성경은 이를 놓고 그분은 전쟁에 능하며(시 24:8) 전쟁은 여호와께 속하였다고 고백하였다.(삼상 17:47) 칠십인역(LXX)은 이 부분을 '주는 전쟁을 부수시는 분'으로 하였다. 이 문맥을 살펴보건대 우리가 굳이 그런 제안에 따를 이유가 없다.

출애굽을 하면서도 이스라엘은 군대와 무기를 보유하지 못하였다. 그 대신 여호와가 그들의 전사(戰士)셨다. 4~5절은 그 내용을 더욱 구체적으로 설명해 준다. 4절에는 이스라엘 백성을 위협하던 이집트를 파라오의 병거와 군대 그리고 최고의 지휘관으로 대표하여 지칭하였다. 하나님은 무시무시한 힘을 가진 그들을 바다로 던지셨다. 그 결과 그들은 마치 돌처럼 바로 그렇게 바닷물에 잠기게 되었다. 그들은 바다에 가라앉았다.(출 15:16. 그리고

10절의 '납같이'참조) 그때 깊은 물이 그들을 덮었다. 덮다는 뜻의 이 동사는 바다의 노래에 여러 차례 쓰였다.(7, 10, 12, 15, 17절) 일부 학자들은 깊은 물(테호모트←)을 바빌론 혼돈의 여신인 티아맛이란 말과 그 발음이 비슷하다는 점에서 뿌리를 거기서 찾기도 하였다. 굳이 그럴 필요가 있을까? 문자대로 그냥 해석해도 본문의 뜻을 이해하는데 아무 지장이 없는데….

5절의 트홈은 메쫄라(= 깊다, 깊음)와 비슷한 말이다. 이 낱말들은 깊음(深淵)을 강조하는 것이다. 인간세계의 경험을 초월하는 초자연-우주적인 지평을 가리킨다. 이로써 바다의 노래는 더 이상 홍해 바다에 국한되지 않는 폭넓은 의미를 지니게 되었다. 그것은 스올과 같은 지하세계(이를테면 욘 2:4~7) 곧 인간이 상상하는 우주적인 깊은 바다를 뜻하는 것이다.

하나님을 전사라고 부르는 이 바다의 노래는 우선 홍해 바다를 다스려 이스라엘을 위해 홀로 싸우시는 인간적인 모습의 여호와를 찬양하는 것이었다.(출 14:14, 25) 아마 이사야 42:13에서 찬양한 바로 그 모습일 것이다. 이제 여호와의 손을 매개체로 하여 출 15:6은 출 14:13 이하와 14:31이 한 줄로 꿰어지는 신앙을 보여주었다. '여호와께서 용사 같이 나가시며 전사 같이 분발하여 외쳐 크게 부르시며 그 대적을 크게 치시리로다.' 그와 동시에 거기서 한 걸음 더 나아가 약자와 억압당하는 자를 위한 구원하시는 분이라는 신학적인 의미를 띠게 된 것이다.(Anderson 294, Utzschneider 334)

6절에 주의 오른손이라 옮겨진 말은 본디 오른쪽을 가리키는 것이다. 이것이 오른손을 가리킬 때도 있었다. 특히 본문처럼 이것이 두 번이나 되풀이 쓰이고 또 적대자로부터 하나님의 손이 구원하시는 행동을 나타낼 때에는 전능하신 하나님의 권능을 의미하는 것이다.

여호와란 명칭은 단순히 하나님의 이름이 아니었다. 그분은 약속(언약)을 반드시 지키는 분이었다. 출애굽의 과정에서 이런 사실을 똑똑히 체험한 이스라엘 백성은 기쁜 마음으로 여호와 그 이름을 찬양하였던 것이다.

1절 뒷부분에 이어 6절에서 모세와 이스라엘 민족은 또다시 하나님을 찬양하였다. 바다의 노래 첫째 연의 끝은 여호와의 구원을 찬양하는 것이다.(여호와여 주의 오른손이 원수를 부수시니이다) 오른손 그 자체가 하나님의 능력을 나타내는 말인데 여기서는 힘(kœμ = 능력)을 나타내는 말이 다시 한번 쓰였다. 부수다는 말은 구약성경에 단 두 번만 쓰였다.(삿 10:8) 이것은 매우 강한 의미를 지녔다. 그러므로 바다의 노래는 이스라엘 백성을 위해 파라오와 그 군대에게 자신의 능력을 매우 강하게 행사하신 하나님을 찬양하였다.

오늘의 적용

① 신앙고백은 곧 생활과 체험의 고백

출 15:1~18은 어떤 성격의 노래일까? 어떤 사람은 이를 찬양시라고 불렀고(Pedersen, Lohfink, Roelaar, Fohrer, Childs) 다른 사람들은 승리의 노래(Cross, Friedman), 승리의 송시(Cassuto, Cross & Friedmann), 탄원시(Muilenburg), 즉위시(Haupt, Mowinckel), 감사시(Noth)라 하였다. 또 다른 사람은 여러 가지 형식이 겹쳐 있다고 보았다.(Schmidt)

어떤 형식으로 보든 본문은 이스라엘의 직접적인 체험에서부터 나왔다. 그 체험이 신앙고백이 되고 노래(시)가 된 것이다.

가장 힘 있고 가장 멋진 신앙고백은 어떤 것일까? 그것은 두 말할 것도 없이 자신이 직접 체험한 것에서 나오는 것이다. 교리공부나 성경공부에서 배우는 신앙고백도 물론 중요하다. 그런 것에도 힘이 담기려면 당연히 생활로 체험되어야 하는 것이다.

신앙고백은 신앙에서 체험한 것을 앞으로 자신의 생활에 적용하며 살겠다는 다짐을 표현하는 것이다. 만일 신앙고백을 전래된 문자대로 암송만 하고 그 문자 안에 들어있는 영적인 의미를 현재화·생활화하지 못한다면 그것은 죽은 문자에 지나지 않는다. 이런 사람은 죽은 사람을 살리시는 성령의 역사에 이끌려야 하리라.

그가 또한 우리를 새 언약의 일꾼 되기에 만족하게 하셨으니 율법 조문으로 하지 아니하고 오직 영으로 함이니 율법 조문은 죽이는 것이요 영은 살리는 것이니라(고후 3:6)

② 물을 물로 보다 큰 탈난다

이집트 군대는 이스라엘 백성이 아무렇지 않게 홍해 바다로 걸어가는 모습을 보았다. 이를 목도한 그들은 물을 별것 아니게 여겼다. 그 결과는 매우 참담하였다. 그들은 마치 돌이 물에 가라앉듯이 여호와의 공격 앞에 속수무책으로 잠기고 말았다.

하나님의 위대하신 계획에 거슬리는 인간은 아무리 뛰어나다 해도 하나님과 함께하는 사람을 당해내지 못한다. 하나님의 섭리를 거역하는 집단이 아무리 중무장하고 숫자가 많더라도 눈에 보이지 않는 하나님과 함께하는 공동체를 뛰어넘지 못한다. 출애굽기는 바로 이런 사실을 보여준다.

물을 다스리시는 하나님, 물의 흐름에 심어두신 하나님의 창조질서를 무시하고 그것을 그냥 물로 여기는 사람은 그 대가를 톡톡히 치르게 되어 있다.

③ 아버지(조상)의 하나님

많은 부모들은 자녀에게 안정적이고 발전적인 유산을 물려주고 싶어한다. 그것이 무엇일까? 세속적·물질적인 가치가 정신적·영적인 가치보다 더 우선시되는 오늘 그것은 돈이나 땅이나 집이다. 현실로 눈을 돌려보자. 자식이 만족할 만큼 많은 재산을 물려줄 사람이 얼마나 되겠는가? 또 그렇게 한다 한들 그것이 진정 그들에게 유익하게 작용할까? 우리는 이런 물음에 고개를 갸우뚱하거나 가로저을 수밖에 없을 것이다.

하나님께서 이스라엘 자손의 하소연을 듣고 처음으로 생각하신 것이 그들의 조상들과 맺은 언약이었다. 다시 말해 여호와 하나님을 향한 조상들의 신앙이 후손에게 새로운 길을 여는 실마리가 되었다.

자녀(자손)에게 물려줄 가장 좋은 유산은 하나님의 언약(말씀)이다. 창조주 하나님의 말씀이 그들의 인생을 창조해 나갈 것이다.

④ 여호와는 나의 힘, 나의 노래

하나님은 찬양받으시기에 합당하신 분이다. 15:1~18은 하나님이 이집트의 파라오 적대자 가나안의 민족들을 제압하시는 분이라고 차례로 찬양하였다. 이는 인간의 계획과 하나님의 계획이 서로 다를 때에는 언제나 인간의 그것은 꺾이고 하나님의 그것이 관철된다는 뜻이다. 그러므로 우리는 언제 어떤 경우든 계획을 세우기 전에 먼저 하나님의 뜻을 물어야 하는 것이다. 그리고 그에 따를 경우 하나님은 우리에게 자신의 힘을 보여주시고, 우리 입술과 마음에서 찬양이 울려 퍼지게 하시는 것이다.

보라 하나님은 나의 구원이시라 내가 신뢰하고 두려움이 없으리니 주 여호와는 나의 힘이시며 나의 노래시며 나의 구원이심이라(사 12:2)

하나님의 은혜를 일단 경험한 다음, 시간이 흐르고 세월이 지나도 그것을 반추하며 찬양을 부르는 것은 그 당사자에게 힘이 되고 또 다른 경험을 하는 계기가 된다. 찬양은 우리에게 위로부터(하나님으로부터) 내려오는 힘과 내면으로부터 솟아나는 힘과 옆 사람에게 퍼져나가는 힘 그리고 하나님을 향해 위로 고양되는 힘을 주곤 하기 때문이다.

⑤ 하나님의 백성인 것이 자랑스럽다

이스라엘 백성은 하나님을 자신의 하나님으로 자랑하였다. 자신을 하나님의 백성으로 여기며 긍지와 자부심을 느꼈다.

> 여호와는 나의 힘이요 노래시며 나의 구원이시로다 그는 나의 하나님이시니 내가 그를 찬송할 것이요 내 아버지의 하나님이시니 내가 그를 높이리로다(출 15:2; 사12:2~3 참조)

여기에는 일인칭(나)이 동사변화와 인칭어미로 일곱 번 쓰였다. 홍해 바다 저편에 있을 때 그들에게는 이런 모습이 없었다. 오히려 하나님이 자신을 궁지에 몰리게 하고 죽게 만들려 한다고 불평하였다. '애굽에 매장지가 없어서 당신이 우리를 이끌어 내어 이 광야에서 죽게 하느냐'(출 14:11)고 말하였으며 차라리 이집트 사람을 섬기는 것이 광야에서 죽는 것보다 나으리라 하면서 마치 하나님께서 자신을 죽게 내버려두기라도 한 것처럼 자포자기하였다. 이는 하나님의 백성이라는 긍지가 없었기 때문이요, 구원하시는 하나님의 은총을 신뢰하지 않은 데서 비롯된 것이었다.

지금 그들은 하나님을 나의 힘, 나의 노래, 나의 구원이라고 불렀다. 하나님이 '내 하나님'이라고 하였다. 이런 고백 속에는 그들이 자랑스러워하는 모습이 얼마나 생생하게 들어 있는가!

53

납같이 물에 잠기다

(출 15:7~11)

7 주께서 주의 큰 위엄으로 주를 거스르는 자를 엎으시니이다 주께서 진노를 발
하시니 그 진노가 그들을 지푸라기 같이 사르니이다

8 주의 콧김에 물이 쌓이되 파도가 언덕 같이 일어서고 큰 물이 바다 가운데 엉
기니이다

9 원수가 말하기를 내가 뒤쫓아 따라잡아 탈취물을 나누리라, 내가 그들로 말미암
아 내 욕망을 채우리라, 내가 내 칼을 빼리니 내 손이 그들을 멸하리라 하였으나

10 주께서 바람을 일으키시매 바다가 그들을 덮으니 그들이 거센 물에 납 같이
잠겼나이다

11 여호와여 신 중에 주와 같은 자가 누구니이까 주와 같이 거룩함으로 영광스러
우며 찬송할 만한 위엄이 있으며 기이한 일을 행하는 자가 누구니이까

이 문단은 바다의 노래 둘째 연이다. 여기서 모세는 첫째 연에서 언급된
사건의 구체적인 내용을 노래하였다. 이것은 이집트 군대의 공격에 대해 묘
사한 뒤 '주와 같이 … 기이한 일을 행하는 자가 누구니이까'(11절) 라고 끝
맺었다.

첫째 연에는 하나님이 사용하신 도구를 물로 언급하였고, 이제는 불로 언
급하였다. '그들을 지푸라기 같이 사르니이다.'(7절) 본디 지푸라기는 허망한
것 쓸모없는 것 가치 없는 것을 비유하는 말이다. 여기서 그것은 불이 붙자

마자 맥을 추지 못하고 활활 타 없어지는 것에 비유하였다.

가시덤불 같이 엉크러졌고 술을 마신 것 같이 취한 그들은 마른 지푸라기 같이
모두 탈 것이거늘(나 1:10)

7절에 나오는 위엄이란 말은 카아(= 올라오다, 자라나다, 승리에 환호하다)에서
나온 명사이다.(1, 15절 참조) 그것은 (파도의) 높음 (욥 38:11)이나 (강물의) 흘러
넘침을 가리켰다. 여기서는 엄청나게 많은 바닷물을 시적으로 표현한 것이
다. 이 말은 1절과 21절에 쓰였다. 여기 나오는 주의 큰 위엄은 어마어마하
고 거센 바닷물을 다스리시는 하나님의 권능이다.(重意法) 이는 6절의 '주의
오른손의 권능으로 영광을 나타내나이다'를 생각나게 한다.

주를 거스르는 자(주님을 대항하여 일어서는 자)라는 말은 11가지 표적을 겪고
서도 여전히 하나님의 구원 계획을 가로막는 자 곧 파라오를 가리켰다. 거
스리다로 번역된 말(qûm)은 본디 서다, 일어서다라는 뜻이다. 그는 여호와
하나님 앞에 엎드리거나 낮추지 아니하고 일어서서 대적하였다. 이들에 대
해 여호와는 '주님의 진노를 보내셨다(쏟아부으셨다).'(직역) 성경에서 진노(카
론)란 말은 오직 하나님에게만 적용되었다. 카라 동사에서 온 이 말은 불이
활활 타오르는 것이나 분노의 열기를 나타내는 것이었다.

콧바람(콧김)은 분노의 감정(삿 8:3)이나 호전적인 감정(사 25:4)을 표현하곤
하였다. 여기서는 i)파라오의 군대가 하나님의 뜻에 거슬러 이스라엘 백성
을 추격하는 데 대한 거센 분노이거나 ii)홍해 바닷물을 불러와 벽처럼 만
들어 세우는 하나님의 능력을 가리키는 것이다. 이 가운데 8a의 전체 내용(
직역: 그리고 주님의 콧바람으로 물들이 쌓이며 마치 언덕같이 일어섰나이다)에 따르면 뒤
엣것의 해석이 더 유력해 보인다. 만일 앞엣것으로 풀이한다면 하나님의 백

성을 해치려는 파라오의 계획에 하나님은 크게 진노하셨다는 것이다.(카론과 아프) 만일 이런 입장을 택한다 하더라도 그것은 기분에 따라 감정을 폭발시키는 행위가 아니었다. 오히려 억압과 박해에서 하나님의 백성을 구원하시려는 거룩한 분노였다.

8절에는 심판의 도구가 다시 물로 되돌아갔다.(11절 참조) 물(홍해 바다)과 불(불기둥)은 본디 서로 어울릴 수 없는 것들이다. 이곳에는 단지 홍해 바다만이 아니라 원시적인 바다까지 등장하였다. 이 거대한 두 가지 물결을 하나님은 한 손에 쥐고 활용하셨다. 이것들은 굳건하게 서기도 하고(=장벽, 댐) 완전히 뒤엉키기도 하면서 이스라엘 민족을 구원하는 도구가 되었다. 9절은 이집트 군대가 기고만장하여 무엇을 말하였는지를 여섯 가지로 묘사하였다.

i)내가 뒤쫓으리라 ii)따라잡으리라 iii)그 탈취물을 나누리라 iv)내가 그들로 말미암아 내 욕망(전투욕구)을 채우리라 v)내가 내 칼을 빼리라(희생자들을 없애 버리리라) vi)내 손(능력)으로 그들을 멸하리라

직접화법으로 기록된 이것은 파라오의 군대가 하나님의 뜻에 얼마나 크게 벗어나 있는지를 실감나게 해 주었다. 이 말들의 주어는 항상 '나'였다. 하나님은 그들의 안중에 없었다. 하나님께서 이 백성과 이 일에 대해 어떻게 반응하실지 그들은 전혀 염두에 두지 않았다.

개역개정은 9절을 번역하면서 '… 말하기를 … 하였으나'로 옮겼다. 이는 본문이 접속사 없이 곧장 연결되는 것(asyndetisch)을 염두에 두지 않은 것이다. 이보다는 '원수가 말하였다: …'로 하는 것이 원문의 뜻을 살리는 것이리라. 히브리 성경은 앞의 다섯 개를 모두 알파벳 첫글자인 알레프 (a)로 시

작하는 단어를 배치하여 긴급하고 생생한 분위기를 그대로 전하였다.

9절의 네페쉬(nefeš)를 개역은 마음으로 개역개정과 표준새번역은 욕망으로 번역하였다. 이를 '내 목구멍(욕망)이 그들을 통하여 채워지리라'고 직역할 수 있다. 이는 굶주린 사자가 먹잇감을 보고 달려드는 장면을 연상하게 한다.

> 그러므로 스올이 욕심을 크게 내어 한량없이 그 입을 벌린즉 그들의 호화로움과 그들의 많은 무리와 그들의 떠드는 것과 그 중에서 즐거워하는 자가 거기에 빠질 것이라(사 5:14)

이스라엘 백성이 홍해 바다를 무사히 건너자 바람이 일어났다.(10절) 그것은 8절과는 정반대로 작용하였다. 물을 멈추게 하고 벽처럼 쌓이게 하여 이스라엘 백성을 보호하던 바로 그것이 이제는 거센 물결을 일으켜 이집트 군대를 삼켰던 것이다. 마임 아띠림(개역 – 흉용한 물)이 다른 곳에서는 마임 라빔(majim rabbîm)으로 쓰였다.(삼하 22:17 = 시 18:16; 시 32:6; 아 8:7; 렘 41:12; 겔 1:24; 합 3:15) 이 아띠림은 한편으로 물결(파도)이 아주 아주 거센 것을, 다른 한편으로 하나님 영광이 매우 장엄함을 나타내는 시적인 표현이다. 7절에서처럼 이것도 중의법으로 쓰였다.(6절 참조)

> 슬프다 많은 민족이 소동하였으되 바다 파도가 치는 소리 같이 그들이 소동하였고 열방이 충돌하였으되 큰물이 몰려옴 같이 그들도 충돌하였도다(사 17:12 마임 캅비림)

> 높이 계신 여호와의 능력은 많은 물소리와 바다의 큰 파도보다 크니이다(시 93:4 마임 라빔 마임 아띠림)

바람의 작용을 이용하여 바닷물을 부리신 하나님 능력 앞에서 이집트 군대는 마치 납이 물속에 잠기듯이 수장(水葬)되었다. 여기서 '납같이'란 말은 그 내용상 5절의 '돌같이'와 같은 뜻이다. 물론 납은 돌보다 더 무겁기에 쉽게 물에 가라앉는다. 5절에서는 '깊은 바다가 그들을 덮으니'라고 한 부분이 이곳에서는 더욱 자세하게 '주께서 강한 바람을 일으키시어 바다가 그들을 덮었고'라고 묘사하였다. 여기서 바람 그리고 물은 하나님이 부리시는 도구였다.

이에 모세는 소리높여 하나님을 찬양하였다. 11절의 '…와 같은 자가 누구이니까?' 라는 수사학적 물음(또는 감탄문)은 네 가지 측면에서 여호와께 드리는 찬양이다.

i)그 누가 신적인 존재들 가운데 영화로우시나이까, 여호와여?

ii)그 누가 주님처럼 영화로운 자이니까, 거룩한 존재들 중에서?

iii)칭송할 만한 위엄이 (누구에게) 있나이까?

iv)기이한 일을 행하는 자가 (누구니이까)?

하나님과 대등하거나 비교될 만한 자는 이 세상(우주)에 없다. 그분은 그 어떤 존재와도 구별되는 지극히 거룩하신 분이다. 타르굼(Targum ongelos)은 11절의 수사학적 물음에 부정적인 뜻을 지닌 부사(lyt = 없다)를 삽입하였다. 이는 아마 다른 신이 존재한다는 생각 자체를 없애버리려는 신학적 의도가 개재된 것이리라.(Hamilton 225) 11절 말씀은 시 66:5를 생각나게 한다.

와서 하나님께서 행하신 것을 보라 사람의 아들들에게 행하심이 엄위하시도다 해밀턴은 이 부분에서 사다리형 평행법(staircase parallelism)이 구사된 것을 보았다.(Hamilton 230)

6절	주의 오른 손이 …, 주의 오른 손이 …
11절	… 주와 같은 자가 누구니이까?, … 주와 같은 자가 누구니이까?
16b	… 주의 백성이 통과하기까지, … 주의 백성이 통과하기까지…

특히 11절과 같이 비교하는 질문형식은 고대 근동의 전통적인 찬양형식에 자주 등장하는 구성요소였다. 여기서 하나님은 '신들(신적인 존재들) 및 거룩한 무리들' 가운데 찬양을 받으실 유일한 분이시다. 만일 11절에서 두 번 쓰인 전치사 '쁘'를 '… 중에서'라고 동일하게 본다면 이 절은 다음과 같이 옮길 수 있을 것이다: '신적인 존재들 가운데 그 누가 주님처럼 영화로우시니이까, 여호와여? 그 누가 주님처럼 영화로우시니이까, 거룩한 존재들 중에서? ….'

이렇게 해석해 보면 이 본문이 다신교적 배경을 깔고 있다는 주장은 설 자리를 잃을 것이다.(Noth 99) 여기서 '신들'은 사람들이 신으로 섬기는 존재를 가리키며, 거룩한 존재들이란 하나님을 보좌하는 하늘의 존재들(천사? 스랍?)을 가리킨다.

오늘의 적용

① 인간이 계획할지라도

파라오는 이스라엘 백성을 완전히 멸하거나 포로로 다시 잡아오려는 계획을 세웠다. 그에게는 그럴 만한 힘이 충분히 있는 듯이 보였다. 욕망을 채우기 위해 그의 군사들이 말한 여섯 가지 말 가운데 어느 것 하나도 실현되지 않았다. 말 그대로 백일몽(白日夢)이었다. 아니 그런 마음을 먹으면 먹을수록 그들은 자신의 멸망을 자초하였다. 욕심에 눈이 멀었기 때문이었다.

사슴을 잡으려 쫓는 사람은 주위의 산을 보지 못한다는 말이 있다.(축록자불견산 逐鹿者不見山) 욕심에 눈이 멀어 다른 것은 보지 못한다는 뜻이다. 이는 파라오와 그 군대를 두고 하는 말처럼 들린다.

그것을 이루려는 행동은 참혹한 결과를 가져왔다. 비록 그리할 만한 능력이 있었더라도 그것은 하나님의 계획과는 정반대의 것이었다. 그 결과가 얼마나 참혹하였는가?

모세의 찬양은 하나님의 계획에 반하는 행위를 그분께서 어떻게 저지시키면서 하나님의 백성을 구하셨는지를 그 내용으로 하고 있다. 이런 뜻에서 우리는 계획을 세우기 전에, 실행하기 전에 그리고 실행하는 과정에서도 끊임없이 하나님께 묻고 또 물어야 할 것이다. 하나님과 함께하지 않는 인간의 계획은 헛되기 때문이다.(9절)

12 간교한 사람의 계획을 꺾으시어 그 일을 이루지 못하게 하신다. 13 지혜롭다고 하는 자들을 제 꾀에 속게 하시고, 교활한 자들의 꾀를 금방 실패로 돌아가게 하시니 14 대낮에도 어둠을 만날 것이고, 한낮에도 밤중처럼 더듬을 것이다(욥 5:12~14)

② 욕망의 끝은 어디?

출애굽 당시 이스라엘 백성이 홍해 바다에 이르기까지 그들을 잡아두고 부려먹으려는 파라오는 자신의 욕망을 조절하지 않았다. 자신과 백성의 자식이 죽어나갔는데도 자숙하기는커녕 압박할 수 있는 온갖 수단을 다 동원하였다. 그 결과가 무엇이었는가? 욕망을 실현하기는커녕 오히려 욕망의 좌절을 넘어 죽음에 이르지 않았던가?

욕심이 잉태한즉 죄를 낳고 죄가 장성한즉 사망을 낳느니라(약 1:15)

신앙의 사람은 경건하고 거룩한 욕망(pia desideria)과 세속적이고 육신적 욕망을 분별하는 사람이다. 주님을 닮으려는 거룩한 욕망은 그 사람과 그 인생을 복 있게 한다.

육체의 연단은 약간의 유익이 있으나 경건은 범사에 유익하니 금생과 내생에 약속이 있느니라(딤전 4:8)

③ 지극히 거룩하신 분의 위엄

하나님의 거룩하심은 어디서 드러나는가? 출애굽기는 고역을 겪는 하나님의 백성을 해방시키는 데서라고 대답한다.(11절) 하나님의 이런 거룩하심은 다른 종교나 철학에서 말하는 거룩함과 다른 것이다. 하나님은 거룩하시기 때문에 공의와 사랑에 바탕하여 압박당하는 자를 해방시키는 분이다.

여호와여 우리 귀로 들은 대로는 주와 같은 이가 없고 주 외에는 하나님이 없나이다(대상 17:20)

거룩하신 하나님은 우리에게도 거룩하라고 말씀하신다. '너는 이스라엘 자손의 온 회중에게 말하여 이르라 너희는 거룩하라 이는 나 여호와 너희 하나님이 거룩함이니라'(레 19:2) 이는 인간 해방(역사 해방)에 걸림돌이 아니라 기여하는 자가 되라는 말씀이다.

④ 여호와 같은 이가 누구니이까?

하나님은 이 세상 그 누구 그 무엇과도 비교할 수 없는 유일하고도 절대적인 분이시다. 이집트인들은 수많은 신(우상)을 섬겼다. 발길이 가는 곳마다 눈길이 닿는 곳마다 신이 있을 정도였다. 그 많은 신들이 출애굽 당시 홍해 바다 사건을 전후하여 무슨 역할을 하였는가? 파라오와 이집트 백성을 어떻게 지켜주었는가?

오직 여호와만이 유일한 하나님이셨다. 출애굽 사건을 통해서 이 사실이 명명백백히 드러났다. 이 세상 그 어떤 존재도 감히 그분이나 그분이 하시는 일에 견줄 수 없었던 것이다. 우리 시대에도 여러 가지 종류의 신(우상)이 유형무형으로 있다. 그 가운데 여호와 하나님처럼 살아 역사하는 자가 과연 누구인가?

무릇 구름 위에서 능히 여호와와 비교할 자 누구며 신들 중에서 여호와와 같은 자 누구리이까(시 89:6)

그런즉 너희가 하나님을 누구와 같다 하겠으며 무슨 형상을 그에게 비기겠느냐(사 40:18)

54

돌같이 침묵하다

(출 15:12~18)

12 주께서 오른손을 드신즉 땅이 그들을 삼켰나이다

13 주의 인자하심으로 주께서 구속하신 백성을 인도하시되 주의 힘으로 그들을 주의 거룩한 처소에 들어가게 하시나이다

14 여러 나라가 듣고 떨며 블레셋 주민이 두려움에 잡히며

15 에돔 두령들이 놀라고 모압 영웅이 떨림에 잡히며 가나안 주민이 다 낙담하나이다

16 놀람과 두려움이 그들에게 임하매 주의 팔이 크므로 그들이 돌 같이 침묵하였사오니 여호와여 주의 백성이 통과하기까지 곧 주께서 사신 백성이 통과하기까지였나이다

17 주께서 백성을 인도하사 그들을 주의 기업의 산에 심으시리이다 여호와여 이는 주의 처소를 삼으시려고 예비하신 것이라 주여 이것이 주의 손으로 세우신 성소로소이다

18 여호와께서 영원무궁 하도록 다스리시도다 하였더라

이것은 바다의 노래 셋째 연이다. 그 내용은 홍해 바다에서 일어난 놀라운 구원, 광야에서 인도하심, 가나안 땅에 들어감 등 출애굽의 대 주제 세 가지이다.(Noth 99)

우선 모세는 과거의 구원을 되돌아보며 미래의 구원을 내다보았다. 그는

사람 모양으로 된 라므세스 2세의 관

6절(주의 오른 손)과 7절(주께서 진노를 발하시니)에 이어 12절에서도 하나님께서 개입하시는 모습을 비유와 상징(신인동형론적)으로 표현하였다. '주님은 오른손을 뻗으셨나이다. 그들을 삼켰나이다(bb¹lâ±), 땅이.'(직역) 14:21에는 하나님의 명령에 따라 모세가 손을 뻗은 것으로 되어 있다. 그는 이 일을 회상하면서 그가 바다를 향해 손을 내민 것은 자신의 의지로 한 것이 아니라 하나님의 뜻에 순종한 것이었다. 그래서 그는 '하나님의 명령에 따라 내가'라고 하는 대신에 '주님'을 주어로 표현하였다.

물(4~5절)과 불(7절)에 이어 땅(대지)도 하나님 심판의 도구로 쓰였다.(12절) 물이 아니라 '땅이 삼켰다'는 표현이 평범하지 않다. 이에 땅이란 말을 학자들은 대체로 세 가지 의미로 보았다.

i)죽음의 세계(underworld = 지하세계). 이는 아마 히브리 말 스올과 비슷한 뜻일 것이다.(렘 17:13; 시 63:9; 전 3:21; 겔 26:20; 31:14, 18; 32:18, 24; 욘 2:6) 이 낱말을 노트(M. Noth 99)에 이어 해밀턴(Hamilton 225)과 브루크너(225)는 아카드 말 '에르치투'와 같은 의미로 보았다. 성경 여러 곳에 그렇게 볼 곳이 있다면서 해밀턴이 예로 든 본문은 세 군데이다.

너 아침의 아들 계명성이여 어찌 그리 하늘에서 떨어졌으며 너 열국을 엎은 자여 어찌 그리 땅에 찍혔는고(사 14:12)

이스라엘의 소망이신 여호와여 무릇 주를 버리는 자는 다 수치를 당할 것이라 무릇 여호와를 떠나는 자는 흙에 기록이 되오리니 이는 생수의 근원이신 여호와를 버림이니이다(렘 17:13)

내가 산의 뿌리까지 내려갔사오며 땅이 그 빗장으로 나를 오래도록 막았사오나 나의 하나님 여호와여 주께서 내 생명을 구덩이에서 건지셨나이다(욘 2:6)

ii)바다 속의 진창이나 매장지를 가리키는 말로 이집트 군대의 죽음을 우회적으로 표현하는 말이다. 이스라엘 백성이 홍해 바다 안으로 걸을 때에 그곳은 마른 땅이었다. 이제 이집트 군대가 그곳으로 들어서자 마른 땅이 진창으로 변하고, 거기 빠져 허우적거릴 때 물이 그들을 덮었다는 것이다. 이것은 매우 인위적인 해석으로 보인다.

iii)존엄하신 하나님의 통치 영역을 포괄하는 말. 이 말은 하늘과 대칭되는 개념인 땅(지구, 세계)을 가리키곤 하였다. 하늘은 하나님께서 계신 곳이요 땅은 그분의 통치가 이루어지는 장소라는 말이다.

하나님은 오른손을 드셨다.(12절. 참조: 6절의 주의 오른 손) 이것은 구원 또는 구원하기에 충분한 능력을 상징하는 말이다. 이 낱말(나티타 ←)은 그 뒤에 나오는 인도하다(나히타 ←) 및 인도하다 이끌다 (네할타)와 함께 12~13절을 두운법(alliteration)에 따라 하나로 묶어준다.

13절에서 그는 여호와의 끝없는 사랑(헤세드)을 노래하였다. 헤세드와 오즈(= 힘 강함)가 나란히 쓰이는 경우(parallelism)는 흔하지 않다.(시 59:16; 62:11~12) 이것이 나란히 쓰인 이유는 아마 하나님의 사랑은 그분의 능력을 외면하게 만들지 않으며 그분의 강함(힘)은 그분의 사랑을 제외시키지 않는

다는 뜻일 것이다. 그 사랑이 구속받은 백성을 인도하였으며 그 강함이 그
들을 목적지로 들어가게 하였다.

주의 인자하심으로 주께서 구속하신 백성을 인도하시되 주의 힘으로 그들을 주
의 거룩한 처소에 들어가게 하시나이다

13절의 거룩한 처소 16절의 통과하다 17절의 주의 기업의 산, 성소 등을
어떻게 해석해야 할까? 만일 이것이 이스라엘 민족이 곧 경험할 일을 이야
기하는 것이라면, 그들의 광야 행진과 시내 산에 도착하는 일을 가리키는
것이리라. 만일 이것이 보다 먼 미래의 일을 가리킨다면, 이것들은 요단강
도하 가나안 정복 실로 등에 세워진 성소 다윗-솔로몬 시대에 이루어진 예
루살렘 성전의 건립 등이 포괄될 것이다.

그들이 들어간 주의 거룩한 처소란 무엇을 가리키는가? 노트에 따르면
처소라는 말은 i)흔히 말하는 거주지 ii)여호와의 거처 또는 예루살렘 성전
(삼하 15:25) iii)이를 정확하게 규정할 수는 없으나 하나님의 선물이라는 뜻
에서 매우 폭넓은 의미라는 것은 확실하다. 우리는 16절의 통과하다, 17절
의 기업의 산(har aṇlat) (주의) 처소 성소(miqdaš)와 어떤 관계에 있는지 살피
며 그 의미를 찾아야 할 것이다. 여기서 그것은 i)시내 산. 하나님은 이곳에
서 이스라엘을 거룩한 백성, 제사장 나라라 부르시며 언약(시내 산 계약)을 맺
으셨다. ii)젖과 꿀이 흐르는 가나안 땅, 곧 하나님께서 약속하셨고 또 선물
로 주실 이스라엘 땅 전체. iii)성소(성전)라는 인상을 풍긴다. 이 셋 가운데
하나일는지 아니면 이 셋을 다 포괄하는지는 분명하지 않다.(Noth 99; 송병현
251 참조)

그리로 들어가는 이스라엘 백성의 소문을 들은 이웃 나라 백성은 어떻게

반응하는가? 그들은 경악하였다. 그들이 놀라서 떨며 두려워하는 모습이
여기에 정확히 묘사되었다.

14절: 듣다, 떨다, 두려움에 사로잡히다

15절: 놀라다, 낙담하다

16절: 놀람과 두려움에 떨어지다, (돌같이) 침묵하다

이집트인이 마치 돌처럼 바다에 잠겨 침묵에 들어갔듯이 그들은 돌처럼
무거운 침묵에 빠졌다. 그들은 죽지는 않으나 간장이 녹아 죽을 지경이었
을 것이다. 심한 낙담은 죽음으로 이어지는 수도 있다. 아비가일의 남편 나
발이 그런 예이다.(삼상 25:37)

모세는 여기서 블레셋, 에돔, 모압, 가나안 주민 등을 언급하였다. 그들은
이스라엘의 출현을 반길 이유가 하나도 없었다. 그들은 누구인가? i)여러
나라 ii)블레셋 iii)모압 iv)암몬 v)가나안. 구체적인 이름으로 블레셋이 가
장 먼저 언급되었다 (14절) 이는 아마 그 나라가 이집트와 가장 가까운 거리
에 있기 때문이리라. 그들은 필시 여러 민족들 가운데서 이스라엘 백성이
출애굽하였다는 소식을 가장 먼저 들었으
리라. 에돔과 모압이 언급된 것은 광야의 여
정을 보여주는 것이다.(Noth 99~100)

16절 '주께서 사신 백성'(공개: 당신께서 불
러내신 백성, 표준: 주께서 속량하신 이 백성; 천새: 당
신께서 얻으신 백성)에 쓰인 동사 카나의 의미
를 확정하기가 쉽지 않다. i)구약성경에 80
번 이상 쓰인 이 말은 상업적 거래관계 아

울며 통곡하는 이집트 여인들

래 노동력이나 금전을 내고 얻어내는 것이다.(Schmidt, THAT II, 650~659) 얻어내다는 그 뜻은 13절의 구원하다(주께서 구원하신 백성)와 좋은 상관관계를 보여주었다. ii)창 31:18처럼 노동과 수고 고통과 시련을 거치면서 얻어낸 것이다.(Köhler, ZAW 52, 160) iii)본문과 신 32:6 등 아홉 개 구절에서 이것은 창조하다는 말맛을 지녔다.(Humbert, FS Bethlodt 259~266; Fretheim, Exodus 167; Douglas K. Stuart, Exodus360) iv)낳다, 부모가 되다는 뜻으로 쓰인 민 11:12에서 엿볼 수 있다.(Irwin, JBL80, 135~136, 143; M. Dahood, CBQ30, 513) 이는 위험한 여정에서 택하신 백성을 지키시는 여호와의 은혜를 나타낸다. 그들은 여호와께서 창조하신 백성이요 품어주신 사람들이다.(참고 - 출 4:22 나의 아들 나의 장자) 이 낱말이 취득 창조, 소유, 생산(출산) 가운데 어떤 말맛일지를 학자들은 지금까지도 확정짓지 못하고 있다.(Hamilton 226)

여호와께서 자신의 백성을 인도하신 기이한 일은 구체적으로 어떻게 진행되었는가?

13절: 인도하다 구속하다 들어가게 하다
16절: 통과하게 하다(x2)
17절: (주의 기업의 산에) 심다

13~17절에서 그는 과거의 구원받은 것만 찬양하는 데에 머물지 않았다. 그는 그 구원이 완성을 향해 나아가는 것을 내다보았다. 13~16절은 가나안을 향한 행진 및 정착을 생각나게 하는 것이다. 여호와께서 출애굽시킨 백성을 인도하신 결과가 17절이다.(주께서 백성을 인도하사 그들을 주의 기업의 산에 심으시리이다 여호와여 이는 주의 처소를 삼으시려고 예비하신 것이라 주여 이것이 주의 손으로 세우신 성소로소이다) 17절은 이 노래의 결론이다.

성경에 따라 이 부분을 미래형으로 또는 과거형으로 번역하였다.(Hamilton 230~31) NIV(개역개정)와 NRSV(LÜ, NEB 천주교 새번역)를 비교하면 그 내용을 알 수 있다. 문법으로는 이 두 가지 번역이 다 맞는다. NIV는 이것을 미래형으로 옮겼다. 이 다섯 절에서 모세는 아직 일어나지 않은 일 곧 장차 일어날 일을 노래하고 있기 때문이다. NRSV는 마치 이 일이 이미 일어난 것처럼 과거형으로 옮겼다. 여기 쓰인 동사들이 다 완료형(AK)이기 때문이다. 옛날 문법학자들은 이를 가리켜 예언적 완료형(the prophetic perfect)이라고 불렀다.(Douglas K. Stuart, Exodus 356~357) 그들은 카탈-형식을 과거형으로 보지 않는다. 고대 근동의 다른 셈족 언어에는 그런 용법이 분명히 있다.(Hamilton 231) 히브리어는 카탈형식(어미변화형, 완료형)으로도 얼마든지 미래의 일을 표기할 수 있다.

놀랍게도 출애굽의 구원 역사를 찬양하는 모세의 노래에서 이집트를 구체적으로 가리키는 대목은 단 한 곳뿐이며(4절) 원수(6~7, 9절) 바다(5, 8, 10, 12) 그들(5, 10, 12절) 등 전체 대목뿐이다. 그 밖의 대목에서는 오히려 창조의 이미지가 느껴진다. 홍해 바다 사건과 창조 이야기(창세기 1장) 그리고 노아 홍수 이야기 사이에는 비슷한 내용이 여러 가지 들어 있다. (Hamilton 217)

i)물에 대한 하나님의 영(루앗흐)의 작용이 세 곳에 공통적으로 나타났다.(창 1:2; 8:1; 출 14:21)

ii)물만 가득한 곳에 마른 땅이 들어났다.(창 1:9; 7:22; 8:7, 13~14; 출 14:21~22)

iii)마른 땅을 가리키는 낱말에 공통점이 있다.

전체 18절짜리 이 찬양은 하나님에 관해서(1~5절, 3인칭의 하나님) 하나님을 향하여 (6~17, 2인칭의 하나님) 그리고 하나님에 관한 찬양으로(18절, 3인칭의 하나님) 마무리되었다. 시편 23편의 짜임새도 이와 같다. 그것은 목자에 관한 노래(1~3절) 목자를 향한 노래(4~5절) 그리고 하나님의 집에 영원히 거하리라는 확신으로(6절) 마무리되었다.(Hamilton 229~230)

시편 78:52~55와 이 노래의 몇 구절을 비교해 보면 다음과 같다.

출 15:10		시 78:52~55	
바다, 덮다	얌, 카사	53절	바다, 덮다
출 15:13		시 78:52~55	
인도하다, 거룩한 처소	나카 나웨 코데스카	53절	인도하시니, 성소의 영역
		54절	
출 15:16b		시 78:52~55	
사다	카나	54절	사다
출 15:17		시 78:52~55	
데려가다 주의 기업의 산	보 브베하르 나카 라트카	54절	인도하다 만드신 산

18절에는 구약성경에서 처음으로 하나님이 다스리신다는 표현이 등장하였다: '여호와는 이런 분 곧 다스리는 분이다, 영원히 그리고 무궁히.'(직역) 시편은 여러 차례에 걸쳐 하나님은 왕이시며 세상과 만물을 통치하신다고 노래하였다.(시 29:10b; 47:6~7; 93:1; 95:3; 96:10; 97:1; 98:6; 99:1)

이 노래 전체에서 모세가 강조하는 것은 바로 이것이다. 여호와께서 다스리신다! 다스림의 대상은 무엇인가? 우선 이스라엘 백성과 이집트인 및 그 주변 민족들이다. 여기서 이들은 온 인류를 대표하는 뜻이다. 둘째로 땅(육지)과 물(바다)이다. 하나님은 땅을 물속에 잠기게도 하시고 질척질척거리게도 하시고 온전히 마르게도 하셨다. 아무도 통제할 수 없는 물의 흐름과 작용을 하나님만은 자유자재로 부리셨다. 셋째로 하늘이다. 사람 손이 닿을 수 없는 구름을 하나님은 자유자재로 활용하셨다.

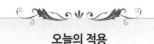

오늘의 적용

① 찬양

모세는 이 노래로 다음 두 가지 사실을 확실하게 찬양하였다. 첫째로 홍해 바다의 진퇴양난의 위기에서 구원하신 하나님의 은총이었다. 둘째로 이스라엘 백성을 약속하신 거룩한 처소로 데려가실 하나님의 계획이었다.

세상과 죽음으로부터의 구원 그리고 새 하늘과 새 땅으로의 인도는 기독교 신앙의 뼈대이다. 이것의 주체는 사람이 아니라 하나님이시다. 이것은 또한 신앙의 사람이 부르는 찬양의 영원한 주제이다.

11 내가 또 보고 들으매 보좌와 생물들과 장로들을 둘러 선 많은 천사의 음성이 있으니 그 수가 만만이요 천천이라 12 큰 음성으로 이르되 죽임을 당하신 어린양은 능력과 부와 지혜와 힘과 존귀와 영광과 찬송을 받으시기에 합당하도다 하더라 13 내가 또 들으니 하늘 위에와 땅 위에와 땅 아래와 바다 위에와 또 그 가운데 모든 피조물이 이르되 보좌에 앉으신 이와 어린양에게 찬송과 존귀와 영광과 권능을 세세토록 돌릴지어다 하니(계 15:11~13)

노래에는 사람이 표현할 수 있는 여러 가지 생각과 감정 곧 기쁨과 슬

품 즐거움과 괴로움 희망과 소망 사랑과 미움 감사와 기림 등이 한꺼번에 들어 있다.

② 하나님 안에 있는 이스라엘 백성의 위치

이 노래에서 모세는 이스라엘 백성이 하나님의 소유라고 말하였다.(16절 참조) 16절 '주께서 사신 백성'을 여러 성경은 다양하게 번역하였다.

공개: 당신께서 불러내신 백성,
표준: 주께서 속량하신 이 백성; 천새: 당신께서 얻으신 백성

어떻게 번역하든 이것은 하나님 안에 있는 하나님 백성의 위치와 신분을 아주 간단 명료하게 알려주고 있다. 여기에는 그들의 달라진 위상이 생생하게 들어 있다. 이집트에서 도망친 노예가 아니었다. 주변 나라와 민족을 보며 무서워 벌벌 떠는 나약한 무리가 아니었다. 세속적인 욕망과 생활에 젖어 사는 속물이 아니었다.

13절의 '주께서 구속(구원)하신 백성'이란 고백과 함께 우리 마음에 늘 새겨야 하리라. 우리가 하나님께서 구속하신 백성… 하나님께서 사신 백성이라는 거룩한 신분임을 의식하며 살아갈 때에서야 비로소 이 세상이 조금이라도 더 살기 좋은 곳, 살 만한 곳이 되지 않을까 싶다.

③ 처음부터 끝까지

출애굽기는 출애굽 그 자체가 목적이 아니라는 사실을 여실히 보여주었다. 본문에서는 17절 말씀이 그것이요, 15장 이후 40장에 이르는 말씀에 그런 사실이 뚜렷하게 각인되었다. 이 전체 과정에 여호와 하나님께서 동행하시며 인도하셨다.

여호와께서 이같이 이르시되 은혜의 때에 내가 네게 응답하였고 구원의 날에 내가 너를 도왔도다 내가 장차 너를 보호하여 너를 백성의 언약으로 삼으며 나라를 일으켜 그들에게 그 황무하였던 땅을 기업으로 상속하게 하리라(사 49:8)

주께서 나를 모든 악한 일에서 건져내시고 또 그의 천국에 들어가도록 구원하시리니 그에게 영광이 세세무궁토록 있을지어다 아멘(딤후 4:18)

창세 전에 우리를 선택하신 하나님은 우리 인생을 처음부터 끝까지 한결같은 사랑으로 인도하시는 분이다.

④ 여호와가 다스리신다

출 15:18에는 '여호와는 이런 분 곧 다스리는 분이다, 영원히 그리고 무궁히.'라는 고백이 있다. 성경에 이런 고백이 여러 차례 나오는데 이것은 그 가운데 첫 번째 것이다.

헨델(1685~1759)의 오라토리오 〈메시야〉가 1742년 런던에서 처음 연주될 때 '할렐루야' 합창이 울려 퍼지자 당시 영국의 왕 조지 2세가 감격한 나머지 기립하였다. 이에 그 신하들과 청중이 모두 일어섰다. 이것이 전통이 되어서 오늘날에도 할렐루야 합창이 시작되면 일어서서 감상하는 것이 상식으로 되어 있다. 이것은 '그가 다스리신다. 그가 길이 다스리신다. 왕의 왕 주의 주 영원히, 영원히' 사이에 계속해서 할렐루야를 반복하였다.

… 이 세상 나라들 영원히
주 그리스도 다스리는 나라가 되리
또 주가 길이 다스리시리

또 주가 길이 다스리시리

또 주가 길이 다스리시리

또 주가 길이 다스리시리

왕의 왕 영원히 영원히 할렐루야 할렐루야

또 주의 주 영원히 영원히 할렐루야 할렐루야

왕의 왕 영원히 영원히 할렐루야 할렐루야

또 주의 주 영원히 영원히 할렐루야 할렐루야

왕의 왕 영원히 영원히 할렐루야 할렐루야

… 할렐루야 할렐루야 할렐루야 할렐루야 할렐루야 ….

만일 모든 결정과 실행의 주인공이 우리 자신이라면 기분이 어떨까? 당당하고 자랑스러울까? 불안하고 초조할까? 두렵고 떨릴까? 자신만만하고 과감할 때보다는 아마 겁나고 주춤거릴 때가 더 많을 것이다.

이런 우리를 하나님께서 직접 다스리신다. 그분은 우리가 져야 할 책임을 대신 지신다. 이것이야말로 복음 중에 복음이다. 천지를 창조하신 하나님께서 몸소 다스리시기에 우리는 그분 안에서 행하며 그분 안에서 결정과 결단을 내리며 즐거워하는 것이다.

⑤ 찬양의 내용과 주제

첫째로 찬양의 내용과 주제는 여호와 하나님이다. 특히 1, 11, 18절에 이것이 잘 나타나 있다. 모세의 노래(출 15:1~18)에는 여호와 하나님이라는 호칭이 12번 하나님을 가리키는 인칭대명사가 33번 쓰였다. 이것이 45번이나 쓰였다는 사실은 이 찬양의 주제와 내용은 곧 하나님이라는 뜻이다.

둘째로 찬양의 주제와 내용은 여호와 하나님께서 하신 일이다. 하나님은 자신의 오른손으로 권능과 영광을 나타내셨다. 원수들을 부수며 물리치셨다. 큰 위엄으로 하나님을 거스르는 자를 엎으셨고 그들을 지푸라기 같이 사르셨다.(7절) 그때 하나님의 콧김에 물이 쌓여서 파도가 언덕 같이 일어서고 큰물이 바다 가운데 엉겼다.(8절)

셋째로 찬양의 주제와 내용은 장차 여호와 하나님께서 하실 일이다. 그들은 하나님의 인도 아래 젖과 꿀이 흐르는 가나안 땅으로 들어갈 것을 확신하며 노래하였다.(13절) 이집트 군대에게 하나님께서 행하신 일과 이스라엘에게 홍해를 건너게 하신 일은 블레셋 주민들과 에돔 두령들과 모압 영웅들이 다 떨며 가나안 주민이 다 낙담할 것을 노래하였다.(15절)

그렇다. 우리는 하나님을 묵상하고 하나님께서 행하신 일을 생각하고 하나님께서 앞으로 이루실 일을 묵상하면 생각할수록 저절로 찬송을 부르게 된다. 그 찬송은 언제나 지난날의 은혜로 시작하여 미래에 대한 확실한 소망으로 이어지기 마련이다!(13~18절) 모세의 노래도 그렇다. 이것은 하나님을 향한 믿음과 소망의 노래이다. 이것은 말로는 다 표현할 수 없는 벅찬 감정을 모아 하나님께 올리는 산제사이다.

55

여호와는 진실로 높고도 높으시도다

(출 15:19~21)

55 여호와는 진실로 높고도 높으시도다 (출 15:19~21)

19 바로의 말과 병거와 마병이 함께 바다에 들어가매 여호와께서 바닷물을 그
들 위에 되돌려 흐르게 하셨으나 이스라엘 자손은 바다 가운데서 마른 땅으
로 지나간지라

20 아론의 누이 선지자 미리암이 손에 소고를 잡으매 모든 여인도 그를 따라 나
오며 소고를 잡고 춤추니

21 미리암이 그들에게 화답하여 이르되 너희는 여호와를 찬송하라 그는 높고 영
화로우심이요 말과 그 탄 자를 바다에 던지셨음이로다 하였더라

이것은 미리암의 노래이다. 출애굽 당시 미리암은 모세 아론과 함께 주요
지도자였다. '내가 너를 애굽 땅에서 인도해 내어 종노릇 하는 집에서 속량
하였고 모세와 아론과 미리암을 네 앞에 보냈느니라.'(미 6:4) 출애굽기 15장
20절은 미리암을 선지자인 동시에 아론의 누이라고 분명하게 밝혀 놓았다.
개역개정의 번역과는 달리 히브리 성경에는 선지자(여성 예언자)라는 말이 아
론의 누이란 말보다 더 앞에 기록되었다. 이는 그녀가 모세의 누이라서가
아니라 하나님의 부르심과 그녀 자신의 지도력을 바탕으로 예언자라 불렸
다는 뜻이다. 당시 선지자(예언자)는 사사와 같은 역할을 하는 사람이며 공동
체의 지도자이다.

학자들은 이 노래(시)가 성경에서 가장 오래된 것이라고 보았다.(Noth 96) 노래의 내용은 21절에만 나왔다. 크게 보면 출애굽기 15장에는 노래 두 개가 있다. 하나는 모세의 (바다의) 노래(15:1~18), 다른 하나는 미리암의 노래(15:19~21)이다. 미리암의 노래는 짧게는 12장부터 시작된 출애굽을 마무리하는 찬양이다. 엄격하게 말하자면 출애굽은 12~14장에 기록된 사건이었다. 이를 더 길게 보자면 출 1장에 기록된 이스라엘의 자녀에게 주어진 하나님의 축복이 완성된 것을 찬양하는 것이다.

출애굽 특히 홍해 바다 사건은 어느 날 갑자기 하늘에서 뚝 떨어진 것이 아니다. 성경에 자주 나오는 '여호와께서 너를 애굽에서 구원하셨다'는 것의 구체적인 내용이 1~14장에 기록되었고, 15장은 그것에 대해 모세와 미리암을 중심으로 이스라엘 백성이 찬양 형식으로 화답하는 것이었다. 이 노래를 끝으로 출애굽의 역사는 일단 마무리 되고 본격적으로 광야 생활이 시작되었다.

하나님은 출애굽 사건의 시작과 끝을 여인들이 장식하게 하셨다. 히브리 가정에서 태어나는 갓난아이를 살리는 여인들과 홍해 바다 사건을 찬양하는 여인들이 바로 그들이다. 그들은 해방자이신 하나님과 만나 해방된 하나님의 백성이 되었다.

19절은 홍해 바다 사건을 아주 간단하게 요약하였다. 19절의 첫 낱말은 '진실로(왜냐하면)'란 뜻으로 쓰이는 부사 키(kî)이다. 만일 이것을 '왜냐하면'으로 옮긴다면 미리암을 비롯한 여성들의 찬양은 출 15:1~18을 단순히 반복한 것이 아니다. 그 부분이 없었더라도 그들에게는 찬양할 이유가 충분히 있었다. 그들은 매우 긴박하였던 당시 상황과 너무나도 놀라웠던 하나님의 은혜를 아주 간단명료하게 압축하여 노랫말을 만들었다. '그러므로'(21절 첫 낱말 와우) 여인들은 소고를 들고 따라 나와 춤을 추며 노래를 불렀다.

이 짧은 한 절 속에 얼마나 많은 사연이 들어 있는지 우리는 다 안다. 그 많은 사연들이 시간의 흐름에 따라 이렇게 짧게 그리고 알맹이만 남은 것이다. 홍해 바다 사건은 두 가지 내용으로 요약되었다.

i)파라오의 말이 병거(rekeb) 및 마병과 함께 바닷속으로 빨려 들어갔다.(출 14:7~9 참조)

ii)이스라엘 백성은 바다 가운데 마른 땅을 밟고 지나갔다.

구약성경에는 마차(병거)를 가리키는 표현이 두 가지 있다. 하나는 레켑인데 주로 전투에 사용되었다. 다른 하나는 의자가 설치된 것으로(메르코바) 일반적인 이동수단을 가리켰다.(창 41:42~43 참조)

20절에는 미리암과 여인들이 등장하였다. 미리암이란 이름이 어디서 유래하였는지에 대해서는 학자들의 의견이 일치하지 않는다. i)고집쟁이 ii)기름 자루 (Rudolph) iii)사랑받는 자(이집트 말 Ross) iv)(하나님의) 선물 v)명성(Dozmann) vi)아기를 원하는 자(← 아랍어 Bauer)란 뜻으로 각각 설명되었다.(HAL 601 참조) IDB는 그 이름을 '하나님을 사랑하는 사람 또는 하나님의 사랑을 받는 사람'이란 뜻으로 풀었다.(3, 402) 모세가 갈대 상자에 넣어져 강물에 띄워질 때 그녀는 이름이 알려지지 않은 채 그의 누이로 소개되었다.(출 2:4~9) 이제 그녀는 여선지자와 아론의 누이란 두 가지 명칭으로 등장하였다. 물론 여기서 그녀는 단순히 여성들의 합창과 춤을 이끄는 역할만 하였다.

20절은 그러므로(그리고)라고 옮겨지는 '와우' 접속사로 시작되었다. 이는 19절과 20절이 원인과 결과로 연결된다는 뜻이다. 바로 이런 사실에 따라 미리암을 비롯한 여성들이 작은북을 치며 춤추고 찬양하였다. 이것은 모세가 부른 찬양에 대한 화답이기도 하였다. 그래서인지 1절과 21절은 여러 가지 점에서 닮았다.

구약성경에는 여러 가지 악기가 나오는데 여기에는 소고가 등장하였다. (창 31:27; 출 15:20; 삿 11:34; 삼하 6:5; 시 150:4) 이는 히브리 말로 토프 그리스말로 투[톰]파논, 툼파니온 라틴말로 티파눔(ty[m]panum)이라 부른다. 이를 탬버린으로 옮기는 것은 적절하지 않다. 그 악기는 여기보다 훨씬 나중에 등장하기 때문이다.

음악가(델 에스 사막에서 나온 토판)

악기와 춤이 하나님을 찬양하는 수단으로 사용된 것은 성경에서 여기가 처음이다. 구약성경에서 춤이 언급된 곳은 다음과 같다.(Edwards, Wenn die Show das Wort erschlägt, S. 64)

i)이스라엘 백성 특히 여성들이 전승이나 축제에 즈음하여 기뻐하는 춤(출 15:20; 삿 11:34; 21:20~33; 삼상 18:6; 29:5 등)

ii)이방 민족이 자신이 섬기는 신에게 맹세할 때 추는 춤(왕상 18장에 나오는 바알 제사장들)

iii)이스라엘 백성이 이방 민족의 우상 숭배에 영향을 받아 따라하는 춤(출 32:18 이하 - 금송아지 앞에서 춤추며 경배하는 이스라엘 백성)

iv)예루살렘에 법궤를 안치하며 기쁘고 즐거워서 다윗은 옷이 벗겨지는 줄도 모르고 춤을 추었다.(삼상 16:15이하)

v)이스라엘 백성이 모여서 악기들을 연주하며 하나님을 찬양하며 춤을 추었다.(시 30:11; 87:7; 149:3; 150:4)

신약성경에 춤은 다음 세 가지 경우에 기록되었다.

i) 육감적 성적 동작의 춤으로 남성을 즐겁게 만드는 춤(마 14:6 세례 요한의 목을 베는
것으로 이어짐)
ii) 거리에서 노는 어린이들(마 11:17; 눅 7:32)
iii) 집 나갔던 아들이 돌아 온 것을 기뻐하는 표현법(눅 15:25)

신약성경에는 하나님께 경배하거나 찬양 드리는 뜻으로 춘 춤이 단 한
번도 기록되지 않았다. 단지 찬양과 노래에 대한 기록만이 나올 뿐이다.

19 시와 찬송과 신령한 노래들로 서로 화답하며 너희의 마음으로 주께 노래하며
찬송하며 20 범사에 우리 주 예수 그리스도의 이름으로 항상 아버지 하나님께
감사하며 21 그리스도를 경외함으로 피차 복종하라(엡 5:19~21)

춤을 가리키는 구약의 용어로 보면 마콜이 쓰인 삼하 6:12 - 14(법궤를
예루살렘에 안치하며 다윗이 춤춘 것)과 시편에 즐거워하며 여호와를 찬양한 것
(시 30:12; 87:7; 149:3; 150:4) 그리고 렘 31:4, 13 등이다. 메콜라가 쓰인 곳
은 출 15:20; 32:19와 사사기 11:34; 21:21; 삼상 18:6; 21:12; 29:5; 사
30:32(?) 등이다. 그 밖에 잠 26:7; 전 3:1, 4; 애 5:15 등이다. 이것들은 다
승전 또는 축제와 관련되어 있다.
만일 메콜라란 말이 몸을 돌리다는 말(콜 μœl)에서 나왔다면 이는 출
15:14에서 두려움을 가리키는 말(킬 μil)과 그 뿌리가 같다. 존귀하신 하나님
앞에 선 악인은 두려워 떠는 것으로, 믿음의 사람은 기뻐 춤추는 것으로 반
응한다는 뜻이 여기에 들어 있는 것이다.(요 5:29 참조)

선한 일을 행한 자는 생명의 부활로, 악한 일을 행한 자는 심판의 부활로 나오리라

실질적인 노래는 21절 한 절뿐이다. 그 첫 낱말이 대답하다이다. 여인들이 부르는 노래에 미리암이 화답하였다는 것이다.(직역: 그리고 그녀가 화답하였다) 이 구조로만 보면 모세가 부르는 노래에 여인들이 화답하고

노래와 춤(고대 바빌론 주전 2040~1600년 사이

여인들이 부르는 노래에 미리암이 화답한 것이다. 그 가사에는 두 가지 내용이 담겨 있다.

i)진실로 그분은 높고도 높으시도다(직역)

ii)말과 그 기병을 바다로 던지셨도다

앞부분에는 찬양의 이유가 뒷부분에는 하나님을 찬양하는 구체적인 역사가 기록되었다. 이 둘은 서로 긴밀하게 연결되어 있다. 하나님은 찬양받으시기에 합당하신 분이다. 그분은 '이스라엘의 찬송 중에 계시는 주'(시 22:3)이시다.

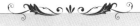
① 찬양으로 한 마음 한 뜻이 드러나다

출15:1~21은 성경에 나오는 첫 찬송(찬양)이다. 모세가 그 자리에서 노랫말을 지어 부르고 이스라엘 백성이 한 마음 한 뜻으로 같이 부른 노래이다. 그 내용은 여호와와 그분의 영광을 찬양하는 것이다.

홍해 바다를 건너기 전 그들은 불평과 두려움과 원망을 안고 있었다. 이제 홍해 바다를 마른 땅 밟듯이 건너고 난 그들은 언제 그랬냐는 듯이 진심어린 가슴으로 감격스럽게 찬양을 드렸다. 홍해 저편에 있을 때에 그들은 아마 이런 일이 있으리라고 상상조차 하지 못하였을 것이다. 그들은 이제서야 비로소 하나님의 능력과 위엄을 제대로 보았고 깨달았다. 그 하나님이 자기의 하나님이요, 구원이요, 힘이신 것을 실감하였다.

그러면 어떻게 할까 내가 영으로 기도하고 또 마음으로 기도하며 내가 영으로 찬송하고 또 마음으로 찬송하리라(고전 14:15)

이렇게 부르는 찬양 가운데 그들은 하나가 되었다. 하나님의 영광을 찬양하는데 모두가 일치하였다.

② 하나님은 지극히 높으시도다

출 15장에서 하나님을 찬양하는 내용은 크게 네 가지이다.

i)하나님은 전능하시다(2절) ; 이스라엘 백성은 '여호와는 나의 힘이요

노래시며 나의 구원이시로다'라고 고백하였다. 이스라엘 백성들에게 두 가지 불가능한 것이 있었다. 하나는 파라오의 압제에서 스스로의 힘으로 벗어나는 일이요 다른 하나는 홍해 바다를 건너는 일이었다. 이 두 가지 일 앞에서 모세와 이스라엘 백성은 무기력할 뿐이었다. 모세가 가진 것이라곤 지팡이 밖에 없고, 이스라엘 백성에게는 그마저도 없었다. 이런 그들에게 하나님은 불가능한 일들을 가능하게 만드시는 분이셨다.

ii)하나님은 용사이시다. ; 모세는 '여호와는 용사시니 여호와는 그의 이름이시로다'(3절)라고 고백하였다. 용사란 전쟁의 사람(Man of War), 군사라는 말이다. 그분은 그냥 보통 군인이 아니라 위엄이 있는 용사이시다. '주께서 주의 큰 위엄으로 주를 거스리는 자를 엎으시나이다 주께서 진노를 발하시니 그 진노가 그들을 초개 같이 사르니이다'(7절). 이는 여호와는 큰 위엄이 있는 용사요, 가장 능력 있는 용사라는 말씀이다. 이런 분이 그의 백성을 위해서 싸우셨다.

iii)하나님은 거룩하시다. ; 모세는 '여호와여 신 중에 주와 같은 자 누구니이까 주와 같이 거룩함에 영광스러우며 찬송할 만한 위엄이 있으며 기이한 일을 행하는 자 누구니이까'(11절) 라고 노래 불렀다. 하나님께서 거룩하시다는 말은 이 우주(세상)에 존재하는 모든 것과 구별되는 존재라는 뜻이다. 어떤 사람은 태양을 신으로 또 다른 이는 달이나 어떤 별자리를 신으로, 또 다른 이는 바위를 세워놓고 그 앞에 절하고, 멋진 나무가 있으면 그 나무를 숭상하는 등 피조물을 하나님처럼 섬기고 있다. 하나님은 피조물과 구별된 거룩한 분이시다.

iv)하나님은 지극히 높으시다. ; 안토니오 비발디(1678 ~ 1741)의 글로리아 라장조 RV589는 '영광을 돌리세 지극히 높으신 하나님께 영광 영광을 하나님께 돌릴지어다 영광을 주께 돌릴지어다 지극히 높은 곳에 영광 주께 영광 지극히 높은 곳에 영광'이라고 노래한다.

이스라엘 백성은 하나님께서 이루신 일과 베푸신 은총을 기리며 그분이 지극이 높으신 분임을 깨달았다. 창조와 출애굽의 하나님은 인간의 생각과 이성과 판단을 초월하시는 존귀하고 높으신 분이다.

③ 노래와 춤이 어우러지는 곳

출애굽 6일째 밤은 불안과 공포의 밤이었다. 그 밤이 지나고 7일째 아침이 밝았다. 그 아침은 감격과 환희의 아침이었다. 홍해 바다를 무사히 건넌 그들, 더 나아가 다시는 이집트 군대가 뒤쫓아 오지 못하리라는 사실을 안 그들은 그 큰 감격과 환희를 어떻게 표현하였을까? 저절로 우러나와 도저히 억누를 길이 없는 끓어오르는 감격과 기쁨을 그들은 하나님께 올려드리는 감사 찬양으로 나타냈다. 정말로 이럴 때에는 노래와 춤만한 것이 없다. 특히 고난 길 헤치고 나온 뒤의 찬양은 절로 어깨가 들썩이며 춤이 뒤따르는 것이다.

2 나를 기가 막힐 웅덩이와 수렁에서 끌어올리시고 내 발을 반석 위에 두사 내 걸음을 견고하게 하셨도다 3 새 노래 곧 우리 하나님께 올릴 찬송을 내 입에 두셨으니 많은 사람이 보고 두려워하여 여호와를 의지하리로다(시 40:2~3)

세상 살면서 노래와 춤을 잃지 않는 사람은 복이 있다. 세상 현실은 우리에게 그것들을 잊으라고(버리라고) 강요하곤 한다. 춤은 고사하고 노래 부를 기분이 전혀 아닌 때가 얼마나 많은가? 이런 때에도 노래의 영성 춤의 영성을 발휘하는 사람에게는 세파도 뛰어넘을 힘이 생긴다.

④ 하나님이 쓰시는 사람

하나님은 남성도 여성도 차별 없이 자신의 거룩한 목적을 위해 쓰셨다. 하나님 영광을 찬양하는 데에 남녀노소가 따로 있을 수 없다. 빈부귀천이 따로 있을 수 없다. 각자 자신의 자리에서 그리고 자신이 속한 신앙공동체에서 영혼을 담아 찬양하면 되는 것이다.

하나님은 사람을 이와 같이 쓰신다. 각자에게 서로 다른 은사와 달란트를 주시고 그것이 영적으로 합쳐져서 인간 세상을 다양하게 만들 뿐만 아니라 각양각색의 모습으로 하나님 영광을 드러내게 하시는 것이다. 이 세상에서 살아가는 우리는 저마다 입장과 처지와 형편이 다를 수 있다.

하나님의 영광에 참여하는 사람은 자신의 고유한 처지나 형편은 물론 세상의 환경과 조건에 얽매이는 사람이 아니다. 모든 것이 합력하여 선을 이루게 하시는 하나님을 신뢰하기에 그런 것들을 초월하여 하나님을 드높이며 그 영광을 찬양하는 사람이 되는 것이다. 그 찬양을 입술과 마음과 생활로 드리며 주어진 사명의 길을 똑바로 걸어가는 사람이다.

⑤ 홍해 바다를 건넌 사람들

신앙인을 크게 둘로 나누면 홍해를 건넌 사람과 건너지 못한 사람이 있다. 다른 말로 옛사람과 새사람(새로운 피조물)이다.

22 너희는 유혹의 욕심을 따라 썩어져 가는 구습을 따르는 옛 사람을 벗어 버리고 23 오직 너희의 심령이 새롭게 되어 24 하나님을 따라 의와 진리의 거룩함으로 지으심을 받은 새 사람을 입으라(엡 4:22~25)

9 너희가 서로 거짓말을 하지 말라 옛 사람과 그 행위를 벗어 버리고 10 새 사람을 입었으니 이는 자기를 창조하신 이의 형상을 따라 지식에까지 새롭

게 하심을 입은 자니라(골 3:9~10)

새사람이란 매사에 하나님과 동행하는 사람이다. 사람은 홍해를 건너지 않고는 하나님과 동행할 수도 없고 가나안 복지에 들어갈 수도 없다. 물론 홍해를 건넜다고 해서 아무런 문제가 생기지 않는다는 뜻이 아니다. 이제부터 홍해를 건너게 하신 위대한 하나님과 그 영광에 관한 기억을 가지고 위험과 두려움이 있는 광야로 지나가고 가나안으로 들어갈 길이 열렸다는 뜻이다. 광야는 이스라엘 백성에게 위험과 고통을 계속 안겨줄 것이다, 하나님과 동행하는 데도 그렇다.

이런 뜻에서 홍해 바다를 건넌 사람들의 특징은 광야에서도 가나안에서도 '하나님과 함께 인생 여정을 지낸다'는 것이다. 비록 원하지 않는 시련과 돌발적인 사건이 일어나더라도 홍해 바다 사건을 기억하며 하나님과 함께 가는 여정을 계속할지 옛일을 꿩 구어 먹은 듯이 잊고 고통과 불평을 계속하며 살아갈지 - 이 두 가지 길이 그들에게 놓여 있다. 우리는 어떤 길을 선택해야 할까?

하나님께 가까이 함이 내게 복이라 내가 주 여호와를 나의 피난처로 삼아 주의 모든 행적을 전파하리이다(시 73:28)

⑥ 나의 갈길 다가도록

여호와 하나님께서 자신에게 이미(과거에) 베풀어주신 은혜를 찬양하는 사람은 자연스럽게 현재와 미래로 눈을 돌리게 된다. 출애굽기 15장의 찬양도 그렇다. 하나님의 손 안에는 과거-현재-미래(영원)가 다 들어 있다. 찬송가 384장이다.

1. 나의 갈길 다가도록 예수 인도하시니 내 주안에 있는 긍휼 어찌 의심하리요 믿음으로 사는 자는 하늘 위로 받겠네 무슨 일을 만나든지 만사형통 하리라 무슨 일을 만나든지 만사형통 하리라

2. 나의 갈길 다가도록 예수 인도하시니 어려운 일 당한 때도 족한 은혜주시네 나는 심히 고단하고 영혼 매우 갈하나 나의 앞에 반석에서 샘물 나게 하시네 나의 앞에 반석에서 샘물나게 하시네

3. 나의 갈길 다가도록 예수 인도하시니 그의 사랑 어찌 큰지 말로 할 수 없도다 성령 감화 받은 영혼 하늘나라 갈 때에 영영 부를 나의 찬송 예수 인도 하셨네 영영 부를 나의 찬송예수 인도하셨네 아멘

출애굽기는 어떤 책?

출애굽기는 창세기에 이어지는 두 번째 책이며, 오경 가운데 한 부분이다. 이 책에는 ① 이집트에서 종살이하던 이스라엘 백성을 하나님께서 구원하셔서(이는 구약성경에서 아주 중대한 역사적 사건이다) ② 가나안 땅을 향해 출발하게 하시며(광야 생활) ③ 그들이 하나님 백성으로 새롭게 태어나도록 언약을 맺고 ④ 성막을 건설하여 예배 제도를 마련하는 과정이 담겨 있다. 출 1:1은 야곱과 그 아들들 및 요셉 이야기와 온 가족의 이집트 이주 등 창세기에 기록된 인물과 사건들을 생각나게 한다(직역: 그리고 이것들은 그들의 이름들이다. 곧 야곱과 함께 가족을 이끌고 이집트로 내려간 이스라엘 아들들 이름이니). 출 1:7의 이스라엘의 아들들은 1:1의 그것과 똑같은 용어이지만 그 내용이 전혀 다르다. 이는 더 이상 야곱의 열두 아들이 아니라 이스라엘 민족(백성, 히브리 민족)을 가리키는 것이다.

히브리 성경은 이 책에 나오는 세 번째 낱말(접속사 와우를 빼면 두 번째 낱말)을 채택하여 '이름들＝쉐모트'이라는 이름을 붙였다. 이는 이스라엘 관례에 따른 것이다. 이 이름은 출 1:1~2에 있는 것처럼, 우선 이스라엘의 자손들 곧 야곱과 함께 이집트로 내려간 자녀들 이름을 가리키지만 그것만이 아니다. 이 책의 원제목(이름들)은 이 책에 등장하는 인물들의 이름에 주목하게 만든다. 그것은 특별한 목적과 메시지를 전달하는 도구이다. 예를 들어 3장과 6장에는 하나님의 신비스러운 '이름'이 나온다: '여호와 곧 나는 나다!(개역개정: 스스로 있는 자) 또는 네가 어디에 있든지 바로 그곳에 나도 함께 있을 것이다'라는 뜻을 지닌 분의 이름이다. 그 이름은 노예인 히브리 민족에게 좋은 소식(복음)이다.

70인역 성경(LXX)은 이 책의 내용에 무게를 두었다. 그래서 엑소도스(탈출, 천새: 탈출기)라 이름 붙였다.(전치사 에크 / 엑스 = …으로부터 밖으로 + 호도스 = 길) 중국어 성경은 단순한 탈출이 아니라 어디로부터 탈출하였는가를 밝혀놓았다. 곧 출애굽기 다시 말해 이집트 탈출기라고 한 것이다. 우리말 성경도 이에 따라 출애굽기라 하였다. 이 책의 또 다른 이름은 모세의 두 번째 책(das zweite Buch Mose)이다. 그렇지만 출애굽기에는 i)출애굽 ii)광야 생활 iii)시내 산 계약 iv)성막 건립 등이 주요 내용이므로 이 이름이 이 책의 내용을 다 포괄한다고 말할 수 없다.

출애굽기 1:1~5및 19:3은 창 46:8, 27의 내용을 연상하게 한다. 그리고 출 1:1~5은 창 1:28; 12:1~3에서 주어진 하나님의 축복 및 약속이 실현된 사실을 분명하게 보여준다. 특히 파라오가 히브리 민족의 숫자가 불어나는 것을 막무가내로 막아보려고 하는 것(출 1:8~14)은 창 11:1~4 곧 바벨탑을 쌓는 사람들의 이기적 폐쇄적인 모습과 일맥상통한다.(그가 그 백성에게[LXX people) 이르되 = 보라! 이 백성(LXX race] 이스라엘 자손이 우리보다 많고 강하도다 출 1:9) 출 19:1에서 시작되는 시내 산 언약과 성막건립 등의 내용은 민 10:11까지 그 발을 뻗히고 있으며 민 10:12에서야 비로소 이스라엘 백성이 시내 산을 떠나 가나안을 향해 출발하는 것으로 되어 있다.

1. 출애굽기의 목적

하나님을 가리켜 우리는 창조주 하나님, 그리고 출애굽의 하나님이라고 고백한다. 특히 이스라엘 민족에게 출애굽은 꿈에도 잊을 수 없는 사건이다. 이스라엘 백성은 무슨 목적으로 출애굽을 계속 이야기하고 글로 썼을까? 출애굽 사건이 주전 13세기경에 이스라엘 백성이 겪은 역사적 체험인 것은 분명하다. 그렇더라도 이 책은 단순히 지나간 옛이야기를 전하려는 것이 아니다. 오히려 그 역사 현장에서 만난 여호와 하나님이 참 하나님이시며 인간에게 자유와 생명을 주시는 분이시고 역사의 주인이라는 깨달음이 이스라엘 백성을 사로잡았던 것이다. 그리고 조상들이 믿고 예배드렸던 바로 그 하나님이 출애굽기를 읽는 각 시대의 사람들에게 함께하신다는 신앙과 진리를 전하려고 이 책을 기록하였다.

야곱은 자녀 13명을 낳았다. 이는 하나님께서 아브라함과 이삭에게 되풀이 약속하신 자녀 번성의 축복이 부분적으로 실현되었고 장차 온전하게 실현되리라는 기대를 안게 하였다. 나중에 그와 그 자녀들이 이집트로 이주하고 그 후손들이 대대로 거기 정착하였다. 이로써 하나님께서 아브라함에게 가나안 땅 동서남북을 바라보게 하시며 그것을 너와 네 후손에게 주리라고 하신 약속은 날이 갈수록 성취에서 멀어져 가는 듯이 보였다. 다만 요셉이 남긴 유언이(창 50:24~25) 이집트 땅은 그들이 영구한 거처가 아니라는 사실을 상기시켰다.

창세기가 끝나고 출애굽기가 시작되기까지 400여 년 동안 하나님은 침묵하시고 아무런 활동도 하시지 않은 것처럼 보인다. 물론 이 시기에도 하나님은 가만히 두 손 놓고 계셨던 것이 아니다. 그분은 위와 같은 약속을 실현시키기 위하여 이스라엘 민족을 큰 민족으로 키워내셨다.(출 1:7) 우선 민족 번성의 약속을 실현시킴으로써 그 다음 약속대로 땅이 주어져도 그것을 감당할 만한 기초를 든든히 마련하셨다. 그리고나서 이스라엘에게 땅의 약속도 실현시키는 활동을 시작하셨다.

출애굽의 목적과 출애굽기의 주제는 '여호와 하나님을 알게 하는 데' 있다. 출애굽 사건은 이 목적을 밝히 보여주는 아주 좋은 도구이다. 그분은 모세와 이스라엘 백성에게 그분이 누구인지, 어떤 분인지를 알리셨을 뿐만 아니라 이집트 사람들에게도 그것을 알게 하셨다.(3:13~14; 5:2; 6:1~7; 7:5, 17; 8:10; 9:14, 29; 10:2, 16~17; 11:7; 12:12, 27; 14:4, 18, 31; 16:12) 특히 출애굽기 6:7(너희를 내 백성으로 삼고 나는 너희의 하나님이 되리니 나는 이집트 사람의 무거운 짐 밑에서 너희를 빼낸 너희의 하나님 여호와인 줄 너희가 알지라)은 호 2:23에는 물론 후대 예언자들(예를 들어 사 40:1; 렘 11:4)에게 커다란 영향을 끼쳤다. 처음에 모세와 아론이 찾아와 여호와 하나님께 예배드리러 광야로 나가겠다고 했을 때, '여호와가 누구냐, 나는 그를 모른다'고 큰소리치던 파라오는 재앙으로 차례차례 자신을 알리시는 여호와 앞에 자신의 죄와 약함을 고백하고야 말았다.(8:28; 9:27; (10:7); 12:31~32) 이로써 출애굽 - 광야 생활 - 시내산 언약(계약) - 성막 건설 등 이 책에 기록된 이야기들은 한편으로 '여호와가 누구신가, 어떤 분인가, 우리는 그분을 어떻게 섬겨야 하는가' 등을 알리는 과정, 또 알아가는 과정이요, 다른 한편으로 이스라엘 민족이 노예 집단으로부터 예배 공동체로 변모하는 과정을 보여준다.

2. 출애굽기의 내용

출애굽기의 무대는 이집트(1:1~13:16) 광야(13:17~18:27) 그리고 시내 산이다. (19:1~40:38) 히브리 성경 출애굽기는 '그리고 이들의 이름은'으로 시작되는데, 특히 접속사 '그리고'(= 와우)가 맨 앞에 있다. 이는 출애굽기의 내용이 창세기에 나오는 주요한 이야기들과 그 흐름을 같이한다는 사실을 염두에 두라는 표시이다. 그렇다면 창세기에서 주요한 이야기들은 무엇인가? 그것은 아브라함과 이삭과 야곱 등 이스라엘의 족장들에게 주신 하나님의 약속, 특히 자손의 번성과 땅을 향한 약속이다.(창1:20, 28; 9:1, 7; 17:2; 18:18; 28:14; 48:4) 우리는 이 약속들이 출애굽 이전(특히 출 1:7 이스라엘 자손은 생육하고 불어나 번성하고 매우 강하여 온 땅에 가득하게 되었더라)과 이후에 어떻게 이루어지는가에 관심을 두고 이 책을 읽어야 할 것이다.

출애굽기는 말 그대로 이집트를 탈출한 백성의 이야기를 중심으로 한 이스라엘의 신앙고백을 담은 책이다. 창세기는 믿음의 조상(족장) 4명을 중심으로 기록하면서, 거기에 반영된 이스라엘 민족의 역사를 간접적으로 보여준다. 그러나 출애굽기는 이스라엘이 하나의 민족으로 되어가는 과정을 직접 서술한다. 이 책은 그 내용에 따라 출 1~18장과 출 19~40장 곧 두 부분으로 나눌 수 있다. 앞부분에서 출애굽기는 조상들의 하나님, 곧 하나님과 이스라엘(히브리) 민족의 관계를 강조하는데 비해, 뒷부분에서 여호와 하나님은 이스라엘 민족을 출애굽 시킨 사실을 강조한다.(특히 출 19:1; 20:2; 23:16 등) 챠일즈(B. S. Childs)는 출애굽기의 짜임새를 다음과 같이 보았다:

차일즈의 출애굽기 구조

④ 계약/언약(17:1-24:18)　　⑦성막건립(35:1-40:38)

①하나님 개입(1:1-6:27)　③구원(12:1-16:36)　⑤성막건설 지시(25:1-31:18)

② 재앙(표적 6:28-11:10)　⑥ 계약파기 및 재계약/언약(32:1-34:35)

이에 따르면 출애굽기의 중심은 하나님과 이스라엘이 맺은 ④ 계약과 ⑦ 성막 건립(35:1~40:38)이다. 하나님의 구원 역사에서 ① 하나님 개입(1:1~6:27) ③ 구원(12:1~16:36) ⑤ 성막 건설 지시(25:1~31:18) 등이 하나로 이어지고 있다. 그리고 ② 표적(6:28~11:10)과 ⑥ 계약파기 및 재계약(32:1~34:35)은 이 신앙적 흐름이 방해받을 때 생긴 이야기이다. 이것을 도표로 나타내보면 다음과 같다:

역사적 구원			
노예 상태	구원의 준비	10가지 재앙	홍해 바다와 광야
1 ~ 2 장	3 ~ 6 장	7 ~ 12 장	13 ~ 16 장
1. 이스라엘 백성의 번성과 이집트의 억압 정책 1) 강제 노동 2) 사내아이는 모두 죽임. 2. 모세의 출생과 활동 1) 강물에 버려짐. 2) 공주의 아들이 됨. 3) 이집트인을 죽이고 미디안으로 도망 4) 모세의 결혼과 은둔생활 3. 이스라엘은 고난 속에서 하나님을 찾았으며, 이에 하나님께서 응답하심.	1. 모세를 부르심 1) 사명을 주심 2) 사명을 완수할 능력과 협력자를 주심 - 능력의 지팡이 - 대변인 아론 2. 하나님께서 이름 - 여호와(야훼)를 알려 주심. 여호와(야훼): '에흐예 아쉐르 에흐예' (= '나는 스스로 있는 자니라' 또는 '나는 곧 나다 3:14)	1. 모세는 히브리 백성이 이집트를 떠나기를 요청하나 파라오는 거절한다. 그 때마다 재앙이 한 가지씩 내린다(오늘날 우리의 완악한 마음을 비유함). 1) 지팡이가 뱀으로, 2) 나일강물이 피로 변함; 3) 개구리떼; 4) 모기떼; 5) 등에; 6) 가축병; 7) 피부병; 8) 우박; 9) 메뚜기떼; 10) 어둠(흑암); 11) 맏배(맏아들)의 죽음 2. 유월절(과월절) 3. 출애굽은 죄악 된 생활을 버리고 하나님 나라로 향하는 인생의 모델.	1. 파라오의 추적(성도를 괴롭히는 악한 세력의 모형(참조 벧전 5:8)) 2. 홍해 바다를 건넘. 물이 이스라엘에게는 구원의 도구였으나 파라오에게는 멸망의 수단(세례를 상징). 3. 광야여행 1) 하나님은 광야에서 영육간에 필요한 것을 이스라엘에게 제공하셨다. 2) 만나, 메추라기 - 일용할 양식만큼 공급 - 안식일 전 날에는 이틀치 공급 3) 낮에는 구름기둥, 밤에는 불기둥으로 인도하심.

역사적 구원	언약(계약)적 구원	
광야-단련의 장소	시내 산 계약과 갱신	성소와 성막
17 ~ 18 장	19~24장; 32~34장	25~31; 35~40
1. 광야(사막) - 시련과 불평의 장소인 동시에 하나님 은총과 만나는 곳 2. 호렙 산 바위에서 물이 나오게 하심-므리바와 맛사에서 이스라엘이 여호와를 시험함. 3. 아말렉과 싸움에서 이김-모세가 산에 올라가 손을 들고 기도드림 　1) 모세, 아론, 훌의 합심 기도 　2) '여호와닛시'라는 감사의 제단 쌓음. 4. 재판관들을 세움 　1) 하나님의 일에는 많은 사람이 협력하는 것이ㅈW 필요 　2) 통치기구를 편성하고 일을 분담함.	1. 하나님과 이스라엘이 직접 만나는 사건 　1) 계약을 맺을 준비 - 몸과 마음을 깨끗이 　2) 하나님 현현(顯現)과 십계명 및 계약법전 　3) 백성은 다 따르겠다고 다짐. 　4) 이에 하나님과 백성 사이에 피의 예식을 통한 계약이 성립하였다. 2. 계약 위반과 갱신 　1) 백성이 금송아지를 섬김으로 계약을 위반함 　2) 하나님의 분노와 모세의 중재-중재자의 역할과 회개가 중요함 　3) 자비와 은총의 하나님이신 여호와께서 계약을 갱신하심. 　4) 십계명을 돌 판에 다시 새겨주심. 3. 오늘날에는 그 법을 마음(심장)에 새겨 주셨다(렘 31:33 참조)	25~31장은 성소 건립, 증거궤, 성막 등을 만드는 것에 관한 지침이고, 35~40장은 이 지침이 어떻게 하나님 명령대로 실행되었는가를 자세히 이야기하고 있음. 34:6~7(하나님의 속성 계시) 　1) 자비로우신 분 　2) 은혜로우신 분 　3) 노하기를 더디하는 분 　4) 인자가 많으신 분 　5) 진실이 많으신 분 　6) 인자를 천대까지 베푸시는 분 　7) 악과 과실과 죄를 용서하시는 분 　8) 악행을 보응하시는 분 35~40장: 성막(회막)의 제작과 봉헌

위와 같은 내용을 종합하면 출애굽기는 크게 네 부분으로 이루어져 있다: ① 출애굽(1~12장) ② 광야 생활(13~18장) ③ 언약체결과 계약법전(19~24장) ④ 성막 건설(25~40장). 그러므로 출애굽기를 바르게 이해하려면 이 네 부분이 각각 지닌 비중을 균형 있게 파악하는 것이 중요하다. 출애굽기의 내용 전체를 살펴보면 다음과 같다:

1:1~15:21 이집트에 머묾과 나옴

1:1~2:22	억압받는 이스라엘, 살아남은 모세	
	1	번성하여 민족으로 형성되는 이스라엘
	2:1~22	모세
2:23~6:1	압박과 핍박을 당하는 이스라엘을 기억하신 여호와	
	2:23~4:31	모세와 아론을 부르신 하나님
	5:1~6:1	파라오 앞에 선 모세와 아론
6:2~13:22	출애굽	
	6:2~7:7	출애굽의 일꾼으로 부름 받은 모세와 아론
	7:8~11:10	이집트에 내린 재앙 10가지
	12:1~27	유월절과 그 규정
	12:28~42	이집트인 맏아들의 죽음과 가나안으로 향한 출발
	12:43~13:16	무교절(누룩을 넣지 않은 떡) 규정
	13:17~22	출애굽
14:1~15:21	홍해(갈대바다)에서 구원받는 이스라엘	
	14:1~31	바다(홍해)에서의 구원
	15:1~21	모세의 노래, 미리암의 노래

15:22~17:16 이스라엘의 광야 생활

15:22~27	마라와 엘림에서의 이스라엘
16	만나와 메추라기를 먹는 이스라엘
17:1~7	맛사와 므리바(반석에서 샘물이 나오다)
17:8~16	아말렉과 전투하는 이스라엘
18	모세와 그 장인 이드로(미디안의 제사장)

19~24 하나님의 산(시내 산)에서 맺은 언약

19~24	하나님의 나타나심과 시내 산 언약	
	19	시내 산에 당도하여 언약체결을 위해 준비하다
	20:1~17	십계명
	20:18~21	두려워 떠는 이스라엘 백성
	20:22~23:33	시내 산 언약
	24:1~11	언약체결
	24:12~18	시내 산에 올라 40일 동안 머무는 모세

25~40 성막의 제작과 언약갱신	
25:1~31:17	성막을 제조하는 규정

25:1~9	예물
25:10~22	법궤(증거궤, 언약궤)
25:23~30	진설병과 그를 두는 상
25:31~40	등잔대와 기구들
26	성막(회막)
27:1~8	제단
27:9~19	성막의 앞마당
27:20~21	등불을 위한 기름
28	에봇 등 제사장이 입을 복장
29:1~37	제사장에게 기름부음으로 임직시킴
29:38~46	매일 드릴 예배
30:1~10	분향할 제단
30:11~16	회막 봉사에 쓰일 속전
30:17~21	놋으로 만든 물두멍
30:22~33	거룩한 향기름
30:34~38	거룩한 향
31:1~11	성막(회막) 기구들
31:12~17	안식일 규정

31:18~34:35 금송아지 사건과 계약갱신	
31:18~32,25	금송아지의 숭배와 파괴
32:26~29	레위인의 헌신
32:30~33:17	모세의 중보기도와 용서받음
33:18~34:10	모세에게 나타나신 하나님
34:11~27	새로 만든 십계명 돌판과 언약갱신
34:28~35	모세의 얼굴이 빛나다

35~40 성막의 제조와 설치	
35:4~29	예물
35:30~36:7	성막(회막) 기구들
36:8~38	성막(회막)

37:1~9	법궤(증거궤, 언약궤)
37:10~16	진설병과 그를 두는 상
37:17~24	등잔대와 기구들
37:25~29	분향할 제단
38:1~7	제단
38:9~20	성막의 앞마당
38:21~31	예물
39:1~31	에봇 등 제사장이 입을 복장
39:32~43	성막제조 작업을 마치다
40:1~15	성막에 관계된 여러 규정
40:16~38	성막의 설치와 성막에 충만하게 임한 하나님의 영광

| 참고문헌(연대순) |

- Gesenius, W., Hebräische Grammatik(GK), Leipzig, (1813) 1909[28]

- Gesenius, W., Hebräisches und Aramäisches Handwörterbuch über die Schriften des Alten Testaments(GB), Berlin/ Heidelberg, (1810) (1917[17]) 2013[18]

- Pritchard, J., Ancient Near Eastern Texts. Relating to the Old Testament(ANET), Princeton Uni. Press, (1950) 1955[2]

- Brockelmann, C., Hebräisches Syntax(HeSy), Neukirchen Kreis Moers, 1956

- Koehler & Baumgartner, Hebraisches Und Aramaisches Lexikon: Zum Alten Testament I, II (HAL) Leiden, (1953) 1995[3]

- Noth M., Das 2. Buch Mose Exodus (ATD 5), V&R, Göttingen, (1958) 1988[8]

- Cassuto U., A Commentary on the Book of Exodus, The Mannes Press, Jerusalem, 1967(1974)

- Childs B. S., Exodus(OTL), Westminster/ John Knox Press Press, 1974.

- Mertens, H. A., Hanbuch der Bibelkunde, 1984

- Schmidt W. H., Exodus 1-6 (BK II/1), Neukirchen-Vluyn, (1988) 2011[2]

- 김이곤,《출애굽기의 신학》, 서울, 1989

- Fretheim, T. E., Exodus. Westminster John Knox Press, 1991

- 생활성서,《어서 가거라: 성서가족을 위한 출애굽기 해설서》, 서울, 1992.

- Schmidt, W. H., Exodus 7,26-11,10 (BK II/2), Neukirchen-Vluyn, 1999

- Hamilton V., Handbook on the Pentateuch, Michigan, 2005[2].

- Kellenberger, E., Die Verstockung Pharaos: exegetische und aus-legungsgeschichtliche Untersuchungen zu Exodus 1-15, Stuttgart, 2006.

- Dozeman T. B., Commentary on Exodus. Eerdmans, 2009

- Hamilton V., Exodus: An Exegetical Commentary, Grand Rapids, 2011

- 백철현,《출애굽기 산책》, 서울, 2011

- 송병현,《엑스포지멘터리 출애굽기》, 서울, 2011.

- 차준희,《다시 읽는 출애굽기》, 서울 2012

- Albertz R., Exodus Band I, Ex 1-18, Zürich, 2012

- Bruckner J., Exodus (Understanding the Bible Commentary Series), 2012

- Utzschneider, H., Wolfgang Oswald: Exodus 1-15 (= IEKAT.) Kohl-hammer, Stuttgart 2013

- 최승정,《탈출기 I》(1,1-6,27; 6,28-13,16), 서울, 2013

출애굽기와 손잡고 거닐기 1

표적이 전하는 소리를 듣는가

초판 1쇄 인쇄 _ 2016년 11월 15일
초판 1쇄 발행 _ 2016년 11월 20일

지은이 _ 정현진
펴낸곳 _ 바이북스
펴낸이 _ 윤옥초
편집팀 _ 김태윤
디자인팀 _ 이민영, 이정은

ISBN _ 979-11-5877-015-0 04230
        979-11-5877-018-1 04230(세트)

등록 _ 2005. 7. 12 | 제 313-2005-000148호

서울시 영등포구 선유로49길 23 아이에스비즈타워2차 1005호
편집 02)333-0812 | 마케팅 02)333-9918 | 팩스 02)333-9960
이메일 postmaster@bybooks.co.kr
홈페이지 www.bybooks.co.kr

책값은 뒤표지에 있습니다.

책으로 아름다운 세상을 만듭니다. ─바이북스

* 바이북스 플러스는 기독교 신앙의 본질을 담아내려는 글을 선별하여 출판하는 브랜드입니다.